Travel Agency Management

여행사 경영론

최판호 · 정희경 공저

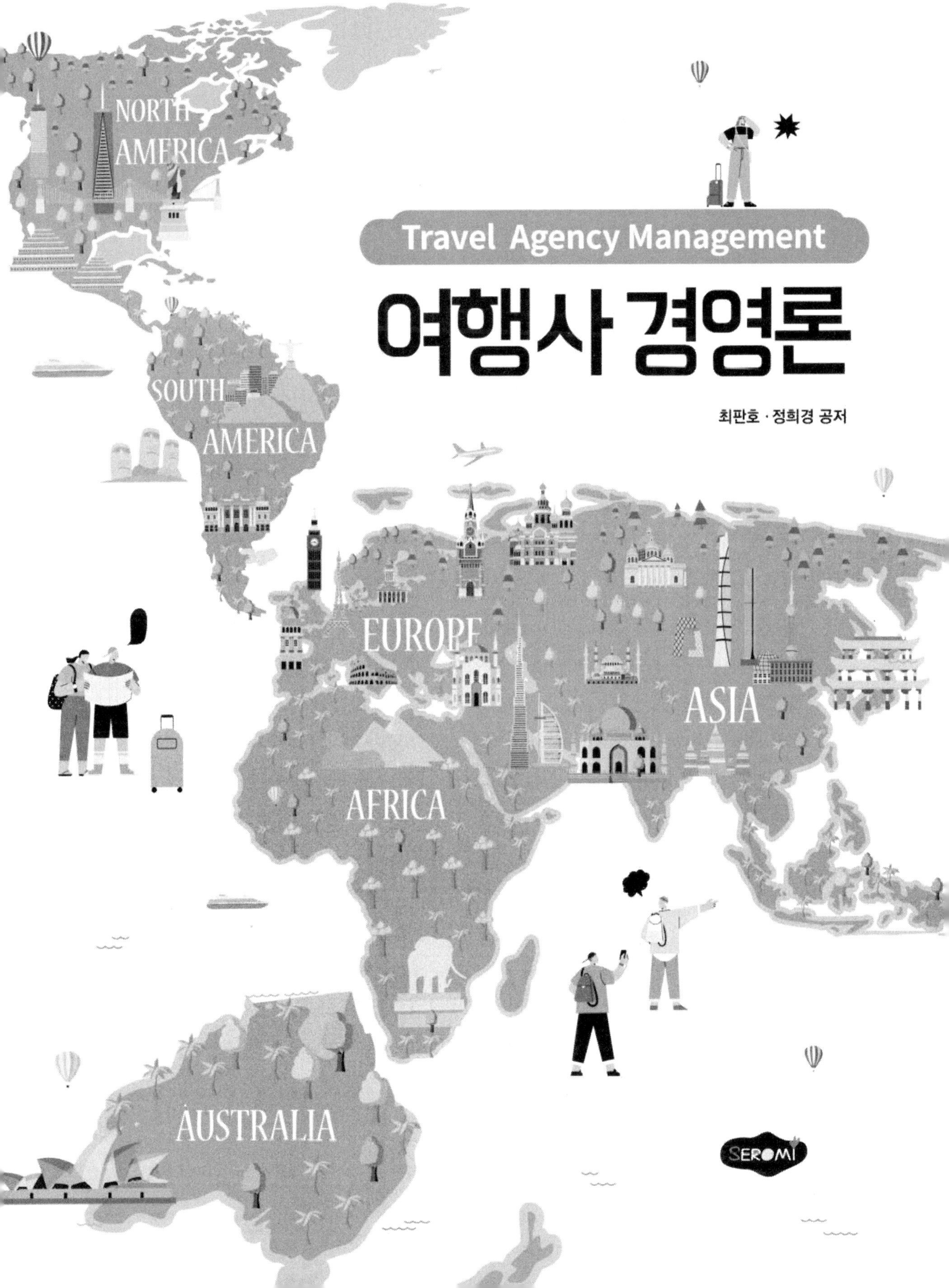

SEROMI

머리말
Preface

여행업은 항공업, 호텔업, 지상교통, 현지 서비스 산업과 밀접하게 연계된 대표적인 종합 서비스 산업이며, 그중에서도 항공업과는 구조적·기능적으로 가장 긴밀한 관계를 형성하고 있다. 항공 노선과 운임 구조, 항공사의 좌석 공급 정책, 항공 네트워크의 변화는 여행상품의 구성과 가격, 유통 전략에 직접적인 영향을 미치며, 여행사의 경영 성과 역시 항공산업의 환경 변화에 크게 좌우된다. 따라서 여행업을 체계적으로 이해하기 위해서는 항공업에 대한 선행적 이해가 필수적이며, 여행사경영 역시 항공산업과의 연계 속에서 분석될 필요가 있다.

이러한 특성과 더불어 여행업은 항공사나 호텔업보다 더 많은 사업체 수와 종사자를 보유한 산업임에도 불구하고, 오랫동안 관광학의 주변부에 머물러 왔으며 독립된 학문적 연구 대상으로 충분히 다루어지지 못해 왔다. 기존의 여행사 관련 교재들 또한 여행사경영론이라는 제목을 사용하고 있음에도 불구하고, 실제 내용은 예약 실무, 수배 절차, 인솔 업무 등 직무 중심의 설명에 치우친 경우가 많았다. 이로 인해 여행사는 전략적 의사결정과 복합적 경영 기능을 수행하는 조직임에도 불구하고, 단순한 중개업 또는 판매 조직으로 인식되어 온 측면이 있다.

그러나 여행산업은 항공, 숙박, 교통, 현지 서비스 등 서로 다른 산업 요소들이 결합된 고도로 복합적인 구조를 가지며, 여행사는 이들 분절된 공급 요소를 통합하여 하나의 여행 경험으로 설계하는 핵심 조직이다. 여행사는 단순히 상품을 판매하는 조직이 아니라, 항공 좌석과 객실, 현지 서비스의 조합을 기획하고, 가격과 유통 구조를 설계하며, 운영 과정에서 발생하는 다양한 리스크를 관리하는 경영 주체이다. 이러한 관점에서 여행사경영은 실무 기술의 집합이 아니라, 분석과 전략, 의사결정 논리를 갖춘 학문적 탐구 대상이 되어야 한다.

최근 디지털 전환과 온라인 여행사(OTA)의 확산은 여행업 전반의 구조를 근본적으로 변화시키고 있다. 정보 제공과 예약 기능의 상당 부분이 플랫폼으로 이동하면서 여행사의 존재 이유에 대한 질문도 제기되고 있다. 그러나 이러한 변화는 여행사의 쇠퇴를 의미하기보다는, 역할과 기능의 재편을 요구하는 과정으로 이해할 필요가 있다. 여행 경험의 통합 설계, 운영 책임, 문제 해결 능력, 고객 관계 관리 등은 여전히 여행사의 핵심 영역으로 남아 있으며, 오히려 그 중요성은 더욱 커지고 있다.

이 교재는 이러한 문제의식에서 출발하여, 여행사를 관광산업의 부속 조직이 아닌 독립된 경영 조직으로 재정의하고, 여행사경영을 이론적으로 체계화하고자 한다. 본서는 여행의 개념과 구조에 대한 이해를 출발점으로 하여, 여행산업과 여행사의 위치, 여행수요와 시장 구조, 여행상품의 기획과 가격 결정, 유통 구조와 운영 관리, 마케팅과 고객관리, 조직과 재무, 디지털 전환과 경쟁 전략에 이르기까지 여행사경영 전반을 단계적으로 다룬다. 특히 총 16개 장으로 구성된 본 교재는 여행산업 원론과 여행사경영론을 유기적으로 연결함으로써, 여행업을 하나의 통합된 경영 시스템으로 이해할 수 있도록 설계되었다.

서론에서는 여행의 개념과 어원, 여행자의 동기, 여행의 형태, 관광의 개념, 여행 구성요소와 관광 시스템을 다루어 여행사경영론 학습을 위한 기초 이론을 정립하고자 하였다. 이를 통해 여행과 관광을 단순한 현상이 아닌 분석 가능한 학문 대상임을 분명히 하고자 하였다.

제1장은 여행산업과 여행사의 전반적 이해를 다루며, 여행산업의 개념과 범위, 여행사의 기능과 역할 변화, 산업 내 위치와 구조, 여행업의 발달 과정과 여행사의 발전 요인을 분석하였다.

제2장은 여행수요와 여행시장 구조를 중심으로 여행소비자의 행동과 시장 변화가 여행사 경영에 미치는 영향을 살펴보았다.

제3장부터 **제7장**까지는 여행상품을 중심으로 한 경영 구조를 다루며, 여행상품의 개념과 가치 구조, 가격 결정, 유통 구조, 교통·수배 체계, 운영과 실행 관리까지 여행사 경영의 핵심 프로세스를 체계적으로 설명하였다.

제8장과 **제9장**은 여행사 마케팅과 촉진, 커뮤니케이션을 중심으로 여행상품이 시장에서 어떻게 인식되고 선택되는지를 분석하였다.

제10장과 **제11장**은 여행사 조직과 인적자원 관리, 재무 구조와 수익 관리 문제를 다루며, 여행사가 직면하는 내부 경영 과제를 조명하였다.

제12장은 디지털 전환과 OTA의 등장으로 변화한 여행산업 구조를 분석하고, **제13장**과 **제14장**은 고객 관리, 관계 마케팅, 경쟁 전략을 통해 여행사의 전략적 선택지를 제시하였다.

마지막 **제15장**은 여행사 경영을 통합적으로 정리하며, OTA 시대 이후 여행사 경영의 한계와 향후 과제를 제시함으로써 교재 전체를 마무리하였다.

이 교재는 여행사 취업을 목표로 하는 학생뿐만 아니라, 항공·관광·호텔·환대 산업 전반을 이해하고자 하는 학습자에게도 적합하다. 또한 변화하는 여행산업 환경 속에서 여행사의 현재 위치를 정확히 이해하고, 미래 전략을 설계하는 데 필요한 사고의 틀을 제공하고자 한다. 본 교재를 통해 학생들은 여행사 경영의 통합적 구조, 전략적 의사결정, 디지털과 고객 경험 중심 경영, 그리고 미래 지향적 과제 수행 능력을 체계적으로 학습할 수 있을 것이다.

끝으로, 본 교재의 출판을 위해 기획 단계부터 세심하게 협조해 주신 출판사 관계자 여러분께 깊은 감사의 말씀을 전한다. 또한 변화하는 여행산업 환경 속에서 새로운 시각의 교재가 필요함을 공감해 주신 동료 연구자들과 교육 현장의 교수자 여러분께도 감사의 뜻을 전한다. 이 교재가 여행업을 하나의 학문 분야로 정립하는 데 작은 기여가 되기를 바라며, 여행산업을 연구하고 이해하려는 학생들에게 의미 있는 출발점이 되기를 기대한다.

저자 최판호·정희경
2026년 2월

강의 구성

Class Guide

본 교재는 여행사를 단순한 실무 조직이 아닌 여행산업 내 핵심 경영 주체로 이해하고, 여행업 전반을 하나의 독립된 학문 영역으로 체계화하고자 하는 목적에서 집필하였다. 이에 따라 본서는 이론적 기초에서 출발하여 시장 구조, 상품, 가격, 유통, 운영, 마케팅, 소직, 재무, 진략에 이르기까지 여행사 경영 전반을 단계적으로 학습할 수 있도록 구성하였다.

본 교재는 15주 수업 운영을 기준으로 설계되었으며, 1주차 오리엔테이션, 8주차 중간고사, 15주차 기말고사를 전제로 강의 흐름을 구성하였다. 각 장은 독립적인 학습이 가능하도록 구성되어 있으나, 강의 현장에서는 학습 부담과 교육 효과를 고려하여 일부 장과 절을 병합하거나 요약하여 운영할 수 있도록 설계되어 있다.

▍주차별 강의 구성의 기본 방향

1주차에는 오리엔테이션과 함께 서론인 「여행의 이해」를 다루는 것이 바람직하다. 이 주차에서는 여행과 관광의 개념, 어원, 여행자의 동기와 형태, 관광 시스템을 개괄적으로 설명함으로써 이후 전개될 여행사 경영 논의의 개념적 토대를 마련하였다. 본 서론은 전공 기초 수준의 학생을 고려하여 필수 개념 중심의 강의에 적합하다.

2주차와 3주차에는 제1장 「여행산업과 여행사의 이해」를 중심으로 구성하였다. 특히 여행산업의 범위, 여행사의 정의와 기능, 여행사의 역할 변화, 그리고 여행업의 발달과 발전요인은 본 교재 전체의 이론적 출발점에 해당한다. 본 장은 여행사를 경영 조직으로 인식시키는 핵심 장이므로 단독 강의 운영이 적합하다.

4주차에는 제2장 「여행수요와 여행시장 구조」를 다루어 여행사 경영이 수요와 시장 변화에 의해 어떻게 영향을 받는지를 설명할 수 있다. 본 장은 모든 절을 동일 비중으로 다루기보다는, 여행수요 특성과 시장 변화 트렌드를 중심으로 요약·확장 강의가 가능하도록 구성하였다.

5주차에는 제3장 「여행상품의 개념과 구조」에 대해 보다 자세하게 다루었다. 여행상품의 개념, 구성 요소, 가치 구조, 생애주기는 이후 가격, 유통, 운영 논의의 기초가 되는 핵심 내용이다. 본 장은 반드시 충분한 시간을 배분하여 학습할 필요가 있다.

6주차에는 제4장 「여행상품과 가격 결정」을 중심으로 여행상품 가격의 특수성과 원가 구조, 가격 결정 논리를 소개하였다. 계산 중심 수업보다는 구조와 논리 이해에 초점을 둔 강의 운영이 적합하다.

7주차에는 제3장과 제4장을 연계한 과제 발표 또는 종합 토론 주차로 활용할 수 있다. 이 주차는 중간고사를 앞둔 학습 정리 주차로서, 여행상품 기획과 가격 결정의 연계성을 학생 스스로 설명하도록 유도하는 데 목적이 있다.

9주차 이후의 강의는 구조 변화와 경영 기능 중심으로 구성하였다. 9주차에는 제5장 「여행상품 유통 구조와 판매 방식」을 중심으로, 전통적 유통 구조와 온라인 유통 구조를 비교하여 설명할 수 있으며, 제12장의 OTA 개요를 일부 병합하여 강의할 수 있도록 구성하였다.

10주차에는 제6장 「여행상품과 교통·수배 구조」를 중심으로 여행사의 운영 리스크와 관리 구조를 설명하고, 제7장의 운영 관리 내용을 요약하여 연계할 수 있도록 하였다.

11주차에는 제8장 「여행사 마케팅의 이해」와 제9장 「여행상품 촉진과 커뮤니케이션」을 통합적으로 다루는 것이 효과적이다. 본 교재는 마케팅 전략의 적용 가능성과 한계를 함께 제시하고 있으므로 토론 중심 수업 운영에 적합하다.

12주차에는 제10장 「여행사 조직과 인적자원 관리」를 중심으로 설명하였고, 제11장의 재무 구조와 수익 관리 내용은 핵심 개념 위주로 병합하여 설명할 수 있다.

13주차에는 제12장 「여행산업의 디지털 전환과 OTA」를 중심으로 플랫폼 경쟁 구조와 전통 여행사의 전략적 과제를 심화하여 다루었다.

14주차에는 제14장 「여행업의 경영전략과 경쟁 구조」와 제15장 「여행사 경영의 통합적 이해와 향후 과제」를 연계하여, 여행사 경영을 하나의 통합적 체계로 정리하였다.

▌연습문제 및 토론문제 활용 안내

본 교재에 수록된 연습문제는 주로 핵심 개념 이해 여부 점검을 목적으로 하며, 강의 후 정리 과제 또는 퀴즈 형태로 활용할 수 있도록 구성하였다.
토론문제는 정답 도출보다는 구조적 사고와 비판적 해석 능력 함양을 목적으로 설계되었으며, 발표·조별 토론·서술형 과제 등 다양한 방식으로 운영이 가능하다.

차 례

Contents

서론 여행의 이해

제1장 여행산업과 여행사의 이해

제2장 여행수요와 여행시장 구조

제3장 여행상품의 개념과 구조

제4장 여행상품과 가격 결정

제5장 여행상품 유통 구조와 판매 방식

제7장 여행상품 운영과 실행 관리

제8장 여행사 마케팅의 이해

제9장 여행상품 촉진과 커뮤니케이션

제10장 여행사 조직과 인적자원 관리

제11장 여행사 재무 구조와 수익 관리

제12장 여행산업의 디지털 전환과 OTA

제13장 고객 관리와 관계 마케팅

제14장 여행업의 경영전략과 경쟁 구조

제15장 여행사 경영의 통합적 이해와 향후 과제

서론

여행의 이해

:: 학습목표 Learning Objectives

01. 여행을 단순한 이동 행위가 아닌 경험 중심의 사회·문화적 현상으로 이해할 수 있다.
02. 여행과 관광의 개념적 차이와 위계 관계를 구분하여 설명할 수 있다.
03. 여행자의 동기가 여행 행동과 소비 패턴에 미치는 영향을 이론적으로 설명할 수 있다.
04. 여행의 이동 패턴과 형태가 여행상품 구성과 운영 방식에 미치는 영향을 분석할 수 있다.
05. 관광을 체류와 활동, 소비가 결합된 산업적 개념으로 이해할 수 있다.
06. 여행 구성 요소와 관광 시스템을 통합적 관점에서 설명하고, 여행사의 역할을 구조적으로 파악할 수 있다.

:: 핵심 키워드 Key Concepts

- 여행(Travel)
- 관광(Tourism)
- 경험성(Experiential Value)
- 여행 동기(Travel Motivation)
- Push-Pull 요인
- 이동 패턴(Travel Pattern)
- 피스톤형·스푼형·안전핀형·텀블링형 여행
- 체류(Stay)
- 관광 시스템(Tourism System)
- 수요자-공급자-중개자 구조
- 여행 구성 요소(교통, 숙박, 활동, 정보)
- 조정자(Coordinator)

:: 장 요약 Chapter Summary

여행의 이해장은 여행사경영론을 본격적으로 학습하기에 앞서, 여행과 관광에 대한 기본 개념과 구조를 정립하는 이론적 기초 장이다.

본 장에서는 여행을 단순한 이동 행위가 아닌, 경험과 의미가 결합된 사회·문화적 활동으로 정의하고, 여행의 역사적 발전과 어원, 그리고 현대적 의미를 체계적으로 정리하였다.

또한 여행자의 동기를 중심으로 여행 행동과 소비 패턴을 분석하고, 이동 경로와 여정 구조에 따른 여행 형태를 구분함으로써 여행상품 설계와 운영의 논리적 기반을 제시하였다. 더 나아가 관광을 여행의 하위 개념이자 산업적 핵심 영역으로 이해하고, 관광 구성 요소와 관광 시스템 이론을 통해 여행사가 수행하는 통합·조정 기능의 구조적 의미를 설명하였다.

이 장은 여행사경영론의 모든 논의를 이해하기 위한 개념적 토대 역할을 하며, 여행을 경험 중심의 시스템으로 바라보는 관점을 확립하는 데 목적이 있다.

제1절

여행의 개념과 어원

01 여행의 정의와 본질

여행은 단순한 이동 행위가 아니라, 인간이 일상 환경에서 벗어나 새로운 장소에서 다양한 경험을 추구하는 복합적인 활동으로 정의할 수 있다. 사람들은 여행을 통해 심리적 휴식과 정서적 만족을 얻고, 새로운 문화와 사람을 경험하며 삶의 질을 높인다. 여행은 물리적 이동과 경험적 가치가 결합된 사회적·문화적 현상으로, 그 본질을 이해하기 위해서는 다음과 같은 다섯 가지 특징을 살펴볼 필요가 있다.

첫째, 이동성이다. 여행은 출발지에서 목적지로 이동하는 과정 자체가 중요한 의미를 가진다. 여행자가 선택하는 교통수단, 이동 경로, 이동 시간은 여행 경험의 질을 좌우하며, 여행사는 이러한 이동 패턴을 분석해 상품 전략을 설계한다. 예를 들어, 제주도로 떠나는 가족 여행은 비행기 이동 후 렌터카를 이용해 관광지를 탐방하며 일정을 구성한다. 저비용항공사(LCC, Low Cost Carrier)는 이러한 피스톤형 여행 수요를 기반으로 왕복 특가 요금제와 직항 노선을 운영하며, 여행 효율성을 극대화한다.

둘째, 일시성이다. 여행은 일정 기간 동안 일상을 단절하고 새로운 환경에서 체험을 경험하는 활동으로, 이러한 단절은 심리적 재충전과 스트레스 해소에 기여한다. 일시적인 환경 변화는 개인에게 새로운 자극을 제공하고, 기존 생활 패턴에서 벗어난 경험을 통해 여행 만족도를 높인다.

셋째, 목적성이다. 여행은 단순 이동이 아니라 명확한 목표를 가진 활동이다. 휴식, 모험, 문화 체험, 자기 계발 등 다양한 목적이 존재하며, 개인의 동기와 사회적 맥락에 따라 달라진다. 예를 들어, 일본 전통 마을을 방문하여 문화 체험을 하는 여행자는 체류형 경험을 선호하며, 여행 일정과 소비 패턴이 이에 맞추어 설계된다.

넷째, 계획성이다. 여행은 사전 준비가 필수적이며, 목적지 선정, 교통수단 예약, 예산 배분, 숙소 예약 등 체계적 준비가 여행 만족도를 결정짓는다. 특히 장기·복합 여행에서는 계획의 중요성이 더욱 강조되며, 여행사 상품 설계와 마케팅 전략과 직결된다.

마지막으로, 경험성이다. 여행은 이동과 체류 과정에서 얻는 다양한 경험으로 구성된다. 문화적, 사회적, 심리적 경험은 여행 만족도와 재방문, 향후 여행상품 선택에 영향을 미치며, 여행사의 상품 전략과 마케팅 계획 수립의 핵심 자료가 된다.

02 여행의 역사적 배경과 발전

여행의 개념은 인류 역사와 함께 발전해왔다. 초기 여행은 생존과 경제적 필요에서 시작되었으나, 점차 교류와 탐험, 종교적 목적을 가진 활동으로 진화하였다. 고대와 중세에는 순례 여행과 무역 여행이 대표적이었다. 중세 유럽의 성지 순례는 단순한 이동이 아니라 신앙 체험과 사회적 지위 향상을 위한 활동이었다. 또한, 실크로드와 같은 교역로를 통한 이동은 문화, 기술, 상품 교류의 수단으로 활용되었다.

산업혁명 이후에는 교통수단의 발전이 여행 형태를 크게 변화시켰다. 증기기관과 철도는 이동 시간을 단축시켰고, 여행자는 휴식과 문화 체험을 목적으로 더 먼 곳으로 이동할 수 있게 되었다. 19세기 말에는 여행 산업이 체계화되며 패키지 여행 상품이 등장했고, 이는 오늘날 여행사의 비즈니스 모델로 이어지고 있다. 현대 여행은 항공 산업과 디지털 기술, 글로벌화의 영향을 받아 전 세계적으로 편리하고 저렴하게 다양한 형태로 이루어진다. OTA의 등장으로 예약과 계획 과정이 단순화되었고, LCC와 항공 동맹체의 확대로 저렴하고 효율적인 여행이 가능해졌다.

03 여행의 어원과 문화적 의미

영어 단어 travel은 중세 프랑스어 travailler에서 유래했으며, "고통과 수고를 감수하며 이동하다"라는 의미를 담고 있다. 초기 여행은 위험과 노력이 동반되는 활동으로, 순례자와 상인의 장거리 이동에서 그 의미가 잘 드러난다. 문화권별로 여행 개념이 다르게

해석되기도 한다. 일본어의 たび(tabi, 旅)는 목적지 이동과 체험을 강조하며, 중국어 旅游(lǚyóu)는 이동과 여정을 중심으로 정의된다. 여행의 어원과 역사적 의미를 이해하는 것은 여행사 경영론에서 중요한 기초 사고틀을 제공한다. 이는 여행 상품 설계, 마케팅 전략, 고객 경험 관리 등에서 기본적인 지침 역할을 한다.

04 여행의 유형과 이동 패턴

여행은 단순히 한 장소를 방문하는 행위가 아니라, 출발지에서 목적지로 이동하고 다시 귀환하거나 다른 지점에서 여행을 종료하는 일련의 이동 과정 전체를 포함한다. 이 과정에서 여행자는 목적지 선택과 이동 경로 구성 방식에 따라 서로 다른 여행 형태를 보이게 되며, 이러한 이동 패턴은 관광 소비 방식, 체류 기간, 교통수단 선택, 여행상품 구성에 중요한 영향을 미친다. 따라서 여행을 이해하는 데 있어 이동 경로의 구조를 살펴보는 것은 필수적인 접근이라 할 수 있다.

관광지리학에서는 이러한 여행자의 이동 경로를 보다 체계적으로 설명하기 위해 몇 가지 전형적인 여행 형태로 구분해 왔다. 대표적으로는 피스톤형, 스푼형, 안전핀형, 텀블링형 여행이 있으며, 이 구분은 여행자의 이동 방향과 경로의 반복 여부, 목적지 간 연결 방식 등을 기준으로 한다. 피스톤형은 출발지와 목적지를 동일한 경로로 왕복하는 가장 단순한 이동 형태이며, 스푼형은 하나의 중심 목적지를 기준으로 주변 지역을 탐방한 후 다시 출발지로 돌아오는 방식이다. 안전핀형은 여러 목적지를 방문하면서 중간에 고리 형태의 이동 경로를 형성하는 유형이고, 텀블링형은 목적지에서 목적지로 연속 이동한 뒤 출발지와 다른 지점에서 여행을 종료하는 형태를 의미한다.

이러한 여행 형태의 구분은 단순한 이동 방식의 분류에 그치지 않는다. 각 이동 패턴은 여행상품의 구조, 교통 수배 방식, 일정 운영의 복잡성, 여행사의 관리 부담 수준을 다르게 만들며, 나아가 항공 노선 운영이나 유통 전략에도 영향을 미친다. 따라서 여행 형태에 대한 기본적인 이해는 이후 여행상품 설계, 교통·수배 구조, 운영 관리, 마케팅 전략을 설명하는 데 기초적인 개념 틀로 활용된다.

제2절

여행의 정의와 특징

여행은 인간의 이동 행위 중에서도 가장 오래되고 보편적인 활동 가운데 하나로, 단순히 물리적 공간을 이동하는 행위를 넘어 개인의 삶과 사회 구조 전반에 영향을 미치는 복합적 현상이다. 인간은 오래전부터 생존, 교역, 종교, 학습, 여가 등 다양한 목적을 위해 일상적인 생활 공간을 벗어나 다른 장소로 이동해 왔으며, 이러한 이동 과정에서 축적된 경험은 개인의 인식과 사회의 문화적 토대를 형성해 왔다. 현대 사회에 들어 여행은 여가 활동의 한 형태로 인식되는 경향이 강해졌지만, 동시에 여행은 산업과 경제 활동, 문화 교류, 지역 발전을 견인하는 핵심 요소로 기능하고 있다.

특히 여행이 산업의 대상으로 인식되기 시작하면서, 여행은 더 이상 개인적 취미나 일탈 행위로만 이해되지 않는다. 여행은 다양한 서비스와 상품이 결합된 경제 활동의 장이며, 여행자를 중심으로 수많은 이해관계자가 연결되는 구조적 시스템으로 발전해 왔다. 이러한 맥락에서 여행사경영론을 체계적으로 이해하기 위해서는, 여행을 단순한 이동이나 소비 행위로 축소해서 보지 않고, 여행이 지니는 본질적 특징과 구조적 의미를 먼저 정리할 필요가 있다.

01 여행의 일반적 특징

여행은 일상생활 속 이동과 구별되는 고유한 특징을 지니며, 이러한 특징들은 여행산업 전반, 특히 여행사의 서비스 설계와 상품 기획 논리를 이해하는 출발점이 된다. 여행의 특징은 단일 요소로 설명되기보다는 여러 속성이 복합적으로 결합된 형태로 나타난다.

우선 여행은 경험성(experiential nature)을 핵심 속성으로 한다. 여행은 단순히 한 장소에서 다른 장소로 이동하는 물리적 행위가 아니라, 새로운 환경 속에서 감각적·정서적 경험을 축적하는 과정이다. 여행자는 일상에서 반복적으로 접하는 공간과 시간의 흐름에서 벗어나, 낯선 장소에서 자연환경, 도시 풍경, 문화적 요소, 사람과의 만남을 경험한다. 이러한 경험은 일상생활에서는 쉽게 얻기 어려운 비일상성을 전제로 하며, 여행의 가치는 이동 거리나 체류 기간보다도 '무엇을 경험했는가'에 의해 평가되는 경우가 많다. 최근 여행상품이 숙박이나 교통 중심 구성에서 벗어나 체험 프로그램, 로컬 콘텐츠, 스토리텔링 요소를 강조하는 방향으로 변화하고 있는 것도 이러한 경험 중심 속성과 밀접하게 관련되어 있다.

다음으로 여행은 목적성(purposefulness)을 전제로 하는 활동이다. 모든 여행은 명시적이든 암묵적이든 일정한 목적을 수반하며, 이 목적은 여행자의 의사결정 전반에 영향을 미친다. 휴식과 재충전을 목적으로 하는 여행, 문화와 예술을 탐방하기 위한 여행, 업무나 학습을 위한 이동, 종교적 순례나 친지 방문과 같은 사회적 목적의 여행 등 여행의 목적은 매우 다양하다. 동일한 목적지를 방문하더라도 여행자의 목적에 따라 선택하는 교통수단, 숙박 형태, 체류 기간, 소비 수준은 크게 달라진다. 이러한 목적성은 여행시장을 세분화하는 중요한 기준이 되며, 여행상품 기획과 마케팅 전략 수립 시 핵심 변수로 작용한다.

또한 여행은 계획성(planned activity)을 갖는 활동이라는 점에서 일상적인 이동과 구별된다. 여행은 시간과 비용, 일정한 준비 과정을 필요로 하기 때문에 사전 계획이 필수적이다. 여행자는 출발 이전에 목적지 정보 탐색, 교통수단과 숙박 예약, 일정 구성, 예산 배분 등의 과정을 거치며, 이 과정에서 다양한 선택과 비교를 수행한다. 이러한 계획 과정은 여행사가 중개자이자 설계자로서 기능할 수 있는 구조적 기반을 제공한다. 여행상품이 일정한 형태로 표준화되고 패키지화될 수 있는 이유 역시 여행이 갖는 계획성에 기인한다.

아울러 여행은 사회·문화적 상호작용(socio-cultural interaction)을 수반하는 활동이다. 여행자는 목적지에서 지역 주민, 관광 종사자, 다른 여행자와 지속적으로 접촉하며, 이 과정에서 문화적 차이를 인식하고 새로운 사회적 경험을 축적한다. 여행은 개인의 시야를 확장시키는 계기가 되는 동시에, 목적지 사회에는 경제적·문화적 영향을 미친다. 이러한 상호작용은 관광지 개발, 지역 문화 보존, 지속가능 관광 논의와도 직결되며, 여행을 단순한 개인적 활동이 아닌 사회적 현상으로 이해해야 하는 이유를 설명해 준다.

02 여행과 관광의 개념적 관계

여행과 관광은 일상적으로 혼용되어 사용되는 경우가 많지만, 학문적으로는 명확한 개념적 구분이 필요하다. 여행(travel)은 이동과 체류를 포함하는 인간의 활동으로, 여가 목적뿐만 아니라 업무, 학업, 치료, 종교적 순례, 친지 방문 등 다양한 이동 행위를 포괄한다. 즉, 여행은 인간의 공간 이동 전반을 아우르는 포괄적 개념이다.

반면 관광(tourism)은 '여행 중에서도 주로 여가와 체험, 소비를 목적으로 하는 활동'을 의미하며, 경제적·산업적 측면이 강조되는 상위 개념으로 이해된다. 관광은 일정 기간의 체류를 전제로 하며, 관광자원 소비와 서비스 이용이 수반된다는 점에서 산업적 성격이 뚜렷하다. 따라서 모든 여행은 관광에 포함되지만, 모든 관광이 여행에 해당하는 것은 아니다. 예를 들어 출장이나 유학, 이주 목적의 이동은 여행이지만 관광으로 분류되지는 않는다.

표 1 ▌여행 vs 관광 개념 비교

구분	여행(Travel)	관광(Tourism)
어원	이동(Travel) 또는 Trip의 기초 개념에서 출발	Tour → 라틴어 tornare(원형을 돌다)에서 기원
핵심 의미	목적을 가진 공간적 이동 그 자체	여행을 포함하되, 경제적/산업적 활동까지 확장된 개념
범위	개인적·자발적 이동 전반	여행 + 체류 + 소비 + 지역사회와의 상호작용을 포함하는 산업적·사회적 개념
목적	휴식, 유람, 체험, 업무(출장 포함) 등 다양	주로 비거주자(non-resident)의 비일상적 방문 목적
학문적 정의	개인의 물리적 이동과 그 과정에서의 심리·사회적 경험을 포괄	관광학에서는 방문자 행동, 관광산업, 관광정책 등 구조적 시스템까지 포함
시간 조건	특정 제한 없음(장기 이동 가능)	일정 기간 체류하되 영주 목적은 제외
경제적 효과	개인적 소비 중심, 경제적 분석은 상대적으로 약함	산업·서비스·지역경제의 큰 비중 차지
주체	여행자(Traveler)	관광객(Tourist), 당일치기 방문객(Excursionist) 등으로 세분화
포함 관계	여행은 관광의 일부가 될 수 있음	관광은 여행을 포함하는 상위 개념
예시	배낭여행, 출근 이주, 워킹홀리데이, 순례 등	패키지 관광, 자유여행, MICE 관광, 테마관광 등

이러한 개념적 구분은 여행사경영론에서 매우 중요한 의미를 갖는다. 여행사는 모든 여행 이동을 다루는 조직이 아니라, 관광 중심의 여행 경험을 설계하고 상품화하는 주체이기 때문이다. 여행과 관광의 차이를 명확히 인식하지 못할 경우, 여행사의 역할을 단순한 이동 중개로 축소해서 이해할 위험이 있다. 반대로 관광을 여행을 포함하는 상위 개념으로 이해할 경우, 여행사는 관광 경험을 중심으로 한 종합 서비스 조직으로 파악할 수 있으며, 이는 이후 여행상품, 마케팅, 고객관리 논의로 자연스럽게 연결된다.

03 여행자 관점에서의 여행 가치

여행의 가치는 공급자 관점이 아니라 여행자 관점에서 이해될 필요가 있다. 여행자가 인식하는 여행의 핵심 가치는 단순한 이동 결과나 서비스 이용 여부가 아니라, 여행 과정에서 축적되는 경험과 감정, 그리고 기억에 있다.

먼저 여행은 여행자에게 경험 가치(experiential value)를 제공한다. 여행자는 새로운 환경 속에서 감각적 자극과 정서적 만족을 경험하며, 이는 일상에서 느끼기 어려운 해방감과 몰입을 가능하게 한다. 이러한 경험은 개인의 삶의 질과 라이프스타일 형성에 영향을 미치며, 반복적인 여행 욕구를 유발하는 핵심 요인으로 작용한다.

또한 여행은 만족(satisfaction)과 기억(memory)을 중심으로 평가된다. 여행의 성공 여부는 여행 중 순간적인 만족뿐만 아니라, 여행 이후에도 지속되는 기억의 질에 의해 판단된다. 긍정적인 기억은 재방문 의도와 타인에 대한 추천 행동으로 이어지며, 이는 여행사와 관광지의 장기적 경쟁력 확보에 직접적인 영향을 미친다.

더 나아가 여행은 문화 체험(cultural experience)의 기회를 제공한다. 여행자는 목적지의 생활양식, 전통, 음식, 언어, 사회적 규범을 직접 접하면서 문화적 학습을 경험한다. 이러한 체험은 단순한 소비를 넘어 상호 이해와 문화 감수성 증진으로 이어질 수 있으며, 최근에는 의미 있는 여행, 로컬 경험 중심 여행, 책임 있는 여행 등의 형태로 발전하고 있다.

제3절

여행자의 동기

여행자의 동기는 여행 현상을 이해하는 데 있어 가장 핵심적인 출발점이다. 동일한 목적지, 동일한 기간의 여행이라 하더라도 여행자가 어떤 동기를 가지고 출발했는가에 따라 여행의 의미, 소비 방식, 만족 수준은 전혀 다르게 나타난다. 따라서 여행을 단순한 이동이나 여가 활동으로 이해하는 접근은 여행 산업, 특히 여행사경영의 복잡성을 설명하기에 한계가 있다. 여행자의 동기를 분석하는 것은 여행 수요를 예측하고, 여행상품을 설계하며, 효과적인 마케팅 전략을 수립하기 위한 이론적 기반을 제공한다.

01 여행 동기의 개념과 중요성

여행 동기란 개인이 일상 환경을 벗어나 특정 목적지를 선택하고 여행을 실행하도록 유도하는 내적·외적 요인의 총합을 의미한다. 이는 단순한 욕구의 발현이 아니라, 개인의 심리 상태, 사회적 환경, 문화적 배경, 생애주기 등이 복합적으로 작용한 결과이다. 여행자는 명확한 동기를 인식한 상태에서 여행을 결정하기도 하지만, 때로는 막연한 욕구나 감정적 필요에 의해 여행을 선택하기도 한다.

여행 동기가 중요한 이유는, 여행자의 동기가 곧 여행 수요의 질적 특성을 결정하기 때문이다. 동일한 '휴가 여행'이라 하더라도 휴식을 추구하는 여행자와 모험을 추구하는 여행자는 전혀 다른 상품을 선택하며, 이에 따라 가격 민감도, 서비스 기대 수준, 만족 기준 또한 달라진다. 따라서 여행 동기는 단순한 심리 요인이 아니라, 여행상품 기획과 마케팅 전략의 출발점으로 이해되어야 한다.

02 여행자의 주요 여행 동기 유형

여행자의 동기는 다양하지만, 학문적으로는 반복적으로 관찰되는 몇 가지 핵심 유형으로 분류할 수 있다. 이러한 분류는 여행 수요 분석과 시장 세분화에 활용되며, 여행사 실무에서도 중요한 의미를 갖는다.

1) 휴식과 회복을 위한 동기이다.

현대 사회에서 여행은 육체적·정신적 피로를 회복하기 위한 수단으로 기능한다. 일상생활에서의 업무 스트레스, 학업 부담, 사회적 역할 수행에서 오는 긴장은 여행을 통해 일시적으로 완화된다. 이러한 동기를 가진 여행자는 이동의 편리성, 숙박의 쾌적성, 일정의 여유로움을 중시하며, 과도한 활동보다는 안정적이고 예측 가능한 여행을 선호한다. 이 유형은 휴양형 여행, 리조트 중심 여행, 패키지 상품 수요와 밀접하게 연결된다.

2) 문화 체험과 학습을 추구하는 동기이다.

여행자는 새로운 지역의 역사, 예술, 전통, 생활양식을 직접 경험함으로써 지적·문화적 만족을 얻고자 한다. 이는 단순한 관광지 방문을 넘어, 박물관·유적지 탐방, 지역 문화 행사 참여, 현지 음식 체험 등으로 구체화된다. 이러한 여행자는 정보 탐색 수준이 높고, 여행 전 사전 학습과 계획에 적극적이며, 콘텐츠의 깊이와 진정성을 중요하게 평가한다.

3) 모험과 자아 성취를 위한 동기이다.

일상에서 경험하기 어려운 자극과 도전을 추구하는 여행자는 여행을 통해 자신을 시험하고, 새로운 능력을 확인하고자 한다. 트레킹, 익스트림 스포츠, 오지 여행, 배낭여행 등이 대표적이며, 이들은 일정의 불확실성과 위험 요소를 일정 부분 감수한다. 이 동기는 개인의 자아정체성 형성과 깊은 관련이 있으며, 여행을 통해 '나만의 경험'을 축적하고자 하는 욕구로 설명될 수 있다.

4) 사회적 관계 형성과 유지를 위한 동기이다.

여행은 가족, 친구, 연인과의 관계를 강화하거나, 새로운 인간관계를 형성하는 매개체로 기능한다. 가족 여행, 허니문, 단체 여행, 동호회 여행 등이 이에 해당하며, 여행의 만족도는 개인 경험보다는 동행자와의 관계 질에 의해 크게 좌우된다. 이러한 동기는 일정 구성과 숙박 형태, 활동 선택에 직접적인 영향을 미친다.

03 여행 동기의 심리학적 이론적 배경

여행 동기를 보다 체계적으로 이해하기 위해서는 심리학 이론과의 연계가 필수적이다. 대표적으로 Maslow의 욕구 계층 이론과 Push-Pull 모형은 여행 동기 연구에서 가장 널리 활용되는 틀이다.

Maslow의 욕구 계층 이론에 따르면, 인간의 행동은 생리적 욕구에서 자아실현 욕구로 단계적으로 발전한다. 여행은 이 중 여러 욕구를 동시에 충족시키는 활동으로 해석될 수 있다. 초기 단계에서는 휴식과 안전 욕구 충족을 위한 여행이 주를 이루지만, 상위 단계로 갈수록 자아 존중, 자아 실현을 위한 여행, 즉 의미 있는 경험과 자기 성찰 중심의 여행이 증가한다. 이는 여행자의 생애주기와 여행 패턴 변화 설명에 유용한 틀을 제공한다.

Push-Pull 모형은 여행 동기를 내적 요인(push)과 외적 요인(pull)으로 구분한다. Push 요인은 일상 탈출 욕구, 스트레스 해소, 자기 표현 욕구 등 개인 내부에서 발생하는 심리적 동기를 의미하며, Pull 요인은 목적지가 제공하는 매력 요소, 즉 자연환경, 문화 자원, 이벤트, 가격 경쟁력 등 외부 자극을 의미한다. 여행 결정은 이 두 요인의 상호작용 결과로 이루어지며, 여행사는 Pull 요인을 전략적으로 설계함으로써 여행자의 Push 욕구를 자극한다.

04 여행 동기와 소비자 행동의 연계

여행 동기는 여행자의 소비자 행동 전반에 영향을 미친다. 정보 탐색 방식, 가격 민감도, 브랜드 충성도, 만족 기준 등은 여행 동기에 따라 상이하게 나타난다. 예를 들어 휴식 중심 여행자는 브랜드 신뢰와 안정성을 중시하는 반면, 모험 중심 여행자는 가격보다 독창성과 자유도를 더 중요하게 평가한다.

이러한 차이는 여행 수요 분석과 소비자 행동 연구의 핵심 전제와 직결된다. 여행 동기를 기준으로 한 시장 세분화는 여행사의 고객 분석 정확도를 높이며, 표준화된 상품에서 벗어나 맞춤형 상품 개발로 이어질 수 있다.

05 여행 동기와 여행상품·마케팅 전략의 연결

여행 동기는 여행상품 개발과 마케팅 전략 설계에서 실질적인 기준으로 활용된다. 여행상품 개발 과정에서는 여행자의 동기를 명확히 반영하지 않은 상품은 시장에서 경쟁력을 확보하기 어렵다. 또한 마케팅 전략에서는 동기 유형에 따라 메시지 구성, 이미지 활용, 판매 채널 전략이 달라져야 한다. 예컨대 문화 체험 동기를 가진 여행자에게는 스토리텔링 중심의 콘텐츠 마케팅이 효과적인 반면, 휴식 동기 여행자에게는 편안함과 안정성을 강조한 커뮤니케이션이 더 적합하다. 이처럼 여행 동기는 여행사경영 전반을 관통하는 핵심 변수로 기능한다.

06 여행자의 동기 이해의 의의

여행자의 동기를 이해하는 것은 단순히 "왜 여행하는가"를 설명하는 데 그치지 않는다. 이는 여행 수요의 본질을 파악하고, 여행상품과 서비스, 마케팅 전략을 체계적으로 설계하기 위한 이론적 기반이다. 여행자의 동기는 여행사경영론의 다양한 논의를 이해하기 위한 핵심 연결 고리로 작용한다.

제4절

여행의 형태

여행은 단순히 '어디를 가는가'의 문제가 아니라, '어떻게 이동하며 어떤 순서로 경험하는가'의 문제이기도 하다. 동일한 목적지를 방문하더라도 여행자가 선택하는 이동 경로와 여정의 구조에 따라 여행 경험의 성격은 크게 달라진다. 어떤 여행자는 한 도시만을 방문하고 돌아오지만, 또 다른 여행자는 여러 도시를 연속적으로 이동하며 여행을 마무리한다. 이러한 이동 방식의 차이는 관광 소비의 형태, 체류 기간, 교통수단 선택, 여행상품의 구성 방식에 직접적인 영향을 미친다.

관광지리학과 여행산업 연구에서는 이러한 차이를 설명하기 위해 여행자의 이동 경로를 몇 가지 전형적인 유형으로 구분해 왔다. 피스톤형, 스푼형, 안전핀형, 텀블링형이라는 네 가지 대표적 여행 형태를 중심으로, 각각의 구조적 특징과 실제 여행 여정에서 어떻게 나타나는지를 살펴본다. 이를 통해 여행 형태가 교통·수배 구조, 여행상품 운영, 마케팅 전략과 어떻게 연결되는지를 이해하는 기초를 마련하고자 한다.

01 피스톤형 여행: 단일 목적지 왕복 여정

피스톤형 여행은 출발지에서 하나의 목적지로 이동한 뒤, 동일한 경로를 따라 다시 출발지로 돌아오는 가장 기본적인 이동 형태이다. 여행의 시작과 종료 지점이 동일하며, 이동 경로에 변동이 없다는 점에서 구조적으로 가장 단순한 형태라 할 수 있다. 이 유형은 관광 이동 패턴의 출발점이 되는 전형적인 모델로, 대중 관광이 본격화되던 시기부터 현재까지 가장 널리 활용되어 왔다.

이러한 여행 형태에서는 여행 일정이 비교적 명확하고 예측 가능하다. 여행자는 출발 전 단계에서 전체 여정을 쉽게 그릴 수 있으며, 여행 중에도 이동에 따른 불확실성을 크게 느끼지 않는다. 그 결과 여행의 주요 관심은 이동 자체보다는 목적지에서의 체류 경험에 집중된다.

예를 들어, 서울에 거주하는 직장인이 주말을 이용해 일본 도쿄를 방문하는 경우를 생각해볼 수 있다. 이 여행자는 인천공항에서 도쿄 나리타공항으로 이동한 뒤, 도쿄 시내에서 쇼핑과 식도락을 즐기고, 다시 동일한 항공편 노선을 이용해 인천으로 귀국한다. 이동 경로는 단순하지만, 짧은 기간 동안 효율적으로 휴식과 여가를 즐기기에는 충분한 구조를 가진다. 부산에서 다낭으로 출발해 휴양을 즐긴 뒤 다시 부산으로 돌아오는 동남아 단거리 여행 역시 피스톤형 여행의 전형적인 사례이다.

항공산업과 여행상품 측면에서 피스톤형 여행은 직항 노선, 왕복 항공권, 정형화된 패키지상품과 밀접하게 연결된다. 여행사는 일정과 비용을 표준화하기 용이하며, 항공사는 안정적인 수요를 기반으로 노선 운영과 가격 전략을 수립할 수 있다. 이처럼 피스톤형 여행은 관광산업의 대량화와 효율화를 가능하게 한 핵심 이동 패턴이라 할 수 있다.

02 스푼형 여행: 거점 체류와 주변 확장 여정

스푼형 여행은 출발지에서 하나의 중심 목적지로 이동한 뒤, 그 목적지를 거점으로 삼아 주변 지역을 여러 차례 탐방하고 다시 출발지로 돌아오는 형태를 의미한다. 이동 경로는 단순한 왕복 구조를 가지지만, 목적지 내부에서의 이동과 체험이 상대적으로 풍부하게 이루어진다는 점에서 피스톤형 여행과 구별된다.

이 여행 형태에서는 한 도시나 지역이 '생활의 중심' 역할을 하게 된다. 여행자는 동일한 숙소에 머물며 일상적인 리듬을 유지한 채, 인근 지역으로 짧은 이동을 반복한다. 이러한 구조는 여행자가 목적지를 보다 깊이 있게 이해하고, 단순한 관광지를 넘어 생활공간으로 경험하게 만든다.

예를 들어, 파리를 중심으로 한 유럽 여행을 생각해볼 수 있다. 여행자는 파리 샤를드골공항에 도착해 파리 시내에 숙소를 정한 뒤, 베르사유 궁전이나 지베르니, 몽생미셸과 같은 인근 지역을 당일치기 또는 1박 일정으로 다녀온다. 여행의 시작과 종료는 모두 파리에서 이루어지지만, 체류 기간 동안 다양한 지역을 경험하게 된다. 일본 여행에서도 도쿄를 거점으로 가마쿠라, 하코네, 가와고에 등을 방문하는 일정은 스푼형 여행의 대표적인 예라 할 수 있다.

스푼형 여행은 체류 시간이 길어지고, 숙박·식음·현지 교통 소비가 증가하는 경향을 보인다. 이에 따라 항공사와 여행사는 허브 공항 중심의 체류형 상품, 스톱오버 프로그램, 현지 투어와의 연계 전략을 강화하게 된다. 이 유형은 관광지의 체류 가치와 지역 경제 파급 효과를 확대하는 데 중요한 역할을 한다.

03 안전핀형 여행: 복수 목적지 순환 여정

안전핀형 여행은 여러 목적지를 순차적으로 방문하면서도, 이동 경로 중간에서 출발지와 다시 연결되는 고리 형태의 구조를 가지는 이동 패턴이다. 이 여행 형태에서는 단일 목적지가 아닌 복수의 주요 방문지가 설정되며, 이동 경로는 직선이 아니라 순환 구조를 형성한다.

이 유형은 특히 유럽과 같이 국가 간 이동이 빈번하고 교통 인프라가 발달한 지역에서 자주 나타난다. 여행자는 한 방향으로만 이동하는 것이 아니라, 일정 지점을 중심으로 경로를 확장했다가 다시 수렴시키는 방식으로 여정을 구성한다.

예를 들어, 서울에서 출발한 여행자가 런던에 도착한 후 파리, 암스테르담, 프랑크푸르트를 차례로 방문하고, 마지막으로 프랑크푸르트에서 다시 서울로 귀국하는 경우를 생각해볼 수 있다. 이동 경로는 단순한 일방 이동이 아니라, 유럽 내 주요 도시들을 연결하는 루프를 형성한다. 이 과정에서 여행자는 다양한 국가와 문화를 경험하게 되며, 이동 자체가 여행의 중요한 구성 요소가 된다.

안전핀형 여행은 항공, 철도, 버스 등 다양한 교통수단의 유기적 결합을 필요로 한다. 항공사와 여행사는 멀티도시 항공권, 인터라인 서비스, 항공동맹 네트워크를 활용해 이러한 이동을 지원한다. 이 여행 형태는 상품 설계와 운영 관리의 난이도가 높지만, 여행자에게는 높은 경험 가치와 만족을 제공하는 구조를 가진다.

04 텀블링형 여행: 연속 이동과 개방형 종료 여정

텀블링형 여행은 여행자가 목적지에서 목적지로 연속적으로 이동하면서, 출발지로 되돌아오지 않고 다른 도시나 국가에서 여행을 종료하는 형태이다. 이동 경로가 고정되어 있지 않고, 여정이 연속적으로 이어진다는 점에서 가장 유동적인 여행 형태라 할 수 있다.

이 유형은 배낭여행, 장기 체류 여행, 세계일주와 같은 자율적 여행에서 자주 나타난다. 여행자는 출발 시점에서 전체 경로를 완전히 확정하지 않으며, 여행 중 상황과 선호에 따라 다음 목적지를 결정하기도 한다.

예를 들어, 서울에서 출발한 여행자가 방콕에 도착한 후, 육로와 항공편을 이용해 치앙마이, 하노이, 싱가포르를 거쳐 발리에서 여행을 마무리하는 경우가 이에 해당한다. 이 여행에서는 출발지와 귀국지가 동일하지 않으며, 이동 경로 자체가 여행의 핵심 경험이 된다. 유럽 여행에서도 로마로 입국한 뒤 여러 도시를 이동하고 파리에서 귀국하는 가위벌림(open jaw) 여행[1]은 텀블링형 여행의 전형적인 사례이다.

항공산업에서는 편도 항공권, 가위벌림 항공권, 세계일주 항공권이 이 유형을 지원한다. 텀블링형 여행은 여행자의 자율성과 경험 다양성을 극대화하지만, 동시에 여행상품 운영과 관리 측면에서는 가장 복잡한 구조를 가진다. 이 여행 형태는 글로벌 네트워크와 제휴 전략이 여행산업에서 왜 중요한지를 잘 보여준다.

표 2 ▌각 유형 특징 및 항공산업 적용

여행 형태	이동 구조	특징	적합 여행 유형	항공산업 전략	대표 사례
피스톤형	출발지 ↔ 목적지 왕복	단순·효율적	단거리 휴양, 패키지	직항노선, 왕복 특가	제주항공, 진에어 단거리 왕복
스푼형	목적지 중심 주변 탐방 후 귀환	체류 증가	도시 중심 체류형	허브 기반 패키지, 현지 투어 연계	에어프랑스 파리 스톱오버
안전핀형	중간 지점 루프 후 귀환	복수 목적지, 결절점 존재	소도시 포함 루프 여행	멀티도시 항공권, 인터라인	스타얼라이언스 Circle Fare
텀블링형	여러 목적지 이동 후 다른 도시 종료	장기·복잡 여행	세계일주, 배낭여행	가위벌림 항공권, 글로벌 네트워크	원월드 RTW, 대한항공-델타 오픈조

1) 출발지나 목적지 또는 양쪽에서 지상 교통 기관을 이용한 여정이 포함된 여행

제5절

관광의 개념과 어원

관광은 여행과 밀접하게 연관된 개념이지만, 단순한 이동이나 여가 활동을 넘어 사회적·경제적·산업적 의미를 동시에 지니는 복합적 현상으로 이해되어야 한다. 특히 관광은 개인의 경험 차원을 넘어, 지역 경제 활성화, 산업 구조 형성, 국가 경쟁력과 직결되는 활동으로 발전해 왔다. 따라서 관광의 개념과 어원을 이해하는 것은 여행사경영론 전반을 체계적으로 이해하기 위한 필수적인 기초 작업이라 할 수 있다.

01 관광의 개념: 이동을 넘어선 체류와 활동의 종합

관광(tourism)은 일반적으로 '일상적인 생활 환경을 일시적으로 벗어나 일정 기간 체류하면서 다양한 활동을 통해 경험과 만족을 추구하는 행위'로 정의된다. 이 정의에서 중요한 핵심은 단순한 이동이 아니라, 체류(stay)와 활동(activity), 그리고 그 결과로서의 경험과 만족이 중심이 된다는 점이다.

학문적으로 관광은 다음과 같은 요소를 포함한다.

첫째, 관광은 비일상성을 전제로 한다. 관광객은 일상적인 생활공간을 떠나 새로운 환경에 노출되며, 이 과정에서 심리적·정서적 전환을 경험한다. 둘째, 관광은 일시적 체류를 특징으로 한다. 영구적 이주나 장기 정착은 관광에 포함되지 않으며, 일정 기간 이후 원래의 생활공간으로 돌아오는 것을 전제로 한다. 셋째, 관광은 비영리적 목적을 기본으로 한다. 업무 출장과 같이 경제 활동이 동반되는 이동은 관광과 경계에 위치하지만, 관광의 핵심 목적은 소비와 체험을 통한 만족에 있다. 넷째, 관광은 소비 활동과 밀접하게 결합된다. 교통, 숙박, 식음료, 오락, 쇼핑 등 다양한 서비스 소비가 관광 활동의 일부로 포함되며, 이는 관광을 하나의 산업으로 성립시키는 핵심 요인이다.

이러한 관점에서 관광은 여행의 상위 개념이면서도, 여행 중에서도 특히 경험과 소비, 산업적 파급 효과가 집중되는 영역으로 이해된다.

02 관광의 어원과 개념 형성의 역사적 배경

관광(tourism)의 어원은 영어 tourism과 프랑스어 tour에서 비롯되었으며, 이는 다시 라틴어 tornare(돌다, 회전하다)에서 유래한 것으로 알려져 있다. 어원적으로 관광은 '일정한 경로를 따라 이동한 후 다시 원래의 장소로 돌아오는 순회적 이동'을 의미한다.

이러한 어원은 관광의 본질적 특성을 잘 보여준다. 관광은 단방향 이동이 아니라 왕복성과 순환성을 전제로 하며, 이동 자체보다도 이동 과정에서의 관찰, 체험, 학습에 의미가 부여된다. 중세 유럽의 그랜드 투어(Grand Tour)는 관광 개념의 초기 형태로, 교육과 교양 축적을 목적으로 한 장기 여행이었다.

산업혁명 이후 교통수단의 발달과 노동시간 단축, 중산층의 확대는 관광을 특정 계층의 특권에서 대중적 활동으로 전환시켰다. 이 과정에서 관광은 개인적 경험 활동을 넘어 조직화·상품화· 산업화되었으며, 현대적 의미의 관광산업과 여행사가 등장하게 되었다.

03 관광의 주요 유형과 분류 체계

관광은 목적, 자원, 활동 내용에 따라 다양한 유형으로 분류된다. 이러한 유형 구분은 관광 수요 분석과 여행상품 기획의 기초 자료로 활용된다.

1) 자연관광

자연환경을 주요 자원으로 활용하는 관광 형태로, 산악 관광, 해양 관광, 생태 관광 등이 이에 해당한다. 자연관광은 휴식과 치유, 환경 체험을 중시하며, 최근에는 지속가능성과 환경 보전 이슈와 밀접하게 연결된다.

2) 문화관광

역사, 예술, 전통, 생활양식 등 문화적 자산을 중심으로 이루어지는 관광이다. 유적지 탐방, 박물관 방문, 지역 축제 참여 등이 대표적이며, 관광객의 학습 욕구와 문화적 호기심을 충족시키는 데 초점을 둔다.

3) 레저·휴양 관광

신체적 활동과 여가를 중심으로 구성된 관광 형태로, 리조트 관광, 스포츠 관광, 웰니스 관광 등이 포함된다. 이 유형은 관광객의 휴식과 즐거움, 건강 증진을 주요 목표로 한다.

4) 이벤트·특수 목적 관광

국제 행사, 박람회, 스포츠 이벤트, 전시회 등을 목적으로 한 관광으로, 특정 시점과 장소에 관광 수요가 집중되는 특징을 가진다. 이는 지역 경제에 단기간 큰 파급 효과를 창출할 수 있다는 점에서 전략적 중요성이 크다.

이처럼 관광 유형의 다양화는 관광객 욕구의 세분화와 직결되며, 여행상품의 차별화 전략 수립에 중요한 기준이 된다.

04 관광 개념의 산업적 의미와 여행사경영론의 연계

관광을 개념적으로 이해하는 것은 단순한 정의 암기에 그치지 않는다. 관광은 다양한 서비스 산업을 결합하는 복합 산업으로, 교통, 숙박, 식음료, 오락, 유통 등 여러 부문이 유기적으로 연결된다. 여행사는 이러한 관광 요소를 통합하여 하나의 상품으로 구성하고, 이를 시장에 제공하는 핵심 주체이다.

제6절

여행 구성 요소와 관광 시스템

여행은 개별 요소의 단순한 집합이 아니라, 다양한 구성 요소들이 유기적으로 결합되어 하나의 경험을 형성하는 복합적 활동이다. 여행자가 인식하는 여행의 만족도는 특정 요소 하나에 의해 결정되기보다는, 교통·숙박·음식·관광지·활동·정보가 상호작용하며 만들어내는 총체적 경험의 결과물이라 할 수 있다. 이러한 관점에서 여행을 이해하기 위해서는 여행을 구성하는 핵심 요소들을 체계적으로 파악하고, 이들이 관광 시스템 안에서 어떻게 상호 연계되는지를 분석할 필요가 있다.

01 여행 구성 요소의 개념과 체계적 이해

여행 구성 요소란 여행자가 출발지에서 목적지로 이동하고 체류하며 활동하는 전 과정에서 필수적으로 또는 선택적으로 결합되는 요소들을 의미한다. 이 요소들은 독립적으로 존재하는 것이 아니라, 여행이라는 하나의 서비스 경험 안에서 상호 의존적인 관계를 형성한다.

1) 교통(Transportation)

교통은 여행의 시작과 종료를 가능하게 하는 물리적 기반으로, 항공, 철도, 버스, 선박 등 다양한 수단이 포함된다. 교통수단의 선택은 여행자의 목적, 예산, 시간 제약에 따라 달라지며, 여행 전체 일정과 비용 구조를 결정짓는 핵심 변수로 작용한다. 특히 항공 교통은 장거리 여행과 국제 관광에서 중심적인 역할을 수행하며, 노선 구조와 스케줄, 운임 체계는 여행상품 설계의 출발점이 된다.

2) 숙박(Accommodation)

숙박은 단순한 휴식 공간을 넘어 여행자의 체험 품질에 직접적인 영향을 미친다. 호텔,

리조트, 게스트하우스, 공유숙박 등 숙박 형태의 다양화는 여행자의 라이프스타일과 여행 목적의 세분화를 반영한다. 숙박의 위치, 등급, 서비스 수준은 관광지 체류 방식과 소비 패턴을 좌우하며, 여행상품의 가격 포지셔닝에도 결정적인 영향을 미친다.

3) 식음료(Food & Beverage)

음식은 생존을 위한 필수 요소이면서 동시에 문화 체험의 핵심 수단이다. 지역 고유의 음식 문화는 관광지의 매력을 강화하며, 최근에는 '미식 관광'이라는 독립된 관광 유형으로까지 발전하고 있다. 여행자는 음식 경험을 통해 지역의 정체성을 인식하고, 이는 여행의 기억과 만족도를 형성하는 중요한 요소로 작용한다.

4) 관광지 및 관광자원(Attractions)

자연 경관, 역사 유적, 문화 시설, 테마파크 등은 여행자의 방문 동기를 형성하는 핵심 자원이다. 관광지는 단순한 방문 대상이 아니라, 스토리텔링과 콘텐츠화 과정을 통해 지속적으로 가치가 재구성된다. 여행사는 이러한 관광자원을 어떻게 조합하고 해석하느냐에 따라 상품의 차별성을 확보할 수 있다.

5) 활동(Activity)

관광지 방문 자체보다도, 그 안에서 무엇을 경험하는가가 여행의 질을 결정하는 시대에 접어들었다. 체험 프로그램, 레저 활동, 문화 참여, 교육적 활동 등은 여행을 수동적 관람에서 능동적 경험으로 전환시킨다. 활동 요소는 여행자의 동기와 밀접하게 연계되며, 맞춤형 상품 개발의 핵심 구성 요소로 활용된다.

6) 정보(Information)

정보는 여행 구성 요소 전반을 연결하는 매개 역할을 한다. 여행 전 정보 탐색, 여행 중 안내, 여행 후 평가와 공유까지 정보는 여행 전 과정에 영향을 미친다. 디지털 기술의 발전은 여행자의 정보 접근성을 획기적으로 변화시켰으며, 여행사의 역할 또한 단순 예약 중개에서 정보 설계자이자 콘텐츠 제공자로 확대되고 있다.

02 관광 시스템 이론: 상호작용 구조로서의 관광

여행 요소들이 개별적으로 존재한다면 관광은 성립할 수 없다. 관광은 시스템(system)이며, 다양한 주체와 환경 요소가 상호작용하는 구조 속에서 이해되어야 한다. 관광 시스템 이론은 관광 현상을 단편적 요소가 아닌, 통합적 구조로 설명하는 이론적 틀을 제공한다.

관광 시스템은 일반적으로 수요자, 공급자, 중개자, 지원 서비스, 환경 요소로 구성된다. 수요자는 관광객, 즉 여행자이며, 개인의 동기와 욕구, 경제적 여건에 따라 관광 수요가 형성된다. 공급자는 항공사, 숙박업체, 관광지 운영자, 식음료 사업자 등 관광 서비스를 제공하는 주체들이다.

중개자는 여행사와 온라인 플랫폼으로, 수요자와 공급자를 연결하는 핵심 역할을 수행한다. 여행사는 개별적으로 분산된 관광 요소를 하나의 상품으로 통합하고, 위험을 조정하며, 정보 비대칭을 완화하는 기능을 담당한다. 이는 여행사가 관광 시스템에서 단순한 유통 채널이 아니라, 조정자(coordinator)이자 설계자(designer)로 기능함을 의미한다.

지원 서비스에는 금융, 보험, 정보통신, 공공 인프라 등이 포함되며, 이는 관광 활동이 원활하게 이루어질 수 있도록 뒷받침하는 역할을 한다. 마지막으로 환경 요소는 정치·경제·사회·문화·자연 환경을 포괄하며, 관광 시스템 전반에 구조적 영향을 미친다. 환율 변화, 국제 정세, 기후 변화, 팬데믹과 같은 외부 환경 요인은 관광 시스템의 안정성과 지속가능성을 좌우한다.

03 여행 구성 요소와 관광 시스템의 상호 연계

여행 구성 요소는 관광 시스템 안에서 고정된 위치를 갖는 것이 아니라, 수요와 환경 변화에 따라 그 중요성과 역할이 재조정된다. 예를 들어 항공 노선이 확대되면 관광지 접근성이 향상되고, 이는 숙박 수요와 지역 소비 증가로 이어진다. 반대로 숙박 인프라가 부족한 지역은 관광자원이 풍부하더라도 체류형 관광으로 발전하기 어렵다.

이처럼 관광 시스템은 선형적 구조가 아니라 순환적·상호작용적 구조를 가진다. 하나의 요소 변화는 다른 요소에 연쇄적인 영향을 미치며, 여행사는 이러한 구조를 이해하고 조정하는 중심 주체로 기능한다.

서론

연습문제 Review Questions

문제 01 여행과 관광의 개념적 차이를 설명하고, 두 개념의 위계 관계를 논하시오.

➡

문제 02 여행자의 동기가 여행상품 선택과 소비자 행동에 미치는 영향을 설명하시오.

➡

문제 03 피스톤형 여행과 텀블링형 여행의 구조적 차이를 설명하고, 여행사 운영 측면에서의 의미를 논하시오.

➡

:: 모범답안 ::

문제 01 여행은 일상 공간을 벗어나 이동과 체류를 수행하는 인간의 포괄적인 활동으로, 여가·업무·학습·종교 등 다양한 목적의 이동을 포함하는 하위 개념이다. 반면 관광은 여행 중에서도 주로 여가와 체험, 소비를 목적으로 일정 기간 체류하며 이루어지는 활동으로, 산업적 성격이 강조되는 상위 개념이다.

따라서 모든 여행은 관광에 포함되지만, 모든 관광이 여행에 해당하는 것은 아니다. 이러한 위계 관계를 이해하는 것은 여행사를 단순 이동 중개가 아닌 관광 경험 설계 조직으로 이해하는 데 중요한 전제가 된다.

문제 02 여행자의 동기는 여행 목적지 선택, 상품 유형, 가격 민감도, 정보 탐색 방식 등에 직접적인 영향을 미친다. 예를 들어 휴식 동기를 가진 여행자는 편안함과 안정성을 중시하며, 표준화된 패키지상품을 선호하는 경향이 있다. 반면 모험이나 자아 성취 동기를 가진 여행자는 일정의 자유도와 독창성을 중시하며, 가격보다 경험의 차별성을 중요하게 평가한다. 따라서 여행 동기는 여행상품 기획과 마케팅 전략 수립의 핵심 기준으로 활용된다.

문제 03 피스톤형 여행은 출발지와 목적지가 동일하며 동일한 경로로 왕복하는 단순한 이동 구조를 가진다. 반면 텀블링형 여행은 목적지에서 목적지로 연속 이동하며 출발지와 다른 지점에서 여행을 종료하는 개방형 구조를 가진다. 운영 측면에서 피스톤형 여행은 일정과 비용 관리가 용이한 반면, 텀블링형 여행은 교통 수배와 일정 조정, 리스크 관리의 복잡성이 높다. 이는 여행사의 조정 기능과 운영 역량이 왜 중요한지를 보여준다.

서론

토론문제 Discussion Questions

토론 01 "여행의 핵심 가치는 이동이 아니라 경험이다."라는 주장에 대해 찬반 토론하시오.

토론 포인트!

- 이동 자체가 여행 경험의 일부가 될 수 있는가?
- 체험 중심 여행 트렌드의 확산
- 교통 서비스의 상품화와 경험 가치
- 여행사의 역할 변화(이동 중개 → 경험 설계)

토론 02 OTA의 확산 속에서도 여행사가 관광 시스템에서 여전히 중요한 이유는 무엇인가?

토론 포인트!

- 관광 시스템 내 중개자의 조정 기능
- 복합 여행에서의 책임 주체 필요성
- 정보 비대칭과 리스크 관리
- 디지털 환경에서 여행사의 기능 재편

토론 03 여행 형태(이동 패턴)를 기준으로 여행상품을 세분화하는 것이 왜 중요한가?

토론 포인트!

- 이동 패턴과 체류 소비의 관계
- 항공·숙박 수배 구조와의 연계
- 표준화 상품과 맞춤형 상품의 차이
- 여행사 운영 효율성과 고객 만족도의 균형

제1장

여행산업과 여행사의 이해

:: 학습목표 Learning Objectives

01. 여행산업을 관광산업의 단순 하위 영역이 아닌, 복합적 경영 산업으로 이해할 수 있다.
02. 여행사를 법적·제도적 정의가 아닌 경영학적 관점에서 재정의할 수 있다.
03. 여행사의 핵심 기능(기획·유통·운영·정보 제공)을 경영 활동 중심으로 설명할 수 있다.
04. OTA와 디지털 환경 변화 속에서 여행사의 역할 변화가 쇠퇴가 아닌 기능 재편임을 논증할 수 있다.
05. 여행사를 관광 관련 업종이 아닌 독립적 경영 조직으로 분석해야 하는 이유를 설명할 수 있다.
06. 여행업의 역사적 발전 과정과 글로벌 사례를 통해 현대 여행사의 구조와 기능을 이해할 수 있다.
07. 여행사의 발전 요인을 교통, 사회·경제, 기술, 수요, 정책 측면에서 분석하고, 현대 여행사 운영 전략과 연결할 수 있다.

:: 핵심 키워드 Key Concepts

- 여행산업(Travel Industry)
- 관광산업(Tourism Industry)
- 여행사(Travel Agency)
- 경영 조직(Business Organization)
- 조정자(Coordinator)
- 여행상품(Travel Product)
- OTA(Online Travel Agency)
- 디지털 환경 변화(Digital Transformation)
- 기능 재편(Role Reconfiguration)
- 복합 경영 구조(Complex Management Structure)
- 여행업 발달 과정
- 발전 요인(교통, 사회·경제, 기술, 관광 수요, 정책·제도)
- 글로벌 여행업 사례(Cox & Kings, Thomas Cook, JTB, AmEx, 한국 여행사)

:: 장 요약 Chapter Summary

본 장은 여행사경영론 전반을 이해하기 위한 이론적 출발점으로서, 여행산업과 여행사를 어떻게 바라볼 것인가에 대한 기본 관점을 제시한다.

여행산업은 항공, 숙박, 교통, 현지 서비스 등 서로 다른 산업 요소가 결합된 복합 구조를 가지며, 여행사는 이들 요소를 통합하여 하나의 여행 경험으로 설계하는 핵심 조정자(coordinator) 역할을 수행한다. 단순한 중개업자가 아니라, 여행상품을 기획하고, 가격과 일정을 결정하며, 운영 과정에서 발생하는 다양한 리스크를 관리하는 경영 조직으로 이해해야 한다.

디지털 기술과 OTA의 확산으로 정보 제공 중심의 기존 경쟁 우위는 약화되었으나, 복합 상품 설계, 운영 책임, 문제 해결 능력 등 여행사의 본질적 역할은 더욱 강조되고 있다. 따라서 여행사의 역할 변화는 쇠퇴가 아니라 기능 재편의 문제로 이해해야 하며, 여행사를 관광산업의 부속물이 아닌 독립된 경영 주체로 분석하는 접근이 필요하다.

여행업의 발달 과정은 고대·중세의 상업·순례 중심 이동에서 출발하여, 근대적 여행사(Cox & Kings, Thomas Cook)의 등장, 항공 시대, 글로벌 여행산업 형성, 인터넷·모바일 시대, 디지털 플랫폼 경제, 팬데믹 이후 포스트 코로나 시대까지 단계적으로 진화해 왔다. 각 시기별 교통수단 발달, 사회·경제적 변화, 기술 혁신, 관광 수요 확대, 정책적 요인 등은 여행사의 기능과 산업 구조에 직접적 영향을 미쳤다.

현대 여행사는 이러한 복합 요인을 기반으로 맞춤형·테마형·체험형 상품을 개발하고, 디지털과 데이터를 활용한 초개인화 서비스, 고객 경험 중심 경영, 플랫폼 전략 등을 통해 경쟁력을 확보하고 있다. 여행사의 발전 요인은 교통수단 발달, 사회·경제적 변화, 기술 혁신, 관광 수요 확대, 정책·제도적 지원이라는 다섯 가지 측면에서 이해할 수 있으며, 이는 여행사가 단순 중개자가 아닌 전략적 경영 조직으로 자리매김하게 한 핵심 요인이다.

제1절

여행산업의 개념과 범위

01 관광산업 내 여행산업에 대한 전통적 이해의 한계

여행산업은 전통적으로 관광산업의 하위 영역으로 설명되어 왔다. 기존의 관광개론 교재에서는 관광산업을 교통, 숙박, 식음료, 오락, 여행업 등 다양한 산업 구성 요소의 집합으로 정의하며, 여행사는 이 가운데 하나의 업종으로 간략히 언급되는 경우가 많다. 이러한 접근은 관광산업의 외형적 구조를 이해하는 데에는 일정 부분 기여하지만, 여행산업 특히 여행사를 하나의 독립적인 경영 주체로 이해하는 데에는 분명한 한계를 가진다.

관광산업을 구성 요소 중심으로 나열하는 방식은 산업 내부의 역할 분담과 책임 구조, 의사결정 주체, 리스크 관리 기능을 충분히 설명하지 못한다. 특히 여행사가 수행하는 기획, 조정, 운영, 통합 관리 기능은 단순히 '관광 관련 업종 중 하나'라는 범주로는 포착되기 어렵다. 이로 인해 여행산업은 종종 관광산업의 주변부 또는 보조적 기능으로 오해되어 왔다.

02 복합 산업으로서의 여행산업

현대 여행산업은 단순히 관광객의 이동과 체류를 지원하는 산업이 아니라, 다양한 산업 요소가 결합된 복합 산업(composite industry)으로 정의될 수 있다. 이 복합성은 여행산업이 지니는 구조적 특성에서 분명하게 드러난다.

1) 여행산업은 수요 변동성이 매우 큰 산업이다.

여행 수요는 계절적 요인뿐 아니라 기후 변화, 환율, 국제 정세, 감염병, 자연재해 등 다양한 외부 환경 요인의 영향을 직접적으로 받는다. 성수기와 비수기의 격차가 크며, 예기치 못한 외부 충격은 단기간에 수요 구조를 급격히 변화시킨다. 이러한 불확실성은 여행산업이 단순 판매 산업이 아니라, 위험 관리가 필수적인 산업임을 보여준다.

2) 여행산업은 공급 요소가 분절된 구조를 가진다.

항공사는 좌석 판매를 중심으로 한 수익 구조를 가지고 있으며, 숙박업은 객실 점유율과 평균 객실 단가(ADR)에 의해 성과가 결정된다. 현지 교통, 관광지 운영, 체험 프로그램 제공자 또한 각기 다른 운영 논리와 비용 구조를 가진다. 이처럼 이질적인 산업 요소들이 하나의 여행 경험 안에서 결합되어야 한다는 점에서, 여행산업은 구조적으로 복잡성을 내포한다.

3) 여행산업은 다수의 이해관계자가 동시에 참여하는 산업이다.

여행객, 여행사, 항공사, 숙박업체, 현지 사업자, 보험사, 공공기관 등 다양한 주체가 여행 과정 전반에 관여하며, 이들 간의 책임과 역할은 명확히 구분되지 않는 경우도 많다. 이러한 복잡한 이해관계 구조는 여행산업을 단순 서비스 산업과 구별 짓는 중요한 특징이다.

03 여행사의 조정자(Coordinator) 역할과 경영적 책임

이러한 복합적 구조 속에서 여행사는 단순한 중개자가 아니라, 분절된 공급 요소를 하나의 상품과 경험으로 통합하는 핵심 조정자(coordinator) 역할을 수행한다. 여행사가 존재하지 않는다면, 여행객은 항공권, 숙박, 현지 교통, 관광 프로그램을 각각 다른 경로로 개별적으로 확보해야 하며, 이 과정에서 정보 탐색 비용과 시간적 부담, 그리고 다양한 위험을 직접 감수해야 한다.

여행사는 이러한 구조적 복잡성을 흡수하여, 여행객에게는 하나의 통합된 여행 경험을 제공하고, 공급자에게는 안정적인 수요와 운영 효율성을 제공한다. 특히 패키지 여행이나 단체 여행, 맞춤형 여행과 같이 일정과 서비스 조정이 복잡한 상품일수록, 여행사의 기획력과 조정 능력은 여행의 성패를 좌우하는 핵심 요소가 된다.

이러한 점에서 여행사는 단순한 판매 채널이 아니라, 상품 설계자, 운영 관리자, 리스크 책임자로서의 경영적 역할을 수행하는 조직으로 이해되어야 한다.

04 네트워크형 서비스 산업으로서의 여행산업

여행산업은 일반적인 서비스 산업과도 구별되는 특징을 가진다. 대부분의 서비스 산업은 제공자와 소비자가 일대일 관계로 연결되지만, 여행산업은 다수의 공급자와 소비자가 동시에 연결되는 네트워크형 서비스 산업이다.

하나의 여행상품이 성립되기 위해서는 항공, 숙박, 현지 교통, 관광지, 식음료, 체험 프로그램 등 다양한 서비스가 유기적으로 결합되어야 하며, 이 과정에서 여행사는 각 요소 간의 일정, 가격, 품질을 조정한다. 이처럼 여행산업은 개별 서비스의 단순한 합이 아니라, 결합과 조정의 결과물이라는 점에서 경영학적 분석이 요구되는 산업이다.

05 디지털 환경 변화와 여행산업 구조의 재편

최근 여행산업은 디지털 기술과 플랫폼 기반 유통 구조의 확산으로 급격한 변화를 겪고 있다. OTA(Online Travel Agency)와 메타 검색 플랫폼의 등장으로 소비자는 항공권과 숙박을 직접 비교·예약할 수 있게 되었으며, 이로 인해 여행사의 전통적인 정보 제공 기능은 상대적으로 축소되었다.

그러나 이는 여행사의 역할이 약화되었음을 의미하지는 않는다. 오히려 여행사는 단순 예약 중개에서 벗어나, 복합 상품 기획, 고객 맞춤 설계, 운영 관리, 위기 대응과 같은 고부가가치 기능에 집중하는 방향으로 기능이 재편되고 있다. 특히 FIT 여행, 기업 연수, 고급 맞춤형 여행 시장에서는 여행사의 전문성이 여전히 중요한 경쟁 요소로 작용한다.

06 여행산업의 범위와 직접·간접 관광산업

여행산업의 범위는 국가와 연구 목적에 따라 다양하게 정의될 수 있다. 국제적으로는 관광산업을 직접 관광산업(direct tourism industry)과 간접 관광산업(indirect tourism industry)으로 구분하는 접근이 널리 활용된다.

직접 관광산업에는 여행객과 직접 접촉하여 서비스를 제공하는 항공사, 숙박업체, 여행사, 교통업, 관광지 운영자가 포함되며, 간접 관광산업에는 금융, 보험, 정보통신, 광고, 기획 등 관광 활동을 지원하는 산업이 포함된다. 이 구분에 따르면 여행사는 단순한 보조산업이 아니라, 직접 관광산업의 핵심 구성 요소로 분류된다.

여행산업은 관광산업의 주변적 하위 영역이 아니라, 복잡한 산업 구조를 조정하고 통합하는 핵심 영역이다. 여행사는 다양한 공급 요소를 연결하고, 불확실성과 위험을 관리하며, 여행 경험의 품질을 책임지는 전략적 경영 조직으로 이해되어야 한다.

따라서 여행사경영론은 여행사를 단순 판매업이나 중개업이 아닌, 조정자적 역할과 경영 책임을 수행하는 핵심 산업 주체로 분석하는 학문적 접근이라 할 수 있다. 이러한 관점은 여행상품 기획, 운영 관리, 마케팅 전략, 디지털 전환 논의를 이해하는 중요한 이론적 출발점이 된다.

제2절

여행사의 정의와 기능

01 법적 정의의 의미와 한계

전통적으로 여행사는 「관광진흥법」 등 관련 법령에 따라 여행상품을 기획·판매하거나 여행 알선을 수행하는 사업자로 정의되어 왔다. 이러한 법적 정의는 여행업의 등록 기준, 면허 체계, 소비자 보호 제도 등 제도적 틀을 마련하는 데에는 중요한 역할을 수행해 왔다. 즉, 여행사가 어떤 행위를 할 수 있고, 어떤 책임을 부담해야 하는지를 명확히 구분하는 규제적 기준으로서 의미를 가진다.

그러나 이러한 법적 정의는 여행사의 실제 경영 활동과 의사결정 구조를 충분히 설명하지는 못한다. 법령은 여행사를 주로 '업종' 또는 '사업자 유형'으로 분류할 뿐, 여행사가 어떻게 상품을 기획하고, 위험을 관리하며, 운영 책임을 수행하는지에 대한 설명은 거의 제공하지 않는다. 다시 말해, 법적 정의는 제도적 구분에는 유용하지만, 여행사를 하나의 경영 조직으로 이해하기에는 분명한 한계를 가진다.

02 경영학적 관점에서의 여행사 재정의

경영학적 관점에서 여행사는 단순한 판매자나 중개업자가 아니라, 여행이라는 무형의 경험을 설계(design)하고, 조정(coordination)하며, 성과에 대해 책임지는(accountability) 조직으로 이해할 수 있다. 여행사는 항공 좌석과 호텔 객실이라는 제한된 자원을 사전에 확보하고, 변동성이 큰 수요 환경 속에서 가격과 일정을 설계하며, 판매 이후의 운영 과정까지 관리해야 한다.

특히 여행상품은 제조와 소비가 분리된 유형 상품과 달리, 현장에서 동시에 소비되는 경험재(experience good)의 성격을 가진다. 따라서 상품 판매 이후에도 서비스 품질과 고객 만족에 대한 책임이 지속된다. 이 점에서 여행사는 단순히 거래를 중개하는 조직이 아니라, 여행 경험 전체의 품질과 위험을 통제하는 경영 주체로 정의될 수 있다.

03 여행사의 핵심 경영 기능 구조

여행사의 경영 기능은 단순히 개별적 활동으로 존재하지 않고, 서로 유기적으로 연결된 체계적 구조 속에서 작동한다. 현대 여행사는 관광 공급자와 소비자를 연결하는 중개자이자, 여행 경험을 설계·운영하는 복합적 경영 조직으로 이해해야 하며, 주요 기능은 다음과 같이 설명할 수 있다.

1) 여행상품 기획 및 상품화 기능(Product Planning & Productization)

여행사의 가장 핵심적인 기능은 여행상품을 기획하고 상품화하는 것이다. 항공, 숙박, 교통, 관광지 방문, 식사, 체험 프로그램 등 개별 서비스들을 통합하여 소비자가 구매 가능한 형태의 상품으로 설계한다. 단순한 조합이 아니라, 목적지의 관광 자원과 접근성, 고객 선호, 시장 트렌드, 비용 구조, 일정 효율성을 종합적으로 고려한 전략적 설계 활동이다. 특히 FIT, 테마 여행, 단체 패키지, 프리미엄 맞춤형 상품 등 다양한 형태의 여행에서는 일정, 이동 동선, 숙박 위치, 현지 활동의 유기적 배치가 필수적이다. 상품 기획 단계에서는 시장조사와 고객 세분화, 타깃 설정이 이루어지며, 이를 통해 여행사는 경쟁력을 갖춘 차별화된 여행상품을 창출한다. 이러한 기획·상품화 과정은 여행사가 단순 중개업자가 아닌 부가가치를 창출하는 전략적 산업임을 보여주는 핵심 활동이다.

2) 유통 및 판매 기능(Distribution & Intermediation)

여행사는 기획된 상품을 고객에게 전달하고 판매하는 유통 기능을 수행한다. 오프라인 매장뿐 아니라, OTA, 메타서치(Meta Search) 플랫폼, 모바일 앱, 글로벌 유통 시스템(GDS)을 활용하여 상품을 판매한다. 단순히 상품을 노출하는 것이 아니라, 가격 전략, 프로모션, 고객 세분화 전략을 동시에 운영하며, 마케팅 활동과 밀접하게 연계된 경영 기능이다. 최근 디지털 환경에서는 검색 노출 최적화, 리뷰 관리, SNS 마케팅, 데이터 기반 추천 시스템 등이 중요한 요소로 부상하고 있으며, 여행사는 이를 활용해 적절한 고객에게 적시에 상품을 제안하는 전략적 판단을 수행한다. 이를 통해 관광산업 전반의 거래 비용을 줄이고 시장 효율성을 높이는 역할을 한다.

3) 정보 제공 및 여행 컨설팅 기능(Information Provision & Consulting)

여행사는 고객이 합리적인 의사결정을 내릴 수 있도록 전문 정보를 제공하는 역할을 수행한다. 항공 스케줄, 교통 수단, 현지 문화와 관광지 정보, 비자 및 방역 규정, 보험, 안전, 환율 등 여행 전반에 걸친 정보를 종합적으로 제공한다. 난순 정보 전달이 아니라, 고객의 목적과 상황에 맞게 정보를 선별·분석하고 조언하는 컨설팅 역할이 핵심이다. 예를 들어, 동일한 여행지라도 가족 여행, 1인 여행, 비즈니스 출장 등 목적에 따라 일정, 숙소, 이동수단 추천이 달라져야 한다. 이 과정에서 축적된 고객 데이터는 향후 상품 기획, 마케팅, 맞춤형 서비스 개발에 활용되어 여행사의 경쟁력을 강화한다.

4) 예약·결제 및 운영 관리 기능(Operation & Fulfillment)

여행사는 상품 판매 이후 예약과 운영 전반을 관리한다. 항공권 발권, 호텔 객실 확보, 현지 투어 예약, 교통 연계, 바우처 발행 등 여행 실행에 필요한 모든 절차를 통합적으로 관리한다. 운영 과정에서는 예기치 못한 상황(항공 결항, 초과예약(overbooking), 일정 변경, 고객 질병이나 사고 등)에 신속히 대응해야 하며, 이러한 대응 능력은 여행사의 신뢰성과 전문성을 평가하는 핵심 기준이 된다. 또한, 여행 후에는 고객 피드백과 내부 평가를 통해 다음 상품 개선으로 연결함으로써 지속적 서비스 품질 향상을 도모한다.

5) 리스크 관리 기능(Risk Management)

여행업은 다양한 불확실성과 위험 요소를 내포하고 있다. 자연재해, 정치적 불안, 항공 사고, 감염병, 고객 안전사고 등 잠재 위험에 대비하여 여행사는 사전 예방과 사후 대응 체계를 갖춰야 한다. 여행사는 여행자 보험 안내, 안전 매뉴얼 제공, 비상 연락 체계 운영, 대체 일정 마련 등 다양한 리스크 관리 수단을 운영한다. 단체 여행, 기업 인센티브 투어, 해외 체험 프로그램 등에서는 이러한 리스크 관리가 여행 성공 여부를 결정짓는 핵심 요소가 된다.

6) 시장 개발 및 신상품 창출 기능(Market Development & Innovation)

여행사는 기존 시장에 머무르지 않고 새로운 수요를 발굴하고 시장을 확대한다. 신흥 관광지 발굴, 테마 관광, 특수 목적 관광(SIT)[1], 의료관광, 교육관광, MICE 관광 등 새로운 상품 영역을 개척한다. 이 과정은 항공 노선 개설, 지역 관광 활성화, 숙박·관광 인프라 확장과도 연계된다. 시장 개발 기능은 여행사가 관광산업의 성장을 촉진하는 핵심 동력임을 보여주며, 단순 중개를 넘어 산업 전체에 영향을 미치는 전략적 역할을 수행함을 강조한다.

7) 고객 경험 및 브랜드 설계 기능(Customer Experience & Branding)

현대 여행사는 단순한 상품 판매를 넘어 고객 경험 전반을 설계하고 관리한다. 여행 전 상담, 여행 중 서비스 제공, 여행 후 만족도 관리까지 고객 접점 전 과정을 통합적으로 운영하며, 프리미엄 맞춤 여행, 웰니스(wellness) 여행, 로컬 체험 중심 상품 등 차별화된 경험을 통해 브랜드 가치를 구축한다. 이러한 경험 중심 기능은 여행업이 감정적 가치와 기억을 판매하는 경험 산업임을 보여주는 핵심 요소이며, 여행사의 경쟁력과 지속 가능성을 좌우하는 전략적 자산으로 작용한다.

여행사의 기능은 단순한 상품 기획과 판매를 넘어, 정보 제공, 운영 관리, 리스크 대응, 시장 개발, 고객 경험 설계까지 포함하는 복합적 경영 활동이다. 여행사는 관광 공급자와 소비자를 연결하는 중개자이자, 여행 경험을 설계·관리하는 전략적 경영 조직으로 이해해야 한다. 각 기능은 서로 연계되어 고객 만족, 운영 효율, 시장 경쟁력, 브랜드 가치를 동시에 강화하는 역할을 수행한다.

04 여행사의 전략적 경영 주체로서의 역할

앞서 살펴본 기능을 종합하면, 여행사는 단순한 중개 조직이 아니라 여행 경험 전반을 설계·통제·관리하고 그 결과에 책임지는 전략적 경영 조직임을 알 수 있다. 여행사는

1) SIT란 특별한 관심분야와 관련된 여행으로 단순한 관광의 형태를 넘어서 여행지에서의 구체적 관광의 형태와 목적을 설정하고 실시하는 관광으로 예술, 와인, 골프, 크루즈, 공정, 헬스케어 여행 등이 이에 해당한다.

단기적 매출 증대보다는 장기적 고객 신뢰와 관계 형성을 통해 지속 가능한 수익 구조를 추구한다. 특히 공급 요소가 복잡하고 외부 환경 변동성이 큰 여행산업에서, 여행사는 위험을 흡수하고 조정하는 중심 축으로 기능한다. 이러한 관점은 여행상품 관리, 가격 전략, 유통 구조, 운영 관리, 마케팅 전략 논의의 이론적 출발점이 된다.

요약하면, 경영학적 관점에서 여행사는 다음과 같이 정의할 수 있다.

① **여행상품 기획자**: 다양한 공급 요소를 결합하여 최적의 여행 경험을 설계하는 조직

② **유통·판매 관리자**: 다채널 전략과 고객 맞춤 접근을 통해 시장 경쟁력을 확보하는 주체

③ **운영 책임자**: 여행 전·중·후 전 과정의 품질과 위험을 관리하는 조직

④ **정보·상담 제공자**: 고객의 합리적 의사결정을 지원하는 전문 조언자

⑤ **전략적 경영 주체**: 단순 중개를 넘어 통합적 의사결정과 리스크 관리를 수행하는 조직

이와 같은 이해는 여행사를 관광산업의 주변부가 아닌, 산업 구조의 핵심 구성 요소로 재인식하게 하며, 여행사경영론의 학문적 필요성을 명확히 보여준다.

제3절

여행사의 역할 변화와 환경 변화

01 여행산업 환경 변화와 여행사 역할의 재검토

여행사의 역할은 여행산업을 둘러싼 환경 변화와 함께 지속적으로 변화해 왔다. 특히 정보기술의 발전, 소비자 행동의 변화, 유통 구조의 재편은 여행사의 전통적 기능과 산업 내 위치에 근본적인 영향을 미쳤다. 과거 여행사가 수행하던 핵심 역할은 오늘날 디지털 기술과 플랫폼의 확산으로 인해 상당 부분 재구성되었으며, 이에 따라 여행사의 존재 이유와 경쟁력에 대한 논의가 본격화되고 있다. 이러한 변화는 여행사의 역할이 단순히 축소되었음을 의미하는 것이 아니라, 기능의 중심이 이동하고 재편되었음을 의미한다. 따라서 여행사의 역할 변화를 이해하기 위해서는 전통적 산업 구조와 현대적 환경을 비교하는 접근이 필요하다.

02 전통적 여행사의 역할: 정보 비대칭 기반의 산업 구조

과거 여행산업 환경에서 여행사는 정보 비대칭에 기반한 정보 독점자의 성격이 강했다. 항공 스케줄, 요금 체계, 좌석 가능 여부, 숙박 시설 정보, 현지 관광 정보 등은 일반 소비자가 직접 접근하기 어려운 영역이었으며, 여행사는 이러한 정보에 대한 전문적 접근 권한을 보유하고 있었다.

이로 인해 여행사는 단순한 판매자가 아니라, 고객의 여행 의사결정을 실질적으로 주도하는 핵심 주체로 기능하였다. 고객은 여행사의 정보와 조언에 의존할 수밖에 없었으며, 이는 여행사의 산업 내 지위와 안정적인 수익 구조를 뒷받침하는 기반이 되었다. 즉, 전통적 여행사의 경쟁력은 정보 접근성과 전문성의 독점에 기반하고 있었다.

03 디지털 전환과 여행사 위기 담론의 등장

인터넷과 모바일 기술의 확산은 이러한 정보 구조를 근본적으로 변화시켰다. 항공사와 호텔의 직접 판매 채널 확대, 글로벌 예약 시스템(GDS)의 개방, 가격 비교 사이트의 등장, OTA의 급성장은 여행 정보의 접근 장벽을 급격히 낮추었다. 소비자는 항공권과 숙박 요금을 실시간으로 비교하고, 여행 상품을 직접 검색·예약하는 것이 일상화되었다.

이러한 변화 속에서 여행사는 전통적으로 유지해 왔던 정보 독점적 지위를 상실하게 되었으며, 여행업 전반에 걸쳐 이른바 '여행사 위기론'이 제기되기 시작했다. 일부에서는 여행사가 디지털 플랫폼에 의해 대체될 것이라는 전망도 제시되었다. 그러나 이러한 위기 담론은 여행사의 역할 변화를 단순한 쇠퇴 또는 대체의 문제로만 해석한다는 한계를 가진다.

04 여행사 기능의 재편: 기획·조정·책임 중심 역할의 강화

디지털 환경에서 여행사의 전통적 정보 제공 기능은 상대적으로 약화되었지만, 다음과 같은 영역에서는 여행사의 역할이 오히려 강화되었다.

1) 복합 여행상품 설계 기능의 강화

단순 항공권이나 숙박 예약은 소비자가 직접 수행할 수 있게 되었지만, 복수 도시를 연결하는 일정, 단체 여행, 특수 목적 여행(교육, 의료, 종교, 기업 연수 등), 고연령층이나 특정 요구를 가진 고객 대상 여행은 여전히 높은 기획 역량을 요구한다. 이 경우 여행사는 개별 요소를 단순히 나열하는 수준을 넘어, 일정 효율성, 서비스 품질, 비용 구조, 고객 만족도를 종합적으로 고려한 설계자 역할을 수행한다.

2) 리스크 관리 기능의 중요성 증대

여행은 항공 지연과 결항, 숙박 예약 오류, 현지 정치·사회적 변수, 자연재해, 감염병 등 다양한 위험에 노출된 산업이다. 소비자가 개별 예약을 통해 여행을 구성할 수는 있지만, 문제가 발생했을 때 이를 종합적으로 조정하고 해결할 주체는 제한적이다. 여행사는 사전 계약 구조와 운영 경험을 바탕으로 이러한 위험을 관리하고, 고객의 손실을 최소화하는 역할을 수행한다.

3) 운영 책임과 문제 해결 주체로서의 역할

OTA나 플랫폼은 거래 효율성을 높이는 데에는 강점을 가지지만, 여행 전·중·후 전 과정에 대한 일관된 책임을 지는 구조는 상대적으로 약하다. 반면 여행사는 일정 변경, 현지 문제 발생, 고객 불만, 긴급 상황 등에 직접 개입하여 문제를 해결하고, 그 결과에 대해 책임을 부담한다. 이 운영 책임성은 여행사를 단순 플랫폼과 구분하는 핵심 기준이다.

4) 고객 관계 관리와 신뢰 기반 서비스

정보가 과잉된 환경에서는 오히려 신뢰할 수 있는 조언자에 대한 수요가 증가한다. 특히 고가 상품, 장기 여행, 단체 여행, 반복 구매 고객의 경우 가격 비교보다 전문성과 신뢰를 중시하는 경향이 강하다. 여행사는 고객과의 장기적 관계를 기반으로 반복 구매와 안정적 수익 구조를 구축할 수 있다.

이상의 논의를 종합하면, 여행사의 역할 변화는 기능의 축소가 아니라 중심 기능의 이동과 재구성 과정으로 이해할 수 있다. 과거의 여행사가 정보 제공자였다면, 현대의 여행사는 복합적 여행 경험을 설계하고, 리스크를 관리하며, 운영 책임을 지는 전문 경영 조직으로 진화하고 있다. 디지털 기술과 OTA의 확산은 여행사의 일부 기능을 대체했지만, 동시에 여행사의 전략적 가치와 경영적 중요성을 새로운 영역에서 부각시켰다. 따라서 여행사를 '사라져가는 산업'으로 보는 시각은 제한적이며, 변화된 환경 속에서 새로운 역할을 수행하는 핵심 조정자로 이해하는 것이 보다 타당하다.

이러한 관점은 여행상품 기획, 운영 관리, 마케팅 전략, 경영 전략 논의의 중요한 이론적 기반이 된다.

제4절

여행산업 내 여행사의 위치와 구조

01 여행산업 내 여행사의 기본적 위치 재검토

여행사는 여행산업 내에서 공급자와 소비자를 연결하는 핵심적 위치를 차지한다. 일반적으로 여행사는 항공사, 숙박업체, 교통 사업자, 현지 서비스 제공자와 최종 소비자 사이에 존재하는 '중간 조직'으로 설명된다. 그러나 이러한 설명은 여행사의 실제 기능과 경영 구조를 충분히 반영하지 못한다.

여행사의 산업 내 위치는 단순한 연결자 수준을 넘어, 다양한 이해관계자를 조정하고 통합하는 전략적 중추에 가깝다. 여행사를 중개 단계로만 인식할 경우, 여행사가 수행하는 상품 설계, 책임 부담, 리스크 관리 기능을 설명하기 어렵다. 따라서 여행사의 산업 내 위치는 유통 구조상의 위치가 아니라, 경험 설계와 책임 귀속의 관점에서 재정의될 필요가 있다.

1) 분절된 공급 구조와 여행사의 통합 기능

여행산업은 본질적으로 분절된 공급 구조(fragmented supply structure)를 가진 산업이다. 항공, 숙박, 교통, 관광지 서비스, 식음료, 가이드 서비스 등은 각각 독립된 기업과 산업 논리에 따라 운영되며, 단일 기업이 모든 요소를 통합하여 제공하는 경우는 매우 드물다. 반면 소비자는 이러한 개별 요소를 분리된 서비스로 인식하지 않고, 하나의 '여행 경험'으로 받아들인다. 즉, 공급 구조는 분절되어 있으나, 소비 인식은 통합되어 있다는 점에서 여행산업은 구조적 불일치를 내포하고 있다. 이 불일치를 해소하는 역할을 수행하는 조직이 바로 여행사이다.

여행사는 항공, 숙박, 교통, 현지 프로그램 등 개별 요소를 결합하여 소비자가 인식할 수 있는 통합적 상품으로 재구성한다. 이 과정에서 여행사는 개별 공급자의 논리를 단순히 연결하는 것이 아니라, 소비자 관점에서 일정·가격·서비스를 재설계한다.

2) 통합자이자 조정자로서의 여행사

이러한 점에서 여행사는 단순한 중개자가 아니라, 통합자(integrator)이자 조정자(coordinator)로 이해할 수 있다. 여행사는 각 공급자와 계약을 체결하고, 일정과 가격을 조정하며, 서비스 수준을 관리한다. 동시에 소비자의 요구와 기대를 반영하여 상품을 설계하고, 여행 전·중·후 발생하는 문제에 대해 책임을 부담한다.

여행사는 공급자와 소비자 양측 모두와 관계를 맺는 이중적 위치를 차지한다. 공급자에게는 판매 채널이자 협상 파트너로 기능하며, 소비자에게는 여행 경험을 설계하고 보장하는 책임 주체로 인식된다. 이로 인해 여행사는 단순 유통 조직과 달리 경영 판단의 복잡성이 매우 높은 조직으로 기능한다.

3) 양면 시장 구조와 경영적 긴장 관계

여행사의 이러한 위치는 여행사를 양면 시장(two-sided market)[2]의 특성을 가진 조직으로 만든다. 한편으로 여행사는 항공사, 호텔, 현지 업체 등 공급자를 대상으로 협상력을 확보해야 하며, 다른 한편으로는 소비자의 만족도와 충성도를 관리해야 한다.

공급자 중심으로 움직일 경우 상품 경쟁력이 약화될 수 있고, 소비자 요구에만 치우칠 경우 수익성과 운영 안정성이 훼손될 수 있다. 따라서 여행사는 가격, 일정, 서비스 수준, 책임 범위를 둘러싼 복합적 이해관계를 지속적으로 조정해야 하며, 이는 여행사 경영의 핵심 난제로 작용한다.

4) 책임 구조의 집중성과 여행사의 경영적 부담

여행상품은 여러 공급 요소로 구성되지만, 소비자가 문제 발생 시 직접적으로 책임을 묻는 대상은 대개 여행사이다. 항공편 지연, 숙박 서비스 문제, 현지 일정 차질 등 다양한 문제가 발생하더라도, 소비자는 여행사를 '총괄 책임자'로 인식하는 경향이 강하다.

이는 여행사가 단순히 거래를 연결하는 조직이 아니라, 여행 경험 전반에 대해 경영

2) 양면 시장 (양면 네트워크 또는 양면 플랫폼이라고도 함)은 서로 다른 두 사용자 그룹을 연결하고 이들 간의 상호 작용을 가능하게 함으로써 가치를 창출하는 중개 경제 플랫폼을 말한다.

적 책임을 부담하는 주체임을 의미한다. 이러한 책임 집중 구조는 여행사의 운영 리스크를 증가시키는 요인이지만, 동시에 여행사의 존재 가치를 설명하는 핵심 근거가 되기도 한다.

5) 낮은 진입 장벽과 높은 운영 난이도

여행사는 상대적으로 진입 장벽이 낮은 산업 구조에 속한다. 소규모 자본과 인력으로도 여행업에 진입할 수 있으며, 법적 요건 역시 다른 산업에 비해 비교적 낮은 편이다. 그러나 이러한 외형적 진입 용이성과 달리, 장기적인 생존과 성장을 위해 요구되는 운영 역량은 매우 높다.

상품 기획 실패, 수요 예측 오류, 좌석·객실 재고 관리 실패, 운영 사고 등은 곧바로 손실과 신뢰 하락으로 이어진다. 이로 인해 여행사는 외형적으로는 단순한 서비스 기업처럼 보일 수 있으나, 실제로는 고도의 운영 역량과 관리 능력을 요구하는 경영 조직에 가깝다.

6) 디지털 환경과 다층적 유통 구조 속 여행사의 위치

OTA와 플랫폼의 등장은 여행사의 구조적 위치를 더욱 복잡하게 했다. 과거에는 여행사가 공급자와 소비자를 직접 연결하는 주요 창구였으나, 현재는 OTA, 플랫폼, 직접 판매 채널이 병존하는 다층적 유통 구조가 형성되었다. 이 환경에서 여행사는 공급자와 경쟁하는 동시에, 플랫폼에 의존해야 하는 이중적 상황에 놓이게 되었다. 이는 여행사의 협상력, 수익 구조, 전략 선택에 중대한 영향을 미치며, 여행사 경영의 전략적 판단을 더욱 어렵게 만든다.

그럼에도 불구하고 여행사는 여전히 여행산업 내에서 경험 통합과 책임 집중의 중심 조직으로 기능한다. 개별 공급자가 제공할 수 없는 통합 일정 관리, 고객 응대, 문제 해결, 리스크 관리 기능은 여행사의 고유 영역으로 남아 있다. 이러한 기능은 특히 단체여행, 고부가가치 상품, 특수 목적 여행에서 더욱 두드러진다.

결국 여행산업 내에서 여행사의 위치를 이해한다는 것은 단순히 '중간 유통 단계'를 파악하는 것이 아니라, 누가 여행 경험을 설계하고, 누가 리스크를 부담하며, 누가 최종 책임을 지는가를 분석하는 것이다. 이 관점에서 여행사는 관광산업의 주변부가 아니라, 다양한 산입 요소를 연결하고 통합하는 전략적 핵심 조직으로 재정의될 수 있다.

02 여행사 분류 논의의 필요성과 한계

여행산업 내 여행사의 위치와 구조를 이해한 이후에는, 여행사를 일정 기준에 따라 분류하려는 시도를 검토할 필요가 있다. 여행사 분류는 산업 구조를 개괄적으로 파악하고 제도적·통계적 기준을 제시하는 데 유용하지만, 여행사의 실제 경영 활동과 책임 구조를 완전하게 설명하지는 못한다. 따라서 여행사 분류는 여행사의 본질을 규정하는 절대적 기준이 아니라, 이해를 돕기 위한 보조적 분석 틀로 활용되어야 한다.

1) 법적 기준에 따른 여행사의 분류

우리나라에서는 「관광진흥법」에 따라 여행업을 종합여행업, 국내외여행업, 국내여행업으로 구분한다. 이 분류는 여행사가 취급할 수 있는 여행상품의 범위와 영업 대상에 따라 설정된 제도적 기준이다.

법적 분류는 행정 관리와 소비자 보호 측면에서 중요한 의미를 가지지만, 동일한 유형에 속한 여행사라 하더라도 경영 방식과 전략은 크게 상이할 수 있다는 한계를 지닌다.

(1) 종합여행업

종합여행업은 가장 넓은 범위의 여행 서비스를 제공하는 사업 유형으로, 내국인은 물론 외국인 관광객을 모두 대상으로 한다. 종합여행업자는 국내여행뿐 아니라 해외여행, 인바운드(외국인의 국내 관광)까지 모두 취급할 수 있으며, 항공권 발권, 숙박 예약, 패키지여행 구성, 현지 투어 운영 등 포괄적인 업무를 수행한다. 이러한 광범위한 영업 범위로 인해 재무적 안정성 확보가 요구되며, 법적으로 자본금 5천만 원 이상이 필수 요건으로 규정된다. 종합여행업은 국제관광을 포함한 모든 여행 서비스를 제공할 수 있어, 여행업 가운데 가장 높은 수준의 신뢰성과 전문성을 요구한다.

(2) 국내외여행업

국내외여행업은 주로 내국인을 대상으로 국내 및 해외여행을 기획·판매하는 여행업 형태이다. 즉, 인바운드 여행(외국인의 국내 관광)은 취급하지 않지만, 내국인을 위한 해외 패키지, 자유여행, 국내 패키지 등 다양한 여행상품을 제공할 수 있다. 국내외여행업은 종합여행업보다 영업 범위가 다소 제한적이지만, 해외여행을 취급하는 만큼 일정 수준의 자본력과 전문성이 요구되며, 법규상 자본금 3천만 원 이상이 필요하다. 국내외여행업은 내국인의 해외여행 수요 증가와 함께 성장해 왔으며, 항공·호텔과 연계한 다양한 상품을 구성하는 것이 주요 업무이다.

(3) 국내여행업

국내여행업은 국내를 여행하는 내국인을 대상으로 여행상품을 기획·판매하는 가장 기본적인 형태의 여행업이다. 해외여행 상품 기획이나 외국인 대상 여행상품은 취급하지 않으며, 국내 관광지 중심의 패키지, 체험 관광, 테마 여행 등 지역 기반의 여행 상품이 주요 비즈니스 모델이다. 국내여행업은 상대적으로 작은 규모의 여행업체도 진입할 수 있도록 규정되어 있으며, 자본금 1천 5백만 원 이상이면 등록이 가능하다. 지역 관광 활성화나 소규모 전문 여행상품 운영에 적합한 형태로, 현지 관광지·음식·문화 체험 등을 중심으로 서비스를 제공한다.

이처럼 여행업의 종류는 자본금 요건뿐 아니라 고객 대상, 취급 가능 여행 범위, 사업 규모, 서비스 기능에 따라 구분되며, 각 유형의 특성을 명확히 이해하는 것은 여행업체의 전략 수립과 경영 방향을 설정하는 데 중요한 기준이 된다.

표 1.1 ▌법적기준에 따른 여행업의 분류

구분	영업 대상	취급 가능 여행 범위	법적 자본금 기준	주요 업무 및 특징
종합 여행업	내국인 + 외국인	국내여행, 해외여행, 인바운드(외국인 국내관광) 모두 가능	5천만 원 이상	• 가장 넓은 범위의 여행 서비스 제공 • 항공권 발권, 패키지 기획, 숙박·교통 예약 등 포괄적 서비스 가능 • 국제관광 포함, 전문성과 재무 안정성 요구
국내외 여행업	내국인	내국인 대상 국내여행 + 해외여행 가능 (인바운드 불가)	3천만 원 이상	• 해외여행 취급 가능하나 외국인 대상 국내관광은 불가 • 국내외 여행 패키지·자유여행 상품 기획 및 판매 • 항공·호텔 연계한 다양한 상품 구성
국내 여행업	내국인	국내여행만 가능	1천 5백만 원 이상	• 국내 관광에 특화된 여행업 • 지역 기반 테마 여행, 체험 관광, 소규모 여행상품 중심 • 초기 창업이 용이하고 지역 관광 활성화에 기여

2) 기능 수행 방식에 따른 여행사의 분류

기능 수행 방식에 따른 여행사의 분류는 여행사가 여행상품 가치사슬(value chain) 중 어떤 기능에 상대적으로 집중하는가에 초점을 둔다. 이 분류는 여행사가 수행하는 경영 활동의 성격과 내부 역량 구조를 이해하는 데 목적이 있다.

일반적으로 여행사는 기능 중심에 따라 상품 기획 중심 여행사, 유통·판매 중심 여행사, 운영·실행 중심 여행사로 구분할 수 있다. 상품 기획 중심 여행사는 여행상품의 설계, 구성 요소 조합, 일정 및 가격 구조 설계에 강점을 가지며, 유통·판매 중심 여행사는 고객 접점 관리와 판매 채널 운영에 집중한다. 운영·실행 중심 여행사는 현지 수배, 일정 운영, 인솔 및 문제 해결 등 실행 단계의 품질 관리에 전문성을 보인다.

다만 실제 경영 현장에서는 하나의 여행사가 단일 기능만을 수행하는 경우는 드물며, 대부분의 여행사는 여러 기능을 복합적으로 수행한다. 따라서 기능 수행 방식에 따른 분류는 여행사를 고정된 유형으로 구분하기 위한 것이 아니라, 각 여행사의 상대적 핵심 역량과 경영 초점을 이해하기 위한 분석 기준으로 활용되어야 한다. 이러한 특성을 이해하기 위해 전통적으로 여행업은 수행하는 기능과 역할에 따라 종합여행사, 도매여행사, 소매여행사, 전문판매여행사, 랜드사로 구분되어 왔다. 이 분류는 특히 OTA 등장 이전의 여행업 유통 구조와 역할 분담을 이해하는 데 효과적인 분석 틀이다.

(1) 종합여행사

종합여행사는 여행상품의 기획, 도매, 소매, 운영 기능을 모두 수행하는 형태의 여행사이다. 종합여행사는 항공 좌석과 숙박을 확보하고, 여행 일정을 기획한 뒤 이를 직접 소비자에게 판매하거나 소매여행사를 통해 유통하기도 한다. 대형 여행사의 경우 자체 랜드 조직을 보유하거나 해외 지사를 통해 현지 운영까지 담당하는 경우도 많다. 이러한 종합여행사는 규모의 경제와 통합 운영을 통해 안정적인 상품 공급이 가능하다는 장점을 지닌다.

(2) 도매여행사

도매여행사는 여행상품의 기획과 대량 조달에 특화된 여행업체이다. 이들은 항공사로부터 좌석을 사전에 대량 확보하거나, 호텔과 단체 계약을 체결하여 원가를 낮춘 뒤 패키지상품으로 구성한다. 도매여행사는 일반 소비자를 직접 상대하기보다는 소매여행사에 상품을 공급하는 역할을 수행하며, 여행업 유통 구조에서 제조업의 생산자와 유사한 위치를 차지한다. 도매여행사의 경쟁력은 상품 기획력과 공급자 협상력에서 비롯된다.

(3) 소매여행사

소매여행사는 도매여행사나 관광 공급자가 제공하는 여행상품을 최종 소비자에게 판매하는 역할을 담당한다. 전통적인 동네 여행사나 오프라인 여행사의 상당수가 소매여행사의 성격을 지닌다. 이들은 상품 자체의 차별화보다는 고객 상담, 맞춤 제안, 계약 관리, 사후 서비스에 강점을 가지며, 고객과의 신뢰 관계가 중요한 경쟁 요소로 작용한다.

(4) 전문판매여행사

전문판매여행사는 특정 목적이나 특정 시장에 특화된 여행상품을 판매하는 여행사이다. 예를 들어 허니문 전문 여행사, 크루즈 전문 여행사, 의료관광 전문 여행사 등이 이에 해당한다. 이들은 특정 고객층과 상품에 집중함으로써 일반 여행사와 차별화된 전문성을 확보하며, 상대적으로 높은 부가가치를 창출할 수 있다.

(5) 랜드사(Land Operator)

랜드사는 특정 국가나 지역에 기반을 두고 여행 일정의 현지 운영을 담당하는 여행업체이다. 랜드사는 항공권 판매보다는 숙박, 교통, 관광지 방문, 가이드 배정, 현지 안전관리 등 지상 서비스 제공에 집중한다. 소비자는 랜드사의 존재를 직접 인식하지 못하는 경우가 많지만, 실제 여행 중 경험하는 서비스 품질은 랜드사의 역량에 크게 의존한다. 따라서 랜드사는 여행상품의 '보이지 않는 핵심 운영자'로 평가된다.

3) 유통 구조상 위치에 따른 여행사의 분류

유통 구조상 위치에 따른 여행사의 분류는 여행사가 여행상품이 소비자에게 전달되는 과정에서 어느 단계에 위치하는가에 초점을 둔다. 이는 여행사의 수익 구조, 협상력, 시장 접근 방식을 이해하는 데 중요한 기준이 된다.

전통적인 여행업 유통 구조에서는 여행사를 도매형 여행사와 소매형 여행사로 구분하였다. 도매형 여행사는 여행상품의 기획과 공급을 담당하고, 소매형 여행사는 최종 소비자를 대상으로 상품을 판매하는 역할을 수행하였다. 이와 같은 구분은 OTA 등장 이전의 다단계 유통 구조와 역할 분담을 설명하는 데 효과적인 틀로 활용되어 왔다.

그러나 디지털 기술의 발전과 온라인 여행사(OTA), 플랫폼, 메타서치의 확산으로 전통적인 도매-소매 구분은 점차 약화되고 있다. 오늘날 많은 여행사는 상품 기획, 판매, 운영을 동시에 수행하는 혼합형 구조로 전환하고 있으며, 유통상 위치 역시 고정된 단계가 아니라 경영 전략에 따라 선택되는 요소로 이해할 필요가 있다.

유통 형태에 따른 여행업은 일반적으로 전통 오프라인 여행사, 온라인 여행사(OTA), 도매형 여행사, 소매형 여행사, 직접판매형 여행업체, 플랫폼·메타서치 기반 여행업체, 그리고 랜드사(Land Operator) 등으로 구분할 수 있다. 이 분류는 관광진흥법상의 법적 유형과는 별도로, 여행상품의 유통 경로와 시장 구조를 분석하기 위한 개념적 기준으로 활용된다.

(1) 전통 오프라인 여행사(Traditional Offline Travel Agency)

전통 오프라인 여행사는 여행업의 가장 오래된 유통 형태로, 실제 사무실을 중심으로 고객과 대면 상담을 통해 여행상품을 판매하는 방식이다. 고객은 여행사를 방문하여 상담을 받고, 여행 일정 구성, 항공권 및 숙박 예약, 계약 체결과 같은 과정을 직접 진행한다.

이 유형의 여행사는 패키지여행, 단체여행, 기업·공공기관 출장, 인센티브 여행 등을 주력 상품으로 하며, 상담 인력의 전문성과 고객과의 신뢰 관계가 핵심 경쟁 요소로 작용한다. 특히 고령층 고객, 단체 고객, 고가의 맞춤형 여행에서는 여전히 중요한 역할을 수행하고 있다. 반면, 인건비와 임대료 등 고정비 부담이 크고, 온라인 기반 여행사와의 가격 경쟁에서 불리하다는 구조적 한계를 지닌다.

(2) 온라인 여행사(OTA: Online Travel Agency)

온라인 여행사는 인터넷과 모바일 플랫폼을 기반으로 항공권, 호텔, 렌터카, 액티비티 등을 온라인으로 검색·비교·예약할 수 있도록 제공하는 여행업체이다. 국내 OTA로는 여기어때, 야놀자, 인터파크투어 등이 있으며, 글로벌 OTA로는 Booking.com, Expedia 등이 대표적이다.

OTA의 가장 큰 특징은 비대면 거래와 대량 판매 구조이다. 소비자는 언제 어디서나 가격 비교와 예약이 가능하며, OTA는 판매 수수료, 광고비, 노출 수수료 등을 통해 수익을 창출한다. 이로 인해 여행업의 수익 구조는 고마진 소량 판매에서 저마진 대량 거래 중심으로 변화하였다. 이러한 유통 형태에서는 플랫폼 운영 능력, 데이터 분석 역량, 사용자 경험(UX)이 핵심 경쟁력으로 작용한다.

(3) 도매형 여행사(Wholesaler)

도매형 여행사는 항공 좌석이나 호텔 객실을 대량으로 사전 확보한 뒤, 이를 패키지 여행상품으로 기획하여 소매 여행사에 공급하는 역할을 수행한다. 일반 소비자에게 직접 판매하지 않는 경우가 많으며, 상품 기획력과 공급자와의 협상력이 핵심 경쟁 요소이다.

도매형 여행사는 규모의 경제를 통해 원가를 낮추고, 소매 여행사가 다양한 여행상품을 손쉽게 판매할 수 있도록 지원한다. 전통적인 여행 유통 구조에서 도매형 여행사는 제조업의 '제조사'에 가까운 역할을 수행한다고 볼 수 있다.

(4) 소매형 여행사(Retail Travel Agency)

소매형 여행사는 도매형 여행사가 기획한 상품이나 항공사·호텔의 개별 상품을 최종 소비자에게 판매하는 역할을 담당한다. 전통 오프라인 여행사 상당수는 소매형 여행사의 성격을 지닌다.

이 유형의 여행사는 상품 기획보다는 고객 상담, 판매, 사후 관리에 집중하며, 고객 접점 관리와 서비스 품질이 경쟁력의 핵심이다. 그러나 최근에는 OTA와의 경쟁 심화로 단순 판매 중심 소매 여행사의 수익성이 악화되고 있으며, 이에 따라 전문 상담형, 지역 밀착형, 특정 테마 전문 여행사로의 전환이 이루어지고 있다.

(5) 직접판매형 여행업체(Direct Sales Model)

직접판매형 여행업체는 항공사, 호텔 체인, 리조트 등이 중간 여행사를 거치지 않고 자사 홈페이지나 앱을 통해 직접 여행상품을 판매하는 형태이다. 항공사의 공식 홈페이지 예약이나 호텔 체인의 멤버십 기반 예약이 대표적인 사례이다.

이 유통 방식은 중개 수수료를 절감할 수 있고, 고객 데이터를 직접 확보하여 브랜드 충성도를 높일 수 있다는 장점이 있다. 반면, 전통 여행업의 중개 기능을 약화시키는 요인으로 작용하며, 여행 유통 구조의 재편을 가속화하고 있다.

(6) 플랫폼·메타서치 기반 여행업체(Platform & Metasearch)

플랫폼·메타서치 기반 여행업체는 직접 판매보다는 정보 제공과 비교 기능에 집중하는 유통 형태이다. 여러 OTA, 항공사, 호텔의 가격과 조건을 한 화면에서 비교할 수 있도록 제공하며, 실제 예약은 제휴된 사이트로 연결된다.

이들은 클릭 수수료, 광고비, 데이터 기반 마케팅을 주요 수익원으로 하며, 여행 유통 과정에서 소비자의 의사결정에 큰 영향을 미치는 '입구(gateway)' 역할을 수행한다.

(7) 랜드사(Land Operator, 현지 여행사)

랜드사는 특정 국가나 지역에 기반을 두고, 여행 일정의 현지 운영을 전문적으로 담당하는 여행업체이다. 항공권 판매보다는 숙박, 교통, 관광지 입장, 가이드 배정, 식사, 안전 관리 등 이른바 '지상 서비스(land service)'를 제공하는 데 특화되어 있다.

대부분의 랜드사는 해외 송출 여행사나 도매형 여행사와 계약을 맺고 패키지여행의 현지 운영을 전담한다. 예를 들어, 한국 여행사가 유럽 패키지 상품을 판매할 경우, 실제 여행 일정의 실행은 유럽 현지 랜드사가 담당하는 구조가 일반적이다.

랜드사의 핵심 경쟁력은 현지 네트워크, 운영 노하우, 비용 통제 능력, 위기 대응력이며, 이는 여행상품의 품질과 고객 만족도를 실질적으로 결정하는 요소로 작용한다.

4) 분류를 넘어선 구조적 이해의 필요성

여행사 분류는 여행산업을 개관하는 데 유용한 출발점이지만, 여행사의 실제 역할과 경영적 의미를 설명하기에는 충분하지 않다. 여행사의 본질은 분류상 위치가 아니라, 여행 경험을 통합하고 책임을 부담하는 방식에 있다.

따라서 여행산업 내 여행사의 구조를 이해할 때에는 다양한 분류 기준을 참고하되, 이를 여행사의 전략적 역할과 경영 책임을 분석하기 위한 보조 틀로 활용하는 것이 바람직하다.

제5절

여행사를 경영 조직으로 이해해야 하는 이유

여행사를 경영 조직으로 이해해야 한다는 주장은 단순한 개념상의 문제가 아니라, 여행산업을 분석하는 출발점과 직결된 핵심 전제이다. 전통적으로 여행사는 관광산업 내 여러 업종 중 하나로 분류되어 왔으며, 법적·제도적 정의에서도 '여행 알선'이나 '여행상품 판매' 기능이 강조되어 왔다. 그러나 이러한 접근은 여행사의 실제 경영 활동과 의사결정 구조를 충분히 설명하지 못한다.

여행사를 단순히 관광 관련 업종이나 판매 채널로 인식할 경우, 여행산업의 구조적 복잡성과 여행사 경영의 핵심 문제를 분석하는 데 한계가 발생한다. 따라서 여행사는 관광산업의 주변적 업종이 아니라, 독립적인 경영 주체로 재인식될 필요가 있다.

01 여행사의 경영 구조와 복합 기능성

여행사는 단순히 이미 존재하는 서비스를 대신 판매하는 조직이 아니다. 여행사는 항공, 숙박, 교통, 현지 서비스 등 다양한 공급 요소를 조합하여 하나의 여행상품을 설계하고, 그 결과에 대한 수익과 위험을 동시에 부담하는 조직이다. 이 과정에서 여행사는 생산, 유통, 운영, 서비스 관리가 동시에 이루어지는 복합적 경영 구조를 가진다.

여행사는 상품 기획, 가격 결정, 유통 채널 선택, 운영 관리, 고객 서비스, 사후 관리까지 전 과정을 포괄하며, 각 기능은 서로 독립적으로 존재하지 않고 긴밀하게 연결되어 있다. 예를 들어 여행상품 기획 단계에서의 일정 구성이나 가격 설정은 판매 성과뿐만 아니라 이후 운영 단계의 리스크와 고객 만족도에 직접적인 영향을 미친다. 이러한 특성은 여행사를 단순 중개업이 아닌 복합 기능 조직으로 이해해야 할 이유를 제공한다.

02 리스크와 책임이 집중되는 경영 조직으로서의 여행사

여행상품은 여러 공급자의 서비스가 결합된 결과물이지만, 문제가 발생했을 때 소비자가 책임을 요구하는 대상은 대부분 여행사이다. 항공 지연, 숙박 서비스 불만, 현지 일정 차질 등은 각각 다른 공급자의 문제일 수 있으나, 소비자는 이를 하나의 여행 경험으로 인식하며 여행사에 책임을 묻는다.

특히 여행사는 좌석과 객실 확보 과정에서 재고 리스크를 부담하는 경우가 많다. 사전 구매나 블록 좌석 계약은 수익성을 높일 수 있는 반면, 수요 예측 실패 시 직접적인 손실로 이어질 수 있다. 이러한 리스크는 가격 전략, 마케팅 전략, 유통 전략과 밀접하게 연계되어 있으며, 통합적 의사결정 없이는 효과적으로 관리하기 어렵다. 이는 여행사가 거래 중개자가 아니라, 리스크를 감내하는 경영 주체임을 보여준다.

03 통합적 의사결정의 필요성과 경영 시스템적 접근

여행상품의 성과는 특정 부서나 기능의 성과만으로 결정되지 않는다. 상품 기획의 적절성, 가격 경쟁력, 유통 채널 선택, 운영 안정성, 고객 응대 품질이 종합적으로 작용한 결과이다. 따라서 여행사 경영에서는 부분 최적화가 아닌 전체 최적화 관점의 의사결정이 필수적이다.

이는 여행사를 기능별로 분리된 조직이 아니라, 통합적 경영 시스템으로 이해해야 하는 이유이기도 하다. 여행사경영론이 상품, 가격, 유통, 운영, 마케팅을 개별적으로 다루되, 항상 상호 연계 속에서 분석해야 하는 이유가 여기에 있다.

04 무형의 경험을 설계·관리하는 조직으로서의 특수성

여행상품은 눈에 보이는 물리적 재화가 아니라, 시간과 공간, 서비스가 결합된 무형의 경험적 상품이다. 소비자는 여행 전에는 상품의 품질을 완전히 평가할 수 없으며, 여행이 종료된 이후에야 만족 여부를 판단한다. 이러한 특성은 여행사가 상품 품질 관리, 정보 제공, 사전 기대 관리, 사후 만족 관리까지 책임져야 함을 의미한다.

이 점에서 여행사는 일반적인 유통업이나 플랫폼 사업자와 구별된다. 여행사는 단순한 거래 효율화가 아니라, 경험의 질과 결과에 대한 관리 책임을 수행하는 조직이다.

05 디지털 환경에서도 지속되는 여행사의 경영적 역할

디지털 기술의 발전과 OTA·플랫폼의 확산으로 정보 탐색과 예약 기능은 자동화·플랫폼화되었다. 그러나 여행 경험 전체에 대한 책임과 조정 기능은 여전히 인간 조직의 역할로 남아 있다. 특히 복합 일정, 단체여행, 고부가가치 상품, 문제 발생 가능성이 높은 여행에서는 여행사의 경영 역량이 경쟁력을 좌우한다.

이는 여행사의 역할이 축소된 것이 아니라, 정보 중심에서 기획·조정·책임 중심으로 전환되었음을 의미한다. 따라서 여행사를 경영 조직으로 이해하는 관점은 디지털 환경에서도 여전히 유효하다.

여행사를 단순한 관광 관련 업종이나 판매 조직으로 이해하는 것은 여행산업의 구조적 특성과 경영 현실을 과도하게 단순화하는 것이다. 여행사는 독립적인 전략 수립 주체이며, 다양한 이해관계자 사이에서 조정과 책임을 수행하는 경영 조직이다.

따라서 여행사경영론은 여행사를 중심으로 상품, 가격, 유통, 운영, 마케팅, 전략을 통합적으로 분석하는 학문으로 자리매김해야 한다.

제6절

여행업의 발달과정

01 여행업의 발달과정

1) 고대~중세 시대의 여행과 비공식적 여행 서비스

여행은 인류 역사와 함께 존재해 왔으나, 고대와 중세 시대의 여행은 상업 활동, 종교적 순례, 정치·외교적 목적 등 특정한 기능적 이동을 중심으로 이루어졌다. 이 시기에는 현대적 의미의 여행업이나 여행사는 존재하지 않았으며, 여행자를 대상으로 한 서비스 역시 비공식적인 형태에 머물렀다. 상인, 안내인, 숙식을 제공하는 여관 주인, 역참 운영자 등이 여행을 보조하는 역할을 수행하였으며, 이는 여행업의 초기 형태로 이해할 수 있다. 특히 고대 로마의 도로망과 우편·역참 제도는 이동의 안전성과 효율성을 크게 향상시켜 이후 여행 문화와 여행 서비스 발전의 중요한 기반을 마련하였다.

2) 근대 여행업의 태동

근대적 의미의 여행업은 19세기 중반 영국에서 본격적으로 등장하였다. 1841년 토마스 쿡(Thomas Cook & Son)은 철도를 활용한 단체 여행을 기획하며 세계 최초의 근대적 여행사를 설립하였다. 그는 이동수단 예약, 여행 일정 기획, 현지 서비스 제공을 하나의 상품으로 통합한 패키지 여행 개념을 도입함으로써 여행을 상업적 산업으로 발전시켰다. 이후 철도와 증기선의 발달은 여행 수요를 확대하였고, 여행 안내서, 여행자 수표 등 다양한 보조 서비스가 등장하면서 여행업의 산업적 성격이 점차 강화되었다.

3) 대중관광의 성장

20세기 초·중반에는 철도와 여객선의 발달로 국제관광 이동이 확대되었고, 호텔과 리조트를 중심으로 한 관광 인프라도 성장하였다. 제1차 및 제2차 세계대전은 국제여행을 일시적으로 위축시켰으나, 전후 경제 회복과 노동시간 단축, 여가 시간 증가는 대량관광(mass tourism) 시대의 도래를 촉진하였다. 또한 국제민간항공기구(ICAO)의 활동 강화와 국가 간 여행 규제 완화는 국제관광 수요 확대에 중요한 제도적 기반을 제공하였다.

4) 항공 시대의 개막과 성장

1950~1970년대 제트 여객기의 등장은 항공 여행의 대중화를 이끌었으며, 여행업의 구조적 변화를 촉진하였다. 장거리 이동이 가능해지면서 여행사는 보다 다양한 목적지와 여행 상품을 기획할 수 있게 되었고, 항공권과 숙박, 현지 서비스를 결합한 패키지 상품이 본격적으로 확대되었다. 이 시기 각국 정부는 관광을 경제 성장과 외화 획득의 주요 수단으로 인식하고 정책적 지원을 강화하였으며, 이는 여행업 성장에 긍정적인 영향을 미쳤다.

5) 글로벌 여행산업의 형성

1970~1990년대에는 저비용항공사(LCC)의 등장과 항공 접근성 향상으로 여행산업이 본격적인 글로벌 구조를 형성하였다. 여행사는 항공권 판매와 숙박 예약을 넘어 현지 투어, 보험, 비자 대행 등 복합 서비스를 제공하는 종합 서비스 사업자로 발전하였다. 또한 1980년대 글로벌 유통 시스템(GDS: Amadeus, Sabre, Galileo)의 도입은 항공 및 여행 예약·발권의 전산화를 가능하게 하여 운영 효율성과 시장 확장성을 크게 향상시켰다.

6) 인터넷 시대의 전환점

1990년대 후반부터 2000년대 초반까지 인터넷의 확산은 여행업 구조에 근본적인 변화를 가져왔다. 온라인 예약 시스템과 전자 발권이 보편화되면서 소비자의 여행 정보 탐색과 구매 방식이 변화하였고, Expedia, Priceline 등 초기 온라인 여행사(OTA)가 등장하여 새로운 여행 유통 체계가 형성되기 시작하였다. 이 시기를 기점으로 여행사는 오프라인 중개 중심 구조에서 디지털 기반 서비스 구조로 점차 전환하게 되었다.

7) 디지털·모바일 전환기

2000~2010년대에는 스마트폰 보급과 디지털 플랫폼 확산으로 여행 소비 방식이 더욱 고도화되었다. Booking.com, TripAdvisor, Agoda 등 글로벌 OTA가 급성장하였으며, 자유여행(FIT)과 단품 구매가 일반화되었다. 또한 SNS의 영향력이 확대되면서 여행지 선택과 정보 탐색이 후기와 콘텐츠 중심의 '소셜 큐레이션' 방식으로 변화하는 경향이 뚜렷해졌다.

8) 플랫폼 경제 시대의 도래

2015년 이후 인공지능(AI), 빅데이터 기반 개인화 서비스, 공유경제 플랫폼(Airbnb, Uber), 지역 체험 플랫폼(KLOOK, KKday) 등이 여행업의 핵심 경쟁 요소로 부상하였다. 여행사는 개인화 추천, 실시간 가격 조정, 고객 행동 데이터 기반 맞춤형 프로모션 등 고도화된 디지털 서비스를 통해 경쟁력을 확보하고 있으며, 플랫폼 중심의 시장 구조가 여행산업 전반을 재편하고 있다.

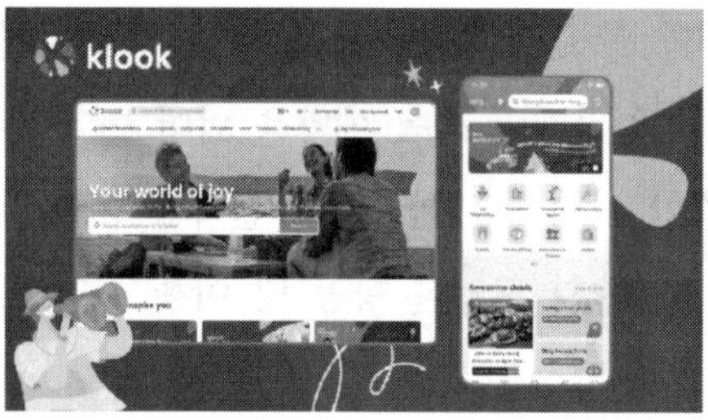

그림 1.1 ▌klook 홈페이지 화면

그림 1.2 ▌KKday 홈페이지 화면

9) 팬데믹과 포스트 코로나 시대의 여행업

2020~2022년 COVID-19 팬데믹은 국제여행 수요를 급감시키며 여행업 전반에 심각한 위기를 초래하였다. 이 과정에서 비대면·안전 중심 여행 선호가 확대되었고, 많은 여행사가 구조조정과 디지털 전환을 가속화하였다. 2023년 이후에는 이른바 '리벤지 트래블'[3] 현상으로 여행 수요가 급속히 회복되었으며, 지속가능 관광, 로컬 체험, 1인 여

---

3) 보복여행(revenge travel)이란 코로나19로 인해 여행을 갈 수 없었던 시기에 대한 보상의 성격으로 여행을 가는 것을 말하는 개념임

행, 웰니스 관광 등 새로운 트렌드가 확산되고 있다. 또한 AI 기반 여행 일정 생성과 모바일 기반 초개인화 서비스가 현대 여행업의 표준으로 자리 잡고 있다.

02 국가별 여행업의 발전

1) 외국 여행업의 일반적 기원과 발전

근대 여행업은 19세기 중반 유럽을 중심으로 형성되었다. 교통수단의 혁신과 함께 여행 수요가 급증하면서, 이동·숙박·안내 서비스를 통합적으로 제공하는 여행업이 산업 형태로 자리 잡기 시작하였다. 이 시기의 여행업은 개인 여행보다는 단체 여행 중심으로 발전하였으며, 여행의 표준화와 상품화가 이루어졌다는 점에서 현대 여행업의 기초를 형성하였다.

2) 영국 여행업의 발전: 토머스 쿡의 등장

영국 여행업의 발전은 곧 세계 여행업의 출발점으로 평가된다. 1841년 토머스 쿡(Thomas Cook)은 금주 운동 집회 참가자를 위한 단체 열차 여행을 기획하였으며, 이는 세계 최초의 상업적 단체 여행으로 기록된다. 이후 토머스 쿡은 교통, 숙박, 식사를 포함한 여행상품을 정형화하였고, 여행 바우처 제도를 도입하여 여행자의 현금 사용 부담을 줄였다. 1860년대 이후에는 유럽을 넘어 중동, 미국, 아시아로 사업을 확장하며 여행업이 국제적 산업으로 성장할 수 있음을 보여주었다. 영국의 여행업은 산업혁명으로 성장한 중산층과 여가 문화의 확산을 배경으로, 여행을 일상적 여가 활동으로 정착시키는 데 중요한 역할을 하였다.

3) 미국 여행업의 발전: 아메리칸 익스프레스의 등장

미국 여행업의 기원은 1850년에 설립된 아메리칸 익스프레스(American Express)에서 찾을 수 있다. 초기에는 화물 운송과 금융 서비스 기업으로 출발하였으나, 19세기 후반 여행자 수표를 도입하면서 여행 서비스 영역으로 진출하였다. 여행자 수표는 여행 중 현금 도난 위험을 줄여 주었고, 여행의 안전성과 신뢰성을 높이는 데 기여하였다. 이후 아메리칸 익스프레스는 항공권과 철도권, 호텔 예약 중개 기능을 확대하였으며, 미국 여행업은 금융·결제 기능과 결합된 형태로 발전하였다. 20세기 중반 항공 교통의 대중화와 함께 대량 판매, 표준화된 상품, 예약 시스템 중심의 여행업 구조가 형성되었고, 이는 글로벌 OTA와 GDS 시스템의 기반이 되었다.

4) 일본 여행업의 발전: 철도회사 중심의 시작

일본 여행업은 1912년 설립된 일본여행(JTB, Japan Travel Bureau)을 중심으로 발전하였다. 초기에는 외국인 관광객의 일본 방문을 지원하는 조직으로 출발하였으나, 점차 내국인 여행으로 영역을 확장하였다. 특히 일본 여행업은 철도회사와 밀접하게 연계되어 성장하였다는 점에서 특징적이다. 전후 고도경제성장기에는 수학여행, 기업 연수, 단체 관광 수요가 급증하면서 표준화된 패키지 상품과 체계적인 서비스 관리 시스템이 구축되었다. 이 과정에서 일본 여행업은 신뢰성과 정확성, 조직력을 핵심 경쟁력으로 하는 산업 구조를 형성하였다.

5) 한국 여행업의 발전: 국가 주도 인바운드에서 민간 산업으로

한국 여행업의 기원은 1961년 설립된 한국관광공사와 초기 인바운드 여행사에서 찾을 수 있다. 초기에는 외국인 관광객 유치를 목적으로 한 국가 주도 산업의 성격이 강하였으며, 내국인의 해외여행은 엄격히 제한되었다. 1989년 해외여행 자유화는 한국 여행업 발전의 결정적 전환점으로 평가된다. 이후 해외 패키지여행 시장이 급성장하였고, 대형 종합여행사를 중심으로 표준화된 대량 판매 구조가 형성되었다. 2000년대 이후에는 인터넷과 모바일 기술의 확산으로 온라인 여행사와 OTA가 성장하였으며, 최근에는 플랫폼, 데이터, 맞춤형 서비스 중심으로 여행업의 성격이 재편되고 있다.

표 1.2 ▎국가별 여행업 발전 비교

구분	외국(유럽 일반)	영국	미국	일본	한국
여행업 최초 기원	19세기 중반 유럽	1841년 토머스 쿡(Thomas Cook & Son)	1850년 아메리칸 익스프레스(American Express)	1912년 일본여행(JTB)	1960년대 인바운드 여행사·1961년 한국관광공사
출발 형태	철도 중심 단체여행	철도 단체여행·패키지여행	금융·결제 서비스 기반 여행업	외국인 관광 지원·철도 연계	국가 주도 인바운드 중심
초기 핵심 기능	이동·숙박 중개	여행상품 기획·바우처	여행자 수표·결제·예약	단체여행·수학여행	외국인 관광 유치
발전 배경	산업혁명·중산층 확대	유급휴가·철도망 확산	항공 대중화·소비시장 확대	고도경제성장·단체문화	해외여행 자유화(1989)
주요 성장 동력	교통 발달	패키지 표준화	항공·금융 결합	철도·단체관광	패키지 대량판매
상품 특성	초기 표준형 여행	정형화된 패키지	대량·표준 상품	일정·서비스 통제 강함	해외 패키지 중심
산업 구조 특징	중개 중심	여행업 원형 확립	대형 기업·시스템화	대형사 중심 안정 구조	대형 종합여행사 중심
OTA 등장 이후 변화	플랫폼·디지털화	전통 여행사 쇠퇴	OTA·GDS 주도	오프라인 강세 유지	OTA 급성장
현재 여행업 성격	플랫폼·데이터 산업	브랜드 유산 중심	플랫폼·데이터 기업	신뢰·운영 중심	OTA·플랫폼 혼합
대표 기업 예시	TUI Group	Thomas Cook(역사적)	Expedia, AmEx Travel	JTB, HIS	하나투어, 모두투어, 야놀자, 여기어때

제7절

여행사의 발전 요인

현대 여행사는 단순한 이동 지원 산업에서 소비자 경험 중심의 고도화된 서비스 산업으로 발전하였다. 이러한 발전은 교통수단의 발달, 사회·경제적 변화, 기술 혁신, 관광 수요 확대, 정책적·제도적 요인 등 다양한 요인이 복합적으로 작용한 결과이며, 여행사의 발전 요인을 다섯 가지로 구분하여 설명하고자 한다.

01 교통수단의 발달

교통수단의 발전은 여행사의 성장을 촉진하는 핵심 요인이다. 초기에는 도보, 말, 배 등을 이용한 이동이 일반적이었으나, 철도와 증기선의 등장으로 장거리 여행과 단체 여행이 가능해졌다. 19세기 영국에서 토마스 쿡은 철도를 활용해 단체 여행을 기획하며 여행 상품화의 시초를 만들었다. 20세기 중반에는 제트 여객기의 등장과 저비용항공사(LCC)의 출현으로 항공 여행이 대중화되고 비용이 낮아져 다양한 계층이 여행에 참여할 수 있게 되었다. 현대에는 고속철도, 차량 공유 서비스, 항공 접근성 개선 등이 여행사의 서비스 범위와 상품 다양성을 확대시키는 역할을 하고 있다. 교통수단의 발전은 이동 거리와 편의성을 높이는 동시에 여행 상품의 설계와 판매 전략에 직접적인 영향을 미친다.

02 사회·경제적 변화

산업화, 경제 성장, 중산층 확대, 여가 시간 증가, 가처분 소득 증가, 교육 수준 향상, 국제 교류 확대 등 사회·경제적 요인은 여행 수요를 확대하고 여행업 발전의 핵심 동력이 되었다. 영국과 유럽에서는 중산층의 유급휴가 제도 확산으로 관광이 일상화되었고, 한국에서는 1960~70년대 산업화와 해외 관광 정책을 통해 여행업이 제도화되었다. 1980년대 해외여행 자유화 이후에는 자유여행(FIT)과 종합여행사, 도매·소매 여행사 등 다양한 형태가 성장하였다. 이러한 변화는 고객층 세분화와 상품 전문화를 가능하게 하였으며, 여행사의 차별화 전략과 신규 상품 개발에도 중요한 역할을 했다.

03 기술 혁신

기술 혁신은 여행사의 운영 효율과 서비스 품질 향상에 기여하였다. 1980년대 글로벌 유통 시스템(GDS: Amadeus, Sabre, Galileo) 도입으로 항공권 예약과 발권이 전산화되며 운영 효율성이 높아졌다. 1990년대 이후 인터넷과 모바일 기술이 확산되면서 Expedia, Booking.com, Agoda 등 온라인 여행사(OTA)가 등장하고, 소비자가 직접 여행 상품을 검색·예약할 수 있는 환경이 마련되었다. 최근에는 인공지능(AI), 빅데이터, 개인 맞춤형 추천 서비스, 실시간 가격 조정, SNS 기반 소셜 큐레이션 등 고도화된 디지털 서비스가 등장하면서 여행사는 초개인화 서비스 제공이 가능해졌다. 기술 혁신은 유통 구조, 서비스 품질, 소비자 경험을 근본적으로 변화시키며 경쟁력 확보의 핵심 요소로 자리 잡았다.

04 관광 수요의 확대와 다양화

관광 수요 확대와 다양화는 여행사의 상품과 서비스 설계에 큰 영향을 미쳤다. 산업화와 경제 성장, 교통 발달로 자유여행(FIT), 1인 여행, 웰니스 관광, 로컬 체험 중심 여행 등 다양한 여행 형태가 등장하였다. 또한 해외 관광객과 국내 여행객의 수요가 동시에 증가하면서 여행사는 기존 패키지 중심에서 벗어나 맞춤형, 테마별, 체험형 상품을 개발할 수 있게 되었다. 이러한 변화는 여행사의 상품 전문화와 서비스 차별화에 기여하며, 고객 경험 중심 경영의 기반을 마련하였다.

05 정책적·제도적 요인

정부와 국제기구의 정책 및 제도적 지원은 여행사 성장에 중요한 역할을 하였다. 해외여행 자유화, 관광 진흥 정책, 국제 여행 규제 완화, 교육·문화 정책, 안전 규제, 관광 인프라 확충 등이 대표적이다. 이러한 제도적 지원은 시장 진출 촉진, 신규 상품 개발, 안정적 산업 성장 기반 마련에 기여하였다. 특히 한국에서는 1980년대 해외여행 자유화 이후 종합여행사와 도매·소매 여행사가 등장하며 산업 구조가 확립되었고, 2000년대 인터넷 예약 시스템과 OTA 도입으로 플랫폼 중심 유통 구조로 재편되었다.

표 1.3 ▎여행사의 발전요인

발전 요인	구체 내용	추가 요인/예시	여행사에 미친 영향
교통수단 발달	초기 도보·말·배 → 철도·증기선 → 제트 여객기·저비용항공사	이동거리 확장, 편의성 향상	장거리 단체 여행 가능, 패키지 여행 활성화, 항공권 판매·숙박 예약·패키지 상품 다양화
사회·경제적 변화	산업화, 경제 성장, 중산층 확대, 여가시간 증가, 가처분 소득 증가	교육 수준 향상, 세계무역 증가, 라이프스타일 변화	여행 수요 폭발적 증가, 단체 관광·기업연수·인센티브 여행 등 상품 개발, 안정적 산업 기반 마련
기술 혁신	GDS 전산화, 인터넷·모바일 예약, OTA 등장, AI·빅데이터 활용	SNS 활성화, 개인 맞춤형 추천 서비스, 실시간 가격 조정	유통 구조 혁신, 운영 효율 개선, 소비자 맞춤형 초개인화 서비스 제공
관광 수요 확대	자유여행(FIT), 1인 여행, 웰니스 관광, 로컬 체험 여행	해외·국내 관광객 증가, 테마별·체험형 여행	기존 패키지 중심에서 벗어나 개인 맞춤형·세분화 상품 개발, 서비스 전문화
정책적·제도적 요인	해외여행 자유화, 관광 진흥 정책, 국제 규제 완화	교육·문화 정책, 안전 규제, 관광 인프라 확충	시장 진출 촉진, 신규 상품 개발 가능, 안정적 산업 성장 기반 마련

제1장 연습문제 Review Questions

문제 01 관광산업과 여행산업의 차이를 설명하고, 여행사가 관광산업 내에서 갖는 구조적 위치를 논하시오.

➡

문제 02 여행사를 단순 중개업자가 아닌 경영 조직으로 보아야 하는 이유를 설명하시오.

➡

문제 03 OTA와 디지털 기술의 확산이 여행사의 기능에 미친 영향을 설명하시오.

➡

:: 모범답안 ::

문제 01 관광산업은 교통, 숙박, 식음료, 오락, 여행업 등 다양한 산업이 집합된 상위 개념으로, 관광객의 이동과 체류를 지원하는 다수 산업의 총체적 집합이다. 반면 여행산업은 이러한 분절된 산업 요소를 하나의 통합된 여행 경험으로 설계·유통·운영하는 산업이다. 여행사는 단순한 구성 요소가 아니라, 항공·숙박·현지 서비스 등을 통합·조정하여 여행 경험의 품질과 리스크를 책임지는 핵심 경영 주체로서 관광산업 내 구조적 중심에 위치한다.

문제 02 여행사는 단순 거래를 중개하는 조직이 아니라, 여행상품 기획, 가격 결정, 유통, 운영, 리스크 관리, 문제 해결 등 다양한 기능을 수행하는 복합 경영 조직이다. 항공 좌석과 호텔 객실 확보 과정에서 발생하는 재고 리스크를 부담하며, 여행 중 발생하는 문제에 대한 책임 주체로서 기능한다. 따라서 여행사는 단순 중개업자가 아닌 통합적 의사결정을 수행하는 전략적 경영 조직으로 이해해야 한다.

문제 03 OTA와 디지털 기술의 확산으로 여행사의 정보 제공 기능은 약화되었으며, 소비자가 직접 항공권과 숙박을 검색하고 예약하는 비율이 증가하였다. 하지만 여행사의 복합 상품 설계 능력, 운영 책임, 리스크 관리, 문제 해결 기능은 상대적으로 강화되었다. 즉, 여행사의 기능은 소멸된 것이 아니라 정보 중심에서 경영·운영 중심으로 이동하였다.

제1장 토론문제 Discussion Questions

토론 01 "여행사는 더 이상 필요 없는 산업인가?"

토론 포인트!

- 개별 여행보다 복합·단체·고난도 여행에서 책임 주체가 필요함
- 위기 상황 대응 및 운영 관리의 중요성
- 결론: 여행사는 사라지는 산업이 아니라, 역할이 재정의되는 산업임

토론 02 여행사를 '정보 산업'으로 볼 것인가, '경험 설계 산업'으로 볼 것인가?

토론 포인트!

- 과거: 정보 접근 창구 역할 중심 → 정보 산업
- 현재: 고객 경험의 흐름 설계(기대-여행-기억) 중심 → 경험 설계 산업
- OTA 등장 이후에도 단체·특수 목적 여행에서 경험 설계 주체로서 역할 중요

토론 03 여행사 경영은 제조업과 어떤 점에서 가장 크게 다른가?

토론 포인트!

- 무형 상품: 여행 경험은 유형 제품이 아님
- 동시 생산·소비: 여행 서비스는 제공과 소비가 동시에 일어남
- 수요 변동성과 재고 리스크 존재: 항공·호텔 좌석 확보 필요
- 외부 공급자 의존 구조: 항공사, 호텔, 현지 사업자 등과 협력 필수

제2장

여행수요와 여행시장 구조

:: 학습목표 Learning Objectives

01. 여행수요의 개념과 특성을 이해하고, 여행 수요 결정 요인을 설명할 수 있다.
02. 여행소비자의 행동 특성과 의사결정 과정을 경영적 관점에서 분석할 수 있다.
03. 여행시장을 세분화하고, 다양한 구조적 유형을 이해할 수 있다.
04. 최근 여행시장 변화와 트렌드를 파악하고, 이를 여행사 경영 전략에 연결할 수 있다.
05. 여행수요 변화가 여행사의 상품 기획, 마케팅, 운영에 미치는 영향을 논리적으로 설명할 수 있다.

:: 핵심 키워드 Key Concepts

- 여행수요(Travel Demand)
- 관광객 행동(Consumer Behavior)
- 수요 결정 요인(Factors Affecting Demand)
- 여행 트렌드(Travel Trends)
- 경제·사회적 요인(Economic & Social Factors)
- 여행의 동기(Motivation)
- 여행시장 세분화(Market Segmentation)
- 시장 구조(Market Structure)
- 계절성(Seasonality)
- 여행사 전략(Travel Agency Strategy)

:: 장 요약 Chapter Summary

본 장은 여행수요와 여행시장의 구조를 이해하는 데 필요한 기본 개념과 분석 틀을 제시한다. 여행수요는 단순히 사람들의 이동 욕구가 아니라 경제적, 심리적, 사회문화적 요인이 복합적으로 작용하는 결과물이다. 여행소비자의 행동은 여행동기, 정보 탐색, 의사결정 과정, 구매 및 경험 후 평가로 구성되며, 이를 이해하면 여행사의 상품 기획과 마케팅 전략 수립에 중요한 근거를 제공할 수 있다.

또한 여행시장을 세분화하는 것은 다양한 고객층의 요구와 특성을 체계적으로 파악하고, 맞춤형 상품과 서비스를 설계하는 데 필수적이다. 여행시장 구조와 수요 패턴은 계절성, 경제 환경, 사회적 변화, 기술 발전 등 외부 요인에 의해 끊임없이 변화하며, 이러한 변화는 여행사의 경영 전략과 운영 방식에 직접적인 영향을 미친다.

본 장은 여행사 경영에서 수요 분석, 시장 세분화, 트렌드 대응 전략, 그리고 이를 기반으로 한 상품·마케팅·운영 의사결정의 기초가 되는 이론적 기반을 제공한다.

제1절

여행수요의 개념과 특성

01 여행수요의 개념: 이동이 아닌 경험 소비로서의 수요

여행수요는 단순히 사람들이 이동하고자 하는 의사나 여행을 떠나고 싶은 욕구를 의미하지 않는다. 관광학과 경영학에서는 여행수요를 물리적 이동에 대한 수요가 아니라, 여행이라는 경험을 소비하고자 하는 수요로 정의한다. 즉 여행수요란, 특정 시점에서 개인이나 집단이 시간과 비용을 지불할 의사를 가지고 여행 경험을 선택하고자 하는 종합적 소비 욕구의 표현이다.

이러한 관점은 여행상품과 서비스가 항공권이나 숙박과 같은 개별 요소의 판매가 아니라, 경험·기억·만족이라는 무형의 가치를 포함한 복합적 상품이라는 점을 전제로 한다. 따라서 여행수요는 단순한 이동량이나 방문자 수로 환원될 수 없으며, 여행의 목적, 형태, 소비 수준, 기대 가치까지 포함하는 개념으로 이해되어야 한다.

여행사 경영의 관점에서 이는 매우 중요한 의미를 가진다. 여행사는 '이동 수요'를 판매하는 조직이 아니라, 고객이 기대하는 여행 경험을 설계하고 제공하는 조직이기 때문이다. 따라서 여행수요를 어떻게 정의하느냐에 따라 여행상품 기획과 시장 분석의 출발점 자체가 달라진다.

02 선택적·비필수적 수요로서의 여행수요 특성

여행수요의 가장 기본적인 특징은 비필수적이고 선택적인 수요라는 점이다. 여행은 생존을 위해 반드시 필요한 소비가 아니며, 개인의 소득 수준, 여가 시간, 사회적 환경에 따라 쉽게 확대되거나 축소될 수 있다. 이러한 특성으로 인해 여행수요는 일반적인 생활 필수재보다 훨씬 높은 변동성을 보인다.

경기 호황기에는 여행이 자기 보상이나 삶의 질 향상 수단으로 인식되며 수요가 빠르게 증가하지만, 경기 침체기에는 가장 먼저 축소되는 소비 항목 중 하나가 된다. 이 때문에 여행산업은 전통적으로 경기 민감 산업(cyclical industry)으로 분류되어 왔다. 여행사는 이러한 특성을 인식하고, 단기적인 수요 변화에 과도하게 의존하기보다는 중장기적 관점에서 수요 구조를 분석할 필요가 있다.

1) 계절성과 집중성이 강한 수요 구조

여행수요는 계절성과 집중성이 매우 강한 수요이다. 여름 휴가철, 연말연시, 명절, 방학 기간 등 특정 시기에 수요가 집중되는 반면, 비수기에는 수요가 급격히 감소하는 패턴을 반복한다. 이러한 계절적 변동성은 여행사의 경영 전반에 구조적인 영향을 미친다.

성수기에는 예약과 매출이 집중되지만, 동시에 항공 좌석과 숙박 객실 확보 경쟁이 심화되고 운영 부담도 증가한다. 반대로 비수기에는 매출 감소와 고정비 부담이 동시에 발생한다. 따라서 여행사는 성수기 수익 극대화 전략과 함께, 비수기 상품 개발, 가격 조정, 유통 전략 다변화 등을 병행해야 한다. 여행수요의 계절성은 단순한 수요 현상이 아니라, 여행사 경영 전략 설계의 핵심 조건으로 작용한다.

2) 경제적 요인에 민감한 수요

여행수요는 개인의 소득 수준과 거시경제 환경에 매우 민감하게 반응한다. 가처분 소득, 물가 상승률, 환율, 항공유가, 금리 등은 여행 결정과 소비 수준에 직접적인 영향을 미친다. 예를 들어 환율 상승은 해외여행 수요를 위축시키는 반면, 국내여행이나 근거리 여행 수요를 상대적으로 확대시키는 효과를 가져올 수 있다.

이러한 특성은 여행사가 단순히 고객의 욕구만을 분석하는 것이 아니라, 거시경제 지표와 시장 환경을 함께 고려해야 함을 의미한다. 동일한 여행상품이라 하더라도 경제 환경에 따라 시장 반응은 크게 달라질 수 있으며, 이에 따라 가격 전략과 상품 포지셔닝 역시 조정되어야 한다.

3) 심리적 요인에 의해 형성되는 여행수요

여행수요는 경제적 능력만으로 설명될 수 없는 심리적 수요의 성격을 강하게 가진다. 여행 동기는 휴식과 회복, 일상 탈출, 자기 보상, 문화 체험, 자기 계발, 사회적 관계 형성 등 매우 다양하다. 이러한 심리적 요인은 여행 목적지 선택, 여행 기간, 소비 수준, 활동 유형에 결정적인 영향을 미친다.

동일한 소득 수준과 시간 여건을 가진 소비자라 하더라도, 여행 동기에 따라 전혀 다른 여행 행태를 보일 수 있다. 이는 여행수요 분석에서 소비자의 심리적 특성과 동기를 이해하는 것이 필수적임을 의미하며, 여행자 행동 분석과 직접적으로 연결된다.

4) 사회·문화적 환경 변화와 여행수요 구조

여행수요는 개인 차원의 선택을 넘어, 사회·문화적 환경 변화와 밀접하게 연관된다. 가족 구조의 변화, 1인 가구 증가, 고령화, 직장 문화 변화, 여가에 대한 인식 전환, 가치 소비 트렌드 확산 등은 여행 참여 방식과 여행 형태를 변화시키고 있다.

예를 들어 1인 가구 증가는 소규모·개별 여행 수요를 확대시키고, 고령화는 안전성과 편의성을 중시하는 여행상품 수요를 증가시킨다. 이러한 구조적 변화는 여행수요를 단순한 '양적 증가'가 아닌, 질적 재편 과정으로 이해해야 함을 시사한다.

5) 예측 불확실성과 여행수요 관리의 한계

여행수요의 또 다른 중요한 특성은 예측의 어려움이다. 여행수요는 계절성과 경제 변수 외에도 정치적 안정성, 외교 관계, 감염병, 자연재해, 사회적 사건 등 다양한 외부 요인에 의해 급격히 변동할 수 있다. 코로나19 팬데믹은 여행수요가 단기간에 거의 붕괴될 수 있음을 극명하게 보여준 사례이다.

이러한 불확실성은 여행사가 수요 예측에 기반한 고정적 계획보다는, 유연성과 대응력을 중시하는 경영 전략을 채택해야 함을 의미한다. 여행수요 관리는 정확한 예측보다는 변화에 대한 대응 능력과 리스크 분산 전략이 핵심이 된다.

여행수요는 단순한 수량 개념이 아니라 구조적·질적 개념으로 이해되어야 한다. 동일한 여행객 수 증가라도 여행 목적, 소비 수준, 여행 형태에 따라 여행사에 미치는 영향은 크게 달라질 수 있다. 따라서 여행수요 분석은 "얼마나 많은 사람이 여행하는가"보다는 "누가, 왜, 어떤 방식으로 여행을 선택하는가"에 초점을 맞추어야 한다.

여행수요를 정확히 이해하는 것은 여행사 경영의 출발점이다. 여행수요 분석을 통해 여행사는 상품 기획, 가격 설정, 유통 전략, 마케팅 전략을 체계적으로 설계할 수 있으며, 운영 계획과 리스크 관리의 기초 자료를 확보할 수 있다. 이러한 관점은 여행시장 구조 분석과 여행자 행동 분석의 이론적 기반이 된다.

제2절

여행소비자의 행동 특성

01 여행소비자 행동의 개념과 분석 필요성

여행소비자의 행동은 일반적인 재화나 서비스 소비와 비교할 때 훨씬 복합적이고 다층적인 특성을 가진다. 여행은 비교적 고가의 지출을 수반하며, 구매 시점과 실제 이용 시점이 분리되어 있고, 소비 결과를 사전에 완전히 확인할 수 없다는 점에서 전형적인 고관여(high involvement)[1] 소비에 해당한다. 소비자는 단순히 '상품을 산다'기보다는, 미래의 경험을 선택하고 그 결과를 감수하는 결정을 내리게 된다.

이러한 특성으로 인해 여행소비자 행동은 단일 구매 순간이 아니라, 여행 전·중·후 전 과정에 걸쳐 형성되는 연속적 행동 과정으로 이해되어야 한다. 여행 전에는 정보 탐색과 기대 형성이 이루어지고, 여행 중에는 실제 경험과 서비스 평가가 진행되며, 여행 후에는 만족도 형성과 재구매 의도가 결정된다. 여행사 경영에서 소비자 행동 분석이 중요한 이유는, 전 과정에 걸쳐 여행사가 개입하고 영향을 미칠 수 있기 때문이다.

02 다단계적 의사결정 구조와 여행 선택 과정

여행소비자는 일반적으로 다단계적 의사결정 구조를 통해 여행을 선택한다. 이 과정은 단순한 충동 구매와는 거리가 멀며, 비교적 긴 시간에 걸쳐 점진적으로 진행된다. 우선 일상에서의 피로, 여가 욕구, 사회적 관계 유지, 자기 보상 등의 요인에 의해 여행의 필요성을 인식하는 단계에서 출발한다. 이후 목적지 선택, 여행 유형 결정(패키지, 자유여행, 맞춤형

[1] 소비자가 제품이나 서비스를 구매할 때 높은 수준의 관심과 노력을 기울이며 신중하게 의사결정하는 상태를 의미하며, 주로 가격이 높거나, 구매 주기가 길거나, 개인의 삶에 큰 영향을 미치는 제품(자동차, 가전제품, 부동산 등)에서 나타난다.

여행 등), 예산 설정, 정보 탐색, 대안 비교, 최종 구매 결정으로 이어진다.

이 과정에서 여행소비자는 항공권 가격, 숙박 수준, 일정 구성, 이동 편의성, 브랜드 신뢰도, 후기와 평점, 환불 조건 등 다양한 요소를 동시에 고려한다. 특히 여행은 실패했을 경우 회복이 어려운 소비이기 때문에, 소비자는 위험을 최소화하려는 성향을 강하게 보인다. 이러한 다단계 구조는 여행사의 상품 기획과 마케팅이 단순한 가격 경쟁이나 즉각적 구매 유도만으로는 효과를 내기 어렵다는 점을 시사한다.

03 적극적 정보 탐색과 정보 해석의 중요성

여행소비자는 정보 탐색에 매우 적극적인 소비자이다. 여행상품은 정보 비대칭성이 큰 서비스이기 때문에, 소비자는 구매 전 다양한 정보원을 활용하여 불확실성을 줄이려 한다. 과거에는 여행사 상담, 지인 추천, 인쇄물 중심의 정보 탐색이 주를 이루었으나, 현재는 검색 포털, OTA, SNS, 유튜브, 여행 후기 플랫폼 등이 주요 정보원으로 기능하고 있다.

특히 디지털 환경에서는 실제 이용자의 경험을 기반으로 한 리뷰와 평점이 여행소비자의 의사결정에 결정적인 영향을 미친다. 그러나 정보의 양이 증가할수록 소비자는 정보 과부하에 직면하게 되며, 모든 정보를 스스로 분석하는 데 한계를 느끼게 된다. 이 지점에서 여행사는 단순한 정보 제공자가 아니라, 신뢰할 수 있는 정보 해석자이자 의사결정 조언자로서의 역할을 수행할 필요가 있다. 여행사의 전문성은 단순한 정보 접근성이 아니라, 정보의 선별과 해석 능력에서 경쟁력을 갖는다.

04 경험 중심적 소비 성향과 여행 만족의 형성

여행소비자는 전형적인 경험 중심 소비자이다. 현대의 여행소비자는 단순히 관광지를 방문하는 것만으로 만족하지 않으며, 여행 과정에서 어떤 경험을 했는가를 핵심적인 평가 기준으로 삼는다. 지역 문화 체험, 현지 음식 경험, 자연 환경과의 접촉, 교육적·자기계발적 요소 등은 여행의 질적 가치를 결정하는 중요한 요소로 작용한다.

이러한 특성은 여행상품 기획 방식에 직접적인 영향을 미친다. 일정의 단순 나열이나 방문지 수 확대보다는, 체험의 깊이와 의미가 중요해진다. 여행사는 고객이 '어디를 갔는가'보다 '무엇을 경험했는가'를 중심으로 상품을 설계해야 하며, 이는 여행상품의 차별화와 고부가가치화 전략과도 연결된다.

05 가격 민감성과 품질 지향성이 공존하는 소비 행태

여행소비자는 가격 민감성과 품질 지향성을 동시에 지닌 이중적 소비자이다. 여행상품은 고가 소비에 해당하기 때문에 가격은 여전히 중요한 의사결정 요인으로 작용한다. 특히 항공권이나 숙박과 같이 비교 가능성이 높은 요소에서는 가격 민감도가 매우 높게 나타난다.

반면 여행 일정의 안정성, 인솔자의 전문성, 서비스 신뢰도, 문제 발생 시 대응 능력, 브랜드 이미지와 같은 무형 요소에 대해서는 가격보다 품질을 중시하는 경향도 강하다. 이는 여행사가 단순한 최저가 경쟁을 넘어, 가격 대비 가치(value for money)를 어떻게 설계하고 전달할 것인가를 전략적으로 고민해야 함을 의미한다. 가격은 낮출 수 있지만, 신뢰와 안정성은 쉽게 대체될 수 없기 때문이다.

06 개인적 특성과 상황적 요인에 따른 행동 차이

여행소비자의 행동은 개인적 특성과 상황적 요인에 따라 크게 달라진다. 연령, 소득, 직업, 가족 구성, 라이프사이클 단계는 여행 형태와 소비 수준에 직접적인 영향을 미친다. 예를 들어 1인 가구, 맞벌이 부부, 자녀 동반 가족은 동일한 목적지라도 전혀 다른 여행 상품을 선호한다.

또한 건강 상태, 휴가 기간, 동행자 관계, 사회적 책임, 직장 문화 등 상황적 요인 역시 여행 선택에 중요한 변수로 작용한다. 이러한 차이는 여행사가 획일적인 상품 전략에서 벗어나, 고객 세분화와 맞춤형 상품 전략을 필요로 함을 의미한다. 여행소비자 행동 분석은 곧 시장 세분화 전략의 이론적 기반이 된다.

07 시간과 환경 변화에 따른 여행소비자 행동의 동적 특성

여행소비자의 행동은 고정된 것이 아니라, 시간과 환경에 따라 지속적으로 변화하는 동적 특성을 가진다. 사회적 트렌드, 기술 발전, 경제 상황, 위기 요인은 여행소비자의 의사결정 구조를 빠르게 변화시킨다. 예를 들어 팬데믹 이후 안전과 위생, 유연한 환불 정책, 소규모 여행과 개별 여행에 대한 선호가 강화되었다.

이러한 변화는 일시적인 현상이라기보다, 여행소비자 행동의 구조적 변화를 반영하는 신호로 이해해야 한다. 여행사는 과거의 성공 모델에 안주하기보다, 소비자 행동 변화에 민감하게 반응하며 전략을 조정할 필요가 있다.

여행소비자의 행동 특성은 단순한 구매 행위 분석을 넘어, 여행사 경영 전략 전반과 밀접하게 연결되어 있다. 여행소비자의 의사결정 과정, 정보 탐색 방식, 경험 중심 소비 성향, 가격과 품질에 대한 인식, 개인적·상황적 차이를 이해할 때, 여행사는 보다 정교한 상품 기획과 효과적인 마케팅 전략을 수립할 수 있다.

따라서 여행소비자 행동 분석은 여행수요 예측을 보완하는 개념이 아니라, 여행사 경영의 핵심 전략 도구로 인식되어야 한다. 이는 여행시장 구조 분석과 여행상품 전략 논의의 중요한 연결 고리로 기능한다.

제3절

여행시장 세분화와 구조

01 여행시장 세분화의 개념과 필요성

여행시장은 단일하고 동질적인 소비자 집단으로 구성된 시장이 아니라, 서로 다른 욕구와 목적, 소비 능력, 행동 양식을 지닌 소비자들이 공존하는 복합적 시장이다. 동일한 목적지를 방문하더라도 여행 목적, 동행자, 예산, 기대 가치에 따라 전혀 다른 소비 경험과 만족 수준이 형성된다. 따라서 여행시장을 하나의 동일한 수요 집단으로 가정하고 접근하는 것은 여행사의 상품 기획과 마케팅, 경영 전략 수립에 있어 근본적인 한계를 초래할 수 있다.

이러한 문제의식에서 출발한 개념이 여행시장 세분화(market segmentation)이다. 여행시장 세분화란 전체 여행시장을 공통된 특성을 지닌 하위 시장으로 구분하고, 각 세그먼트의 특성과 요구에 부합하는 차별화된 전략을 수립하는 과정을 의미한다. 이는 단순히 고객을 분류하는 작업이 아니라, 여행산업 수요 구조를 체계적으로 이해하기 위한 분석 틀이자, 여행사의 전략적 의사결정을 지원하는 핵심 도구로 기능한다.

02 여행시장 세분화와 여행산업 구조의 관계

여행시장 세분화는 개별 기업 차원의 마케팅 기법을 넘어, 여행산업 전체의 구조를 이해하는 데 중요한 역할을 한다. 각 세분시장은 서로 다른 규모, 성장성, 수익 구조를 가지며, 이에 따라 여행사, 항공사, 숙박업체, 플랫폼 기업 간의 경쟁 양상도 달라진다. 특정 세그먼트의 성장과 축소는 여행산업 내 자원 배분과 사업 모델 변화로 이어진다.

예를 들어 자유여행(FIT) 시장의 확대는 OTA와 디지털 플랫폼의 성장을 촉진한 반면, 전통적인 오프라인 여행사의 역할을 재정의하도록 만들었다. 이처럼 여행시장 세분화는 여행산업의 구조 변화와 밀접하게 연동되어 있으며, 여행사는 자신이 속한 시장 세그먼트를 명확히 인식해야 지속 가능한 경쟁 전략을 설계할 수 있다.

1) 인구통계학적 세분화와 여행소비 패턴

인구통계학적 세분화는 여행시장 분석의 가장 기본적인 접근 방식이다. 연령, 성별, 소득 수준, 직업, 교육 수준, 가족 구성 등은 여행 형태와 소비 패턴에 직접적인 영향을 미친다. 이러한 변수들은 비교적 측정과 분류가 용이하기 때문에, 실무에서 널리 활용된다. 예를 들어 청년층과 1인 가구는 가격 민감도가 높고 일정의 유연성을 중시하여 자유여행이나 단기 여행을 선호하는 경향이 있다. 반면 중·장년층이나 가족 단위 여행객은 일정의 안정성과 편의성을 중시하여 패키지 여행이나 맞춤형 여행 상품을 선호한다. 이러한 차이는 상품 구성뿐만 아니라, 가격 전략, 홍보 메시지, 판매 채널 선택에까지 영향을 미친다.

2) 여행 목적에 따른 세분화와 기능적 시장 구조

여행 목적에 따른 세분화는 여행시장의 기능적 구조를 이해하는 데 핵심적인 기준이다. 여행 목적은 관광, 비즈니스, 교육, 의료, 종교, 레저, 스포츠, 이벤트 등으로 구분될 수 있으며, 각 목적에 따라 소비자의 기대 가치와 서비스 요구 수준은 크게 달라진다. 예를 들어 비즈니스 여행 시장은 일정의 정확성, 접근성, 시간 효율성을 중시하며, 기업 정책과 연계된 구매 구조를 가진다. 반면 관광 목적 여행은 감성적 만족, 경험의 질, 휴식과 즐거움을 중요한 평가 기준으로 삼는다. 동일한 목적지라 하더라도 여행 목적에 따라 전혀 다른 시장으로 인식되며, 이는 여행사가 상품을 설계하고 포지셔닝할 때 반드시 고려해야 할 요소이다.

3) 여행 형태 및 상품 유형에 따른 세분화

여행 형태와 상품 유형에 따른 세분화 역시 여행시장 구조를 이해하는 데 중요한 기준이다. 단체여행과 자유여행, 패키지 여행과 맞춤형 여행, 단기 여행과 장기 체류 여행은 소비자의 참여 수준과 정보 탐색 행동, 가격 민감도에서 뚜렷한 차이를 보인다. 최근에는 개별 자유 여행과 맞춤형 여행의 비중이 증가하면서, 표준화된 패키지 중심의 시장 구조가 점차 다변화되고 있다. 이는 여행사의 상품 기획 방식과 운영 구조에 직접적인 영향을 미치며, 일정 설계의 유연성, 고객 참여 수준, 서비스 제공 방식에 대한 재검토를 요구한다.

4) 유통 채널에 따른 세분화와 구매 행동 차이

유통 채널에 따른 세분화는 현대 여행시장에서 점점 더 중요해지고 있다. 온라인 예약, 모바일 앱, OTA, 오프라인 여행사 방문 등 다양한 예약 채널은 서로 다른 소비자 특성과 구매 행동을 반영한다. 온라인 채널 이용자는 정보 탐색과 가격 비교에 적극적인 반면, 오프라인 채널 이용자는 상담과 신뢰, 문제 발생 시 대응 가능성을 중시하는 경향이 있다. 여행사는 이러한 채널별 특성을 고려하여 유통 전략과 고객 접점 관리 방식을 차별화할 필요가 있다. 동일한 상품이라도 채널에 따라 제공 정보, 가격 구조, 서비스 방식이 달라질 수 있으며, 이는 전체 수익성과 브랜드 이미지에도 영향을 미친다.

5) 지리적 세분화와 공간적 시장 구조

지리적 세분화는 여행시장의 공간적 구조를 이해하는 데 활용된다. 국내 여행과 해외 여행, 특정 국가나 지역 중심의 여행 수요, 도시형 관광과 자연·휴양형 관광 등은 목적지의 특성과 접근성, 계절성에 따라 서로 다른 시장을 형성한다. 지리적 세분화는 상품 개발뿐만 아니라 가격 정책, 프로모션 시기 설정, 마케팅 지역 선택 등 실질적인 경영 의사결정과 직결된다. 특히 항공 노선, 비자 제도, 환율 변화 등 외부 환경 요인은 지리적 세분시장에 직접적인 영향을 미친다.

6) 심리적·행동적 세분화와 고부가가치 시장

심리적·행동적 세분화는 여행소비자의 내면적 동기와 가치관을 반영하는 고급 세분화 방식이다. 여행 동기, 라이프스타일, 경험 추구 성향, 브랜드 충성도, 정보 탐색 방식 등은 여행 선택에 결정적인 영향을 미친다. 예를 들어 모험과 도전을 중시하는 여행객과 휴식과 안정성을 선호하는 여행객은 동일한 가격대의 상품이라도 전혀 다른 선택을 하게 된다. 이러한 세분화는 대량 판매 중심의 전략보다는, 차별화된 경험을 제공하는 고부가 가치 상품 개발에 특히 중요하다.

03 여행시장 구조의 동적 변화와 시사점

여행시장 구조는 고정된 것이 아니라, 지속적으로 변화하는 동적 구조로 이해해야 한다. 기술 발전, 사회문화적 변화, 경제 상황, 글로벌 위기 요인은 특정 세그먼트의 성장과 축소를 반복적으로 유발한다. OTA와 모바일 플랫폼의 확산은 자유여행과 단기 여행 시장을 빠르게 성장시킨 반면, 전통적인 단체 패키지 시장의 비중을 상대적으로 감소시켰다. 이러한 변화는 여행시장 세분화를 일회성 분석이 아닌, 지속적인 전략 관리 도구로 활용해야 함을 시사한다. 여행사는 시장 구조 변화를 지속적으로 모니터링하며, 유망 세그먼트에 대한 선제적 대응 전략을 수립할 필요가 있다.

여행시장 세분화와 구조 분석은 여행사의 경영 전략 수립 전반에 기초가 되는 핵심 요소이다. 세분화된 시장 구조를 정확히 이해할수록 여행사는 고객의 요구에 부합하는 상품을 개발하고, 효율적인 가격 및 유통 전략을 설계하며, 경쟁 환경 속에서 지속 가능한 경쟁 우위를 확보할 수 있다. 따라서 여행시장 세분화는 단순한 분석 기법을 넘어, 여행사 경영을 체계적으로 이해하기 위한 필수적인 이론적 틀이라 할 수 있다. 이는 여행 상품 전략과 마케팅 전략 논의의 중요한 이론적 기반으로 작용한다.

제4절

여행시장 변화와 트렌드

01 여행시장의 동태적 성격과 변화 이해의 필요성

여행시장은 고정된 산업 구조를 가진 정태적 시장이 아니라, 경제·사회·기술·문화적 요인의 변화에 따라 지속적으로 재편되는 동태적 시장이다. 여행수요와 소비자 행동, 시장 구조는 서로 독립적으로 존재하지 않으며, 환경 변화에 따라 상호작용하면서 함께 변화한다. 따라서 여행시장을 이해한다는 것은 특정 시점의 시장 규모를 파악하는 것이 아니라, 변화의 방향성과 속도를 읽는 것을 의미한다. 특히 최근 수십 년간 여행시장은 글로벌화, 디지털 기술 발전, 소비자 가치관 변화, 그리고 반복적으로 발생하는 위기 사건을 거치며 그 구조와 작동 방식이 근본적으로 변화해 왔다. 이러한 환경에서 과거의 성공 모델이나 경험에만 의존하는 여행사는 급격한 시장 변화에 취약해질 수 있으며, 기존의 강점이 오히려 경영 위험 요인으로 작용할 가능성도 높아진다.

1) 글로벌화와 국제 이동성 확대에 따른 시장 재편

글로벌화와 국제 이동성의 확대는 여행시장 변화의 근본적인 요인 중 하나이다. 항공 노선의 지속적인 확대, 저비용항공사(LCC)의 성장, 국제 비자 제도의 완화, 정보 접근성 향상은 해외 여행의 물리적·심리적 장벽을 크게 낮추었다. 그 결과, 과거 특정 계층에 한정되었던 해외 여행은 점차 대중화되었으며, 여행시장은 국내 중심 구조에서 글로벌 경쟁 구조로 전환되었다. 이러한 변화는 여행사의 역할에도 중대한 영향을 미쳤다. 여행사는 단순히 국내 여행상품을 판매하는 조직이 아니라, 해외 목적지 개발, 현지 공급자와의 협력, 문화적 차이에 대한 이해, 국제 표준에 부합하는 서비스 품질 관리까지 담당해야 하는 복합적 경영 주체로 변화하였다. 동시에 글로벌 경쟁 환경에서는 목적지 간 경쟁뿐만 아니라, 여행사 간 경쟁도 국경을 넘어 확장되는 양상을 보인다.

2) 기술 혁신과 디지털 전환이 만든 시장 구조 변화

기술 혁신과 디지털 전환은 여행시장 구조를 가장 빠르게 변화시키는 요인이다. 온라인 여행사(OTA), 메타 검색 플랫폼, 모바일 예약 시스템, 인공지능 기반 추천 서비스는 소비자의 정보 탐색 방식과 구매 의사결정 구조를 근본적으로 변화시켰다. 소비자는 이제 여행사 방문 없이도 항공권, 숙박, 현지 투어 정보를 실시간으로 비교·선택할 수 있으며, 이는 전통적인 여행사의 정보 중개 기능을 약화시키는 결과를 낳았다. 그러나 디지털 전환은 단순한 위협 요인만은 아니다. 여행사는 디지털 기술을 활용하여 고객 데이터를 분석하고, 개인 맞춤형 상품을 기획하며, 온라인 마케팅을 강화함으로써 새로운 경쟁력을 창출할 수 있다. 즉, 기술 변화는 여행사의 역할을 '정보 제공자'에서 '데이터 기반 기획자이자 경험 설계자'로 전환시키고 있다.

3) 경험 중심 소비 트렌드와 여행상품의 질적 전환

소비자 가치관 변화는 여행시장 트렌드의 핵심 동인이다. 현대 여행소비자는 단순히 관광지를 방문하는 것에 만족하지 않고, 체험·학습·휴식·자기 성찰 등 복합적인 가치를 여행을 통해 추구한다. 이에 따라 체험형 여행, 로컬 문화 중심 여행, 미식 여행, 액티비티 기반 여행 등 경험 중심 상품의 비중이 지속적으로 확대되고 있다. 이러한 변화는 여행상품의 성격 자체를 변화시킨다. 일정 중심, 장소 나열식 상품에서 벗어나, 스토리와 맥락을 가진 경험 설계가 중요해지고 있으며, 현지 서비스와의 유기적 연계가 여행 만족도를 좌우하는 핵심 요소로 작용한다. 여행사는 더 이상 '어디를 가는가'를 판매하는 조직이 아니라, '어떤 경험을 어떻게 제공하는가'를 설계하는 조직으로 전환해야 한다.

4) 웰니스·지속 가능성·윤리적 소비의 확산

최근 여행시장에서는 웰니스(wellness), 지속 가능성(sustainability), 윤리적 소비에 대한 관심이 빠르게 확산되고 있다. 건강과 삶의 질을 중시하는 소비 성향은 힐링 여행, 자연 친화적 여행, 장기 체류형 여행 상품의 성장을 이끌고 있다. 이는 여행의 목적이 단순한 여가를 넘어, 삶의 균형과 회복으로 확장되고 있음을 의미한다. 동시에 환경 보호, 지역사회 기여, 책임 있는 관광에 대한 인식이 높아지면서 지속 가능한 관광은 선택적 요소가 아닌 필수 고려 요소로 자리 잡고 있다. 여행사는 친환경 운영 방식, 지역 경제와의 상생 구조, 윤리적 공급망 관리를 통해 장기적인 브랜드 신뢰와 경쟁력을 구축해야 한다. 이러한 트렌드는 단기 수익보다 장기 가치 창출을 중시하는 경영 관점의 전환을 요구한다.

5) 세대 변화와 라이프스타일 다변화의 영향

세대 변화와 라이프스타일의 다양화 역시 여행시장 트렌드에 중요한 영향을 미친다. MZ세대를 중심으로 개인화된 여행, 단기 여행 및 빈번한 여행, SNS 공유 가치가 높은 여행 경험에 대한 수요가 증가하고 있다. 이들은 전통적인 패키지 여행보다는 자유도와 유연성을 중시하며, 디지털 채널을 통한 정보 탐색과 예약에 익숙하다. 반면 중·장년층과 고령층은 여전히 안정성, 신뢰성, 서비스 지원을 중시하는 경향을 보인다. 이러한 세대별 차이는 여행시장이 단일 방향으로 변화하지 않음을 보여주며, 여행사가 다층적인 세분시장 전략을 병행해야 함을 시사한다. 동일한 목적지라도 세대별로 전혀 다른 상품 전략이 요구된다.

6) 위기와 불확실성이 만들어내는 시장 구조 변화

정치·경제적 리스크와 위기 요인은 여행시장 변화를 가속화하는 중요한 변수이다. 테러, 전쟁, 자연재해, 환율 변동, 팬데믹과 같은 사건은 특정 지역 또는 전체 여행시장 수요를 급격히 위축시키거나 재편한다. 특히 코로나19 팬데믹은 여행시장의 구조적 취약성을 드러내며, 안전, 위생, 환불 정책, 유연한 운영 체계의 중요성을 부각시켰다. 이러한 경험은 여행사가 단기적 대응 능력뿐만 아니라, 중장기적 리스크 관리 전략과 위기 대응 시나리오를 갖추어야 함을 시사한다. 불확실성은 피할 수 없는 환경 요인이며, 이를 전제로 한 경영 전략이 요구된다.

02 여행시장 변화의 상호작용성과 전략적 대응

여행시장 변화와 트렌드는 단절적인 사건이 아니라, 기술 변화, 소비자 행동, 산업 구조가 상호작용하며 누적적으로 전개되는 과정으로 이해되어야 한다. 기술 발전은 여행 정보 탐색과 구매 방식을 변화시키고, 이러한 소비자 행동의 변화는 다시 여행상품의 구성과 유통 구조, 산업 내 경쟁 구도를 재편한다. 글로벌화, 디지털 전환, 가치관 변화, 위기 요인은 각각 독립적으로 작용하기보다는 서로 영향을 주고받으며 여행시장 전반의 구조적 변화를 이끌어 간다. 따라서 여행사는 개별 트렌드에 단편적으로 대응하기보다, 시장 변화의 방향성과 구조적 흐름을 종합적으로 분석하는 장기적 시각에서 전략을 수립해야 한다.

이러한 여행시장 변화는 여행사 경영 환경의 불확실성을 확대하는 동시에, 새로운 경쟁 기회를 창출한다. 여행사는 글로벌 환경 변화와 기술 발전, 소비자 가치의 변화를 통합적으로 고려한 전략적 대응을 통해 변화하는 시장 속에서도 지속 가능한 경쟁력을 확보할 수 있다. 여행시장 트렌드를 이해하는 것은 단순한 정보의 축적이 아니라, 여행사 경영의 방향성과 정체성을 설정하는 핵심적 사고 과정이며, 이를 통해 여행사는 여행상품 기획, 마케팅, 운영 전략을 보다 체계적으로 설계할 수 있다.

제5절

여행수요 변화가 여행사 경영에 미치는 영향

여행수요의 변화는 여행시장 규모의 단순한 증감에 그치지 않고, 여행사의 경영 구조와 전략적 의사결정 전반에 중대한 영향을 미친다. 여행수요는 경제 환경, 사회·문화적 요인, 기술 발전, 소비자 가치관, 위기 상황 등 다양한 요인의 상호작용을 통해 형성되며, 이러한 수요 변화는 여행사의 상품 기획, 가격 정책, 유통 구조, 운영 관리, 마케팅, 인력 운용, 리스크 관리에 이르기까지 연쇄적인 영향을 미친다. 따라서 여행사는 여행수요를 일시적인 시장 변동이나 외부 환경 변수로 인식하기보다, 경영 전략을 재구성하는 핵심 변수로 이해해야 한다. 특히 여행수요는 단순히 '여행을 떠나고자 하는 욕구'의 총합이 아니라, 개인의 심리적 동기와 외부 환경 요인이 결합된 결과로 형성된다. 소득 수준, 여가 시간, 환율과 물가, 교통 접근성, 목적지의 매력도와 안전성 같은 거시적 요인은 여행수요의 규모와 방향을 규정하는 기본 조건으로 작용한다. 동시에 개인의 가치관, 라이프스타일, 여행 경험, 위험 인식과 같은 미시적 요인은 동일한 환경 속에서도 서로 다른 여행 선택과 소비 행동을 만들어낸다. 즉, 여행수요의 결정요인은 거시적 요인과 미시적 요인이 분리되어 작동하는 것이 아니라, 소비자 행동을 매개로 실제 여행 구매와 소비로 구체화된다.

01 여행수요 변화와 여행상품 기획 방식의 전환

여행수요 변화는 여행상품 기획 방식에 가장 직접적인 영향을 미친다. 전통적으로 여행사는 일정과 가격이 표준화된 패키지 상품을 중심으로 운영되어 왔으나, 자유여행(FIT) 수요 증가, 경험 중심 여행 선호, 일정 유연성에 대한 요구 확대는 이러한 획일적 상품 구조의 한계를 드러내고 있다. 이에 따라 여행사는 목적별·세그먼트별 상품 포트폴리오를 구축하고, 고객의 여행 동기, 예산 수준, 체험 선호도를 반영한 맞춤형 상품 기획 역량을 강화해야 한다. 이는 단순한 상품 수 확대가 아니라, 여행수요 구조 변화와 소비자 행동 특성을 반영한 전략적 상품 설계의 문제로 이해되어야 한다.

02 가격 전략과 수익 구조에 대한 영향

여행수요 변화는 가격 전략과 수익 구조에도 직접적인 영향을 미친다. 여행수요는 계절성, 경제 상황, 환율, 이벤트, 위기 요인 등에 따라 큰 변동성을 보이며, 이러한 특성은 고정 가격 중심의 전통적 가격 전략을 어렵게 만든다. 이에 따라 여행사는 성수기·비수기를 고려한 탄력적 가격 전략(dynamic pricing)[2], 조기 예약 할인, 한정 판매, 차별화된 부가서비스 결합 전략 등을 활용해 수익성을 관리해야 한다. 특히 항공 좌석과 숙박 객실처럼 소멸성 재고를 다루는 여행사의 특성상, 수요 예측 실패는 곧바로 재무적 손실로 연결된다. 따라서 가격 전략은 단순한 판매 촉진 수단이 아니라, 수요 변동 리스크를 관리하는 핵심 경영 전략으로 인식되어야 한다.

03 유통 구조와 판매 채널 전략의 재편

여행수요 변화는 여행상품이 소비자에게 전달되는 유통 구조에도 변화를 초래한다. 온라인 예약, 모바일 플랫폼, OTA의 확산으로 소비자는 다양한 채널을 통해 여행상품을 탐색하고 구매하며, 이는 전통적인 오프라인 중심 유통 구조를 약화시키고 있다. 여행사는 이에 대응하여 오프라인 매장, 자체 온라인 플랫폼, OTA, SNS 기반 판매 등 다중 채널 전략을 병행해야 하며, 수요가 특정 세그먼트나 특정 시점에 집중될 경우 적절한 유통 채널 선택은 매출 규모와 고객 확보에 결정적인 영향을 미친다. 유통 전략은 고정된 구조가 아니라, 여행수요와 소비자 행동 변화에 따라 조정되는 전략적 선택의 영역이다.

---

2) 탄력적 가격 전략(Dynamic Pricing)은 시장 수요, 경쟁사 가격, 재고, 시간대 등 다양한 데이터를 실시간으로 분석하여 제품이나 서비스 가격을 유동적으로 변경하는 전략으로, 수익 극대화를 목표로 하며 항공권, 호텔, 차량 공유 서비스 등에서 흔히 볼 수 있고 AI 기술 발달로 더욱 고도화되고 있다.

04 운영 관리와 인력 운용에 미치는 영향

여행수요의 변동성은 운영 관리와 인력 운용 측면에서도 큰 영향을 미친다. 여행수요는 성수기와 비수기의 격차가 크고, 외부 환경 변화에 따라 단기간에 급격히 변화할 수 있다. 이에 따라 여행사는 고정적인 인력 구조보다는 탄력적인 인력 운영 체계를 구축해야 한다. 성수기에는 상담, 예약, 현지 대응 인력을 강화하고, 비수기에는 비용 효율성을 고려한 운영 전략이 요구된다. 또한 수요 증가 시 일정 변경, 고객 불만, 긴급 상황 발생 가능성도 함께 증가하므로, 안정적인 운영 시스템과 위기 대응 역량은 여행사 경영의 필수 요소라 할 수 있다.

05 마케팅 전략과 수요 대응 방식의 변화

여행수요 변화는 마케팅 전략의 지속적인 재설계를 요구한다. 소비자의 관심사, 정보 탐색 방식, 구매 결정 요인은 빠르게 변화하며, 여행사는 이러한 변화를 반영하지 못할 경우 수요 변화에서 소외될 가능성이 크다. 경험 중심 여행, 웰니스 관광, 지속 가능한 여행과 같은 트렌드는 특정 시점과 특정 세그먼트에서 강한 수요를 형성한다. 이에 따라 여행사는 콘텐츠 중심 마케팅, 스토리텔링 전략, 맞춤형 프로모션을 통해 소비자 행동을 자극하고, 단기 판매를 넘어 장기적인 브랜드 신뢰와 고객 관계를 구축해야 한다.

06 위기 상황에서의 수요 변화와 리스크 관리

여행수요 변화의 영향은 위기 상황에서 가장 직접적으로 나타난다. 팬데믹, 자연재해, 정치적 불안, 환율 급변 등은 여행수요를 급격히 위축시키거나 특정 지역으로 이동시키는 결과를 낳는다. 여행사는 유연한 계약 구조, 보험 제도, 환불 및 변경 정책, 대체 상품 제안 체계를 통해 수요 급변에 대응해야 하며, 이는 단기 손실 최소화뿐 아니라 장기적인 고객 신뢰 확보와 직결된다. 수요 변화에 대한 대응 능력은 여행사의 위기 관리 역량을 평가하는 핵심 지표라 할 수 있다.

07 수요 변화와 전략적 의사결정 구조의 재정의

여행수요 변화는 여행사의 전략적 의사결정 구조 자체를 재정의한다. 과거와 같이 경험과 직관에 의존한 경영 방식은 불확실성이 높은 환경에서 한계를 드러낸다. 여행사는 데이터 기반 수요 분석, 소비자 행동 분석, 시나리오별 전략 수립을 통해 보다 체계적이고 예측 가능한 의사결정을 수행해야 한다. 이는 여행사를 단순히 여행상품을 판매하는 조직이 아니라, 변화하는 환경 속에서 전략적으로 대응하는 경영 조직으로 전환시키는 핵심 요소이다.

여행수요 변화는 여행사의 상품 기획, 가격 전략, 유통 구조, 운영 관리, 마케팅, 리스크 관리 전반에 걸쳐 구조적인 영향을 미친다. 여행사는 수요 변화를 외부 환경 변수로만 인식할 것이 아니라, 경영 전략의 중심 변수로 통합적으로 관리해야 한다. 이러한 관점에서 여행수요 분석은 시장 규모 예측을 넘어 여행사 경영 전반의 방향성을 설정하는 핵심 도구로 기능하며, 수요 변화와 소비자 행동에 대한 통합적 이해는 이후 여행상품 개발과 마케팅 전략을 이해하는 이론적 기반이 된다.

제2장

연습문제 Review Questions

문제 01 여행수요의 특성과 관광산업에서 여행사가 대응해야 하는 의미를 설명하시오.

➡

문제 02 여행수요 변화가 여행사의 상품 기획과 운영에 미치는 영향을 구체적으로 사례를 들어 설명하시오.

➡

문제 03 디지털 기술과 OTA 등 외부 요인이 여행수요 변화와 여행사 경영에 미치는 영향을 설명하시오.

➡

:: 모범답안 ::

문제 01 여행수요는 계절성, 경제적 여건, 사회문화적 트렌드, 개인의 라이프스타일 변화 등 다양한 요인에 따라 변동한다. 여행사는 이러한 수요 특성을 이해하고 상품 기획, 가격 책정, 유통 전략, 운영 관리 및 마케팅 전략에 반영해야 한다. 예를 들어, 성수기 수요 집중에는 탄력적 가격 정책과 다중 유통 채널 활용이 필요하며, 개별 맞춤형 여행 수요가 증가하면 상품 설계와 고객 상담 기능을 강화해야 한다.

문제 02 FIT 및 경험 중심 여행 수요가 증가하면, 여행사는 기존 패키지 상품 위주의 기획에서 벗어나 고객 맞춤형 일정, 체험 활동, 숙박 선택 등을 반영한 상품을 설계해야 한다. 또한 여행 중 발생할 수 있는 문제와 일정 변경에 대응하기 위해 운영 관리 체계를 강화하고, 유연한 인력 배치와 현장 대응 능력을 높여야 한다. 예를 들어, 성수기에는 고객 지원 인력을 늘리고, 비수기에는 운영 비용을 절감하는 전략을 적용할 수 있다.

문제 03 OTA 및 디지털 기술은 고객의 직접 예약과 정보 접근성을 높여 수요 구조를 변화시킨다. 여행사는 이에 대응해 다중 유통 채널 전략을 활용하고, 맞춤형 상품 설계, 실시간 운영 관리, 리스크 관리 기능을 강화해야 한다. 이는 정보 제공 중심에서 경영·운영 중심으로 기능이 이동한 사례로, 여행사의 핵심 경쟁 요소가 변화했음을 의미한다.

제2장 토론문제 Discussion Questions

토론 01 "급격한 여행수요 변화 속에서 여행사는 기존 패키지 중심 경영을 유지해야 하는가, 맞춤형 상품 중심으로 전환해야 하는가?"

토론 포인트!

- 급격한 수요 변화에는 맞춤형, 유연한 상품 설계가 필요
- 패키지 중심 전략은 규모의 경제를 유지할 수 있는 장점이 있음
- 결론: 패키지와 맞춤형을 병행하며 시장 상황과 수요 특성에 따라 유연하게 조정하는 전략이 바람직

토론 02 "OTA와 디지털 플랫폼의 확산은 여행사의 경쟁력에 긍정적인가, 부정적인가?"

토론 포인트!

- 긍정적: 고객 접근성과 예약 편의성 증가, 데이터 기반 의사결정 가능
- 부정적: 정보 독점 기능 약화, 가격 경쟁 심화, 전통적 수익 구조 압박
- 결론: OTA는 위협이 아니라 기능 재편 기회로 활용 가능, 전략적 대응 필요

토론 03 "여행수요의 계절적, 경제적 변동에 대응하는 여행사 경영 전략은 무엇이 있는가?"

토론 포인트!

- 탄력적 가격 정책, 유통 채널 다양화
- 인력 및 운영 관리 유연화
- 프로모션, 마케팅 전략 계절/경제 상황 연계
- 리스크 관리 및 환불 정책 강화

제3장

여행상품의 개념과 구조

:: 학습목표 Learning Objectives

01. 여행상품을 단순한 서비스 결합이 아닌 복합적 경영 상품으로 정의하고, 그 개념적 특성을 설명할 수 있다.
02. 여행상품이 가지는 무형성, 복합성, 동시 생산·소비성, 이질성, 가치 중심성, 리스크 특성을 경영 관점에서 이해할 수 있다.
03. 여행상품을 구성하는 핵심 구성 요소와 보조 구성 요소의 역할과 경영적 의미를 설명할 수 있다.
04. 여행상품의 가치를 기능적 가치와 경험적 가치로 구분하고, 여행 형태에 따른 가치 구조의 차이를 분석할 수 있다.
05. 패키지여행과 FIT에서의 가치 인식 차이와 OTA 환경에서 경험적 가치가 증폭되는 메커니즘을 이해할 수 있다.
06. 여행상품을 어행 형태, 구성 방식, 목적, 가격 수준, 유통 채널 기준으로 체계적으로 분류할 수 있다.
07. 여행상품의 생애주기 단계별 특징과 경영 전략을 설명할 수 있다.
08. 여행사를 여행상품 중심 경영 조직으로 이해하고, 상품 중심 경영의 의미를 파악할 수 있다.

:: 핵심 키워드 Key Concepts

- 여행상품(Tourism Product)
- 무형성(Intangibility)
- 동시 생산·소비성(Simultaneity)
- 가치 중심성(Value-Centric Nature)
- 경험적 가치(Experiential Value)
- 여행상품 유형 분류
- OTA 리뷰(OTA Review)
- 기획, 운영, 마케팅, 유통
- 소비자 경험
- 복합 경영 상품(Composite Management Product)
- 복합성(Complexity)
- 이질성(Heterogeneity)
- 기능적 가치(Functional Value)
- 패키지 여행(Package Tour), FIT(개별자유여행)
- 상품 구성 요소(Components of the Travel Product)
- 여행상품 중심 경영(Product-Centric Management)
- 리스크 관리
- 생애주기(Product Life Cycle), 도입기·성장기·성숙기·쇠퇴기

:: 장 요약 Chapter Summary

본 장은 여행상품을 여행사 경영의 핵심 단위로 이해하기 위한 이론적 기초를 제시하였다. 먼저 여행상품을 단순한 서비스 묶음이 아닌, 다양한 자원과 이해관계가 결합된 복합적 경영 상품으로 정의하고, 무형성·복합성·동시 생산·소비성·이질성·가치 중심성·리스크와 불확실성이라는 핵심 특성을 통해 여행상품의 본질을 설명하였다.

이어 여행상품의 구성 요소를 핵심 구성 요소와 보조 구성 요소로 구분하여, 교통·숙박·식음료·관광 및 체험 요소가 여행 성립과 상품 경쟁력에 어떤 역할을 하는지를 경영 관점에서 분석하였다. 이를 통해 여행상품이 개별 요소의 단순 합이 아니라, 상호 유기적으로 결합된 통합 경험 시스템임을 강조하였다.

특히 본 장에서는 여행상품의 가치를 기능적 가치와 경험적 가치로 구분하여 여행자가 인식하는 가치 구조를 심층적으로 분석하였다. 패키지여행과 FIT의 비교를 통해 여행 형태에 따라 가치의 중심이 어떻게 달라지는지를 설명하였으며, OTA 리뷰 환경에서 경험적 가치가 사전에 증폭되고 여행 만족도 형성에 미치는 영향을 논의하였다. 이를 통해 여행상품 관리에서 기능적 안정성과 경험 관리가 동시에 중요함을 확인하였다.

또한 여행상품을 여행 형태, 구성 방식, 소비 목적, 가격 수준, 유통 채널 기준으로 분류하고, 이러한 분류가 여행사의 상품 기획과 전략적 선택에 갖는 의미를 제시하였다. 더 나아가 여행상품의 생애주기 개념을 적용하여 도입기부터 쇠퇴기에 이르는 단계별 특징과 요구되는 경영 전략을 정리함으로써, 상품 관리의 동태적 관점을 제시하였다.

마지막으로 여행사를 여행상품 중심 경영 조직으로 이해하는 관점을 통해, 여행상품이 조직 구조, 재무 관리, 마케팅 전략, 리스크 관리 전반을 관통하는 핵심 경영 단위임을 강조하였다. 이는 여행상품을 단순한 판매 대상이 아니라, 고객 경험을 설계하고 관리하는 전략적 자산으로 인식하게 한다.

이러한 논의는 여행상품의 가격 결정과 원가 구조를 이해하기 위한 이론적 토대를 제공하며, 여행상품이 어떻게 수익성과 경쟁력으로 연결되는지를 분석하는 출발점이 된다.

제1절

여행상품의 개념과 특성

여행상품은 여행사가 시장에 제공하는 핵심 산출물로서, 고객에게 전달되는 모든 서비스와 경험의 총체를 의미한다. 전통적으로 여행상품은 항공권, 숙박, 식사, 관광 일정 등을 결합한 패키지 형태의 서비스로 이해되어 왔다. 그러나 이러한 단순 결합적 이해는 현대 여행산업의 복잡성과 여행사의 실제 경영 구조를 충분히 설명하기에는 한계가 있다.

경영학적 관점에서 여행상품은 개별 서비스의 묶음이 아니라, 다양한 자원과 이해관계가 결합되어 하나의 가치를 창출하는 복합적 경영 상품(composite management product)으로 정의하는 것이 보다 적절하다.

여행상품은 고객에게 단순한 이동이나 숙박을 제공하는 것이 아니라, 여행 전 기대 형성에서부터 여행 중 체험, 여행 후 평가와 기억까지를 포함하는 전체 경험 과정(total experience)을 설계하는 대상이다. 따라서 여행상품은 소비 시점 이전에는 완전히 확인할 수 없으며, 소비 이후에야 그 가치가 평가되는 특성을 가진다. 이러한 특성 때문에 여행상품은 제조업 상품과 달리 사전 품질 검증이 어렵고, 고객 만족과 불만족의 차이가 크게 나타날 수 있다. 이 점에서 여행상품은 경영적 책임과 리스크 관리가 필연적으로 수반되는 상품이다.

여행상품의 특성을 보다 체계적으로 이해하기 위해서는 다음과 같은 핵심 속성을 중심으로 분석할 필요가 있다.

01 무형성(Intangibility)

여행상품은 대표적인 무형 서비스 상품이다. 고객은 여행상품을 구매하는 시점에 상품을 직접 확인하거나 시험해 볼 수 없으며, 여행이 종료된 이후에야 만족 여부를 평가할 수 있다. 이로 인해 여행상품의 가치는 객관적인 성능보다는 주관적인 경험, 감정, 기억에 의해 결정된다. 이러한 무형성은 여행사 경영에 중요한 시사점을 제공한다. 여행사는 상품 설명, 이미지, 후기, 상담 등을 통해 고객의 기대를 관리해야 하며, 기대와 실제 경험 간의 차이를 최소화하는 것이 핵심 과제가 된다. 과도한 기대를 유발하는 마케팅은 단기 판매에는 도움이 될 수 있으나, 장기적으로는 불만과 신뢰 저하로 이어질 수 있다.

02 복합성(Complexity)

여행상품은 항공, 숙박, 식음료, 교통, 체험 활동, 보험, 안내 서비스 등 다양한 요소가 결합된 복합 구조를 가진다. 각 구성 요소는 서로 다른 공급자에 의해 제공되며, 각기 다른 비용 구조와 운영 논리를 가진다. 여행사는 이러한 분절된 공급 요소를 하나의 일관된 일정과 서비스 흐름으로 통합해야 하며, 어느 한 요소에서 문제가 발생하더라도 전체 상품의 품질과 만족도에 영향을 미친다. 이 복합성 때문에 여행상품은 기획 단계뿐 아니라 운영 단계에서도 지속적인 관리와 조정이 요구된다.

03 동시 생산·소비성(Simultaneity)

여행상품은 생산과 소비가 동시에 이루어진다는 특징을 가진다. 숙박 서비스, 현지 투어, 가이드 서비스 등은 고객이 실제로 여행을 하는 순간에 제공되고 소비된다. 이로 인해 사후 수정이나 교환이 사실상 불가능하며, 문제가 발생할 경우 즉각적인 대응이 요구된다. 이 특성은 여행상품의 운영 관리 능력이 경쟁력의 핵심 요소임을 의미한다. 여행사는 사전 준비뿐만 아니라, 여행 중 발생할 수 있는 변수에 대응할 수 있는 현장 대응 능력과 의사결정 체계를 갖추어야 한다.

04 이질성(Heterogeneity)

여행상품은 동일한 일정과 구성으로 제공되더라도 고객의 만족도는 다르게 나타날 수 있다. 고객의 기대 수준, 개인적 성향, 여행 목적, 동반자 구성, 심리 상태 등에 따라 동일한 서비스도 다르게 평가된다. 또한 계절, 날씨, 현지 서비스 제공자의 역량 등에 따라 상품 품질이 변동될 수 있다. 이러한 이질성은 여행사가 완전한 표준화를 추구하기 어렵게 만들며, 동시에 맞춤형 서비스의 필요성을 증가시킨다. 따라서 여행사는 표준화된 운영 시스템을 기반으로 하되, 고객 특성에 따라 유연하게 대응할 수 있는 구조를 마련해야 한다.

05 가치 중심성(Value-Centric Nature)

여행상품은 단순히 가격 대비 서비스 제공이 아니라, 고객이 인식하는 경험 가치를 중심으로 평가된다. 동일한 비용의 여행이라도 일정 구성, 체험의 질, 서비스 태도, 문제 해결 방식에 따라 고객이 느끼는 가치는 크게 달라질 수 있다. 이 때문에 여행상품 기획에서는 비용 최소화보다는 고객 가치 극대화 관점이 중요하며, 이는 장기적인 브랜드 신뢰와 재구매율로 연결된다.

06 리스크와 불확실성(Risk & Uncertainty)

여행상품은 기상 변화, 교통 지연, 현지 상황, 정치·사회적 요인 등 다양한 외부 변수에 영향을 받는다. 이러한 불확실성은 여행상품이 본질적으로 높은 리스크를 내포한 상품임을 의미한다. 여행사는 상품 기획 단계에서 이러한 리스크를 예측하고, 대체 일정, 보험, 계약 조건, 고객 안내 체계 등을 통해 위험을 관리해야 한다. 이는 여행상품이 단순 판매 대상이 아니라, 위험 관리 대상이라는 점을 분명히 한다.

여행상품은 단순한 서비스 패키지가 아니라, 경험 설계, 운영 관리, 리스크 부담, 경영 책임이 결합된 복합 경영 상품이다. 이러한 이해는 여행상품의 구성 요소, 유형과 분류, 생애주기, 그리고 여행상품 중심 경영 논의를 위한 이론적 출발점이 된다.

표 3.1 ▌여행상품의 핵심 특성

특성	핵심 내용	여행사 경영 시사점
무형성(Intangibility)	사전 확인 불가, 경험 후 평가	기대 관리, 정보 제공, 신뢰 구축 중요
복합성(Complexity)	다수 공급자·요소 결합	통합 기획·조정 능력이 경쟁력
동시 생산·소비성	생산과 소비가 동시에 발생	현장 대응력·운영 관리 역량 필수
이질성(Heterogeneity)	고객·상황에 따라 품질 인식 상이	표준화 + 유연성의 균형 필요
가치 중심성 (Value-Centric Nature)	가격보다 경험 가치 중시	고객 가치 극대화 중심 기획
리스크·불확실성 (Risk & Uncertainty)	외부 변수 영향 큼	사전 리스크 예측·대응 체계 필수

제2절

여행상품의 구성 요소

여행상품은 단일한 서비스나 재화로 구성되지 않는다. 여행사가 시장에 제공하는 하나의 여행상품은 이동, 체류, 관광, 소비, 지원 서비스가 결합된 복합적 서비스 구조를 가지며, 이 구성 요소들이 어떻게 결합되고 관리되는가에 따라 상품의 경쟁력과 수익 구조가 결정된다. 따라서 여행상품의 구성 요소를 이해하는 것은 단순한 항목 나열이 아니라, 여행사 경영 전반을 이해하는 출발점이 된다.

일반적으로 여행상품의 구성 요소는 여행의 성립을 가능하게 하는 핵심 구성 요소(core components)와, 여행 경험의 질과 만족도를 확장하는 보조 구성 요소(supplementary components)로 구분할 수 있다. 이 두 범주는 서로 독립적으로 존재하는 것이 아니라, 상호작용을 통해 하나의 통합된 여행 경험을 형성한다.

01 핵심 구성 요소(Core Components)

핵심 구성 요소란 여행자가 해당 여행상품을 선택하는 근본적인 이유가 되는 필수 요소로, 이들 요소가 제공되지 않을 경우 여행상품으로서의 성립 자체가 어렵다.

1) 교통 요소(Transportation)

교통은 여행상품의 출발점이 되는 핵심 요소로, 여행자의 출발지와 목적지를 연결하는 기능을 수행한다. 항공, 철도, 버스, 선박 등 교통수단의 선택은 여행 일정의 구조를 결정하며, 특히 항공 교통은 국제여행과 장거리 여행에서 여행상품의 원가와 가격 경쟁력을 좌우하는 핵심 변수로 작용한다. 여행사 입장에서 교통 요소는 단순한 이동 수단이 아니라, 좌석 확보 방식과 계약 구조에 따라 수익성과 위험을 동시에 관리해야 하는 경영 요소이다.

2) 숙박 요소(Accommodation)

숙박은 여행 중 체류 경험의 질을 결정하는 핵심 요소로, 고객 만족도에 미치는 영향이 매우 크다. 숙박 시설의 등급, 위치, 브랜드, 서비스 수준은 여행상품의 포지셔닝과 직결되며, 특히 패키지여행에서는 숙박 수준이 상품 차별화의 핵심 기준으로 작용한다. 숙박 관련 불만은 여행상품 클레임의 주요 원인이 되기 때문에, 여행사는 사전 정보 제공과 품질 관리에 각별한 주의를 기울여야 한다.

3) 식음료 요소(Food & Beverage)

식음료는 여행 중 기본적인 생리적 욕구를 충족시키는 요소이자, 지역 문화를 체험하는 관광 요소로 기능한다. 패키지여행에서 식사는 일정 운영과 원가 관리 측면에서 중요한 고려 대상이며, 특히 저가 상품일수록 식음료 만족도가 전체 여행 평가에 미치는 영향이 크게 나타난다. 따라서 식음료는 단순한 보조 서비스가 아니라, 여행 경험의 질을 좌우하는 핵심 구성 요소로 이해할 필요가 있다.

4) 관광 및 체험 요소(Sightseeing & Activities)

관광지 방문과 체험 활동은 여행상품의 정체성을 형성하는 핵심 콘텐츠이다. 방문지의 매력도, 일정 구성, 체험 프로그램의 독창성은 동일한 교통·숙박 조건에서도 전혀 다른 상품 가치를 창출한다. 최근에는 관람 중심 관광에서 벗어나 체험·참여·스토리텔링 중심의 프로그램이 중요해지고 있으며, 이는 여행상품이 이동 서비스에서 경험 산업으로 전환되고 있음을 보여준다.

02 보조 구성 요소(Supplementary Components)

보조 구성 요소는 핵심 구성 요소를 보완하고, 여행자의 편의성과 심리적 안정, 경험 가치를 확장하는 역할을 수행한다. 이들은 여행상품의 차별화와 고부가가치 창출의 핵심 수단으로 작용한다.

1) 안내 및 인솔 서비스(Guiding & Escorting)

가이드와 인솔자는 여행상품의 무형적 가치를 대표하는 요소로, 일정 관리, 정보 제공, 문제 해결을 담당한다. 동일한 일정이라도 인솔자의 전문성과 커뮤니케이션 능력에 따라 여행 만족도는 크게 달라진다. 여행사 경영 측면에서 인솔 서비스는 비용 요소이자 동시에 브랜드 신뢰를 형성하는 투자 요소로 기능한다.

2) 보험 및 안전·지원 서비스

여행자 보험, 위기 대응 체계, 긴급 지원 서비스는 여행 중 발생할 수 있는 불확실성과 위험을 완화하는 역할을 한다. 이러한 요소는 여행상품의 신뢰도를 높이며, 여행사가 어느 수준까지 책임을 부담하는지를 보여주는 지표로 작용한다. 현대 여행상품에서 안전과 위험 관리 요소는 점차 필수 구성 요소로 인식되고 있다.

3) 쇼핑 및 선택 관광 프로그램

쇼핑, 선택 관광, 추가 체험 프로그램은 여행자의 취향에 따라 선택적으로 제공되는 서비스이다. 이는 여행 경험의 다양성과 기억 가치를 높일 수 있으나, 과도할 경우 여행 만족도를 저해할 수 있다. 따라서 여행사는 수익 구조와 고객 경험 간의 균형을 고려하여 전략적으로 설계해야 한다.

4) 무형 요소: 서비스 품질과 브랜드 이미지

상담 과정에서의 응대 태도, 정보 제공의 정확성, 문제 발생 시 대응 방식, 브랜드 신뢰도 등은 유형적으로 측정하기 어려운 무형 요소이지만, 여행상품의 전반적인 가치 평가에 결정적인 영향을 미친다. 이러한 요소는 가격 비교를 넘어서는 경쟁력을 형성하며, 장기적인 고객 관계 구축의 기반이 된다.

여행상품의 구성 요소는 개별적으로 존재하는 것이 아니라, 상호 유기적으로 연결되어 하나의 통합된 여행 경험을 형성한다. 여행사는 이들 요소 중 어디에 가치를 부여하고, 어떤 요소를 통해 차별화를 추구할 것인지를 전략적으로 선택해야 하며, 이는 여행상품 기획과 운영, 마케팅 전략 논의의 핵심 전제가 된다.

표 3.2 ▌여행상품 구성 요소

구분	주요 구성 요소	기능적 역할	여행사 경영적 의미
핵심 구성 요소	교통, 숙박, 식음료, 관광·체험	여행 성립과 목적 충족	원가 구조 형성, 상품 포지셔닝 결정
보조 구성 요소	인솔·가이드, 보험, 안전 지원	편의성·안정성 강화	브랜드 신뢰, 클레임 관리
선택·확장 요소	쇼핑, 선택 관광, 추가 체험	경험 가치 확장	수익 다각화, 상품 차별화
무형 요소	서비스 품질, 브랜드 이미지	경험 평가 결정	재구매·충성도 형성

제3절

여행상품의 가치 구조

여행상품은 교통, 숙박, 관광 일정과 같은 개별 서비스 요소의 결합으로 구성되지만, 여행자가 인식하는 여행상품의 평가는 이러한 구성 요소의 나열만으로 이루어지지 않는다. 여행상품의 가치는 여행사가 무엇을 제공하는가보다는, 여행자가 그 제공 과정을 통해 어떤 효용과 경험을 얻는가에 의해 형성된다. 따라서 여행상품을 경영학적으로 이해하기 위해서는 구성 요소 분석을 넘어, 여행상품이 창출하는 가치의 구조를 체계적으로 살펴볼 필요가 있다.

여행상품의 가치는 일반적으로 기능적 가치(functional value)와 경험적 가치(experiential value)로 구분할 수 있으며, 이 두 가지 가치는 여행상품의 기획, 운영, 마케팅 전반에 걸쳐 상호 작용하면서 여행자의 만족과 불만족을 결정한다.

01 여행상품의 기능적 가치와 경험적 가치

기능적 가치는 여행상품이 약속한 서비스를 얼마나 정확하고 안정적으로 제공하는가와 관련된 가치이다. 이는 교통편의 정시 운항 여부, 숙박시설의 등급과 객실 제공의 일치성, 일정표에 명시된 관광 코스의 이행 여부, 예약 오류나 누락의 발생 여부와 같이 비교적 객관적으로 확인 가능한 요소를 포함한다. 기능적 가치는 여행상품의 기본적 효용을 구성하며, 여행자가 상품 구매 시 형성하는 기대의 기초가 된다. 반면 경험적 가치는 여행상품을 이용하는 과정에서 여행자가 느끼는 감정적·심리적 만족을 의미한다. 여행 중 느끼는 즐거움과 편안함, 특별함, 감동, 여행의 분위기와 같은 요소는 경험적 가치에 해당한다. 이는 개인의 성향, 여행 목적, 동반자 구성, 현장 상황 등에 따라 다르게 인식되며, 사전에 완전히 예측하거나 수치화하기 어렵다는 특징을 가진다.

여행상품의 특징은 기능적 가치와 경험적 가치가 분리되어 존재하지 않고, 상호 밀접하게 연결되어 있다는 점이다. 기능적 가치가 충족되지 않을 경우 경험적 가치는 크게 훼손되며, 일정 운영이나 수배상의 문제가 발생하면 여행 전체에 대한 인식이 부정적으로 형성되기 쉽다. 반대로 기능적으로 동일한 여행상품이라 하더라도, 여행사의 안내 방식, 인솔자의 태도, 현장에서의 배려 수준에 따라 경험적 가치는 크게 달라질 수 있다.

이러한 특성으로 인해 여행상품 관리에서는 단순히 기능적 서비스의 제공 여부를 관리하는 수준을 넘어, 여행자가 경험하는 전체 과정과 감정 흐름을 함께 고려하는 접근이 요구된다. 여행상품은 일정표에 나타난 서비스 제공 구조이자, 동시에 여행자의 기억과 평가 속에 남는 경험 설계의 대상이기 때문이다.

02 패키지여행과 FIT에서의 가치 구조 차이

여행상품의 형태에 따라 기능적 가치와 경험적 가치의 상대적 중요성은 다르게 작용한다. 특히 패키지여행과 개별자유여행(FIT)은 여행상품의 구조뿐만 아니라, 여행자가 기대하고 평가하는 가치의 중심에서도 뚜렷한 차이를 보인다.

패키지여행은 여행사가 교통, 숙박, 관광 일정, 인솔 및 안내 서비스를 사전에 통합하여 제공하는 완성형 여행상품이다. 이 경우 여행자는 여행 전 일정표와 포함 사항을 통해 제공될 서비스를 명확히 인지한 상태에서 상품을 구매한다. 따라서 패키지여행에서는 기능적 가치가 만족도의 기본 전제이자 가장 중요한 평가 기준으로 작용한다. 항공편 변경, 숙박 등급 하락, 일정 축소와 같은 기능적 실패는 여행 전체에 대한 불만으로 직결되며, 경험적 요소가 이를 상쇄하기는 어렵다. 패키지여행에서 경험적 가치는 기능적 가치가 충족된 이후에 형성되는 추가적 만족 요소로 작용한다. 인솔자의 전문성과 태도, 단체 여행의 분위기, 일정 진행의 여유로움 등은 여행에 대한 전반적인 인상을 개선할 수 있으나, 이는 기본적인 운영 안정성이 확보된 이후에 의미를 가진다.

반면 FIT는 여행자가 항공권, 숙박, 현지 활동 등을 스스로 선택하고 조합하는 방식으로, 여행 경험에 대한 주도권이 여행자에게 있다. 이 때문에 FIT에서는 경험적 가치가 여행 만족도를 결정하는 중심적 요소로 작용하며, 기능적 가치는 기본 조건으로 인식되는 경향이 강하다. 예약 오류나 심각한 서비스 실패가 없는 한, 기능적 요소는 '당연히 충족되어야 할 조건'으로 받아들여진다. FIT 여행에서는 일정의 자유로움, 개인 취향 반영, 여행지에서의 감정적 몰입과 같은 경험 요소가 여행의 성공 여부를 좌우한다. 따라서 동일한 교통과 숙박 조건에서도, 여행자가 어떤 경험을 했는가에 따라 만족도는 크게 달라질 수 있다.

03 OTA 리뷰와 경험적 가치의 증폭

온라인 여행 플랫폼(OTA)의 확산은 여행상품의 가치 인식 구조에 중요한 변화를 가져왔다. 특히 FIT 시장에서는 OTA 리뷰가 여행상품의 경험적 가치를 사전에 증폭시키는 핵심 수단으로 기능한다.

OTA 리뷰는 숙박시설이나 투어 상품의 물리적 조건뿐만 아니라, 여행자가 느낀 분위기, 서비스 태도, 감정적 인상을 언어와 이미지로 전달한다. 이를 통해 여행자는 여행 전부터 특정한 경험을 기대하게 되며, 이러한 기대는 실제 여행 중의 만족도 형성에 직접적인 영향을 미친다. FIT 여행에서는 여행의 성공 여부가 개인의 선택과 경험에 크게 의존하기 때문에, OTA 리뷰를 통해 형성된 경험적 기대는 여행 만족을 강화하거나 반대로 실망을 증폭시키는 역할을 한다. 이로 인해 FIT 시장에서는 경험 관리와 기대 관리가 여행상품 경쟁력의 핵심 요소로 작용한다.

04 패키지여행 불만 사례와 기능적 가치 실패

패키지여행에서 발생하는 고객 불만 사례를 살펴보면, 그 상당수는 경험적 가치보다는 기능적 가치의 실패에서 비롯된다. 이는 패키지여행이 계약된 일정과 서비스 제공을 전제로 운영되는 구조적 특성과 밀접한 관련이 있다. 패키지여행에서는 여행사가 여행 전반을 설계하고 운영하기 때문에, 고객은 여행 중 발생하는 문제를 스스로 조정하기 어렵다. 항공 스케줄 변경, 숙박 조건 불일치, 일정 진행상의 문제는 곧바로 여행사의 책임으로 인식되며, 이는 강한 불만으로 이어지기 쉽다. 이러한 구조에서는 기능적 가치의 안정적 확보가 여행상품 관리의 최우선 과제가 된다. 경험적 가치 요소인 여행 분위기나 인솔자의 친절함은 기능적 가치가 충족된 이후에야 의미 있는 평가 대상이 된다. 기능적 실패가 발생한 상황에서는 경험적 요소가 여행 전체에 대한 부정적 인식을 반전시키기 어렵다.

이와 같이 여행상품의 가치는 기능적 가치와 경험적 가치가 결합된 구조 속에서 형성되며, 여행상품의 형태에 따라 두 가치의 상대적 비중과 관리 방식은 달라진다. 이러한 가치 구조에 대한 이해는 여행상품을 단순한 구성 요소의 결합이 아니라, 고객 경험을 중심으로 한 경영 대상임을 분명히 한다.

아울러 이러한 관점은 여행상품의 유형과 분류를 보다 입체적으로 이해하는 기준이 된다. 즉, 패키지여행과 FIT, 테마형 상품과 맞춤형 상품의 차이는 단순한 형태상의 구분이 아니라, 기능적 가치와 경험적 가치의 상대적 중요성과 이를 관리하는 방식의 차이로 해석할 수 있다.

표 3.3 ▌여행상품의 가치 구조 요약

구분	기능적 가치(Functional Value)	경험적 가치(Experiential Value)
기본 개념	여행상품이 약속한 서비스를 정확하고 안정적으로 제공하는 가치	여행 과정에서 여행자가 느끼는 감정적·심리적 만족과 기억의 가치
가치의 성격	객관적, 실질적, 비교적 측정 가능	주관적, 감정적, 개인차 큼
핵심 질문	"계약된 서비스가 제대로 제공되었는가?"	"이 여행이 즐겁고 의미 있었는가?"
주요 구성 요소	교통 정시성, 숙박 등급 일치, 일정 이행, 예약 오류 여부	즐거움, 편안함, 감동, 특별함, 여행 분위기
여행 전 인식	일정표, 포함 사항, 가격 정보를 통해 기대 형성	후기, 이미지, 스토리를 통해 감정적 기대 형성
여행 중 영향 요인	일정 변경, 수배 오류, 운영 안정성	인솔자 태도, 현장 분위기, 체험의 질
실패 시 결과	즉각적인 불만 제기, 환불·보상 요구	여행 기억의 부정적 형성, 재구매 의도 감소
패키지 여행에서의 비중	가장 핵심적 가치 (기본 전제)	기능적 가치 충족 이후 부가적 만족 요소
FIT에서의 비중	기본 조건(충족되지 않으면 큰 불만 발생)	여행 만족을 결정하는 핵심 가치
OTA 리뷰와의 관계	기능적 실패는 즉각 낮은 평점으로 반영	경험적 평가는 감정적 서술로 증폭
여행사 관리 초점	운영 관리, 수배 정확성, 리스크 관리	고객 경험 관리, 서비스 태도, 관계 관리
경쟁 전략	가격, 일정 구성, 포함 사항 비교	브랜드 이미지, 후기, 차별적 경험
경영적 시사점	안정적 운영 없이는 상품 신뢰 확보 불가	차별화와 장기 경쟁력의 핵심 요소

제4절

여행상품 유형과 분류

여행상품은 소비 목적, 구성 방식, 가격 구조, 고객 특성 등에 따라 매우 다양한 형태로 존재한다. 따라서 여행상품을 체계적으로 이해하고 관리하기 위해서는 일정한 기준에 따른 유형 분류가 필요하다. 여행상품의 분류는 단순한 학술적 구분에 그치지 않고, 여행사의 상품 기획, 가격 전략, 유통 방식, 마케팅 전략 수립의 기초 자료로 활용된다.

여행상품 유형 분류는 일반적으로 여행 형태, 상품 구성 방식, 소비 목적, 가격 및 서비스 수준, 유통 채널 등의 기준에 따라 이루어진다. 이러한 다차원적 분류를 통해 여행시장의 구조와 여행사의 전략적 선택을 보다 명확히 이해할 수 있다.

01 여행상품 유형 분류

1) 여행 형태에 따른 분류: 단체여행과 개별여행

가장 기본적인 분류 기준은 여행 형태에 따른 구분이다. 전통적으로 여행상품은 단체여행(Group Tour) 과 개별여행(FIT: Free Independent Travel)으로 구분되어 왔다.

단체여행은 일정, 교통, 숙박, 식사, 관광 프로그램이 사전에 패키지 형태로 구성되어 있으며, 여행사는 일정 운영과 품질 관리에 대한 책임을 진다. 이 유형은 일정 효율성과 가격 안정성이 높아 중장년층, 초보 여행자, 단체 고객에게 선호되는 경향이 있다. 여행사 입장에서는 규모의 경제를 통해 원가를 관리할 수 있다는 장점이 있으나, 수요 변동에 따른 재고 리스크(좌석·객실)가 존재한다. 반면 개별여행은 소비자가 여행 일정과 구성 요소를 자율적으로 선택하는 형태이다. 최근 디지털 플랫폼과 OTA의 발달로 개별여행 시장은 빠르게 확대되고 있으며, 자유도와 개인화 경험을 중시하는 소비자에게 적합하다. 여행사는 개별여행 상품을 통해 맞춤형 설계, 컨설팅 중심 서비스, 부가 수익 창출이 가능하지만, 고객 관리와 서비스 품질의 표준화가 어렵다는 한계를 가진다.

2) 상품 구성 방식에 따른 분류: 패키지, 선택형, 맞춤형 상품

여행상품은 구성 방식에 따라 완전 패키지 상품, 선택형 상품, 맞춤형 상품으로 분류할 수 있다.

완전 패키지 상품은 교통, 숙박, 식사, 관광, 안내 서비스가 하나의 상품으로 결합된 형태로, 전통적인 여행상품의 대표적 유형이다. 가격과 일정이 명확하여 소비자의 구매 결정이 비교적 용이하다. 선택형 상품은 기본 구성 요소 위에 소비자가 옵션을 추가하거나 일부 요소를 선택할 수 있도록 설계된 상품이다. 이는 패키지의 안정성과 개별여행의 유연성을 결합한 형태로, 최근 여행시장 변화에 부합하는 상품 유형으로 평가된다. 맞춤형 상품은 고객의 요구에 따라 여행 일정과 구성 요소를 개별적으로 설계하는 형태로, 고소득층이나 특수 목적 여행(허니문, 기업 연수, 인센티브 여행 등)에 적합하다. 여행사는 높은 부가가치를 창출할 수 있지만, 전문 인력과 충분한 기획 역량이 요구된다.

3) 여행 목적에 따른 분류

여행상품은 소비자의 여행 목적에 따라 다양한 유형으로 구분된다. 대표적으로 관광 여행, 비즈니스 여행, 교육·연수 여행, 의료·웰니스 여행, 종교·순례 여행, 레저·스포츠 여행 등이 있다.

관광 여행은 휴양, 문화 체험, 자연 탐방 등 여가 목적이 중심이 되며, 여행시장 전체에서 가장 큰 비중을 차지한다. 반면 비즈니스 여행은 일정의 효율성과 편의성이 중요하며, 기업 계약과 장기 거래 관계가 핵심이다. 의료·웰니스 여행이나 교육 여행은 전문성, 신뢰성, 안전성이 상품 경쟁력의 핵심 요소로 작용한다.

이처럼 여행 목적에 따른 분류는 고객의 기대 가치와 구매 기준이 다르기 때문에, 상품 설계와 마케팅 전략에서도 차별화된 접근이 필요하다.

4) 가격 및 서비스 수준에 따른 분류

여행상품은 가격과 서비스 수준에 따라 저가형, 중가형, 고급형(프리미엄) 상품으로 구분할 수 있다. 저가형 상품은 가격 경쟁력을 중심으로 구성되며, 일정 효율성과 비용 절감이 핵심이다. 이 경우 서비스 품질 관리와 고객 기대 조정이 매우 중요하다.

프리미엄 상품은 소수 고객을 대상으로 고품질 서비스와 차별화된 경험을 제공하며,

브랜드 이미지와 신뢰도가 구매 결정에 큰 영향을 미친다. 여행사는 가격 수준에 따라 상품의 구성 요소와 서비스 기준을 명확히 구분하여 운영해야 한다.

출처: 하나투어 홈페이지

그림 3.1 ▌가격 및 서비스 수준별 상품 소개

5) 유통 채널에 따른 분류

여행상품은 유통 방식에 따라 오프라인 중심 상품, 온라인 중심 상품, 혼합형 상품으로 나뉜다. 전통적인 오프라인 여행상품은 대면 상담과 신뢰 관계를 기반으로 운영되며, 고관여 상품에서 여전히 강점을 가진다. 반면 온라인 중심 상품은 OTA, 모바일 앱, 메타 검색 플랫폼을 통해 판매되며, 가격 투명성과 접근성이 높다. 여행사는 유통 채널별 특성을 고려하여 상품 구성과 가격 정책을 차별화할 필요가 있다.

02 여행상품 분류의 의미

여행상품의 유형과 분류는 단순한 구분 작업이 아니라, 여행사의 전략적 선택과 직결된다. 어떤 유형의 상품에 집중할 것인지는 여행사의 자원, 인력 구조, 브랜드 포지셔닝과 밀접한 관련이 있다. 또한 상품 유형별로 요구되는 운영 역량과 리스크 구조가 다르기 때문에, 무분별한 상품 확장은 오히려 경영 효율성을 저하시킬 수 있다.

여행상품의 유형과 분류에 대한 이해는 여행사가 시장 환경과 소비자 요구에 맞는 상품 전략을 수립하는 데 필수적인 기초 지식이다. 이를 바탕으로 여행사는 경쟁 환경 속에서 차별화된 포지션을 획보하고, 지속 가능한 상품 포트폴리오를 구축할 수 있다.

표 3.4 ▍여행상품 유형과 분류 기준 요약

분류 기준	유형	주요 특징	주요 고객·시장	여행사 경영 시사점
여행 형태	단체여행 (Group Tour)	일정·교통·숙박·관광 사전 통합, 여행사 주도 운영	중장년층, 초보 여행자, 단체 고객	규모의 경제 가능, 좌석·객실 재고 리스크 존재
	개별여행(FIT)	일정·구성 요소 소비자 자율 선택	젊은 층, 경험 중시 고객	맞춤 설계·컨설팅 수익 가능, 표준화 어려움
상품 구성 방식	완전 패키지 상품	모든 요소 포함, 일정·가격 명확	가격·편의 중시 고객	운영 안정성 중요, 차별화 한계
	선택형 상품	기본 상품 + 옵션 선택	유연성 추구 고객	수익 다각화 가능, 설계 복잡성 증가
	맞춤형 상품	고객 요구 기반 개별 설계	고소득층, 특수 목적 여행	고부가가치 창출, 전문 인력 필요
여행 목적	관광 여행	휴양·문화·자연 중심	일반 대중	최대 시장 규모, 경쟁 심화
	비즈니스 여행	일정 효율·편의성 중시	기업·출장 고객	B2B 계약, 안정적 수요
	교육·연수 여행	학습·훈련 목적	학교·기관	전문성·안전성 중요
	의료·웰니스 여행	치료·건강·휴식	중장년·해외 고객	신뢰·품질 관리 핵심
가격·서비스 수준	저가형 상품	가격 경쟁력 중심	가격 민감 고객	기대 관리 실패 시 불만 증가
	중가형 상품	가격·품질 균형	대중 시장	안정적 운영 필요
	고급·프리미엄 상품	고품질·차별적 경험	소수 고관여 고객	브랜드 신뢰가 핵심
유통 채널	오프라인 중심	대면 상담, 신뢰 기반	고관여·고가 상품	관계 마케팅 강점
	온라인 중심	OTA·모바일 판매	가격 비교형 고객	가격 투명성, 마진 압박
	혼합형	온·오프라인 병행	전 세그먼트	채널별 전략 분리 필요
전략적 의미	—	유형별 요구 역량·리스크 상이	—	선택과 집중이 경쟁력의 핵심

제5절

여행상품의 생애주기

01 여행상품 생애주기

여행상품 역시 일반적인 상품과 마찬가지로 일정한 생애주기(PLC, Product Life Cycle)를 거친다. 여행상품의 생애주기는 상품이 기획되어 시장에 출시된 이후 성장, 성숙, 쇠퇴에 이르기까지의 과정을 의미하며, 각 단계별로 요구되는 경영 전략과 운영 방식은 크게 달라진다. 생애주기 개념은 상품 관리와 전략 수립을 위한 핵심 분석 틀로 활용된다.

여행상품은 특히 서비스 상품의 특성상 외부 환경 변화, 소비자 트렌드, 목적지 상황, 경쟁 구조에 따라 생애주기 변화 속도가 빠르게 나타나는 경향이 있다. 따라서 여행사는 각 단계의 특징을 정확히 이해하고, 상품 수명에 맞춘 전략적 대응이 필요하다.

1) 도입 단계(Introduction Stage)

도입 단계는 여행상품이 기획·개발되어 처음으로 시장에 출시되는 시점이다. 이 단계에서 상품은 아직 소비자에게 잘 알려지지 않았으며, 수요 예측의 불확실성이 매우 크다.

도입 단계의 주요 특징은 다음과 같다.

첫째, 시장 인지도와 판매량이 낮으며, 마케팅과 홍보 비용이 상대적으로 많이 소요된다.

둘째, 상품 운영 경험이 축적되지 않아 운영상의 시행착오가 발생할 가능성이 높다.

셋째, 초기 투자 비용(항공 좌석 확보, 숙박 계약, 현지 협력사 계약 등)이 수익보다 크게 나타날 수 있다.

이 단계에서 여행사의 핵심 과제는 상품의 차별성과 매력을 효과적으로 전달하는 것이다. 특히 신규 목적지 여행이나 테마 여행의 경우, 정보 제공과 신뢰 형성이 구매 결정에 중요한 영향을 미친다. 따라서 여행사는 체험 중심의 마케팅, 파일럿 상품 운영, 초기 고객 피드백 수집에 집중해야 한다.

2) 성장 단계(Growth Stage)

성장 단계는 여행상품이 시장에서 인지도를 확보하고, 수요가 빠르게 증가하는 시기이다. 긍정적인 고객 후기와 입소문 효과가 나타나며, 반복 구매 고객도 점차 늘어나게 된다.

성장 단계의 특징은 다음과 같다.

첫째, 판매량과 매출이 빠르게 증가하며, 수익성이 개선된다.

둘째, 시장의 가능성을 인식한 경쟁 여행사가 유사 상품을 출시하기 시작한다.

셋째, 운영 경험이 축적되면서 일정 관리와 비용 구조가 점차 안정화된다.

이 단계에서 여행사는 운영 효율성을 높이는 동시에, 차별화 전략을 강화해야 한다. 공급자와의 협력 관계를 강화하여 원가를 관리하고, 옵션 상품이나 부가 서비스를 추가함으로써 고객 만족도를 제고할 수 있다. 또한 브랜드 이미지를 구축하여 단기 유행에 그치지 않도록 관리하는 것이 중요하다.

3) 성숙 단계(Maturity Stage)

성숙 단계는 여행상품이 시장에서 안정적인 수요를 확보하지만, 성장 속도는 둔화되는 시기이다. 이 단계에서는 경쟁이 가장 치열하게 나타나며, 가격 경쟁이 심화되는 경향이 있다.

성숙 단계의 주요 특징은 다음과 같다.

첫째, 시장 포화로 인해 신규 수요 창출이 어려워진다.

둘째, 경쟁 상품 간 차별성이 약화되면서 가격 인하 압력이 증가한다.

셋째, 운영 효율성과 비용 관리가 수익성 유지의 핵심 요소가 된다.

여행사는 이 단계에서 기존 상품을 단순히 유지하기보다는, 상품 리뉴얼 전략을 적극적으로 고려해야 한다. 일정 조정, 서비스 개선, 테마 추가, 고급화 전략 등을 통해 상품의 생애주기를 연장할 수 있다. 또한 기존 고객의 재구매를 유도하기 위한 고객 관리 전략이 중요해진다.

4) 쇠퇴 단계(Decline Stage)

쇠퇴 단계는 여행상품의 수요가 감소하고, 시장 내 경쟁력이 약화되는 시기이다. 소비자 트렌드 변화, 목적지 매력 감소, 외부 환경 변화(정치·경제·안전 문제 등)가 쇠퇴를 가속화할 수 있다.

쇠퇴 단계의 특징은 다음과 같다.

첫째, 판매량 감소와 함께 수익성이 급격히 저하된다.

둘째, 가격 인하를 통한 단기 판매 유지 시도가 증가한다.

셋째, 운영 효율 저하와 재고 리스크가 확대된다.

이 단계에서 여행사는 상품 유지 여부에 대한 전략적 판단을 내려야 한다. 상품 개선이나 재구성이 가능한 경우에는 리뉴얼을 통해 새로운 생애주기로 진입시킬 수 있으며, 그렇지 않은 경우에는 과감한 상품 철수와 자원 재배분이 필요하다. 이는 여행사의 장기적 경쟁력 유지에 중요한 의사결정이다.

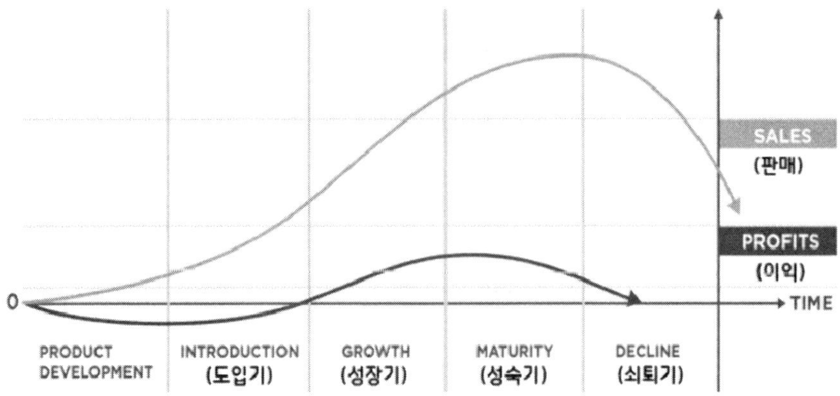

그림 3.2 ▎여행상품 생애주기

02 여행상품 생애주기 관리의 의미

여행상품 생애주기 관리는 단순한 이론 적용이 아니라, 여행사 경영의 실질적인 의사결정 도구이다. 여행사는 각 상품이 어느 단계에 위치하는지를 지속적으로 점검하고, 단계별로 적합한 마케팅, 가격, 운영 전략을 적용해야 한다.

특히 여행상품은 외부 환경 변화에 민감하기 때문에, 생애주기 단계가 고정되어 있지 않으며, 전략적 개입을 통해 연장되거나 단축될 수 있다. 따라서 여행사는 상품 포트폴리오 전체를 생애주기 관점에서 관리하고, 신상품 개발과 기존 상품 관리의 균형을 유지해야 한다.

결론적으로 여행상품의 생애주기 이해는 여행사의 지속 가능한 성장을 위한 필수적인 관리 틀이며, 상품 중심 경영 전략을 구체화하는 데 핵심적인 역할을 한다.

표 3.5 ▌여행상품 생애주기 단계별 특징

생애주기 단계	시장·수요 특성	상품 특징	가격 전략	마케팅 전략	운영·관리 포인트
도입기 (Introduction)	수요 불확실, 인지도 낮음	신규 목적지·신규 콘셉트 상품, 시험적 운영	원가 회수보다 시장 반응 중시	정보 제공 중심, 인지도 확보	수배 안정성 확보, 리스크 관리 중요
성장기 (Growth)	수요 급증, 경쟁 상품 등장	상품 구조 안정화, 유사 상품 증가	경쟁 가격 형성	차별화 메시지, 적극적 홍보	공급 능력 확대, 품질 표준화 필요
성숙기 (Maturity)	수요 안정, 경쟁 심화	표준화·대량화, 가격 비교 심화	가격 경쟁 압박	브랜드·신뢰 중심 마케팅	원가 관리, 운영 효율성 극대화
쇠퇴기 (Decline)	수요 감소, 대체 상품 등장	매력도 하락, 반복 소비 감소	할인·정리 가격	최소한의 판촉	철수·재설계 판단 필요
재도입·재활성화	새로운 수요 창출 가능	콘셉트 변경, 세분 시장 공략	가치 기반 가격 재설정	스토리텔링·리포지셔닝	상품 리뉴얼 역량 핵심

제6절

여행상품 중심 경영의 이해

여행사는 본질적으로 여행상품을 중심으로 모든 경영 활동이 조직되고 운영되는 기업이다. 여행상품은 단순한 서비스의 결합물이 아니라, 고객에게 제공되는 총체적 경험이자 여행사의 수익 구조, 운영 방식, 조직 설계, 마케팅 전략을 동시에 규정하는 핵심 경영 단위이다. 따라서 여행사를 '상품 중심 경영 조직'으로 이해하는 것이 매우 중요하다.

01 여행상품 중심 경영의 개념

여행상품 중심 경영(Product-Centric Management)이란 여행사의 경영 의사결정이 개별 기능 중심이 아니라, 상품 단위를 중심으로 통합적으로 이루어지는 경영 방식을 의미한다. 이는 여행사를 단순히 예약과 중개 기능을 수행하는 조직이 아니라, 상품을 기획·운영·관리하는 경영 주체로 인식하는 관점이다.

여행상품 중심 경영에서는 다음과 같은 특징이 나타난다.

첫째, 상품 기획 단계에서부터 시장 분석, 고객 세분화, 경쟁 분석이 동시에 고려된다.

둘째, 운영 과정에서 상품 단위로 일정 관리, 비용 통제, 서비스 품질 관리가 이루어진다.

셋째, 판매와 마케팅 활동 역시 개별 상품의 가치와 차별성을 중심으로 설계된다.

즉, 여행상품은 여행사의 내부 조직과 외부 시장을 연결하는 중심축으로 기능한다.

1) 조직 구조

여행상품 중심 경영은 여행사의 조직 구조에도 직접적인 영향을 미친다. 전통적인 기능별 조직(영업팀, 운영팀, 마케팅팀 등)에서는 부서 간 역할 분리가 명확하지만, 상품 중심 경영에서는 상품 단위의 협업이 강조된다.

실제 여행사에서는 특정 목적지 상품팀, 테마 여행팀, 패키지 상품팀 등 상품 중심 조직이 구성되는 경우가 많다. 이러한 구조에서는 상품 기획자, 운영 담당자, 판매 인력이 하나의 상품을 중심으로 협력하게 되며, 의사결정 속도와 책임 소재가 명확해진다. 또한 상품 중심 조직은 성과 평가와 보상 체계에도 영향을 미친다. 상품별 매출, 수익성, 고객 만족도 등이 주요 성과 지표로 활용되며, 이는 경영 효율성과 책임 경영을 강화하는 효과를 가진다.

2) 재무 관리

여행상품 중심 경영의 핵심 중 하나는 상품 단위의 재무 관리이다. 여행상품은 항공권, 숙박, 식음료, 체험 활동 등 다양한 비용 요소로 구성되며, 각 요소의 원가 구조를 정확히 이해하지 못하면 수익성 확보가 어렵다.

상품 중심 경영에서는 다음과 같은 재무 관리가 이루어진다.

첫째, 상품별 원가 계산과 손익 분석을 통해 수익성 있는 상품과 비효율적인 상품을 구분한다.

둘째, 가격 결정 시 시장 경쟁 상황과 함께 내부 원가 구조를 동시에 고려한다.

셋째, 상품 생애주기 단계에 따라 가격 전략과 비용 구조를 조정한다.

이러한 접근은 여행사가 단기 매출 확대가 아닌, 장기적 수익 안정성을 확보하는 데 기여한다.

3) 마케팅 전략

여행상품 중심 경영에서는 마케팅 활동 역시 상품 단위로 설계된다. 이는 불특정 다수를 대상으로 한 일반적 홍보가 아니라, 특정 상품과 고객 세그먼트를 연결하는 정밀한 마케팅 전략을 의미한다. 여행사는 상품의 콘셉트, 차별화 요소, 고객 가치 제안을 중심으로 콘텐츠 마케팅, SNS 홍보, 상담 전략을 구성한다. 특히 테마 여행이나 고급 여행상품의 경우, 가격보다 경험 가치와 스토리텔링이 마케팅의 핵심 요소가 된다. 또한 상품 중심 마케팅은 고객 피드백을 다시 상품 개선에 반영하는 선순환 구조를 형성한다. 이는 상품 품질 향상과 고객 충성도 강화로 이어진다.

4) 리스크 관리

여행상품은 외부 환경 변화에 매우 민감한 특성을 가지므로, 상품 중심 경영은 리스크 관리 측면에서도 중요한 의미를 가진다. 항공 지연, 숙박 문제, 현지 사고, 기상 악화 등 다양한 위험 요소가 상품 단위로 발생한다. 여행상품 중심 경영에서는 각 상품별로 잠재적 리스크를 사전에 식별하고, 대응 계획을 수립한다. 예를 들어, 대체 일정 마련, 예비 숙박 확보, 보험 가입, 고객 안내 체계 구축 등이 이에 해당한다. 이는 문제 발생 시 신속한 대응을 가능하게 하며, 여행사의 신뢰도 유지에 중요한 역할을 한다.

5) 전략적 가치

여행상품 중심 경영은 OTA 등 플랫폼 중심 환경에서 전통 여행사가 경쟁력을 유지하기 위한 핵심 전략이기도 하다. OTA가 가격 비교와 정보 제공에 강점을 가진 반면, 전통 여행사는 상품 기획력과 운영 경험을 바탕으로 차별화된 여행상품을 제공할 수 있다.

상품 중심 경영을 통해 여행사는 단순한 판매 채널이 아니라, 고객 경험을 설계하는 전문가 조직으로 자리매김할 수 있다. 이는 장기적으로 브랜드 가치와 고객 신뢰를 강화하는 기반이 된다. 여행상품 중심 경영은 여행사를 단순한 예약·중개 조직이 아닌, 고객 경험을 기획하고 관리하는 종합적 경영 주체로 이해하게 하는 핵심 관점이다. 여행상품은 기획 단계에서부터 조직 구조, 재무 관리, 마케팅 전략, 리스크 대응에 이르기까지 여행사 경영 전반을 관통하는 중심 축으로 기능한다. 따라서 여행상품을 어떻게 설계하고, 운영하며, 관리하느냐에 따라 여행사의 성과와 지속 가능성은 근본적으로 달라진다.

특히 OTA와 플랫폼 중심 경쟁이 심화되는 환경에서 여행상품 중심 경영은 전통 여행사가 가격 경쟁을 넘어 차별화된 가치를 창출할 수 있는 전략적 기반이 된다. 표준화된 정보 제공과 가격 비교에 강점을 가진 플랫폼과 달리, 여행사는 상품 기획력과 운영 경험을 바탕으로 고객의 기대와 상황에 맞는 여행 경험을 설계할 수 있으며, 이는 장기적인 브랜드 가치와 고객 신뢰로 이어진다.

이러한 여행상품 중심 경영의 이해는 여행상품의 기획, 구성, 운영, 유통, 마케팅 전략을 보다 체계적으로 이해하기 위한 이론적 기초가 된다.

제3장 연습문제 Review Questions

문제 01 여행상품 중심 경영이 필요한 이유를 설명하고, 이를 통해 여행사가 얻을 수 있는 경영적 장점을 논하시오.

➡

문제 02 여행상품 중심 경영을 실무에 적용 시 전략적으로 활용할 수 있는 방법을 제시하시오.

➡

문제 03 단체 패키지 여행의 사례를 들어 여행상품 중심 경영이 실제로 어떻게 적용되는지 설명하시오.

➡

문제 04 여행상품의 기능적 가치와 경험적 가치를 구분하여 설명하고, OTA 환경에서 경험적 가치가 여행상품 선택에 미치는 영향을 논하시오.

➡

문제 05 여행상품을 유형 분류(여행 형태, 구성 방식, 가격 수준) 기준으로 구분하는 것이 여행상품 가격 결정과 원가 관리에 어떤 의미를 가지는지 설명하시오.

➡

:: **모범답안** ::

문제 01

- 여행상품 중심 경영은 여행사의 모든 경영 활동이 상품 기획과 운영을 중심으로 이루어지도록 하는 체계이다.
- 필요성:
  ① 수익 창출과 비용 관리: 항공, 숙박, 현지 체험 등 복합 구성 요소 비용과 가격을 효율적으로 관리
  ② 서비스 품질 관리: 고객 경험과 만족도를 높여 재구매와 추천 유도
  ③ 경쟁력 확보: 단순 가격 경쟁이 아닌 상품 차별화로 경쟁 우위 확보
  ④ 리스크 관리: 항공 지연, 숙박 부족 등 상품별 위험 요소 사전 대응 가능
- 장점: 효율적인 자원 배분, 조직 운영 최적화, 고객 만족도 향상, 지속가능한 수익성 확보

문제 02

① 시장 세분화와 맞춤형 상품 개발: 연령, 여행 목적, 선호, 예산에 맞춘 상품 설계
② 상품별 수익성 분석: 상품 단위 손익 계산을 통한 가격 정책과 자원 배분 최적화
③ 상품 혁신과 재설계: 기존 상품 개선, 신규 목적지 개발, 테마 추가 등으로 상품 생애주기 연장
④ 운영 최적화: 예약, 일정, 현지 서비스 조정 등 상품 중심 프로세스 효율화

문제 03

- 항공, 숙박, 현지 투어를 통합 설계하고, 각 구성 요소별 비용과 일정, 고객 피드백, 위험 요소를 사전 고려
- 상품 단위 손익 분석을 통해 수익성과 운영 효율 최적화
- 서비스 품질 관리로 고객 만족도 향상, 재구매 및 추천 유도

문제 04

- 기능적 가치: 교통·숙박·식사 등 여행의 기본적 효용
- 경험적 가치: 감정, 만족, 기억, 스토리텔링, 리뷰
- OTA 환경:
  - 사전 리뷰·평점 → 경험 가치의 선(先)체험
  - 가격이 동일할 경우 경험적 가치가 구매 결정 좌우
- 시사점: 여행사는 기능 안정성 + 경험 설계 동시 관리 필요

문제 05

- 유형별 원가 구조 차이 존재
- 저가형 vs 프리미엄: 가격 민감도와 서비스 기준 상이
- 패키지 vs FIT: 규모의 경제 vs 맞춤 비용
- 분류는 가격 전략·원가 관리·포지셔닝의 기초 자료

제3장 토론문제 Discussion Questions

토론 01 "여행상품 중심 경영은 OTA와 같은 플랫폼 경쟁에서 핵심 경쟁력이 될 수 있는가?"

토론 포인트!

- OTA는 정보 제공과 예약 편의성에서 강점
- 그러나 여행상품 중심 경영은 복합 상품 설계, 운영 책임, 맞춤형 경험 제공에서 차별화 가능
- 상품 중심 경영을 통해 OTA와 차별화된 고객 경험 제공 → 경쟁력 확보

토론 02 "여행사의 조직 구조는 여행상품 중심으로 재편되는 것이 바람직한가?"

토론 포인트!

- 상품 중심 조직: 기획팀, 운영팀, 판매팀 등 상품 단위 책임 부여
- 장점: 효율적 의사결정, 품질 관리, 수익성 관리
- 단점: 부서 간 협업 필요, 리스크 분산 어려움
- 결론: 상품 중심 조직은 전략적 장점이 크므로 바람직하나, 운영 협력 체계 필수

토론 03 "개별 서비스 제공 중심의 전통적 여행사와 여행상품 중심 경영의 차이는 무엇인가?"

토론 포인트!

- 전통적 여행사: 항공권, 숙박 등 개별 서비스 제공, 기능 분절
- 상품 중심 경영: 전체 여행 경험 설계, 운영 및 수익 책임 통합
- 차이점: 조정자 역할, 상품 단위 수익성 관리, 고객 경험 최적화

토론 04 "중견 여행사가 패키지 중심 구조에서 FIT·테마 여행 중심 구조로 전환하려 한다. 이 과정에서 여행상품 중심 경영 관점에서 우선적으로 재설계해야 할 요소는 무엇인가?"

토론 포인트!

- 상품 기획 역량 vs 조직 구조 변화
- 원가·가격 관리 방식 변화
- 경험 가치 설계와 리스크 관리
- 단기 수익 vs 장기 브랜드 전략

제4장

여행상품과 가격 결정

:: 학습목표 Learning Objectives

01. 여행상품 가격의 특징과 가격이 여행사의 경영 성과에 미치는 영향을 이해할 수 있다.
02. 여행상품 원가 구조를 분석하고, 비용 요소가 가격 결정에 어떻게 반영되는지 설명할 수 있다.
03. 다양한 가격 결정 방식(원가 기반, 경쟁 기반, 수요 기반 등)을 이해하고 적용할 수 있다.
04. 패키지 여행의 가격 구조를 설계할 때 고려해야 할 요인을 경영적 관점에서 설명할 수 있다.
05. 여행상품 가격 결정이 여행사 전략과 수익성, 시장 경쟁력에 미치는 의미를 논증할 수 있다.

:: 핵심 키워드 Key Concepts

- 여행상품 가격(Travel Product Pricing)
- 가격 결정 방식(Pricing Methods)
- 경쟁 기반 가격(Competition-Based Pricing)
- 패키지 여행(Package Tour)
- 수익성 관리(Profitability Management)
- 원가 구조(Cost Structure)
- 수요 기반 가격(Demand-Based Pricing)
- 원가 기반 가격(Cost-Based Pricing)
- 가격 전략(Pricing Strategy)
- 시장 경쟁력(Market Competitiveness)

:: 장 요약 Chapter Summary

본 장은 여행상품의 가격 결정 과정을 여행사 경영 관점에서 이해하기 위한 장이다. 여행상품 가격은 단순히 판매 금액이 아니라, 원가 구조, 시장 경쟁 상황, 소비자 수요, 패키지 구성 요소 등 다양한 요인을 종합하여 결정되는 복합적 요소이다.

여행상품 원가는 항공, 숙박, 교통, 현지 투어, 가이드, 보험 등 여러 요소로 구성되며, 이러한 비용 구조를 정확히 이해하지 못하면 가격 결정에서 손실이나 경쟁력 약화를 초래할 수 있다.

여행사는 가격을 결정할 때 원가 기반, 경쟁 기반, 수요 기반 등의 다양한 방식 중 상황에 맞는 전략을 선택한다. 특히 패키지 여행의 경우, 항공권, 숙박, 현지 서비스 등 복합 요소를 통합적으로 고려해야 하며, 가격 설계는 여행상품의 매력과 수익성, 시장 점유율을 동시에 달성하는 경영적 의사결정이 된다.

따라서 여행상품 가격 결정은 단순한 금액 설정이 아니라, 여행사 전략과 수익성, 경쟁력 확보를 위한 핵심 경영 활동으로 이해해야 한다.

제1절

여행상품 가격의 특성

여행상품 가격은 단순히 소비자가 지불하는 금액을 의미하는 개념을 넘어, 여행사 경영 전반을 관통하는 핵심 지표이자 전략적 의사결정의 결과물이다. 가격은 여행상품이 제공하는 가치를 수치로 표현한 결과이며, 동시에 여행사의 수익 구조, 시장 내 포지셔닝, 브랜드 이미지, 고객 인식 수준을 종합적으로 반영한다. 특히 여행상품은 유형의 재화가 아닌 무형의 서비스와 경험을 중심으로 구성된 복합 상품이기 때문에, 가격은 객관적 비용뿐 아니라 고객이 인식하는 가치와 기대 수준까지 함께 포함하는 개념으로 이해되어야 한다.

여행상품은 기능적 가치와 경험적 가치를 동시에 포함하며, 여행사는 상품을 중심으로 기획·운영·관리되는 경영 조직이다. 이러한 여행상품의 특성은 가격을 단순한 거래 조건이 아니라, 여행상품 중심 경영을 구체화하는 핵심 수단으로 작동하게 만든다. 따라서 여행상품 가격의 특성을 이해하는 것은 원가 구조, 가격 결정 방식, 패키지 가격 설계의 이론적 출발점이 된다.

01 복합적 원가 구조를 반영하는 가격 특성

여행상품 가격의 가장 중요한 특징은 다층적이고 복합적인 원가 구조를 기반으로 형성된다는 점이다. 여행상품은 항공권, 숙박, 현지 교통, 식사, 관광 프로그램, 보험, 인솔 및 운영 관리 비용 등 다양한 요소로 구성되며, 각 요소는 서로 다른 공급자와 계약 구조를 가진다. 이로 인해 여행상품의 원가는 단일한 생산 공정에서 발생하는 것이 아니라, 다수의 외부 거래 관계 속에서 분산적으로 형성된다.

또한 여행상품 원가는 고정비와 변동비가 혼재된 구조를 가진다. 사무실 임대료, 인건비, 시스템 유지비와 같은 고정비는 판매 여부와 관계없이 발생하는 반면, 항공권 요금이나 숙박비, 현지 서비스 비용은 참가 인원, 시즌, 환율, 현지 상황에 따라 크게 변동한다. 이러한 특성 때문에 여행상품 가격은 단순한 '원가 + 이윤' 공식으로 산출되기 어렵다.

여행상품 가격은 회계적 계산의 결과라기보다, 불확실한 비용 구조 속에서 수익성과 경쟁력을 동시에 고려한 경영적 판단의 산물로 이해해야 한다. 이는 여행상품 가격 결정이 여행사 경영에서 고도의 전문성과 경험을 요구하는 영역임을 의미한다.

03 수요 탄력성과 시장 환경에 민감한 가격 특성

여행상품 가격은 수요 변화와 시장 환경에 매우 민감하게 반응하는 특성을 가진다. 여행 수요는 계절성, 사회적 이벤트, 경제 상황, 환율 변동, 정치·외교적 요인, 감염병과 같은 외부 충격에 따라 급격히 변동하며, 이러한 변화는 가격 결정과 조정에 직접적인 영향을 미친다.

성수기에는 수요 증가로 인해 상대적으로 높은 가격 책정이 가능하지만, 비수기에는 가격 인하나 프로모션을 통해 수요를 유인해야 하는 경우가 많다. 또한 단체 패키지 여행과 개별자유여행(FIT)은 가격 민감도에서 뚜렷한 차이를 보인다. 패키지 여행은 일정과 가격의 명확성이 중요한 반면, FIT는 가격보다는 경험 가치와 선택의 자유가 더 중요한 기준으로 작용하는 경우가 많다.

이처럼 여행상품 가격은 고정된 값이 아니라, 수요 조절과 시장 대응을 위한 전략적 변수로 기능한다. 여행사는 가격을 통해 단기적인 판매 촉진뿐 아니라, 장기적인 시장 포지셔닝과 고객 구조를 관리하게 된다.

03 상품 가치와 고객 인식을 반영하는 가격의 신호 기능

여행상품 가격은 수익 확보 수단을 넘어, 고객에게 상품의 가치 수준을 전달하는 신호(signal)로 기능한다. 여행상품은 구매 이전에 품질을 완전히 확인하기 어려운 경험재이기 때문에, 가격은 고객이 상품의 수준을 판단하는 중요한 기준이 된다.

일반적으로 높은 가격은 고급 서비스, 전문성, 차별화된 경험을 연상시키며, 낮은 가격은 접근성과 대중성을 강조하는 역할을 한다. 맞춤형 고급 여행이나 테마 여행 상품의 경우, 가격 자체가 상품의 정체성과 차별성을 구성하는 요소로 작용한다. 반대로 대중적 패키지 상품에서는 가격 경쟁력이 구매 결정에 중요한 영향을 미친다. 따라서 여행상품 가격은 여행사의 브랜드 전략과 일관성을 유지해야 하며, 가격과 실제 제공되는 서비스 수준 간의 괴리가 발생할 경우 고객 불만과 신뢰 하락으로 이어질 가능성이 크다. 이 점에서 가격은 단순한 비용 회수 수단이 아니라, 여행상품의 가치 제안을 구체화하는 커뮤니케이션 도구로 이해할 수 있다.

04 제도적·계약적 환경에 의해 제약되는 가격 특성

여행상품 가격은 시장 논리만으로 자유롭게 설정되는 것이 아니라, 다양한 법적·제도적 환경의 영향을 받는다. 여행업 관련 법규, 소비자 보호 규정, 환불 및 취소 정책, 위약금 기준, 보험 가입 의무 등은 가격 구조와 직접적으로 연결된다. 특히 패키지 여행 상품의 경우, 취소 시 환불 기준과 책임 범위가 명확히 설정되어야 하며, 이는 가격 산정 시 리스크 비용으로 반영된다. 여행사는 법적 책임과 소비자 보호 요건을 충족하면서도 수익성을 유지할 수 있는 가격 구조를 설계해야 한다.

이는 여행상품 가격 결정이 단순한 내부 경영 문제가 아니라, 외부 제도 환경과 계약 구조를 포함한 종합적인 경영 활동임을 보여준다. 여행상품 가격은 원가 구조, 수요와 경쟁 환경, 상품 가치와 브랜드 전략, 법적·제도적 요인을 종합적으로 반영한 경영 의사 결정의 결과물이다. 가격은 여행사의 수익성을 좌우할 뿐 아니라, 시장 내 경쟁력과 고객 만족도, 장기적 브랜드 신뢰 형성에도 직접적인 영향을 미친다. 따라서 여행상품 가격은 단기적인 판매 촉진 수단이 아니라, 여행상품 중심 경영을 실현하는 핵심 전략 변수로 이해되어야 한다.

제2절

여행상품 원가 구조의 이해

여행상품의 가격을 합리적으로 결정하기 위해서는 무엇보다도 원가 구조에 대한 정확한 이해가 선행되어야 한다. 여행상품 원가는 단순히 항공권이나 숙박비와 같은 개별 비용의 합이 아니라, 여행상품을 기획하고 판매하며 운영하는 전 과정에서 발생하는 다양한 비용이 복합적으로 얽혀 형성되는 구조를 가진다. 따라서 원가 구조 분석은 가격 결정의 기초일 뿐만 아니라, 여행사의 수익성 관리, 상품 포트폴리오 운영, 경쟁 전략 수립의 핵심 기반이라고 할 수 있다.

특히 여행상품 중심 경영의 관점에서 볼 때, 원가는 개별 기능의 비용이 아니라 상품 단위로 통합 관리되어야 할 경영 요소이다. 이는 원가 구조에 대한 이해가 단순한 회계 관리 차원을 넘어, 여행상품의 설계와 전략적 의사결정에 직접적으로 연결된다는 것을 의미한다.

01 고정비와 변동비로 구분되는 여행상품 원가 구조

여행상품 원가는 일반적으로 고정비(fixed cost)와 변동비(variable cost)로 구분된다. 이 구분은 여행사 경영자가 참가 인원 변화, 수요 변동, 시장 환경 변화에 대응하기 위한 가장 기본적인 분석 틀이다.

고정비는 여행상품의 판매 여부나 참가 인원 수와 관계없이 일정하게 발생하는 비용을 의미한다. 대표적으로 사무실 임대료, 직원 인건비, 예약·결제 시스템 유지비, 기본적인 홍보 및 마케팅 비용 등이 이에 해당한다. 이러한 비용은 단기적으로 조정이 어렵기 때문에, 여행사는 고정비를 기준으로 손익분기점(BEP)[1]을 산출하고, 최소한의 판매 규모를 확보할 수 있는 가격 전략을 수립해야 한다. 반면 변동비는 여행 참가자 수, 시즌, 여행 목적지, 환율, 공급 상황 등에 따라 달라지는 비용이다. 항공권 요금, 호텔 객실 요금, 현지 교통비, 식사비, 관광지 입장료, 현지 가이드 비용 등이 대표적이다. 여행상품의 변동비는 외부 환경에 따라 급격히 변동할 수 있으며, 이는 가격 결정 과정에서 가장 큰 불확실성 요인으로 작용한다.

고정비와 변동비를 명확히 구분하면, 여행사는 최소 참가 인원 설정, 조기 예약 할인, 성수기·비수기 차등 가격, 인원별 가격 단계 설정 등 보다 정교한 가격 전략을 설계할 수 있다.

02 직접비와 간접비의 구분과 상품 단위 원가 인식

여행상품 원가는 비용의 귀속 방식에 따라 직접비(direct cost)와 간접비(indirect cost)로도 구분된다. 이 구분은 개별 여행상품의 실제 수익성을 정확히 파악하기 위한 핵심 기준이다.

직접비는 특정 여행상품에 직접적으로 귀속되는 비용으로, 해당 상품이 존재하지 않으면 발생하지 않는 비용을 의미한다. 항공권 구매 비용, 호텔 객실 확보 비용, 현지 투어 프로그램 운영비, 가이드 및 인솔 비용 등이 이에 해당하며, 비교적 명확하게 산출할 수 있다. 반면 간접비는 특정 상품에 직접 귀속되지는 않지만, 여행상품을 기획·판매·운영하기 위해 필수적으로 발생하는 비용이다. 본사 관리 인건비, 공통 마케팅 비용, IT 시스템 운영비, 관리비 등이 이에 해당한다. 간접비는 여러 상품이 공동으로 사용하는 자원이기 때문에, 이를 어떻게 배분하느냐에 따라 상품별 손익 구조가 크게 달라질 수 있다.

여행상품 중심 경영에서는 간접비를 단순히 전체 비용으로 처리하는 것이 아니라, 합리적인 기준에 따라 상품 단위로 배분함으로써 상품별 실질 수익성을 파악하는 것이 중요하다. 이를 통해 여행사는 매출 규모가 아닌, 이익 기여도를 기준으로 상품 포트폴리오를 관리할 수 있다.

---

1) 손익분기점(BEP, Break-Even Point)은 총수익과 총비용이 같아져 이익도 손실도 없는 지점을 의미한다. 즉, 발생한 모든 비용을 충당하기 위해 필요한 최소한의 매출액/판매량을 나타내며, 이 지점을 넘어서면 이익이 발생하고, 미달하면 손실이 발생하는 기준점이 된다

03 계절성·지역성·환경 요인에 따른 원가 변동 특성

여행상품 원가는 계절성과 지역적 특성, 그리고 외부 환경 요인에 따라 크게 변동하는 특성을 가진다. 성수기에는 항공권과 숙박비가 급격히 상승하는 반면, 비수기에는 동일한 상품이라도 상대적으로 낮은 원가로 구성할 수 있다.

또한 인기 관광지와 비인기 지역 간의 비용 차이, 국내 여행과 국제 여행 간의 비용 구조 차이도 원가 분석에서 중요한 요소이다. 국제 여행의 경우 환율 변동, 유가 상승, 항공 공급 좌석 수 등 외부 요인의 영향이 더욱 크게 작용한다. 예를 들어, 여름 성수기의 유럽 여행 상품은 항공권과 숙박비가 동시에 상승하여 변동비 부담이 크게 증가하지만, 비수기에는 동일한 일정이라도 훨씬 낮은 원가로 기획이 가능하다. 이러한 원가 변동성을 고려하지 않은 채 획일적인 가격 전략을 적용할 경우, 여행사는 예상치 못한 손실을 경험할 수 있다.

따라서 여행사는 상품 기획 단계에서부터 계절성과 지역적 특성을 반영한 원가 예측을 수행하고, 이에 맞는 가격 전략과 판매 전략을 병행해야 한다.

04 원가 구조 분석과 전략적 가격 결정의 연계

여행상품 원가 구조에 대한 이해는 단순한 비용 계산을 넘어, 전략적 가격 결정과 수익성 관리로 이어진다. 원가를 정확히 파악하면, 여행사는 최소 수익 확보 가격을 설정할 수 있을 뿐만 아니라, 비용 절감 가능 영역을 발견하고 상품 구성을 전략적으로 조정할 수 있다. 예를 들어 항공권 비용이 급격히 상승한 경우, 숙박 등급 조정이나 일정 변경을 통해 전체 원가를 재구성할 수 있으며, 특정 체험 프로그램의 비용 대비 고객 만족도가 낮다면 해당 요소를 제거하거나 대체하는 선택도 가능하다. 이는 원가 분석이 사후 관리 수단이 아니라, 상품 기획 단계부터 활용되는 전략 도구임을 의미한다.

여행상품 원가 구조의 이해는 가격 결정의 출발점이자, 여행상품 중심 경영을 실질적으로 구현하기 위한 핵심 요소이다. 원가 구조를 체계적으로 분석함으로써 여행사는 단기적인 가격 경쟁을 넘어, 장기적으로 지속 가능한 수익 구조를 구축할 수 있다.

이러한 원가 구조에 대한 이해는 여행상품 가격 결정 방식과 전략을 보다 체계적으로 이해하기 위한 이론적 토대가 된다.

표 4.1 ▌여행상품 원가 구조의 핵심 개념

구분 기준	주요 내용	경영적 의미
고정비	인건비, 임대료, 시스템 유지비, 기본 마케팅 비용	손익분기점 설정, 최소 판매 규모 판단
변동비	항공권, 숙박, 현지 교통·식사·투어 비용	참가 인원·시즌별 가격 전략 수립
직접비	힝공권, 호텔, 현지 프로그램, 가이드 비용	싱품별 수익싱 정확한 계산 가능
간접비	본사 관리비, 공통 마케팅비, IT 운영비	상품 포트폴리오 관리 기준

제3절

여행상품 가격 결정 방식

여행상품의 가격 결정은 단순히 원가에 일정 비율의 마진을 더하는 계산 행위가 아니라, 여행사의 수익 구조, 시장 경쟁력, 고객 가치 인식, 장기적 경영 전략을 종합적으로 반영하는 전략적 의사결정 과정이다. 특히 여행상품은 유형의 재화가 아니라 무형의 경험과 복합적 서비스로 구성된 상품이기 때문에, 가격은 단순한 교환 가치가 아니라 제공 가치에 대한 종합적 신호로 기능한다.

여행상품의 개념과 구성 요소, 여행 수요의 특성을 고려할 때, 가격 결정은 개별 기능이 아닌 상품 단위 경영 전략의 핵심 수단으로 이해되어야 한다. 여행상품 가격 결정 방식은 일반적으로 원가 기반, 수요 기반, 경쟁 기반 방식으로 구분되며, 실제 경영 현장에서는 이들 방식이 독립적으로 적용되기보다는 상호 보완적으로 결합되어 활용된다.

01 원가 기반 가격 결정 방식(Cost-Based Pricing)

원가 기반 가격 결정 방식은 여행상품 가격 설정의 가장 기본적인 출발점이다. 이 방식은 여행상품을 구성하는 총원가를 산정한 후, 여기에 일정 수준의 이윤 마진을 더하여 최종 가격을 결정한다. 즉, 가격은 원가를 기준으로 형성되며, 여행사의 최소 수익 확보와 손실 방지를 주요 목적으로 한다.

이 방식의 가장 큰 장점은 계산의 명확성과 경영 안정성이다. 항공권, 숙박, 현지 투어, 인솔 및 운영 비용 등으로 구성된 총원가를 기준으로 가격을 설정함으로써, 판매 이후 손실 발생 가능성을 최소화할 수 있다. 특히 단체 패키지 여행이나 기업·단체 대상 상품과 같이 수요 예측이 비교적 안정적인 상품에서는 원가 기반 가격 결정이 효과적인 관리 도구로 활용된다. 그러나 원가 기반 가격 결정은 시장 수요와 경쟁 상황을 충분히 반영하지 못한다는 구조적 한계를 가진다. 성수기와 같이 수요가 급증하는 상황에서도 동일한 마진율을 적용할 경우, 여행사는 추가적인 수익 창출 기회를 상실할 수 있다. 반대로 비수기에는 원가 중심 가격이 경쟁력을 상실하여 판매 부진으로 이어질 가능성도 존재한다.

따라서 원가 기반 가격 결정은 가격 설정의 기준점(anchor)으로 활용하되, 이후 수요와 경쟁 요인을 반영하여 조정하는 방식으로 사용되는 것이 바람직하다.

02 수요 기반 가격 결정 방식(Demand-Based Pricing)

수요 기반 가격 결정 방식은 고객의 수요 수준과 지불 의사를 중심으로 가격을 설정하는 방식이다. 이 방식에서는 가격이 고정된 값이 아니라, 시장 상황과 고객 행동에 따라 유연하게 변화하는 전략 변수로 인식된다.

여행시장은 계절성, 예약 시점, 여행 목적, 고객 유형에 따라 수요가 크게 달라지는 특성을 가진다. 이에 따라 성수기·비수기 가격 차별화, 조기 예약 할인(early bird), 막판 판매 할인(last minute), 요일별·출발일별 가격 차등 적용과 같은 다양한 가격 전략이 활용된다.

수요 기반 가격 결정의 핵심 목적은 동일한 여행상품이라 하더라도 판매 시점과 조건에 따라 가격을 차별화함으로써, 전체 수요를 효율적으로 분산시키고 수익을 극대화하는 데 있다. 특히 항공 좌석이나 호텔 객실처럼 저장이 불가능한(perishable) 재고의 특성을 고려할 때, 수요 기반 가격 결정은 여행산업에서 매우 중요한 전략적 수단이다. 다만 이 방식은 가격 변동성이 크기 때문에, 소비자에게 혼란이나 불신을 초래할 위험도 존재한다. 따라서 여행사는 가격 변동의 기준과 논리를 명확히 설정하고, 고객이 합리적으로 이해할 수 있는 범위 내에서 가격 전략을 운영해야 한다.

03 경쟁 기반 가격 결정 방식(Competition-Based Pricing)

경쟁 기반 가격 결정 방식은 동일 시장 내 경쟁사의 가격 수준을 기준으로 자사 여행상품의 가격을 설정하는 방식이다. 여행사는 경쟁 여행사의 상품 구성, 서비스 범위, 가격대를 비교·분석한 후, 유사한 가격을 설정하거나 의도적인 차별화를 통해 상대적 가격 우위를 확보한다.

이 방식은 가격 비교가 용이한 OTA 환경이나 대중형 패키지 상품 시장에서 특히 빈번하게 활용된다. 소비자가 여러 상품을 동시에 비교하는 상황에서는, 경쟁사 대비 지나치게 높은 가격은 구매 포기로 이어질 가능성이 크기 때문이다. 그러나 경쟁 기반 가격 결정의 핵심은 단순한 가격 맞추기가 아니라, 가격 대비 가치 인식(value for money)을 어떻게 설계하느냐에 있다. 여행사는 동일 가격대에서 서비스 수준을 강화하거나 부가 혜택을 제공함으로써 경쟁력을 확보할 수 있으며, 반대로 서비스 범위를 조정하여 가격을 낮추는 전략도 선택할 수 있다.

경쟁사 가격에 대한 과도한 의존은 가격 경쟁 심화와 마진 하락이라는 부작용을 초래할 수 있으므로, 이 방식은 단기적인 시장 대응 전략으로 활용하되 장기적으로는 상품 차별화를 통해 가격 결정의 주도권을 확보하는 것이 중요하다.

04 복합적 가격 결정과 다층 가격 전략

현대 여행시장에서 여행상품 가격 결정은 단일 방식으로 이루어지기보다는, 원가·수요·경쟁 요인을 복합적으로 고려하는 방식으로 운영된다. 이를 복합적 가격 결정(mixed pricing strategy)이라 하며, 실무에서는 다층 가격 전략(Multi-Tier Pricing)으로 구체화된다. 예를 들어 동일한 목적지 여행상품이라도 기본형, 프리미엄형, 맞춤형 상품으로 구분하여 서로 다른 가격대를 설정할 수 있다. 또한 조기 예약 고객, 단체 고객, 재구매 고객 등 고객 세그먼트별로 차별화된 가격 정책을 적용함으로써 수요를 분산시키고 수익성을 관리할 수 있다.

디지털 플랫폼과 데이터 분석 기술의 발전은 이러한 가격 전략을 더욱 정교하게 만들고 있으며, 여행사는 판매 데이터와 고객 행동 데이터를 기반으로 가격 전략을 지속적으로 수정·보완해야 한다.

여행상품 가격 결정 방식은 단순한 계산 기법이 아니라, 여행사의 경영 철학과 전략적 방향성을 반영하는 핵심 요소이다. 원가 기반 가격 결정은 안정성을 제공하고, 수요 기반 가격 결정은 시장 대응력을 강화하며, 경쟁 기반 가격 결정은 시장 내 위치 조정을 가능하게 한다. 여행사는 이 세 가지 방식의 장단점을 명확히 이해하고, 상품 유형과 시장 환경에 따라 전략적으로 결합함으로써 수익성과 경쟁력을 동시에 확보해야 한다. 이러한 가격 결정 논리는 패키지 여행 가격 구조를 보다 입체적으로 이해하는 데 중요한 이론적 토대가 된다.

표 4.2 ▌여행상품 가격 결정 방식

가격결정방식	기준 요소	장점	한계	주요 활용 상황
원가 기반	총원기 + 마진	안정성, 손실 방지	시장 반영 한계	단체 패키지, 기본 상품
수요 기반	수요수준, 지불의사	수익 극대화, 유연성	가격 변동성	성수기·비수기, 항공·숙박
경쟁 기반	경쟁사 가격	시장 대응 용이	마진 하락 위험	OTA, 대중형 상품
복합 전략	원가·수요·경쟁 결합	전략적 유연성	관리 복잡성	현대 여행시장 전반

제4절

패키지 여행 가격 구조

패키지 여행상품의 가격 구조는 여행사 경영 이해에서 핵심적 요소이다. 패키지 여행은 항공, 숙박, 교통, 식음료, 관광, 가이드 서비스 등 여러 구성 요소가 결합된 종합상품이므로, 가격 역시 단일 항목이 아니라 복합적 원가와 수익 항목으로 구성된다. 따라서 가격 구조를 이해한다는 것은 단순히 "얼마에 판매되는가"를 넘어서, 여행사가 수익과 위험을 어떻게 관리하며 전략적 의사결정을 수행하는지 파악하는 것을 의미한다.

01 패키지 여행 가격의 기본 구성 요소

패키지 여행 가격은 직접원가, 간접원가, 마진(이윤)으로 구성된다.

직접원가는 상품 제공을 위해 반드시 지출되는 비용으로, 항공권, 호텔 객실 요금, 현지 교통비, 관광지 입장료, 식사비, 가이드 비용 등이 포함된다. 예를 들어, 7일 유럽 패키지 여행의 경우, 항공권 1,200달러, 호텔 3성급 기준 500달러, 현지 교통 200달러, 식사 및 가이드 비용 300달러가 직접원가로 발생할 수 있다. 이러한 비용은 대부분 외부 공급자에게 지급되며, 상품별 수익성과 가격 결정의 핵심 기반이 된다.

간접원가는 상품 운영과 판매를 위해 발생하는 비용으로, 여행사 직원 인건비, 사무실 운영비, 마케팅, 예약 시스템 유지비, 카드 수수료 등이 포함된다. 간접원가는 특정 상품에 직접 귀속되지는 않지만, 전체 사업 운영에 필수적이므로 합리적인 배분이 필요하다. 예를 들어, 한 달간 10개의 패키지 상품을 운영한다면, 2,000달러의 마케팅 비용을 상품별 매출 비중에 따라 배분해 원가 계산에 반영할 수 있다.

마진은 여행사가 상품 판매를 통해 확보하고자 하는 이윤이며, 여행사의 재무 안정성과 지속 가능성을 좌우한다. 마진율은 상품 유형, 고객 세그먼트, 경쟁 환경, 시즌별 수요에 따라 10~25% 수준으로 설정되기도 한다. 프리미엄 상품은 마진율이 높게 설정되어 브랜드 가치와 고객 경험을 강화하는 신호 역할을 한다.

1) 항공권 비용과 패키지 가격 구조

항공권은 해외 패키지 상품에서 전체 가격의 40~60%를 차지하는 경우가 많으며, 비용 구조와 가격 전략에서 핵심 요소이다. 여행사는 항공권을 개별 구매하거나, 전세기(charter flight) 및 사전 블록 좌석(block seat) 확보 전략을 활용한다. 블록 좌석 확보 시 좌석당 단가는 낮아지지만, 미판매 좌석 발생 시 손실 위험이 크다. 예를 들어, 150석 전세기를 확보했으나 120석만 판매되면 미판매 좌석 30석의 비용은 전체 수익성에 큰 영향을 미친다.

항공권 비용은 외부 요인에 민감하다. 유가, 환율, 항공사 정책, 시즌별 운임 변동 등은 모두 패키지 가격에 반영되어야 하며, 여행사는 이러한 변동성을 고려해 가격 조정과 헤지 전략을 설계해야 한다.

2) 숙박 및 현지 서비스 비용의 구조적 특성

숙박 비용은 호텔 등급, 객실 유형, 위치, 시즌에 따라 차이가 크며, 이는 패키지 가격 차별화의 핵심 수단이다. 예를 들어, 동일 유럽 여행 상품에서도 3성급 호텔 기준 500달러, 5성급 기준 1,000달러로 가격이 달라지고, 이는 프리미엄 세그먼트 고객 유치를 위한 전략적 선택이 된다.

현지 서비스 비용에는 차량 임차료, 가이드 인건비, 현지 식당 계약 비용, 선택 관광 운영 비용 등이 포함된다. 특히 현지 랜드사와의 장기 계약은 가격 안정성을 제공하지만, 급격한 시장 변화에 대응하는 유연성은 제한될 수 있다. 예를 들어, 장기 계약으로 차량 임차료를 200달러로 고정하면, 성수기 수요 증가에도 가격 안정성을 확보할 수 있지만, 현지 물가 상승에 따른 비용 상승은 반영되지 못한다.

3) 선택 관광과 부가 수익 구조

선택 관광(optional tour)은 기본 패키지 가격에 포함되지 않는 추가 프로그램으로, 여행사에게 부가 수익을 제공한다. 예를 들어, 7일 유럽 여행 중 현지 와인 투어 참여 시 추가

100달러를 지불하도록 구성할 수 있다. 선택 관광을 통해 기본 패키지 가격을 낮게 유지하면서 수익을 확보할 수 있지만, 가격 불투명성 문제를 야기할 수 있다. 최근에는 소비자 보호 강화와 가격 투명성 요구에 대응해, 선택 관광 비중을 줄이고 기본 가격에 포함시키는 방향으로 구조 개선 사례가 나타나고 있다.

그림 4.1 ▌선택관광 예

02 패키지 가격 구조의 위험과 관리 전략

패키지 여행 가격 구조는 환율, 유가, 항공사 운임, 현지 물가 등 외부 환경 변화에 매우 민감하다. 특히 이미 판매 완료된 상품은 가격 조정이 어렵기 때문에 손실 위험이 크다. 이를 관리하기 위해 여행사는 환율 헤지, 공급자 계약 조건 조정, 판매 시점별 가격 차등 전략 등을 활용한다. 또한, 상품별 손익 분석과 수요 예측 정확도를 높여 가격 구조 안정성을 확보한다. 예를 들어, 비수기 예약자에게 할인 전략을 적용하고, 성수기에는 프리미엄 옵션을 제공함으로써 전체 수익을 극대화할 수 있다.

패키지 여행 가격 구조를 이해하는 것은 단순한 실무 지식을 넘어, 여행사 경영 전반을 관통하는 핵심 개념이다. 가격 구조 이해는 비용 통제, 수익성 관리, 상품 전략 수립과 직결되며, 가격 전략과 소비자 인식 분석의 이론적 기반이 된다.

표 4.3 ▌패키지 여행 가격 구조 핵심 요소

구분	구성 요소	세부 내용	실무 예시	전략적 의미
직접원가	항공권, 숙박, 현지 교통, 관광지 입장료, 식사, 가이드	상품 제공에 필수적, 변동성 높음	항공권 1,200$, 호텔 3성급 500$, 가이드·교통 500$	원가 통제, 수익 구조 결정
간접원가	직원 인건비, 사무실 운영비, 마케팅, 예약 시스템, 결제 수수료	상품에 직접 귀속되지 않음, 전체 사업 운영에 필요	월 마케팅 비용 2,000$ → 상품별 배분	상품별 비용 배분, 수익성 분석 기반
마진	상품별 이윤	시장 경쟁, 상품 유형, 수요 탄력성 고려	마진율 10~25%	수익 확보, 브랜드 이미지, 고객 인식
항공권	개별 구매, 블록 좌석, 전세기	비용 비중 큼, 외부 요인 민감	150석 전세기, 120석 판매 → 미판매 30석 손실	단가 조정, 리스크 관리
숙박·현지 서비스	호텔 등급, 시즌, 랜드사 계약, 가이드·차량	비용 구조 차별화, 수익성 영향	3성급 500$, 5성급 1,000$	상품 포지셔닝, 가격 전략
선택 관광	추가 비용 프로그램	부가 수익, 가격 투명성 문제	와인 투어 100$ 추가	수익 보전, 고객 만족도 관리
위험·관리	환율, 유가, 운임, 물가 변동	가격 변동 위험 존재	환율 헤지, 판매 시점 차등 전략	헤지, 계약 조정, 판매 전략

제5절

가격 결정의 경영적 의미

여행상품의 가격 결정은 단순히 소비자가 지불할 금액을 산정하는 기술적 과정이 아니라, 여행사 경영 전반을 관통하는 전략적 의사결정이다. 가격은 여행상품의 가치와 품질 수준을 시장에 신호(signaling)하는 역할을 하며, 동시에 여행사의 수익 구조, 조직 운영, 브랜드 이미지, 고객 관계 형성에까지 영향을 미친다. 따라서 가격 결정은 개별 상품 차원의 문제가 아니라, 여행사 전체 경영 전략의 핵심 구성 요소로 이해되어야 한다.

01 수익성 관리

가격은 여행사의 수익성과 직결되는 가장 직접적인 경영 수단이다. 여행상품은 항공권, 숙박, 현지 서비스 등 다양한 고정비·변동비가 결합된 구조를 가지며, 외부 환경 변화에 따라 원가 변동성이 매우 크다. 예를 들어, 환율 상승이나 유가 변동으로 항공권 비용이 급등할 경우, 동일한 판매가를 적용하면 수익이 급격히 감소할 수 있다.

여행사는 상품별 손익분기점(BEP) 분석을 통해 최소한의 수익 확보 가격을 산출하고, 위험 요인을 반영한 가격 전략을 설계해야 한다. 패키지 여행의 경우, 단체 규모 변화, 항공 좌석 확보 실패, 숙박업체 계약 조건 변동 등 여러 리스크가 복합적으로 작용하므로, 가격은 단순 매출 확대 수단이 아니라 재무적 안정성 확보와 리스크 관리를 동시에 수행하는 핵심 장치이다.

여행사는 가격 시뮬레이션 모델을 통해 다양한 비용·수요 조건에 따른 수익 변화를 분석해야 한다. 예를 들어, 비수기 예약률이 낮은 시점에는 할인율을 적용하더라도 총 마진 유지 여부를 계산하여 손실을 방지할 수 있다. 이를 통해 가격 결정은 단순 계산이 아닌 경영 의사결정의 통합적 과정임을 확인할 수 있다.

02 수요 조절 전략

가격은 여행 수요를 조절하는 마케팅 도구이자 전략적 변수이다. 여행상품은 계절성, 휴가 일정, 사회적 이벤트, 날씨 등의 외부 요인에 따라 수요 변동이 크며, 동일한 상품이라도 시기와 조건에 따라 다른 가격 전략이 요구된다. 예를 들어 성수기에는 고가 전략을 적용해 수익을 극대화하고, 비수기에는 조기 예약 할인, 막판 할인, 단체 할인, 재구매 고객 혜택 등을 활용해 잠재 수요를 유도할 수 있다. 가격 차별화 전략은 단순한 판매 촉진을 넘어 수요 분산과 좌석/객실 활용 최적화를 가능하게 한다. 따라서, 해외 패키지 여행에서 조기 예약(early bird)과 막판 판매(last minute) 가격 전략을 동시에 적용하면, 예약 시점별 수익을 극대화하면서 좌석 미판매 리스크를 줄일 수 있다. 또한, 고객 세그먼트별 가격 민감도 분석을 통해 차별화된 가격 정책을 적용하면 수요 관리와 수익성 향상을 동시에 달성할 수 있다.

03 브랜드 및 포지셔닝

가격은 여행상품의 브랜드 이미지와 시장 내 포지셔닝을 형성하는 핵심 요소이다. 동일한 목적지와 일정이라도, 가격 수준에 따라 고객이 인식하는 상품의 성격은 크게 달라진다. 높은 가격은 프리미엄 서비스, 전문성, 차별화된 경험을 연상시키고, 낮은 가격은 접근성과 경제성을 강조한다. 여행사는 가격 전략을 통해 자사 브랜드의 정체성을 명확히 해야 한다. 무리한 저가 경쟁은 단기 판매량 증가 효과는 있으나, 장기적으로는 서비스 품질 저하와 브랜드 가치 하락으로 이어질 수 있다. 반대로 고가 전략을 선택할 경우, 상품 차별성과 가치 제안이 명확하지 않다면 시장에서 외면될 수 있다. 따라서, 가격과 브랜드 포지셔닝은 시장 내 경쟁 구조와 연계되어야 한다. OTA와 경쟁할 때, 동일 가격대라도 선택 관광, 프리미엄 식사, 현지 체험 프로그램을 포함시켜 가격 대비 고객 가치를 높이는 전략을 설계할 수 있다. 이를 통해 단순 가격 경쟁을 벗어나 브랜드 중심의 경쟁력을 확보할 수 있다.

04 조직 내부 의사결정

여행상품 가격 결정은 단일 부서의 판단으로 이루어지기 어렵다. 상품 기획팀은 경쟁력과 차별화를 중시하고, 영업팀은 시장 반응과 판매 가능성을 고려하며, 재무팀은 수익성과 비용 통제를 강조한다. 이처럼 가격 결정 과정은 조직 내 다양한 이해관계가 충돌하는 지점이다. 효과적인 가격 결정은 부서 간 관점 조정과 통합을 필요로 한다. 가격은 단순한 숫자 결정이 아니라, 조직 전략 우선순위와 의사결정 구조를 반영한 결과물이며, 이를 위해 명확한 분석 기준과 데이터 기반 의사결정 프로세스가 필수적이다.

각 부서가 제공하는 원가, 수요, 경쟁 정보를 통합 분석하여 가격 전략을 설정하고, 부서 간 협의체(가격위원회 등)를 운영함으로써 조직적 합의와 실행력을 확보할 수 있다.

05 고객 가치 인식

여행상품은 무형의 경험을 제공하기 때문에, 고객이 인식하는 '가격 대비 가치'가 만족도를 크게 좌우한다. 동일 가격이라도 정보 제공, 서비스 품질, 현지 대응 능력, 사후 관리 수준에 따라 고객 평가가 달라진다. 가격이 불투명하거나, 추가 비용 안내가 부족한 경우 고객 불만과 신뢰 저하가 발생할 수 있으므로, 여행사는 참여적 가격 커뮤니케이션과 가격 구성 요소 명시를 통해 고객이 가격을 합리적 투자로 인식하도록 해야 한다. 따라서, 선택 관광이나 부가 서비스 비용을 포함한 가격 구조를 사전 안내 및 패키지화하면, 고객의 심리적 불안감을 줄이고 재구매와 긍정적 구전 효과를 높일 수 있다.

여행상품 가격 결정은 재무 관리, 마케팅 전략, 브랜드 관리, 조직 운영, 고객 관계 관리가 통합적으로 반영되는 경영적 결과물이다. 가격은 단기적 수익 창출 도구를 넘어, 여행사의 전략 방향과 시장 내 위치를 규정하는 핵심 수단이다. 여행사는 가격을 단일 상품 수준에서 결정하는 것이 아니라, 장기적 성장과 경쟁력 확보를 위해 총체적 경영 관점에서 전략적으로 설계해야 한다. 가격 결정은 수익성과 고객 가치를 동시에 관리하고, 변화하는 시장 환경 속에서도 안정적인 경영 기반을 구축할 수 있는 핵심 경영 활동이라 할 수 있다.

제4장 연습문제 Review Questions

문제 01 여행상품 가격 결정 시 고려해야 할 주요 요소를 설명하고, 각 요소가 경영에 미치는 영향을 논하시오.

➡

문제 02 패키지 여행 가격 구조에서 원가 구성과 가격 요소가 어떻게 연결되는지 설명하시오.

➡

문제 03 여행상품의 가격 전략이 여행사의 마케팅과 운영에 미치는 영향을 사례로 설명하시오.

➡

:: 모범답안 ::

문제 01

- 원가 요소: 항공, 숙박, 교통, 현지 투어 등 각 요소의 비용 구조를 분석하여 최소 수익 보장
- 수요 특성: 성수기/비수기, 예약 시점, 고객 유형에 따른 수요 변동 반영
- 경쟁 상황: 경쟁사 가격 및 서비스 수준 분석을 통해 가격 포지셔닝 결정
- 고객 가치 인식: 가격 대비 제공되는 서비스, 경험의 질 고려

→ 경영 영향: 수익성 확보, 고객 만족도, 브랜드 포지셔닝, 장기적 경쟁력 강화

문제 02

- 원가 구성: 항공료, 숙박비, 교통비, 관광지 입장료, 현지 가이드 비용, 운영 인력 비용 등
- 가격 요소: 원가 + 운영 수수료 + 마케팅 비용 + 예상 수익률

→ 패키지 가격은 각 원가 요소의 변동성과 고객 선호도를 반영하여 총액 산정

→ 경영적 의미: 정확한 원가 분석을 통한 적정 가격 설정으로 수익 극대화

문제 03

- 조기 예약 할인: 고객 유치 및 수요 예측 용이
- 단체 할인: 특정 고객층 확보 및 운영 효율화
- 프리미엄 상품: 고부가가치 고객 확보, 브랜드 이미지 강화

→ 가격 전략은 단순 판매 금액 설정이 아니라, 운영 효율, 마케팅 효과, 고객 만족과 직접 연결됨

제4장

토론문제 Discussion Questions

토론 01 "여행상품 가격은 단순 원가 기반이 아니라 전략적 수단이어야 한다." 이 주장에 대해 찬반 논리와 이유를 제시하시오.

토론 포인트!

- 찬성 논리:
  - 가격은 단순 비용 회수 수단이 아니라 고객 수요 조절, 브랜드 포지셔닝, 시장 경쟁력 확보의 도구
  - 경험 가치 기반 가격 책정이 고객 만족도와 충성도 향상에 기여
- 반대 논리:
  - 원가 분석이 충분치 않으면 손실 발생 가능
- 결론: 전략적 수단으로 가격 설정 필요, 단순 원가 기반은 한계 있음

토론 02 패키지 여행과 자유여행 가격 구조의 차이가 여행사 경영에 미치는 영향은 무엇인가?

토론 포인트!

- 패키지 여행: 원가와 일정이 고정되어 있어 가격 설정 중요, 운영 효율 및 리스크 관리 필요
- 자유여행: 고객 개별 선택에 따라 가격 변동, 여행사는 유연한 서비스와 추가 수익 모델 고려

→ 경영적 차이: 패키지는 계획과 통제가 핵심, 자유여행은 맞춤형 서비스와 수익 기회 확대

토론 03 가격 결정에서 고객 경험 가치와 비용 구조 중 어느 요소를 더 우선시해야 하는가? 이유와 사례를 들어 논하시오.

토론 포인트!

- 고객 경험 가치 우선: 장기적 충성도 확보, 긍정적 입소문, 브랜드 이미지 강화
- 비용 구조 고려: 단기 수익 확보, 최소 손실 방지
- 사례: 프리미엄 투어 상품은 고비용이지만 고객 만족도와 브랜드 신뢰 확보로 장기적 수익에 기여

→ 결론: 단기적 원가 고려와 장기적 경험 가치의 균형 필요

팀Team 프로젝트

여행상품 가격 전략 제안서 작성

01 프로젝트 목적

본 팀 프로젝트는 여행상품의 가격 결정이 단순한 계산 행위가 아니라, 원가 구조, 수요 특성, 경쟁 환경, 경영 전략을 종합적으로 고려한 의사결정 과정임을 이해하는 데 목적이 있다.
학생들은 실제 여행상품을 가정하여 가격 전략 제안서를 작성함으로써, 여행상품 중심 경영 관점에서 가격 결정 논리를 체계적으로 적용하는 능력을 함양하게 된다.
특히 본 프로젝트는 여행상품 중심 경영, 여행상품 가격의 특성, 원가 구조, 가격 결정 방식을 실무적으로 통합·응용하는 학습 활동이다.

02 프로젝트 개요

학생들은 팀을 구성하여 가상의 여행상품을 설정하고, 해당 상품에 대한 가격 전략 제안서를 작성한다.
제안서는 원가 분석을 기초로 하되, 수요 환경과 경쟁 상황을 반영한 복합적 가격 결정 전략을 제시한다.

03 프로젝트 수행 방법

(1) **팀 구성:** 팀당 2~4인으로 구성한다.

(2) **여행상품 설정**

각 팀은 다음 요소를 포함한 여행상품을 설정한다.

- 여행 유형: 패키지 여행, 테마 여행, 자유여행(FIT), 프리미엄 여행 등
- 여행 목적지 및 기간
- 주요 구성 요소: 항공, 숙박, 교통, 관광 프로그램, 기타 서비스
- 목표 고객: 연령대, 여행 목적, 예산 수준, 여행 경험 등

04 가격 전략 제안서 구성 요소

(1) **여행상품 개요**

- 상품명
- 여행 콘셉트 및 특징
- 목표 고객층
- 상품의 차별화 포인트

(2) **원가 구조 분석**

- 주요 비용 항목 제시: 항공권, 숙박, 현지 교통 및 프로그램, 운영·관리비
- 고정비와 변동비 구분

• 직접비와 간접비 구분
• 1인당 총원가 산출

(3) **가격 결정 방식 적용**

다음 세 가지 가격 결정 방식을 모두 검토하고, 각 방식의 적용 결과를 제시한다.

• 원가 기반 가격 결정 방식
• 수요 기반 가격 결정 방식
• 경쟁 기반 가격 결정 방식

각 방식별로:

• 적용 논리
• 장점과 한계
• 제시 가격

(4) **최종 가격 전략 제안**

• 세 가지 가격 결정 방식을 종합한 최종 가격 제안
• 가격 차별화 전략(성수기/비수기, 조기예약, 고객 유형 등)
• 가격과 서비스 가치의 연계 설명

(5) **경영적 시사점**

• 해당 가격 전략이 여행사의 수익성에 미치는 영향
• 브랜드 이미지 및 시장 포지셔닝과의 관계
• 여행상품 중심 경영 관점에서의 의미

05 제출 형식

▪ 분량: A4 기준 5~7페이지 내외
▪ 제출물:
 - 가격 전략 제안서(문서)
 - 요약 발표자료(PPT 5~7장 이내)
▪ 제출 방식: 팀별 제출

06 평가 기준

평가 항목	평가 내용	배점
상품 설정의 논리성	상품 콘셉트 및 고객 설정의 타당성	20
원가 구조 분석	비용 항목 구분 및 원가 산출의 정확성	25
가격 결정 논리	원가·수요·경쟁 요인의 통합적 적용	25
전략적 사고	가격 전략과 경영 목표의 연계성	20
보고서 완성도	구성, 표현, 논리 전개	10
합계		100

학생용 제안서 템플릿 (가격 전략 제안서)

[팀명/팀원 명단]

Ⅰ. 여행상품 개요

1. 상품명:
2. 여행 유형: (패키지/테마/FIT/프리미엄 등)
3. 여행 기간 및 목적지:
4. 목표 고객층:
5. 상품 차별화 포인트:

Ⅱ. 원가 구조 분석

1. 주요 비용 항목

항목	고정비/변동비	직접비/간접비	예상비용 (1인 기준)
항공권			
숙박			
현지 교통			
관광 프로그램			
식사			
운영·관리비			
마케팅 비용			

2. 1인당 총원가 계산:

Ⅲ. 가격 결정 방식 적용

1. 원가 기반 가격 결징
   - 적용 논리:
   - 제시 가격:
   - 장점/한계:
2. 수요 기반 가격 결정
   - 적용 논리:
   - 제시 가격:
   - 장점/한계:
3. 경쟁 기반 가격 결정
   - 적용 논리:
   - 제시 가격:
   - 장점/한계:

Ⅳ. 최종 가격 전략 제안

1. 최종 가격 제안:
2. 가격 차별화 전략: (성수기/비수기, 조기예약, 고객 유형 등)
3. 가격과 서비스 가치 연계 설명:

Ⅴ. 경영적 시사점

1. 가격 전략이 수익성에 미치는 영향:
2. 브랜드 이미지 및 시장 포지셔닝과의 관계:
3. 여행상품 중심 경영 관점에서의 의미:

Ⅵ. 참고자료/출처

- 항공권, 숙박비, 현지 프로그램, OTA 가격 등 출처 표기

실제 수업용 사례 데이터 세트

설정: 3박 4일 동남아 패키지 여행, 팀 프로젝트 예제

항목	단위 비용 (USD)	비고
항공권	350	왕복, 이코노미 클래스, 1인 기준
숙박	120	3성급 호텔, 3박 기준, 1인 기준
현지 교통	40	공항 픽업/샌딩, 시티투어 포함
관광 프로그램	60	투어 가이드 포함, 체험 비용
식사	50	조식+중식+석식 일부 포함
여행사 운영비	30	가이드, 인솔자, 운영비 배분
마케팅 비용	20	디지털/오프라인 광고 배분
기타 비용	10	보험, 소모품 등

총원가 (1인 기준)**:** 680 USD

수요 기반 조정 예시

- 성수기(12~2월) 수요 급증 → 1인당 가격 850 USD
- 비수기(6~8월) 수요 감소 → 1인당 가격 620 USD
- 조기 예약 할인(3개월 전) → 5~10% 할인 적용
- 막판 할인 → 5~15% 할인 적용

경쟁 기반 조정 예시

- 경쟁 OTA 패키지 가격: 800~870 USD
- 서비스 차별화: 공항 픽업 + 웰컴 패키지 제공 → 가격 850 USD
- 서비스 범위 조정 → 가격 800 USD

제5장

여행상품 유통 구조와 판매 방식

:: 학습목표 — Learning Objectives

01. 여행상품 유통의 개념과 역할을 이해하고 설명할 수 있다.

02. 전통적 여행상품 유통 구조의 특징과 한계를 분석할 수 있다.

03. 온라인 유통과 OTA의 등장으로 변화한 유통 환경을 이해하고 설명할 수 있다.

04. 다양한 여행상품 판매 방식과 전략을 경영적 관점에서 구분할 수 있다.

05. 유통 구조 변화가 여행사 경영과 수익성, 경쟁력에 미치는 영향을 논리적으로 설명할 수 있다.

:: 핵심 키워드 Key Concepts

- 여행상품 유통(Distribution)
- 전통적 유통 구조(Traditional Distribution Structure)
- OTA(Online Travel Agency)
- 간접 판매(Indirect Selling)
- 유통 비용 구조
- 여행사 채널(Channel)
- 온라인 유통(Online Distribution)
- 직접 판매(Direct Selling)
- 다채널 전략(Multi-Channel Strategy)
- 경쟁력 확보 전략

:: 장 요약 Chapter Summary

본 장은 여행상품이 소비자에게 전달되는 유통 경로와 판매 방식에 대해 설명하며, 여행사의 경영 전략과 밀접하게 연결된 유통 구조를 분석한다.

전통적으로 여행상품은 오프라인 여행사를 통해 소비자에게 판매되었으며, 여행사는 항공사, 호텔, 현지업체 등 공급자와 소비자를 연결하는 중간자 역할을 수행하였다. 이러한 구조는 안정적이지만, 정보 비대칭과 높은 운영 비용, 한정된 판매 채널이라는 한계를 지니고 있었다.

최근 인터넷과 모바일 기술의 확산, 그리고 OTA의 등장으로 유통 구조는 급격히 변화하였다. 소비자는 직접 예약을 통해 항공권, 호텔, 체험 상품 등을 구매할 수 있으며, 여행사는 단순 판매 중개자에서 벗어나 경험 설계와 부가가치 서비스 제공 중심으로 역할이 이동하고 있다.

또한 여행사는 직접 판매(Direct Selling)와 간접 판매(Indirect Selling), 다채널(Multi-Channel) 전략을 활용하여 유통 효율성을 높이고, 고객 접근성을 강화한다. 유통 구조 변화는 비용 구조, 수익 모델, 경쟁력 확보 전략과 직결되며, 여행사의 장기적인 경영 성패에 중요한 영향을 미친다.

이 장에서는 유통 구조의 기본 개념부터 전통적 구조, 온라인·OTA 중심 구조, 다양한 판매 방식, 그리고 유통 구조 변화가 여행사에 미치는 경영적 함의까지 체계적으로 이해하도록 안내한다.

제1절

여행상품 유통의 개념

여행상품 유통이란 여행사가 항공사, 호텔, 현지 서비스 제공자 등 다양한 공급자로부터 확보한 여행상품을 소비자에게 전달하는 전체 경로와 과정을 의미한다. 그러나 여행상품 유통은 단순한 판매 행위를 넘어, 상품 기획, 가격 조정, 정보 제공, 예약 및 결제, 사후 서비스 관리까지 포함하는 복합적 경영 활동이다. 따라서 여행상품 유통은 여행사의 영업 기능이자 동시에 전략적 경영 기능으로 이해되어야 한다.

여행산업의 구조적 특성상, 여행상품은 생산과 소비가 분리되어 있으며, 소비자는 상품을 직접 경험하기 이전에 구매 결정을 내려야 한다. 이러한 구조 속에서 유통은 단순한 물리적 전달 경로가 아니라, 소비자의 불확실성을 줄이고 신뢰를 형성하는 핵심 장치로 작동한다. 여행사는 유통 과정을 통해 상품 정보를 해석·가공하여 제공하고, 소비자의 기대와 실제 경험 간의 차이를 조정하는 중재자 역할을 수행한다. 또한 유통 과정은 여행사의 리스크 관리와 고객 만족도 확보 측면에서도 결정적 의미를 가진다.

01 여행상품 유통의 기본 개념과 범위

여행상품 유통은 일반 제조업 유통과 달리 무형성과 복합성을 전제로 한다. 항공, 숙박, 교통, 관광, 식음료 등 여러 서비스 요소가 결합된 여행상품은 각 요소가 독립된 공급자에 의해 제공되므로, 여행사는 이를 하나의 통합 경험 상품으로 설계하고 전달하는 중심적 주체 역할을 수행한다.

이 과정에서 여행사는 단순 중개자가 아니라, 상품 설계자이자 운영 책임자이다. 유통은 '누가 판매하는가'의 문제가 아니라, '누가 상품 구조와 책임을 설계하는가'의 문제로 확장된다. 따라서 여행상품 유통의 범위에는 판매 채널뿐만 아니라, 상품 구성 방식, 정보 제공 수준, 고객 응대, 사후 관리 체계 등 경영 전반의 의사결정이 포함된다.

여행사는 유통 경로 선택과 채널 전략을 통해 운영 효율과 고객 경험 품질을 동시에 관리할 수 있으며, 이는 곧 여행사의 경쟁력과 직결된다.

02 전통적 유통 개념에서 경영 전략으로의 확장

전통적으로 여행상품 유통은 오프라인 매장 중심의 판매 구조로 이해되었다. 여행사는 소비자와 직접 상담하여 일정과 가격, 조건을 설명한 뒤 상품을 판매하였다. 이 구조에서는 여행사의 전문성, 신뢰도, 대면 서비스 품질이 유통 경쟁력의 핵심 요소였다.

그러나 여행산업이 성장하고 경쟁이 심화되면서, 유통은 단순 판매 경로가 아니라 여행사의 전략적 선택 영역으로 확대되었다. 어떤 유통 채널을 활용할 것인지, 직접 판매와 간접 판매 비중을 어떻게 조정할 것인지, 고객 접점을 어디에 둘 것인지는 여행사의 수익 구조와 시장 포지셔닝에 직접적인 영향을 미친다.

즉, 유통은 여행사의 경영 전략을 외부로 구현하는 수단이 되며, 채널 선택과 배분 전략은 단기적 판매 효율뿐 아니라 장기적 브랜드 가치, 고객 관계, 경쟁력 확보와도 밀접하게 연결된다.

03 여행상품 유통의 기능적 역할

여행상품 유통은 크게 세 가지 기능을 수행한다.

첫째, 정보 전달 기능이다. 여행사는 복잡한 여행상품 정보를 소비자가 이해할 수 있도록 가공하고 정리함으로써, 합리적 구매 결정을 지원한다. 이 과정에서 상품 구성 요소, 서비스 범위, 가격 구조를 명확히 전달하는 것이 중요하며, 소비자의 기대 관리에도 직접적인 영향을 미친다.

둘째, 거래 촉진 기능이다. 예약, 결제, 변경, 취소 등 거래 과정을 관리하고, 공급자와 소비자 간의 계약 관계를 조정한다. 이를 통해 소비자는 원활한 거래 경험을 제공받고, 여행사는 운영 효율과 수익 관리가 가능해진다.

셋째, 위험 완충 기능이다. 여행 중 발생할 수 있는 문제 상황에 대해 여행사가 중간 책임 주체로 개입함으로써, 소비자의 위험을 완화하고 신뢰를 확보한다. 이러한 역할은 디지털 환경에서도 여전히 중요하며, 온라인 예약과 모바일 서비스가 확대되었음에도 운영 리스크 조정 기능은 필수적이다.

04 여행상품 유통과 여행사 경영의 관계

여행상품 유통 구조는 여행사의 수익성과 직결된다. 동일한 상품이라도 유통 경로와 방식에 따라 마진 구조, 비용 부담, 고객 데이터 확보 수준이 달라질 수 있다. 예를 들어, 직접 판매 비중이 높으면 유통 비용은 절감되지만, 마케팅·시스템 운영 비용은 증가할 수 있다. 반대로 외부 플랫폼 활용 시 시장 접근성은 높아지지만, 수수료 부담과 가격 통제력 약화라는 문제가 발생한다.

여행사는 유통 구조를 단기적 판매 효율이 아닌 장기적 경영 전략 관점에서 설계해야 한다. 유통은 브랜드 이미지, 고객 관계 관리, 상품 차별화 전략과 밀접히 연결되어 있으며, 단순한 판매 채널 선택 이상의 의미를 가진다.

05 여행상품 유통 개념의 현대적 의미

현대 여행상품 유통은 오프라인과 온라인, 직접과 간접 채널이 복합적으로 공존하는 구조로 발전했다. 따라서 여행사는 단일 유통 방식에 의존하지 않고, 다양한 채널을 전략적으로 조합할 수 있어야 한다. 이는 조직 구조, 인력 구성, 시스템 투자, 데이터 분석 역량 등 경영 전반에 영향을 미친다.

유통 구조를 전략적으로 설계하는 여행사는 단순 판매 조직이 아니라, 고부가가치 경험을 설계·관리하는 전문 경영 주체로 자리매김할 수 있다. 따라서 여행상품 유통은 단순한 판매 경로가 아니라, 여행사 경영 전반을 관통하는 전략적 시스템으로 이해되어야 하며, 이를 정확히 이해하는 것은 전통적 유통 구조, 온라인 유통, 판매 방식 변화와 그 경영적 의미를 이해하는 출발점이 된다.

제2절

전통적 여행상품 유통 구조

전통적 여행상품 유통 구조는 여행산업이 본격적으로 성장하던 시기에 형성된 기본적 유통 방식으로, 공급자-여행사-소비자로 이어지는 단계적 구조를 특징으로 한다. 이 구조에서 여행사는 항공사, 호텔, 현지 랜드사 등 다양한 서비스 공급자와 소비자를 연결하는 핵심 중개 주체로 기능하며, 여행상품의 기획·판매·운영 전반을 통합적으로 관리하였다.

전통적 유통 구조는 오늘날 디지털 유통 환경과 대비되는 개념으로 자주 언급되지만, 단순히 과거의 방식으로 치부하기보다는 여행사 경영의 기본 원리를 이해하는 출발점으로 평가할 필요가 있다. 특히 이 구조는 여행사가 왜 특정한 역할과 책임을 갖게 되었는지를 설명하는 중요한 이론적 배경을 제공한다.

01 공급자-여행사-소비자의 단계적 구조

전통적 여행상품 유통 구조의 가장 큰 특징은 단계적 유통 구조이다. 항공사, 호텔, 현지 교통업체, 관광지 운영자 등 개별 서비스 공급자는 직접 소비자에게 접근하기보다는 여행사를 통해 상품을 판매하는 방식을 선호하였다. 여행사는 이들 공급 요소를 결합하여 패키지 여행상품으로 구성하고, 이를 소비자에게 판매하였다.

이 구조에서 여행사는 단순한 판매 대행자가 아니라, 공급자와 소비자 간의 거래를 조정하는 중심 축으로 기능하였다. 공급자는 여행사를 통해 안정적인 판매 물량을 확보할 수 있었고, 소비자는 여행사를 통해 복잡한 여행 준비 과정을 간소화할 수 있었다. 이러한 상호 의존 관계는 전통적 유통 구조가 장기간 유지될 수 있었던 핵심 요인이다.

02 오프라인 중심의 유통과 대면 판매

전통적 유통 구조는 오프라인 여행사 매장을 중심으로 운영되었다. 소비자는 여행사를 직접 방문하여 상담을 받고, 여행 일정과 가격, 포함·불포함 사항을 설명 들은 후 구매 결정을 내렸다. 이 과정에서 여행사 직원의 전문성, 설명 능력, 신뢰성은 매우 중요한 경쟁 요소로 작용하였다.

대면 판매 구조에서는 정보 비대칭이 상대적으로 크게 존재하였다. 여행사는 상품 정보와 시장 상황을 비교적 독점적으로 보유하고 있었으며, 소비자는 여행사의 설명에 의존하여 의사결정을 내리는 경우가 많았다. 이로 인해 여행사는 정보 제공자이자 의사결정 조력자로서 높은 영향력을 행사할 수 있었다.

03 여행사의 기능 집중과 책임 구조

전통적 유통 구조에서는 여행사의 기능과 책임이 명확하게 집중되어 있었다. 여행사는 상품 기획, 가격 설정, 판매, 예약 관리, 현지 운영, 사후 처리까지 전 과정을 담당하였으며, 여행 중 발생하는 문제에 대해서도 1차적 책임을 부담하였다.

이러한 구조는 여행사에게 상당한 운영 부담을 부과하는 동시에, 경영 주체로서의 위상을 강화하는 역할을 하였다. 여행사는 단순한 중개 수수료 수취자가 아니라, 상품 운영의 성과와 실패에 대해 직접적인 책임을 지는 조직으로 인식되었다. 이는 여행사 경영이 판매 중심이 아니라 운영 중심으로 발전하는 기반이 되었다.

04 전통적 유통 구조의 장점과 한계

전통적 여행상품 유통 구조의 가장 큰 장점은 안정성과 통제력이다. 여행사는 상품 구성과 가격, 판매 방식을 비교적 일관되게 관리할 수 있었으며, 공급자와의 장기적 거래 관계를 통해 비용 구조를 안정화할 수 있었다. 또한 소비자와의 직접 접점을 통해 신뢰 관계를 형성하고, 재구매를 유도하는 데 유리하였다.

반면, 이 구조는 높은 고정비와 제한된 시장 접근성이라는 한계를 지닌다. 오프라인 매장 운영, 인력 유지, 지역적 한계로 인해 대규모 확장이 어렵고, 수요 변동에 대한 대응이 상대적으로 느릴 수밖에 없었다. 이러한 한계는 이후 온라인 기술 발전과 함께 전통적 유통 구조가 도전받는 배경이 되었다.

05 전통적 유통 구조의 경영적 의미

전통적 여행상품 유통 구조는 단순히 과거의 방식이 아니라, 여행사 경영의 기본 논리를 집약적으로 보여준다. 여행사가 왜 상품 기획과 운영에 깊이 관여하게 되었는지, 왜 가격 구조와 리스크 관리가 중요한지, 왜 소비자 신뢰가 핵심 자산이 되었는지를 이해하기 위해서는 이 구조에 대한 이해가 필수적이다.

오늘날 디지털 환경 속에서도 단체 여행, 고령층 여행, 특수 목적 여행 등 특정 시장에서는 전통적 유통 구조의 요소가 여전히 유효하게 작동하고 있다. 이는 유통 구조가 단절적으로 변화한 것이 아니라, 기존 구조 위에 새로운 방식이 덧붙여지는 형태로 진화하고 있음을 시사한다.

전통적 여행상품 유통 구조는 여행사가 여행산업 내에서 중심적 위치를 차지하게 된 역사적·경영적 기반을 제공한다. 이 구조를 이해하는 것은 온라인 유통, OTA, 직접 판매 확대 현상을 보다 입체적으로 해석하는 데 필수적이다.

제3절

온라인 여행상품 유통의 등장과 확산

온라인 여행상품 유통의 등장은 여행산업의 유통 구조와 경영 논리를 근본적으로 변화시키는 전환점으로 평가된다. 이는 단순히 판매 채널이 오프라인에서 온라인으로 이동한 현상이 아니라, 여행상품이 기획되고 인식되며 구매·소비되는 전 과정이 재구성되는 과정이었다. 특히 인터넷과 모바일 기술의 발전은 소비자의 정보 접근 방식과 의사결정 구조를 변화시키면서, 전통적으로 여행사가 담당해 왔던 유통 기능 전반에 대한 재검토를 요구하였다.

온라인 유통의 확산은 전통적 여행상품 유통 구조가 지니고 있던 시간적·공간적 제약을 해소하는 동시에, 여행사에게 새로운 경쟁 환경과 경영 과제를 동시에 제시하였다. 이에 따라 온라인 여행상품 유통은 기술 변화의 결과이자, 여행사 경영 구조 변화의 원인으로 이해할 필요가 있다.

01 온라인 여행상품 유통의 등장 배경

온라인 여행상품 유통은 정보통신기술(ICT)의 발전과 소비자 행동 변화가 결합되면서 본격적으로 확산되었다. 인터넷 보급과 함께 항공권, 호텔, 관광지 정보가 디지털화되었고, 소비자는 여행상품 구매 이전 단계에서 스스로 정보를 탐색하고 비교·분석하는 능력을 갖추게 되었다. 이는 여행상품 구매가 여행사 중심의 '설명 기반 구매'에서 소비자 중심의 '탐색 기반 구매'로 전환되는 계기가 되었다.

이러한 변화는 여행상품 유통에서 오랫동안 유지되어 온 정보 비대칭 구조를 점진적으로 약화시켰다. 과거에는 여행사가 여행 일정, 가격, 조건에 대한 정보를 상대적으로 독점하고 있었으나, 온라인 환경에서는 소비자 역시 다양한 비교 정보와 후기를 통해 보다

능동적인 의사결정을 수행하게 되었다. 이로 인해 여행사의 정보 제공 기능은 상대적으로 약화되는 반면, 정보 해석과 선택 지원이라는 새로운 역할이 요구되기 시작하였다.

동시에 전통적 오프라인 판매 방식이 지니던 시간·공간적 제약 역시 온라인 유통 확산의 중요한 배경으로 작용하였다. 매장 방문이 필수적이었던 구매 구조는 바쁜 현대 소비자의 생활 패턴과 점차 부합하지 않게 되었고, 이러한 불편 요소는 온라인 예약과 결제 시스템의 확산을 촉진하였다. 결과적으로 온라인 유통은 기술 발전의 산물이자, 소비자 편의성 요구에 대한 시장의 구조적 대응으로 이해할 수 있다.

02 OTA의 등장과 유통 구조의 재편

온라인 여행상품 유통 확산 과정에서 가장 두드러진 변화는 OTA의 등장이다. OTA는 항공권, 숙박, 렌터카, 여행상품 등을 온라인 플랫폼을 통해 중개·판매하는 사업자로, 대규모 시스템과 데이터 기반 운영을 통해 단기간에 시장 영향력을 확대하였다. 이들은 전통적 여행사와 달리 물리적 점포에 의존하지 않고, 검색·비교·예약 기능을 통합한 플랫폼을 통해 소비자 접점을 확보하였다.

OTA의 핵심 경쟁력은 가격 비교의 용이성, 실시간 예약 가능성, 광범위한 상품 선택권에 있다. 소비자는 다양한 여행상품을 한 화면에서 비교할 수 있게 되었으며, 이는 여행상품 가격의 투명성을 크게 제고하는 결과로 이어졌다. 그 결과 항공권, 숙박과 같이 표준화가 가능한 상품 영역에서는 가격 중심 경쟁이 심화되었고, 규모의 경제를 확보한 플랫폼 중심으로 유통 구조가 재편되는 경향이 나타났다.

이 과정에서 전통적 여행사는 OTA와 직접 경쟁하거나, 혹은 OTA의 판매 채널로 편입되는 이중적 선택 상황에 직면하게 되었다. 일부 여행사는 OTA를 활용해 판매 범위를 확대하는 전략을 선택한 반면, 다른 여행사는 차별화된 상품 기획과 전문 서비스를 통해 OTA와의 경쟁을 회피하는 방향을 모색하였다. 이는 온라인 유통 환경이 여행사에게 단일한 대응 전략을 허용하지 않음을 보여준다.

03 온라인 유통이 여행사 기능에 미친 영향

온라인 여행상품 유통의 확산은 여행사의 기능 구조에 중대한 변화를 초래하였다. 가장 직접적인 영향을 받은 영역은 판매 기능이다. 과거 여행사의 핵심 업무였던 예약 접수, 발권, 단순 상담 기능은 온라인 시스템을 통해 상당 부분 자동화되었으며, 이로 인해 단순 판매 기능의 상대적 중요성은 감소하였다.

반면, 상품 기획, 일정 조정, 공급자 관리, 문제 해결, 고객 관리와 같은 고부가가치 기능의 중요성은 오히려 강화되었다. 온라인 환경에서는 표준화된 상품은 플랫폼을 통해 효율적으로 유통되지만, 복합적 요구를 반영하는 상품이나 운영 리스크가 큰 상품은 여전히 여행사의 전문적 개입이 필요하다. 이는 여행사의 역할이 '판매 창구'에서 '경험 설계자'와 '운영 조정자'로 이동하고 있음을 의미한다.

또한 온라인 유통 환경은 여행사 내부 조직과 인력 구조에도 영향을 미쳤다. 단순 판매 인력의 비중은 축소되는 반면, 상품 기획자, 마케팅 담당자, 고객 관리 인력의 중요성이 상대적으로 증가하였다. 이는 온라인 유통이 여행사 경영 전반의 기능 재배치를 촉진하는 요인으로 작용하고 있음을 보여준다.

04 온라인 유통 구조의 장점과 한계

온라인 여행상품 유통은 접근성과 효율성 측면에서 분명한 장점을 지닌다. 소비자는 시간과 장소에 구애받지 않고 여행상품을 탐색하고 구매할 수 있으며, 여행사는 물리적 매장 없이도 광범위한 시장에 접근할 수 있다. 또한 데이터 기반 마케팅과 개인화 추천이 가능해지면서, 판매 효율성과 시장 반응 속도는 크게 향상되었다.

그러나 온라인 유통 구조는 동시에 여러 구조적 한계를 내포한다. 가격 중심 경쟁은 여행상품의 가치 인식을 약화시킬 수 있으며, 여행사의 수익 마진을 지속적으로 압박한다. 또한 플랫폼 중심 유통 구조에서는 여행사가 고객과의 직접적 관계를 형성하기 어려워지고, 브랜드 충성도 확보에도 제약이 발생할 수 있다. 이러한 한계는 온라인 유통이 만능 해결책이 아님을 시사한다.

05 온라인 유통 확산의 경영적 의미

온라인 여행상품 유통의 확산은 여행사 경영에 있어 단순한 채널 선택의 문제가 아니라, 구조적 환경 변화로 이해되어야 한다. 온라인 채널을 활용하지 않는 여행사는 시장 접근 자체가 제한될 수밖에 없으며, 반대로 온라인 유통에 과도하게 의존할 경우 가격 경쟁 심화와 플랫폼 종속이라는 새로운 위험에 노출될 가능성이 높다.

이러한 환경 변화는 여행사로 하여금 기존의 단일 판매 구조나 고정된 유통 방식을 재검토하도록 요구한다. 온라인 유통은 전통적 유통 구조를 대체하기보다는, 기존 구조 위에 새로운 유통 층위를 추가하며 여행상품 유통 환경을 복합적으로 만들었다. 그 결과 여행사는 '어디에서 판매할 것인가'라는 질문을 넘어, '어떠한 방식으로 시장과 고객을 연결할 것인가'라는 보다 근본적인 경영 과제에 직면하게 되었다.

온라인 여행상품 유통의 등장은 여행사 경영의 방향성과 역할 인식을 재정립하도록 만드는 환경적 요인으로 작용한다. 이러한 문제의식은 여행상품 판매 방식의 유형과 전략적 선택을 이해하기 위한 중요한 출발점이 된다.

제4절

여행상품 판매 방식의 유형

01 여행상품 판매 방식

여행상품 판매 방식은 여행사가 시장과 고객을 연결하는 핵심 경영 메커니즘이며, 유통 구조 변화가 실제 경영 성과로 구현되는 지점이라 할 수 있다. 동일한 여행상품이라 하더라도 어떠한 판매 방식을 선택하느냐에 따라 가격 구조, 수익성, 고객 관계 형성 방식, 운영 리스크의 분포는 크게 달라진다. 따라서 여행상품 판매 방식의 유형을 이해하는 것은 단순히 판매 채널을 분류하는 작업이 아니라, 여행사 경영 전략이 어떠한 논리로 작동하는지를 구조적으로 이해하는 출발점이라 할 수 있다.

특히 온라인 유통의 확산은 기존의 판매 방식을 단순히 대체한 것이 아니라, 다양한 판매 방식이 병존·중첩되는 복합적 환경을 형성하였다. 오늘날 여행사는 단일 판매 방식에 의존하기보다는, 상품 유형·고객 특성·시장 상황에 따라 복수의 판매 방식을 전략적으로 병행·조합하는 유통 전략을 채택하고 있다. 이러한 맥락에서 개별 판매 방식의 특성 설명과, 이들이 여행사 경영 구조 속에서 어떠한 역할을 수행하는지를 종합적으로 살펴보고자 한다.

1) 오프라인 직접 판매 방식

오프라인 직접 판매 방식은 여행사가 대면 상담을 통해 고객에게 여행상품을 판매하는 전통적 방식으로, 여행산업의 초기부터 핵심적인 판매 구조를 형성해 왔다. 이 방식에서는 상담 직원의 전문성, 고객과의 신뢰 관계 형성, 개별 고객의 요구를 반영한 맞춤형 제안 능력이 중요한 경쟁 요소로 작용한다. 특히 고가의 해외여행, 장거리 여행, 단체여행, 특수 목적 여행과 같이 상품 구조가 복잡하고 위험 요소가 많은 경우에는 여전히 오프라인 판매의 비중이 높게 유지되고 있다.

경영적 관점에서 오프라인 판매는 고객과의 직접적인 관계 형성에 매우 유리하다. 여행사는 상담 과정을 통해 고객의 여행 목적, 기대 수준, 가격 민감도를 파악할 수 있으며, 이는 장기적인 고객 관계 관리와 재구매 유도에 긍정적으로 작용한다. 또한 오프라인 판매는 여행사의 전문성과 책임성을 가시적으로 보여주는 접점으로 기능하여, 브랜드 신뢰를 구축하는 데 중요한 역할을 한다. 반면, 오프라인 직접 판매 방식은 인건비, 점포 운영비 등 고정비 부담이 크고, 판매 효율이 상담 인력의 역량에 크게 의존한다는 한계를 지닌다. 이로 인해 단기간 내 규모 확장이 어렵고, 수요 변동에 대한 유연한 대응에도 제약이 발생할 수 있다. 그럼에도 불구하고 오프라인 판매는 여행사의 경영 구조에서 '고부가가치 상품을 담당하는 핵심 판매 축'으로서 여전히 전략적 중요성을 유지하고 있다.

2) 온라인 직접 판매 방식

온라인 직접 판매 방식은 여행사가 자사 웹사이트나 모바일 앱을 통해 여행상품을 직접 판매하는 형태를 의미한다. 이 방식은 중개 수수료 부담을 줄이고, 고객 데이터를 직접 확보할 수 있다는 점에서 전략적 가치가 매우 크다. 특히 온라인 유통 환경에서 여행사가 플랫폼 종속을 완화하고 자율적인 가격·상품 전략을 유지하기 위한 핵심 수단으로 인식되고 있다.

온라인 직접 판매는 표준화된 상품, 반복 구매가 이루어지는 상품, 예약 구조가 단순한 여행상품에 특히 적합하다. 여행사는 이를 통해 판매 프로세스를 자동화하고, 마케팅 비용 대비 효율을 높일 수 있다. 또한 고객의 검색·구매 데이터를 축적함으로써 개인화 마케팅과 장기적 고객 관리 전략을 수립할 수 있다는 장점도 지닌다. 그러나 온라인 직접 판매는 모든 상품 유형에 동일하게 적용되기 어렵다. 복잡한 일정 조정, 다수의 공급자가 결합된 상품, 특수 요구 사항이 많은 상품의 경우 온라인 환경만으로는 고객 만족도를 유지하는 데 한계가 발생할 수 있다. 이에 따라 많은 여행사는 온라인 판매 과정에서 채팅 상담, 전화 상담, 오프라인 연계 서비스를 병행하며, 온라인과 오프라인 기능을 결합하는 방식으로 한계를 보완하고 있다. 이는 온라인 직접 판매가 독립된 방식이라기보다, 기존 판매 방식과 결합된 형태로 운영되고 있음을 보여준다.

3) OTA 및 플랫폼 기반 판매 방식

OTA와 같은 플랫폼 기반 판매 방식은 여행상품 판매의 접근성과 확장성을 극대화하는 대표적인 유통 방식이다. 대형 OTA는 막대한 트래픽과 검색 노출 효과를 바탕으로 단기간 내 대규모 고객 접점을 확보할 수 있으며, 이는 여행사에게 빠른 시장 진입과 판매 확대의 기회를 제공한다.

플랫폼 기반 판매의 가장 큰 장점은 시장 접근 비용을 낮추고, 판매 규모를 신속하게 확대할 수 있다는 점이다. 특히 브랜드 인지도가 낮은 여행사나 신규 상품의 경우 OTA는 효과적인 테스트 마켓 역할을 수행할 수 있다. 그러나 이러한 장점 이면에는 구조적 한계도 존재한다. 가격 비교 중심의 플랫폼 환경은 여행상품을 가격 경쟁의 대상으로 환원시키기 쉽고, 수수료 부담은 여행사의 수익성을 지속적으로 압박한다. 또한 플랫폼 기반 판매에서는 고객과의 직접적 관계 형성이 제한되며, 플랫폼 정책 변화나 알고리즘 조정에 따라 여행사의 판매 성과가 크게 좌우될 수 있다. 따라서 OTA 판매는 여행사 경영에서 단기적 매출 확대 수단으로는 유효하지만, 장기적 관점에서는 명확한 역할 설정과 전략적 관리가 필수적이다.

4) 기업·단체 대상 B2B 판매 방식

기업, 학교, 공공기관 등을 대상으로 한 B2B 판매 방식은 여행상품 판매의 또 다른 중요한 축을 형성한다. 이 방식에서는 개별 소비자를 대상으로 한 판매와 달리, 계약 관계를 기반으로 한 안정적 거래가 이루어지며, 가격 경쟁력뿐만 아니라 운영 안정성과 리스크 관리 능력이 핵심 경쟁 요소로 작용한다.

B2B 판매는 거래 규모가 크고 반복 계약 가능성이 높아 매출 안정성 측면에서 유리하다. 그러나 계약 조건이 엄격하고, 일정 변경이나 사고 발생 시 여행사가 부담해야 할 책임 범위가 넓어 운영 리스크 관리가 매우 중요해진다. 이로 인해 B2B 판매는 단순한 판매 기능을 넘어, 여행사의 운영 역량과 조직 관리 능력을 종합적으로 요구하는 판매 방식이라 할 수 있다.

02 판매 방식 선택의 의미

여행상품 판매 방식은 단일한 선택의 문제가 아니라, 상품 유형과 고객 특성, 유통 환경에 따라 전략적으로 조합되어야 하는 경영 요소이다. 예를 들어 표준화된 저가 상품은 OTA를 통해 판매하고, 고부가가치·맞춤형 상품은 오프라인이나 온라인 직접 판매를 통해 운영하는 이원화 전략이 가능하다. 동시에 B2B 판매를 통해 매출 안정성을 확보하는 구조도 병행할 수 있다.

이러한 판매 방식의 조합은 여행사의 수익 구조를 다각화하고, 특정 유통 채널이나 시장 변화에 대한 의존도를 완화하는 데 기여한다. 즉, 판매 방식은 단순한 유통 경로가 아니라, 여행사의 리스크 분산과 경쟁력 확보를 위한 핵심 경영 장치로 기능한다.

여행상품 판매 방식의 유형을 이해하는 것은 여행사 경영 구조를 파악하는 중요한 기초 단계에 해당한다. 그러나 실제 경영 성과는 이러한 판매 방식이 어떠한 가격 구조와 수익 모델 위에서 작동하는가에 따라 결정된다.

제5절

유통 구조 변화가 여행사에 미치는 영향

여행상품 유통 구조는 기술 발전, 소비자 구매 행태 변화, 경쟁 환경의 심화 등 다양한 요인에 의해 지속적으로 재편되고 있다. 이러한 변화는 단순히 오프라인에서 온라인으로 판매 채널이 이동하는 현상에 그치지 않고, 여행사의 경영 전략 수립 방식, 수익 구조 설계, 조직 운영 방식, 고객 경험 관리, 리스크 통제 체계 전반에 구조적인 영향을 미친다. 즉, 유통 구조 변화는 여행사의 일부 기능 변화가 아니라, 경영 시스템 전반을 재구성하도록 요구하는 환경 변화로 이해되어야 한다.

따라서 여행사는 유통 구조 변화를 외부 환경의 제약 요인으로 수동적으로 받아들이기보다, 경영 전략을 재설계하는 핵심 변수로 인식하고 이를 능동적으로 활용할 필요가 있다. 이러한 문제의식 하에서 유통 구조 변화의 주요 요인을 정리하고, 그 변화가 여행사 경영에 미치는 영향을 다층적으로 분석한 뒤, 전략적 대응 방향을 제시하고자 한다.

01 유통 구조 변화의 주요 요인

현대 여행상품 유통 구조 변화를 이끄는 핵심 요인은 크게 네 가지로 구분할 수 있다.

1) 디지털 기술의 발전이다.

GDS, OTA 플랫폼, 모바일 앱, CRM 시스템, 빅데이터 분석 기술의 확산은 여행상품의 예약·결제·운영 방식을 근본적으로 변화시켰다. 실시간 예약과 가격 비교, 자동화된 발권 및 결제, 고객 데이터 기반 맞춤형 상품 제안은 여행사 운영의 효율성을 크게 향상시키는 동시에, 전통적인 오프라인 중심 유통 구조에서 온라인·모바일 기반 다채널 구조로의 전환을 가속화하였다. 이러한 기술적 진보는 여행사가 고객 요구에 보다 신속하고 유연하게 대응할 수 있는 기반을 제공하는 한편, IT 인프라와 데이터 관리 역량을 새로운 핵심 경쟁 요소로 부각시켰다.

2) OTA와 글로벌 플랫폼의 확산이다.

대형 OTA는 방대한 트래픽과 검색 노출 효과, 글로벌 네트워크를 바탕으로 단기간 내 판매량을 확대할 수 있는 강력한 유통 채널로 자리 잡았다. 특히 해외 패키지 여행이나 항공·숙박 중심 상품에서 OTA의 영향력은 매우 크다. 그러나 이러한 플랫폼 중심 유통은 수수료 부담 증가, 가격 경쟁 심화, 여행사 브랜드의 가시성 약화라는 구조적 문제를 동시에 수반한다. 따라서 OTA는 성장 기회이자 동시에 전략적 통제가 필요한 양면적 유통 주체로 이해되어야 한다.

3) 소비자 구매 행태의 변화이다.

현대 여행 소비자는 가격 비교, 리뷰 확인, 즉시 예약, 유연한 취소·환불 조건을 중시하며, 온라인과 모바일 환경에 익숙한 구매 행동을 보인다. 이는 여행상품 유통에서 정보 제공 방식과 판매 프로세스 전반에 변화를 요구하며, 전통적인 오프라인 중심 판매만으로는 다양한 소비자 요구를 충족시키기 어렵게 만든다. 그 결과 여행사는 다채널 유통 전략을 전제로 한 경영 설계를 요구받게 되었다.

4) 경쟁 환경의 변화이다.

저비용항공사, 글로벌 OTA, 공유 숙박 플랫폼 등 새로운 경쟁 주체의 등장은 여행상품 시장에서 가격·서비스·접근성 측면의 경쟁을 한층 심화시켰다. 이러한 환경에서 여행사는 기존 판매 방식만으로는 경쟁 우위를 유지하기 어려우며, 유통 전략과 수익 구조를 보다 정교하게 조정할 필요성에 직면하게 된다.

02 유통 구조 변화가 여행사 경영에 미치는 영향

유통 구조 변화는 여행사의 경영 전략과 수익 구조에 직접적인 영향을 미친다. 우선 운영 효율 측면에서, OTA, GDS, 모바일 플랫폼의 활용은 예약·발권·결제 업무의 자동화를 가능하게 하여 인력 비용 절감과 업무 효율성 향상에 기여한다. 이는 여행사가 동일한 인력 규모로 더 많은 상품과 고객을 관리할 수 있는 구조를 형성하게 한다.

그러나 동시에 다채널 판매 구조는 예약 정보 통합, 재고 관리, 고객 응대 프로세스의 복잡성을 증가시키며, 시스템 간 연계와 관리 역량이 부족할 경우 오히려 운영 리스크를 확대할 가능성도 내포한다. 따라서 유통 구조 변화는 단순한 비용 절감 효과뿐만 아니라, 경영 관리 수준에 대한 새로운 요구를 동반한다.

수익 구조 측면에서도 영향은 분명하다. OTA 중심 판매는 판매량 확대라는 장점을 제공하지만, 수수료 부담과 가격 경쟁으로 인해 마진이 압박받는 구조를 형성한다. 반면 오프라인 직접 판매는 고정비 부담이 크지만, 맞춤형 서비스 제공을 통한 상대적으로 높은 마진 확보가 가능하다. 이처럼 각 유통 채널은 상이한 수익 구조와 리스크 특성을 가지므로, 여행사는 채널별 수익성과 위험을 종합적으로 고려한 혼합형 유통 전략을 설계해야 한다.

가격 전략 측면에서도 유통 구조 변화는 중요한 의미를 가진다. 온라인 유통의 확대는 소비자의 가격 비교를 용이하게 하여 가격 경쟁 압력을 증가시키며, 이는 여행사의 가격 설정 자율성을 제한하는 요인으로 작용한다. 이에 따라 채널별 가격 차별화, 상품 구성의 세분화, 부가 서비스 전략 등 보다 정교한 가격 관리가 요구된다.

03 고객 경험과 서비스 품질에 미치는 영향

유통 구조 변화는 고객 경험과 서비스 품질에도 직접적인 영향을 미친다. 접근성과 편의성 측면에서 온라인·모바일 기반 유통은 24시간 예약, 실시간 좌석 확인, 다양한 결제 수단 제공을 가능하게 하여 소비자의 구매 편의성을 크게 향상시킨다. 이는 여행상품 구매 장벽을 낮추고 시장 규모를 확대하는 요인으로 작용한다.

맞춤형 서비스 측면에서는 CRM과 빅데이터 분석을 활용한 개인화 상품 추천, 맞춤형 프로모션 제공이 가능해지면서 고객 경험의 질을 높일 수 있는 여지가 확대되었다. 그러나 OTA 중심 판매가 확대될수록 여행사와 고객 간 직접적 관계는 약화될 수 있으며, 이는 브랜드 충성도와 장기적 고객 관계 형성에 부정적인 영향을 미칠 수 있다.

또한 다채널 유통 환경에서는 예약 변경, 취소·환불, 일정 오류 등 고객 대응의 복잡성이 증가한다. 이로 인해 여행사는 통합 관리 시스템과 신속 대응 프로세스를 구축하지 않을 경우 서비스 품질 저하와 고객 불만 증가라는 위험에 노출될 수 있다. 따라서 유통 구조 변화는 고객 경험 관리의 중요성을 한층 강화시키는 요인으로 작용한다.

04 여행사의 전략적 대응 방안

이러한 유통 구조 변화에 대응하기 위해 여행사는 다층적인 전략적 대응이 요구된다. 우선 다채널 혼합 전략을 통해 OTA, 온라인 직접 판매, 오프라인 직접 판매, B2B 채널을 상품 유형과 고객 특성에 맞게 조합해야 한다. 예를 들어 표준화된 저가 상품은 OTA를 통해 판매 효율을 높이고, 고부가가치·맞춤형 상품은 오프라인 또는 온라인 직접 판매를 통해 운영하는 전략이 가능하다. 또한 채널별 마진 구조, 수수료 부담, 판매 데이터를 체계적으로 분석하여 수익 구조를 최적화하고, 예약·결제·운영 과정에서 발생할 수 있는 리스크를 사전에 통제하는 관리 전략이 병행되어야 한다. 이를 위해 IT 인프라 투자와 데이터 기반 의사결정 체계 구축은 선택이 아닌 필수 요건으로 자리 잡고 있다.

고객 경험 중심 전략 역시 중요하다. 다채널 통합 관리, 개인화 서비스 강화, 실시간 문의·대응 시스템 구축을 통해 유통 구조 변화 속에서도 일관된 서비스 품질을 유지해야 한다. 이는 단기적 판매 성과뿐만 아니라, 장기적인 브랜드 가치와 고객 충성도를 확보하는 데 핵심적인 역할을 한다.

05 유통 구조 변화의 의미

유통 구조 변화는 단순한 판매 채널의 전환이 아니라, 여행사의 경영 전략, 수익 구조, 운영 효율, 고객 경험 관리 전반에 영향을 미치는 핵심 경영 변수이다. 기술 발전과 OTA 확산은 새로운 성장 기회를 제공하는 동시에, 가격 경쟁 심화, 수수료 부담 증가, 고객 관계 약화라는 구조적 리스크를 동반한다. 따라서 여행사는 유통 구조 변화를 일시적 트렌드가 아닌, 지속적으로 관리해야 할 경영 시스템의 일부로 인식해야 한다. 전략적 분석, 다채널 혼합 운영, 수익 구조 최적화, 고객 경험 강화, IT 기반 경영 체계 구축을 통해 변화에 능동적으로 대응할 때, 여행사는 불확실한 시장 환경 속에서도 지속 가능한 경쟁력을 확보할 수 있다.

이러한 점에서 유통 구조 변화는 여행사 경영의 주변 요소가 아니라, 경영 성과를 좌우하는 핵심 관리 영역으로 이해되어야 한다.

제5장 연습문제 Review Questions

문제 01 여행상품 유통의 전통적 구조와 온라인 유통 구조(OTA 포함)의 차이를 설명하고, 각각의 장단점을 논하시오.

➡

문제 02 OTA와 온라인 유통 구조의 확산이 여행사의 경영 전략과 기능에 어떤 영향을 미쳤는지 설명하시오.

➡

문제 03 여행사의 유통 구조 변화에 따른 리스크와 대응 전략을 제시하시오.

➡

:: 모범답안 ::

문제 01

- 전통적 유통 구조: 여행사 → 소비자, 오프라인 중심, 직접 상담 및 예약, 고객 신뢰 기반
  - 장점: 맞춤 상담, 고난도 여행 조율 가능, 직접적인 고객 관계 형성
  - 단점: 제한된 시장 접근, 고정 비용 부담, 예약 및 판매 효율성 낮음
- 온라인 유통 구조(OTA 포함): 플랫폼 기반, 다수 여행사 상품 집약, 고객 직접 예약 가능
  - 장점: 광범위한 시장 접근, 가격 비교 용이, 예약 효율성 향상
  - 단점: 가격 경쟁 심화, 마진 압박, 고객 데이터 및 경험 관리 필요

문제 02

- 정보 독점 기능 약화 → 고객 스스로 예약 및 정보 확인 가능
- 가격 경쟁 심화 → 마진 감소, 프로모션 전략 필요
- 기능 이동: 단순 정보 제공 → 복합 상품 설계, 맞춤형 서비스, 운영 관리 및 고객 경험 관리 강화
- 경영 전략 변화: 디지털 채널 활용, 데이터 분석 기반 맞춤형 상품 개발, 서비스 차별화

문제 03

- 리스크: 가격 경쟁 심화, 고객 이탈, 예약 취소 및 운영 혼선, 외부 플랫폼 의존
- 대응 전략:

① 디지털 채널과 오프라인 채널 통합 관리
② 고객 데이터 기반 맞춤형 상품 및 마케팅
③ 예약·결제·취소 관리 프로세스 최적화
④ 복합 상품 설계와 차별화 서비스 제공

제5장

토론문제 Discussion Questions

토론 01 "OTA 중심 유통 시대에 전통 여행사는 더 이상 경쟁력이 없는가?"

토론 포인트!

- 반대 논리: 단체·맞춤·고난도 여행에서 직접 상담과 운영 관리 필요
- 유리한 요소: 현지 네트워크, 문제 해결 능력, 고객 경험 관리
- 결론: 전통 여행사는 단순 중개 중심이 아닌 복합 상품 설계와 서비스 차별화를 통해 경쟁력 유지 가능

토론 02 여행사는 온라인 유통과 OTA에 얼마나 의존해야 하는가? 전략적 관점에서 논하시오.

토론 포인트!

- 장점: 넓은 고객층 접근, 예약 효율성 증가
- 단점: 마진 압박, 데이터 통제력 감소, 고객 관계 약화
- 전략적 판단: 자체 디지털 플랫폼 + OTA 활용 병행, 맞춤형 서비스 및 부가가치 제공

토론 03 유통 구조 변화가 여행사의 역할 재정의에 미친 영향을 분석하시오.

토론 포인트!

- 과거: 정보 제공 및 예약 중개 중심
- 현재: 복합 상품 설계, 운영 관리, 고객 경험 설계 중심
- 의미: 유통 구조 변화 = 여행사 기능 재편과 경영 전략 전환 필요성 강조

제6장

여행상품과 교통·수배 구조

:: 학습목표

Learning Objectives

01. 여행상품에서 교통 수단이 차지하는 의미와 역할을 이해할 수 있다.
02. 항공 수요와 좌석 구조가 여행상품 설계와 가격 결정에 미치는 영향을 분석할 수 있다.
03. GDS(Global Distribution System)와 항공 유통 구조의 기능과 중요성을 설명할 수 있다.
04. 여행상품 수배 과정에서 발생하는 운영 리스크를 이해하고 관리 방안을 논할 수 있다.
05. 교통 및 수배 구조 변화가 여행사 경영과 상품 기획에 미치는 영향을 평가할 수 있다.

:: 핵심 키워드 Key Concepts

- 교통 수단(Traffic Means)
- 좌석 구조(Seat Inventory Structure)
- 유통 구조(Distribution Structure)
- 운영 리스크(Operation Risk)
- 패키지 여행(Package Tour)
- 항공 수요(Air Travel Demand)
- GDS(Global Distribution System)
- 수배(Reservation & Booking)
- 여행상품 설계(Product Design)
- 가격 결정(Price Setting)

:: 장 요약 Chapter Summary

본 장은 여행상품을 구성하는 핵심 요소 중 하나인 교통 수단과 수배 구조를 이해하는 데 초점을 맞춘다. 여행상품의 기획과 운영에서 교통은 단순한 이동 수단을 넘어 일정 설계, 가격 결정, 고객 경험에 직결되는 전략적 요소이다. 특히 항공 수요와 좌석 구조는 여행상품 구성과 가격 정책에 큰 영향을 미치며, 여행사는 항공 좌석을 확보하고 최적화하는 과정에서 다양한 운영 리스크를 관리해야 한다.

또한 GDS와 항공 유통 구조를 이해하면 여행사가 공급자와 소비자 사이에서 어떤 역할을 수행하며, 어떻게 효율적으로 예약과 수배를 진행하는지 파악할 수 있다. 수배 구조와 교통 요소는 여행상품 설계, 운영, 가격, 마케팅 전략에 직결되므로, 여행사 경영에서 핵심적 분석 대상이 된다.

교통과 수배 구조에 대한 이해는 여행사의 상품 기획 능력과 운영 효율성을 높이는 동시에, 변화하는 여행시장 환경 속에서 전략적 의사결정을 가능하게 하는 기반이 된다.

제1절

여행상품에서 교통의 의미

여행상품에서 교통은 단순히 출발지에서 목적지로 이동하기 위한 수단을 넘어, 여행상품의 구조를 형성하는 핵심 구성 요소이자 여행사 경영 전략과 직접적으로 연계되는 전략적 자원이다. 여행자는 여행을 계획하는 과정에서 항공, 철도, 버스, 선박 등 다양한 교통 수단을 비교·선택하게 되며, 이러한 선택은 여행 일정의 효율성, 전체 비용 구조, 이동 편의성, 나아가 여행 전반에 대한 만족도에 중대한 영향을 미친다.

특히 현대 여행시장은 가격 비교의 용이성, 일정 유연성에 대한 요구 증가, 교통 서비스 품질에 대한 기대 수준 상승 등으로 인해 교통 요소의 중요성이 더욱 확대되고 있다. 이에 따라 여행상품은 단순한 관광 일정의 묶음이 아니라, 교통 구조를 중심으로 일정과 서비스가 유기적으로 결합된 종합 상품으로 이해될 필요가 있다. 이러한 관점에서 교통은 여행상품의 부속 요소가 아니라, 상품 경쟁력을 좌우하는 핵심 설계 요소로 인식되어야 한다.

01 교통 수단과 여행상품 구성

여행상품에서 교통은 일정 설계, 가격 결정, 상품 품질을 규정하는 핵심 요소로 작용한다. 항공권, 철도, 전세버스, 선박 등의 교통 수단은 단순한 이동 수단이 아니라, 여행 일정의 흐름과 여정의 효율성을 결정하며, 궁극적으로 여행 경험의 질을 좌우한다. 예를 들어 항공편의 출·도착 시간, 연결 편의성, 운항 빈도는 패키지 여행의 일정 구성 가능 범위를 결정하며, 이동 시간의 길고 짧음은 관광지 체류 시간과 피로도에 직접적인 영향을 미친다.

또한 고속철도를 활용한 단거리 여행과 항공을 활용한 장거리 여행은 상품의 가격 구조와 포함 서비스 구성에서 뚜렷한 차이를 보인다. 고속철도 기반 상품은 접근성과 정시성을 강점으로 삼는 반면, 항공 기반 상품은 이동 시간 단축과 광역 목적지 연결이라는 장점을 중심으로 상품이 설계된다. 이처럼 교통 수단의 선택은 여행상품 기획 단계에서 일정 구성 방식과 가격 전략을 규정하는 출발점으로 기능한다.

더 나아가 교통 수단은 여행상품의 포지셔닝에도 영향을 미친다. 동일한 목적지라도 어떤 교통 수단을 활용하느냐에 따라 상품은 프리미엄형, 대중형, 실속형 등으로 차별화될 수 있으며, 이는 표적 시장 설정과 마케팅 전략 수립에도 직접적으로 연결된다.

02 여행사 경영적 관점에서 교통의 의미

여행사 경영 관점에서 교통은 단순히 외부에서 조달되는 비용 요소가 아니라, 전략적으로 관리되어야 할 핵심 경영 자원이다. 항공 좌석, 철도 좌석, 전세버스 운송 능력 등 교통 자원의 확보 방식과 운용 효율성은 여행상품의 원가 구조와 가격 경쟁력에 직접적인 영향을 미친다. 특히 항공권 가격 변동성, 좌석 공급 제한, 성수기 수요 집중 현상은 여행사의 수익 구조를 불안정하게 만드는 주요 요인으로 작용한다.

또한 교통과 관련된 예약, 변경, 취소, 재배치 과정은 여행상품 운영 리스크의 상당 부분을 차지한다. 교통 수단의 지연이나 결항, 좌석 미확보, 연결 실패 등의 문제는 단순한 운영상의 오류를 넘어 고객 불만, 보상 비용 증가, 브랜드 신뢰도 하락으로 이어질 수 있다. 따라서 여행사는 교통 요소를 사후적으로 처리하는 대상이 아니라, 사전에 구조적으로 설계하고 관리해야 할 전략 영역으로 인식해야 한다.

특히 패키지 여행이나 단체 여행에서는 교통 수단의 안정적 확보와 일정 관리가 상품 품질을 결정짓는 핵심 요인이 된다. 이 경우 교통 관리 역량은 단순 운영 능력을 넘어, 여행사의 전문성과 신뢰도를 가늠하는 중요한 기준으로 작용한다.

03 교통과 고객 경험

교통은 여행 경험의 출발점이자 전체 여행 만족도를 형성하는 핵심 요소이다. 이동 시간의 적절성, 좌석의 편의성, 안전성, 서비스 수준은 여행자가 체감하는 만족도와 재구매 의사에 직접적인 영향을 미친다. 특히 장거리 항공 이동의 경우 좌석 공간, 기내 서비스,

탑승 및 환승의 편의성은 여행 전반의 인상을 좌우하는 결정적 요인이 된다.

또한 항공과 현지 교통, 철도와 버스 등 연계 교통이 원활하지 않을 경우, 일정 지연과 피로 누적으로 인해 전체 여행 만족도가 크게 저하될 수 있다. 이는 여행상품의 관광 콘텐츠나 숙박 품질이 우수하더라도 고객 평가에 부정적인 영향을 미칠 수 있음을 의미한다.

따라서 여행사는 고객 특성, 여행 목적, 이동 거리 등을 고려하여 최적의 교통 옵션을 설계해야 하며, 예상 가능한 문제 상황에 대비한 대체 교통 수단이나 일정 조정 방안을 사전에 준비할 필요가 있다. 이러한 접근은 고객 경험의 일관성을 유지하고, 여행상품에 대한 신뢰도를 높이는 데 중요한 역할을 한다.

04 전략적 교통 관리와 여행사 경쟁력

교통 요소의 전략적 관리는 여행사의 경쟁력 확보와 직결된다. 여행사는 항공사, 철도 운영기관, 전세버스 업체 등 교통 공급자와의 계약을 통해 좌석과 운송 자원을 확보하며, 이를 기반으로 상품 기획과 가격 전략을 수립한다. 이 과정에서 사전 예약(advance booking)과 유연 예약(flexible booking) 전략의 조합은 중요한 의사결정 요소가 된다.

사전 예약 방식은 대규모 단체 여행이나 패키지 상품에서 원가를 안정적으로 관리할 수 있다는 장점을 가지며, 가격 경쟁력을 확보하는 데 유리하다. 반면 유연 예약 방식은 개인 맞춤형 여행이나 소규모 상품에서 수요 변화에 유연하게 대응할 수 있지만, 가격 상승이나 좌석 미확보와 같은 리스크를 수반한다.

여행사는 이러한 상이한 예약 전략을 상품 유형과 시장 환경에 맞게 조합함으로써 교통 자원 활용의 효율성을 극대화하고, 상품 가격과 마진 구조를 최적화할 수 있다. 이는 곧 교통 관리 역량이 여행사의 핵심 경쟁 요소 중 하나로 기능함을 의미한다.

교통은 여행상품에서 단순한 이동 수단이 아니라, 상품 설계, 가격 결정, 일정 효율성, 고객 경험, 운영 리스크 관리 등 여행사 경영 전반에 영향을 미치는 전략적 요소이다. 교통 수단과 수배 구조를 얼마나 체계적으로 설계하고 운영하느냐에 따라 여행사의 수익성과 경쟁력, 고객 만족도는 크게 달라진다.

따라서 여행사는 교통을 비용 관리의 대상이 아닌 전략적 자원으로 인식하고, 공급자 관리, 예약 전략, 고객 경험 최적화, 리스크 통제 측면에서 종합적으로 접근해야 한다

제2절

항공 수요와 좌석 구조

항공 교통은 여행상품에서 가장 중요한 이동 수단 중 하나로, 여행사의 상품 구성과 수익성에 직접적인 영향을 미친다. 항공권은 여행상품 원가 구조에서 가장 큰 비중을 차지하는 요소이며, 동시에 일정 구성과 상품 설계의 중심축으로 기능한다. 특히 국제선 여행상품의 경우 항공편 선택에 따라 여행 일정의 시작과 종료 시점, 체류 기간, 방문 가능 목적지 범위가 결정되므로 항공 요소는 여행상품 기획의 출발점이라 할 수 있다.

이러한 맥락에서 항공 수요의 특성과 좌석 구조에 대한 이해는 여행사 경영과 상품 기획에서 필수적인 요소이다. 항공 수요는 고정된 것이 아니라 다양한 외부·내부 요인에 따라 지속적으로 변동하며, 항공사의 좌석 구조 역시 수익 관리 전략에 따라 유동적으로 운영된다. 여행사는 이러한 구조를 정확히 이해하고 분석함으로써 가격 전략, 일정 설계, 패키지 구성, 운영 리스크 관리 전략을 보다 정교하게 수립할 수 있다.

01 항공 수요 변동 요인

항공 수요는 계절, 요일, 목적지 특성, 여행 형태, 소비자 특성 등 다양한 요인에 따라 변동한다. 일반적으로 여름 휴가철, 연휴, 명절 등 성수기에는 항공 수요가 급증하는 반면, 비성수기에는 상대적으로 수요가 감소한다. 이러한 계절적 수요 변동은 항공권 가격과 좌석 가용성에 직접적인 영향을 미치며, 여행상품의 가격 경쟁력과 판매 가능성을 좌우한다.

또한 단체 여행과 개인 여행 간 수요 구조의 차이 역시 중요하다. 단체 여행은 특정 기간에 집중적으로 좌석을 확보해야 하는 특성이 있는 반면, 개인 자유 여행은 상대적으로 분산된 수요 형태를 보인다. 직항과 경유 항공편 선택 역시 수요 구조에 영향을 미치는데, 직항 노선은 편의성과 시간 절약 측면에서 선호도가 높아 수요가 집중되는 경향이 있다.

특히 해외 패키지 여행이나 장거리 여행에서는 항공편 선택이 여행 일정 전체에 구조적인 영향을 미치므로, 여행사는 과거 판매 데이터, 예약 추이, 목적지별 수요 특성을 기반으로 항공 수요를 예측하고 좌석 확보 계획을 정밀하게 수립해야 한다. 이러한 수요 분석은 단순한 판매 예측을 넘어, 상품 기획의 현실성을 확보하는 핵심 과정으로 작용한다.

02 좌석 구조와 상품 구성

항공사의 좌석 구조는 단순한 공급 개념을 넘어 항공사의 수익 관리(revenue management) 전략과 밀접하게 연계되어 있다. 이코노미, 비즈니스, 퍼스트 클래스 등 클래스별 좌석 구성과 운임 규정은 항공사의 수익 극대화를 목적으로 설계되며, 여행사는 이러한 구조를 이해한 후 항공권 확보 전략을 수립해야 한다.

여행상품 관점에서 좌석 구조는 패키지 상품 가격, 일정 구성, 포함 서비스 수준에 직접적인 영향을 미친다. 예를 들어 이코노미 클래스 중심의 좌석 확보는 대중형 패키지 상품에 적합한 반면, 비즈니스 클래스 좌석을 활용한 상품은 프리미엄 시장을 대상으로 한 고부가가치 상품으로 기획될 수 있다. 또한 좌석 클래스에 따라 위탁 수하물, 좌석 편의성, 공항 서비스 등 부가 요소의 차이가 발생하므로, 이는 상품 차별화 전략의 중요한 수단으로 활용된다.

단체 여행이나 특수 목적 여행의 경우에는 일정 시점에 다수의 좌석을 동시에 확보해야 하므로 좌석 수급 난이도가 높아지고, 이에 따라 운영 리스크도 증가한다. 이러한 상황에서는 항공사와의 계약 방식, 블록 좌석 확보 여부, 환불·변경 조건 등이 여행상품의 안정성을 좌우하는 핵심 요소로 작용한다.

03 수익 관리와 가격 전략

항공사의 수익 관리 체계는 여행사의 가격 전략과 긴밀하게 연동되어 있다. 항공사는 좌석별 운임 차별화, 예약 시점, 수요 예측 등을 기반으로 운임을 탄력적으로 조정하며,

동일한 항공편이라 하더라도 예약 시점과 조건에 따라 가격이 크게 달라질 수 있다.

여행사는 이러한 항공사의 수익 관리 구조를 분석하여 패키지 상품의 가격과 마진을 설계한다. 예를 들어 성수기와 같이 좌석 수급이 제한적인 경우에는 조기 예약 전략을 활용하여 항공권 원가를 안정적으로 관리하고, 이를 기반으로 상품 가격과 수익성을 확보할 수 있다. 반대로 비성수기에는 유연 예약 전략을 통해 가격 변동에 대응하며, 수요 상황에 맞춰 상품 구성을 조정할 수 있다.

이와 같은 가격 전략은 단순히 항공권 비용을 절감하는 차원을 넘어, 여행상품의 경쟁력과 시장 반응을 좌우하는 핵심 요소로 작용한다. 따라서 항공 수요와 좌석 구조에 대한 이해는 여행사의 가격 전략 수립에서 필수적인 전제 조건이 된다.

04 운영 리스크와 대응 전략

항공 수요와 좌석 구조는 여행사의 운영 리스크와도 직결된다. 항공편 지연이나 결항, 초과예약, 예약 취소, 일정 변경 등은 여행상품 운영과 고객 서비스에 직접적인 영향을 미치며, 적절히 대응하지 못할 경우 고객 불만과 추가 비용 발생으로 이어질 수 있다.

이에 따라 여행사는 항공권 구매 시점의 분산, 좌석 클래스의 다양화, 항공사와의 협상 전략 수립, 대체 항공편 확보 등 다층적인 리스크 관리 전략을 마련해야 한다. 특히 다수의 여행객이 동시에 이동하는 패키지 여행에서는 사전 리스크 분석과 대응 계획 수립이 필수적이다.

또한 디지털 수배 시스템과 GDS를 활용하면 실시간 좌석 현황, 운임 변동, 예약 상태를 지속적으로 모니터링할 수 있어 운영 안정성을 높일 수 있다.

항공 수요와 좌석 구조에 대한 이해는 여행상품의 가격 책정, 일정 구성, 수익 관리, 운영 리스크 통제, 고객 만족도 제고 등 여행사 경영 전반에 전략적 중요성을 가진다. 여행사는 항공 수요 변동과 좌석 구조를 단순한 외부 환경 변수로 인식할 것이 아니라, 상품 기획과 경영 전략에 적극적으로 반영해야 한다.

항공권 확보 전략, 좌석 클래스 관리, 가격 차별화 전략, 리스크 대응 체계는 여행사의 수익성과 고객 만족, 브랜드 신뢰를 동시에 강화하는 핵심 관리 영역으로 인식되어야 하며, 이러한 논의는 GDS와 항공 유통 구조의 이해로 확장된다.

제3절

GDS와 항공 유통 구조

항공권 유통은 여행사의 상품 경쟁력, 수익성, 운영 효율에 직결되는 핵심 경영 과정이다. 여행상품에서 항공권은 가장 높은 비중의 원가 요소이자 일정 구성의 중심축이 되기 때문에, 항공권을 어떠한 유통 구조를 통해 확보하고 관리하느냐에 따라 여행사의 가격 전략과 리스크 수준이 크게 달라진다. 이러한 항공 유통 구조의 중심에는 글로벌 분산 예약 시스템(GDS)이 존재한다.

GDS는 항공사, 호텔, 렌터카 등 다양한 여행 서비스 공급자의 정보를 통합하여 여행사에 제공하는 전산망으로, 현대 여행산업의 유통 인프라 역할을 수행한다. 여행사는 GDS를 통해 항공편 조회, 좌석 확인, 운임 비교, 예약, 발권, 변경, 취소 등 일련의 업무를 실시간으로 처리할 수 있으며, 이를 기반으로 패키지 여행 상품의 가격과 좌석 확보 전략을 체계적으로 관리할 수 있다. 따라서 GDS에 대한 이해는 단순한 시스템 숙지가 아니라, 여행사 경영 역량의 핵심 요소로 인식될 필요가 있다.

01 GDS의 역할과 기능

GDS는 전 세계 항공사의 운항 일정, 좌석 가용성, 운임 규정 정보를 실시간으로 제공하는 통합 예약 시스템이다. 대표적인 GDS로는 Amadeus, Sabre, Galileo 등이 있으며, 이들 시스템은 글로벌 항공사 대부분과 연동되어 여행사에 표준화된 정보 접근 경로를 제공한다.

여행사는 GDS를 통해 항공권 조회, 예약, 발권, 변경, 취소 등의 기본 업무를 수행할 수 있을 뿐만 아니라, 운임 조건 비교, 좌석 클래스 분석, 연결편 스케줄 검토 등 고도화된 의사결정을 지원받을 수 있다. 이러한 기능은 여행사의 업무 효율성을 높이는 동시에, 고객에게 보다 신속하고 정확한 정보를 제공할 수 있는 기반이 된다.

특히 다수의 항공사를 동시에 비교·분석할 수 있다는 점은 여행사에게 중요한 경쟁 우위를 제공한다. 이는 항공 수요 변동과 좌석 구조 분석을 실제 상품 기획과 판매 단계에서 구현하는 핵심 수단으로 작용한다.

02 항공 유통 구조와 GDS 활용

항공 유통 구조는 일반적으로 항공사의 직접 판매 채널, 여행사 및 대리점을 통한 간접 판매, 그리고 GDS 기반 유통 구조로 구분할 수 있다. 과거에는 항공사가 여행사와 개별 계약을 통해 항공권을 공급하는 방식이 일반적이었으나, GDS 도입 이후 항공 유통 구조는 통합·표준화된 형태로 재편되었다.

GDS 기반 유통 구조의 핵심 특징은 다수의 항공사 상품을 단일 시스템에서 통합적으로 조회·관리할 수 있다는 점이다. 이를 통해 여행사는 항공사별 조건 차이를 비교하고, 고객의 일정과 예산에 가장 적합한 항공편을 선택할 수 있다. 이러한 구조는 특히 패키지 여행, 단체 여행, 맞춤형 여행 상품 기획에서 중요한 경쟁 요소로 작용한다. 또한 GDS는 여행사가 좌석 확보 전략을 보다 체계적으로 운영할 수 있도록 지원한다. 특정 노선이나 기간에 대한 좌석 가용성을 사전에 분석함으로써, 여행사는 상품 출시 시점과 판매 전략을 조정할 수 있으며, 이는 상품 운영 안정성과 직결된다.

03 수익 관리와 가격 전략 연계

GDS를 통한 예약과 좌석 관리 체계는 여행사의 수익 관리 및 가격 전략과 밀접하게 연결되어 있다. 항공사는 좌석별 클래스, 예약 시점, 수요 예측을 기반으로 운임을 차등화하며, 이러한 운임 정보는 GDS를 통해 실시간으로 반영된다.

여행사는 GDS를 활용해 항공권 단가 변동을 분석하고, 이를 바탕으로 패키지 상품 가격과 마진 구조를 설계한다. 예를 들어 단체 여행의 경우, 사전에 일정 규모의 좌석을 확보하여 항공권 단가를 안정화함으로써 상품 가격의 변동성을 줄일 수 있다. 반면 개별 맞춤형 여행에서는 실시간 예약 기능을 활용해 수요 변화에 유연하게 대응할 수 있다.

이러한 수익 관리 전략은 항공권 원가를 단순히 비용으로 인식하는 수준을 넘어, 가격 경쟁력과 수익성을 동시에 확보하는 전략적 도구로 기능한다. 따라서 GDS 활용 능력은 여행사의 가격 전략 실행력을 좌우하는 핵심 요소로 평가할 수 있다.

04 OTA와 디지털 유통 구조 변화

최근 디지털 기술 발전과 OTA의 확산은 전통적인 GDS 중심 유통 구조에도 변화를 가져오고 있다. OTA는 GDS를 기반으로 항공권과 숙박 상품을 확보하면서도, 자체 플랫폼을 통해 소비자에게 직접 판매하는 구조를 구축하였다. 이로 인해 항공 유통은 GDS-OTA-소비자로 이어지는 다층적 구조로 발전하고 있다.

이러한 변화는 여행사에게 양면적 영향을 미친다. 한편으로는 GDS를 통해 확보한 항공권을 OTA와 경쟁해야 하는 환경이 조성되며, 가격 경쟁과 수수료 부담이 증가한다. 다른 한편으로는 여행사가 GDS 기반 항공권을 패키지 상품으로 재구성함으로써, 차별화된 부가가치를 창출할 수 있는 기회도 제공된다. 따라서 현대 여행사는 GDS와 OTA를 대체 관계가 아닌 보완적 관계로 인식하고, 자사 상품 특성과 시장 전략에 맞는 통합 유통 전략을 설계해야 한다. 이는 단순한 채널 선택의 문제가 아니라, 여행사 경영 구조 전반을 조정하는 전략적 판단으로 이해될 필요가 있다.

GDS는 여행사의 상품 경쟁력, 가격 전략, 예약 효율, 운영 안정성을 동시에 강화하는 핵심 인프라이다. 여행사는 GDS를 단순한 예약 도구로 활용하는 데 그치지 않고, 항공 수요 분석, 좌석 구조 이해, 가격 전략 수립, 리스크 관리 등 경영 전반에 전략적으로 활용해야 한다. GDS 활용 역량은 현대 여행사 경영에서 필수적인 핵심 역량으로, 이는 수배 구조와 운영 리스크 관리 논의로 자연스럽게 이어진다. 즉, GDS를 통한 항공 유통 구조의 이해는 여행상품 운영 안정성과 리스크 통제 전략의 출발점이라 할 수 있다.

제4절

수배 구조와 운영 리스크

여행상품을 기획하고 판매하는 과정에서 수배 구조와 운영 리스크 관리는 여행사 경영의 핵심 과제 중 하나이다. 수배(booking/reservation) 구조란 항공, 숙박, 현지 교통, 관광지 입장권 등 여행상품을 구성하는 개별 요소를 고객에게 제공하기 위해 여행사가 사전에 확보하고 관리하는 예약 및 계약 체계를 의미한다. 이는 단순한 예약 행위가 아니라, 여행상품의 원가 구조, 일정 안정성, 고객 만족도, 그리고 여행사의 재무적 성과에 직접적인 영향을 미치는 전략적 관리 영역이다.

여행상품은 다수의 외부 공급자와의 협력에 기반하여 운영되기 때문에, 수배 구조가 복잡할수록 운영 리스크 또한 증가한다. 따라서 현대 여행사는 수배 구조를 단순한 실행 단계가 아닌, 경영 전략의 일부로 인식하고 체계적으로 설계·관리해야 한다. 효과적인 수배 구조와 리스크 관리는 여행사의 경영 안정성과 브랜드 신뢰 확보에 직결된다.

01 수배 구조의 개념과 유형

수배 구조는 여행사가 여행상품을 구성하기 위해 항공사, 호텔, 현지 랜드사, 교통업체, 관광지 운영자 등 다양한 공급자와 체결한 계약과 예약 체계를 포괄한다. 각 구성 요소의 수배 방식은 상품 설계 단계에서 가격 결정, 일정 구성, 판매 전략에 직접적인 영향을 미친다. 특히 항공 좌석과 숙박 객실처럼 공급이 제한된 자원의 경우, 수배 전략에 따라 상품 경쟁력과 운영 안정성이 크게 달라진다.

일반적으로 여행사의 수배 구조는 두 가지 방식으로 구분할 수 있다.

먼저 사전 예약(advance booking)은 여행사가 공급자와 사전에 계약을 체결하여 일정 수량의 좌석이나 객실을 미리 확보하는 방식이다. 이 방식은 대규모 단체여행이나 패키지 여행에서 주로 활용되며, 상품 운영의 안정성과 가격 예측 가능성을 높이는 장점이 있다. 항공권이나 숙박 단가를 사전에 확정함으로써 원가 구조를 안정적으로 관리할 수 있으며, 성수기에도 일정한 공급을 확보할 수 있다. 반면, 수요 예측이 부정확할 경우 미판매 재고 발생으로 인한 손실 위험을 동반한다.

반면 유연 예약(Flexible Booking)은 고객 수요 발생 시점에 맞추어 실시간으로 예약과 발권을 진행하는 방식이다. 개인 여행이나 소규모 맞춤형 여행에 적합하며, 수요 변화에 탄력적으로 대응할 수 있다는 장점이 있다. 그러나 항공 좌석이나 객실이 부족한 시기에는 예약 실패 가능성이 존재하며, 가격 변동성으로 인해 상품 수익성이 불안정해질 수 있다. 또한 운영 과정에서 일정 변경이나 대체 수단 확보에 대한 부담이 증가한다.

실무적으로 여행사는 이 두 가지 수배 방식을 이분법적으로 선택하기보다, 상품 유형과 시장 상황에 따라 전략적으로 조합하여 활용한다.

02 운영 리스크 발생 요인

운영 리스크는 여행상품이 다수의 외부 공급자에 의존하는 구조적 특성에서 비롯된다. 항공편 지연이나 결항, 호텔 초과예약, 현지 교통 문제, 관광지 운영 중단 등은 여행사가 직접 통제하기 어려운 외부 리스크로, 상품 운영과 고객 서비스에 즉각적인 영향을 미친다. 이러한 상황은 일정 변경, 추가 비용 발생, 고객 불만 증가로 이어질 수 있으며, 적절한 대응이 이루어지지 않을 경우 브랜드 신뢰도에 부정적 영향을 미친다.

이와 더불어 내부 운영 리스크도 병행 관리가 필요하다. 예약 과정에서의 입력 오류, 정보 전달 지연, 결제 시스템 문제, 공급자와의 커뮤니케이션 오류 등은 운영 효율을 저하시킬 뿐만 아니라, 고객 경험의 질을 떨어뜨릴 수 있다. 특히 다채널 유통 환경에서는 예약 정보가 여러 시스템에 분산되어 관리되기 때문에, 통합 관리 역량의 중요성이 더욱 커진다.

따라서 여행사는 운영 리스크를 단순한 현장 문제로 인식하기보다, 경영 리스크의 일부로 인식하고 사전 예방과 사후 대응을 포함한 체계적 관리 전략을 수립해야 한다.

03 디지털 수배 시스템과 효율화 전략

현대 여행사는 디지털 수배 시스템, GDS, OTA 플랫폼 등을 활용하여 수배 구조를 효율화하고 운영 리스크를 최소화하는 전략을 채택하고 있다. 이러한 시스템은 항공 유통 구조와 밀접하게 연결되며, 실무 운영의 안정성을 뒷받침하는 핵심 인프라로 기능한다.

우선 실시간 좌석 및 객실 현황 확인을 통해 공급 가능 여부를 즉시 파악할 수 있으며, 이는 예약 실패와 일정 변경 리스크를 줄이는 데 기여한다. 또한 자동 예약 및 알림 기능은 예약, 발권, 변경, 취소 과정에서 발생할 수 있는 인적 오류를 최소화하고, 운영 효율을 크게 향상시킨다. 더 나아가 고객 요구 반영 기능을 통해 특수 요청이나 일정 변경 사항을 신속하게 반영함으로써 고객 만족도를 높일 수 있다.

이러한 디지털 기반 수배 구조는 단순한 업무 효율 개선을 넘어, 여행사의 상품 기획 능력과 리스크 관리 역량을 동시에 강화한다. 특히 사전 예약과 유연 예약을 전략적으로 병행하고, 실시간 모니터링과 대응 체계를 갖출 경우, 운영 리스크를 통제 가능한 범위로 관리하면서도 상품 경쟁력을 극대화할 수 있다.

수배 구조와 운영 리스크 관리는 여행사의 핵심 전략 역량으로서, 단순한 예약 관리 차원을 넘어 경영 안정성과 지속 가능한 성과 창출을 좌우하는 요소이다. 효율적인 수배 구조 설계와 체계적인 리스크 관리는 여행상품의 품질을 보장하고, 고객 신뢰와 브랜드 가치를 유지하는 기반이 된다.

제5절

교통·수배 구조가 여행상품에 미치는 영향

여행상품 구성에서 교통과 수배 구조는 단순한 이동 수단 확보를 넘어, 여행상품의 경쟁력과 여행사 경영 성과에 직접적인 영향을 미치는 핵심 요소이다. 항공편, 철도, 버스, 선박, 현지 교통 등 다양한 교통수단은 여행 일정의 흐름과 효율성을 결정할 뿐만 아니라, 상품 가격, 체험의 질, 고객 만족도에까지 광범위한 영향을 미친다. 더 나아가 교통수단을 어떤 방식으로 수배하고 관리하는가는 여행사의 원가 구조, 수익성, 운영 안정성에 직결된다. 특히 항공 유통 구조(GDS)와 수배 구조·운영 리스크는 보다 종합적으로 연결된다. 즉, 교통과 수배 구조는 여행상품의 '보이지 않는 뼈대'로서, 상품 설계 단계부터 판매, 운영, 사후 관리까지 전 과정에 영향을 미치는 전략적 자원이라 할 수 있다.

01 교통 구조와 여행 일정의 상관성

교통 구조는 여행상품 일정 설계의 출발점이자 핵심 제약 조건이다. 항공편 스케줄, 운행 빈도, 연결 시간, 환승 구조 등은 여행 일정의 효율성과 완성도를 좌우하며, 이는 곧 고객이 체감하는 여행 품질로 직결된다. 이동 시간이 과도하게 길거나 연결이 불안정할 경우, 관광 시간 감소, 피로도 증가, 일정 지연 등의 문제가 발생할 수 있다. 특히 패키지여행이나 단체여행에서는 교통 구조의 최적화가 상품 경쟁력의 핵심 요소로 작용한다. 여행사는 출발·도착 시간, 이동 동선, 현지 교통 연계성을 종합적으로 고려하여 일정 효율을 극대화해야 한다. 이를 통해 이동 시간을 최소화하고, 관광과 체험에 할당되는 시간을 늘림으로써 고객 경험을 개선할 수 있다.

또한 교통 구조는 여행사의 운영 효율성에도 영향을 미친다. 일정이 안정적으로 설계될수록 현지 운영 관리 부담이 감소하고, 예외 상황 발생 가능성도 낮아진다. 따라서 교통 구조 설계는 단순한 일정 편성 차원을 넘어, 운영 리스크 관리의 출발점으로 이해할 필요가 있다.

02 수배 구조와 상품 가격·수익성

수배 구조는 여행상품의 가격 형성과 수익성에 영향을 미친다. 여행상품의 주요 원가 요소인 항공권과 숙박은 수배 방식에 따라 단가와 마진 구조가 크게 달라진다.

사전 예약 방식은 항공 좌석이나 호텔 객실을 사전에 확보함으로써 단가를 안정적으로 관리할 수 있다는 장점이 있다. 이는 상품 가격 책정의 예측 가능성을 높이고, 성수기에도 경쟁력 있는 가격을 유지할 수 있게 한다. 그러나 수요 예측이 부정확할 경우 미판매 재고로 인한 손실이 발생할 수 있으므로, 정확한 수요 분석과 지속적인 예약 관리가 필수적이다.

반면 유연 예약 방식은 수요 변화에 탄력적으로 대응해 재고 리스크를 줄일 수 있지만, 예약 시점에 따라 가격 변동성이 커지고, 성수기에는 공급 부족으로 예약 실패 가능성이 존재한다. 이는 상품 가격 경쟁력 약화와 운영 불안정성으로 이어질 수 있다.

따라서 여행사는 두 수배 방식을 상황에 따라 전략적으로 조합하여 활용해야 하며, 이를 통해 상품 가격과 마진을 최적화하는 수익 관리 전략을 수립할 수 있다. 이러한 전략적 수배 구조는 여행사의 재무 안정성과 장기적인 성과 창출의 기반이 된다.

03 고객 경험과 서비스 품질

교통과 수배 구조는 여행상품의 서비스 품질과 고객 경험에 직접적인 영향을 미친다. 고객은 여행 과정에서 이동의 편의성, 안전성, 시간 효율성을 중요한 가치로 인식하며, 이는 전반적인 만족도와 재구매 의사에 결정적인 역할을 한다. 예를 들어, 연결 항공편 지연, 불편한 교통수단 선택, 숙박이나 교통 예약 오류는 여행 전체 경험에 부정적인 영향을 미칠 수 있다. 이러한 문제는 단일 요소의 실패로 끝나지 않고, 여행 전반에 대한 부정적 인식으로 확산될 가능성이 높다. 따라서 여행사는 다양한 대체 교통 수단 확보, 예비 일정 설계, 긴급 대응 매뉴얼 마련 등을 통해 서비스 품질 저하를 최소화해야 한다.

아울러 디지털 수배 시스템과 실시간 예약 관리, 고객 요구 사항 반영 기능을 적극 활용할 경우, 고객 경험과 운영 효율을 동시에 개선할 수 있다. 이는 운영 리스크 관리와도 밀접하게 연결되며, 고객 중심 경영을 실현하는 핵심 수단으로 작용한다.

04 경영 전략과 리스크 관리

교통과 수배 구조는 단순한 예약 및 이동 계획을 넘어, 여행사 경영 전략과 리스크 관리의 핵심 요소이다. 여행사는 항공사, 숙박업체, 현지 교통업체 등 외부 공급자에 대한 의존도가 높기 때문에, 계약 조건, 공급 안정성, 위기 대응 능력을 종합적으로 고려해야 한다. 이를 위해 여행사는 사전에 발생 가능한 리스크를 예측하고, 계약 조건의 유연성 확보, 보험 가입, 대체 수단 마련 등을 통해 운영 리스크를 체계적으로 관리해야 한다. 또한 GDS, OTA 플랫폼, 디지털 수배 시스템과의 연계를 통해 교통과 수배 구조를 실시간으로 관리할 경우, 예상치 못한 상황에서도 신속하고 효율적인 대응이 가능하다.

이러한 전략적 관리 체계가 구축될 경우, 여행사는 상품 경쟁력 강화, 합리적 가격 책정, 안정적인 일정 운영, 높은 고객 서비스 품질을 동시에 달성할 수 있다. 이는 단기적인 운영 성과뿐만 아니라, 장기적인 브랜드 가치와 시장 신뢰 확보로 이어진다.

교통·수배 구조는 여행상품 설계, 가격 결정, 고객 만족, 수익성, 운영 안정성 등 여행사 경영 전반과 긴밀하게 연결된 핵심 요소이다. 여행사는 이를 단순한 운영 과정이 아닌 전략적 자원으로 인식하고 지속적으로 최적화해야 한다. 이러한 접근을 통해 여행사는 변화하는 유통 환경 속에서도 경쟁력을 유지하고, 지속 가능한 성과를 창출할 수 있다

제6장 연습문제 Review Questions

문제 01 여행상품에서 교통 구조가 갖는 중요성과 여행사 경영에 미치는 영향을 설명하시오.

➡

문제 02 수배 구조가 여행상품 가격 결정과 수익성에 미치는 영향을 논하시오.

➡

문제 03 GDS와 디지털 수배 시스템이 여행상품 운영과 리스크 관리에 미치는 역할을 설명하시오.

➡

:: 모범답안 ::

문제 01

- 교통 구조는 여행 일정, 이동 편의성, 안전성, 고객 경험 품질에 직접적인 영향을 미친다.
- 일정 지연, 연결 실패 등은 고객 만족도와 재구매 의사에 부정적 영향을 주므로, 여행사는 최적의 교통 구조를 설계해야 한다.
- 교통 구조는 가격, 수익성에도 영향을 미치며, 사전 예약 또는 유연 예약 방식을 통해 가격과 마진을 관리할 수 있다.

문제 02

- 수배 구조는 항공좌석, 호텔 객실, 현지 서비스 확보 방식과 관련된다.
- 사전 예약: 가격 안정, 수익 예측 용이, 불확실성 리스크 존재
- 유연 예약: 수요 변화 대응 가능, 가격 경쟁력 확보 가능, 예약 실패 리스크 존재
- 따라서 여행사는 수배 구조를 전략적으로 설계하여 수익성을 극대화해야 한다.

문제 03

- GDS와 디지털 수배 시스템은 실시간 예약, 좌석/객실 현황 관리, 가격 정보 업데이트를 가능하게 한다.
- 이를 통해 여행사는 운영 효율성을 높이고, 예약 실패, 지연, 일정 변경 등 리스크를 신속하게 대응할 수 있다.
- 결과적으로 교통·수배 구조 최적화와 경영 안정성 확보에 기여한다.

제6장

토론문제 Discussion Questions

토론 01 "패키지 여행에서 교통 구조가 여행사의 경쟁력을 좌우한다"는 주장에 대한 찬반 논리를 제시하시오.

토론 포인트!

- 찬성: 교통 연결 편리성, 일정 효율성, 안전성 확보 → 고객 만족도 상승
- 반대: 가격과 상품 구성, 체험 품질 등 다른 요소도 경쟁력에 영향
- 결론: 교통 구조는 핵심 경쟁 요소 중 하나지만, 상품 구성과 운영 능력과 함께 고려해야 함

토론 02 수배 구조의 선택(사전 예약 vs 유연 예약)이 여행사의 경영 전략과 어떤 관계가 있는가?

토론 포인트!

- 사전 예약: 안정적 수익 확보, 리스크 부담 존재 → 안정형 경영 전략
- 유연 예약: 수요 대응 가능, 가격 경쟁력 확보 → 공격적·유연형 전략
- 결론: 수배 구조 선택은 가격, 수익성, 위험 관리, 고객 만족 등 경영 전략 전반에 영향

토론 03 디지털 수배 시스템과 OTA 등장으로 여행사의 역할과 책임이 어떻게 변화했는가?

토론 포인트!

- 정보 제공 중심 역할 → 운영·리스크 관리 중심 역할로 전환
- GDS, OTA 활용 → 예약 효율성 향상, 리스크 대응 능력 강화
- 결론: 기술 변화는 여행사의 정보 독점 지위 감소 → 경영·운영 중심 기능 강화

제7장

여행상품 운영과 실행 관리

:: 학습목표 Learning Objectives

01. 여행상품 운영의 개념과 중요성을 경영적 관점에서 이해할 수 있다.
02. 여행 전, 여행 중, 여행 후의 운영 관리 핵심 활동을 설명할 수 있다.
03. 인솔 관리와 현장 대응의 필요성을 여행사의 경영 책임과 연계하여 분석할 수 있다.
04. 운영 실패가 발생했을 때 여행사 경영 리스크와 대응 전략을 논할 수 있다.
05. 여행상품 중심 경영에서 운영 관리가 전략적 경쟁 요소임을 설명할 수 있다.

:: 핵심 키워드 Key Concepts

- 여행상품 운영(Travel Product Operations)
- 여행 전·중·후 관리
- 사후 관리(Post-Travel Management)
- 고객 만족(Customer Satisfaction)
- 품질 관리(Quality Management)
- 운영 관리(Operations Management)
- 인솔 관리(Tour Escort Management)
- 리스크 관리(Risk Management)
- 현장 대응(On-site Response Management)
- 경영 전략(Management Strategy)

:: 장 요약 Chapter Summary

본 장은 여행상품 중심 경영에서 가장 핵심적인 활동인 운영과 실행 관리에 대해 다룬다. 여행사는 상품을 기획하고 판매하는 것에서 끝나는 것이 아니라, 여행 전·중·후 모든 단계에서 발생할 수 있는 다양한 상황을 관리하며 고객 경험을 책임져야 한다.

여행 전에는 일정과 서비스 공급자 확보, 고객 정보 확인, 안전·보안 체크 등 사전 준비 활동이 핵심이며, 이는 여행상품의 품질과 신뢰도를 결정한다. 여행 중에는 인솔자 관리, 일정 진행, 문제 발생 시 즉각 대응이 중요하며, 고객 만족도와 안전을 직접적으로 좌우한다. 여행 후에는 사후 피드백 수집, 민원 처리, 데이터 분석을 통해 향후 상품 개선과 전략적 의사결정 자료를 확보한다.

운영 실패는 단순한 고객 불만을 넘어 재무적 손실과 브랜드 신뢰도 하락, 법적 책임 등 경영 리스크로 직결된다. 따라서 여행상품 운영과 실행 관리는 여행사 경영에서 전략적 경쟁 요소이며, 성공적인 운영 관리 능력이 여행사의 지속 가능성과 경쟁력 확보에 결정적 역할을 한다.

제1절

여행상품 운영의 개념

여행상품 운영(operation of travel products)이란 여행사가 기획하고 판매한 여행상품이 실제 여행 과정에서 고객에게 제공되기까지의 모든 실행 과정을 계획·조정·통제·관리하는 활동을 의미한다. 여행상품은 항공, 숙박, 교통, 현지 투어, 식음료, 가이드 서비스 등 다양한 구성 요소가 결합된 복합 서비스로 이루어져 있으며, 이들 요소는 시간적·공간적으로 상호 의존적인 구조를 가진다. 따라서 여행상품 운영은 개별 서비스 제공의 단순 집합이 아니라, 전체 여행 경험을 하나의 통합된 시스템으로 관리하는 경영 활동이라 할 수 있다.

여행상품은 제조업 제품과 달리 무형성, 동시성, 비분리성, 소멸성이라는 서비스 산업의 특성을 지니고 있다. 즉, 여행상품은 사전에 완성된 형태로 저장되거나 시험 제공될 수 없으며, 고객이 실제 여행에 참여하는 과정에서 동시에 생산·소비된다

이러한 특성으로 인해 여행상품 운영은 사전 기획 단계에서 예상하지 못한 변수와 리스크에 노출될 가능성이 높으며, 운영 과정에서의 관리 역량이 여행상품의 품질과 고객 만족을 결정하는 핵심 요인으로 작용한다. 즉, 동일한 여행상품이라 하더라도 운영 방식과 실행 수준에 따라 고객이 인식하는 가치와 만족도는 크게 달라질 수 있다.

특히 여행상품 운영은 교통·수배 구조와 밀접하게 연결된다. 항공 좌석 확보 방식, 수배 계약 조건, 교통 연결 구조 등은 운영 단계에서 실제 일정 이행 가능성과 서비스 품질을 좌우한다. 기획 단계에서 아무리 경쟁력 있는 상품이 설계되었더라도, 운영 과정에서 교통 지연, 수배 오류, 현지 서비스 불일치가 발생할 경우 여행상품의 가치는 급격히 저하된다. 따라서 여행상품 운영은 기획·유통·수배 단계를 연결하는 실행 중심의 관리 영역으로 이해되어야 한다.

01 여행상품 운영의 핵심 목적

여행상품 운영의 목적은 단순히 여행 일정을 문제없이 수행하는 데 그치지 않는다. 운

영의 핵심 목적은 계획된 상품 가치를 실제 고객 경험으로 정확하게 구현하고, 동시에 여행사의 경영 안정성과 수익성을 확보하는 데 있다.

1) 여행 계획과 실제 제공 서비스 간의 일치성 확보이다.

여행상품은 기획 단계에서 정해진 일정, 교통, 숙박, 식사, 관광 프로그램을 기준으로 판매된다. 운영 과정에서는 항공편 변경, 현지 사정, 기상 조건 등 다양한 변수로 인해 계획과 실제 제공 서비스 간 괴리가 발생할 수 있다. 여행상품 운영의 중요한 목적은 이러한 괴리를 최소화하고, 불가피한 변경이 발생하더라도 고객이 이를 합리적으로 인식하고 수용할 수 있도록 관리하는 데 있다. 이는 고객 신뢰와 상품 신뢰도를 유지하는 핵심 요인이다.

2) 안전하고 원활한 여행 경험 제공이다.

여행상품 운영은 고객의 이동, 체류, 활동 전반을 관리하는 과정이므로 안전 관리와 서비스 연속성 확보가 필수적이다. 특히 패키지여행이나 단체여행에서는 개별 구성 요소가 하나라도 원활하게 작동하지 않을 경우 전체 여행 경험에 부정적인 영향을 미친다. 따라서 여행사는 이동 동선 관리, 일정 완충 시간 확보, 현지 협력사 관리 등을 통해 원활한 여행 흐름을 유지해야 한다.

3) 사전 리스크 예측과 대응 체계 구축이다.

여행상품 운영 과정에서는 운항 예정인 항공편 결항, 숙박 초과예약, 현지 교통 문제, 자연재해, 정치·사회적 불안 등 다양한 리스크가 발생할 수 있다. 운영의 목적은 이러한 리스크를 사후적으로 처리하는 데 그치지 않고, 사전에 예측하고 대응 시나리오를 마련함으로써 고객 불편과 경영 손실을 최소화하는 데 있다. 이는 여행상품 운영을 단순 실행이 아닌 리스크 관리 기능으로 인식해야 하는 이유이기도 하다.

4) 데이터 기반의 상품 개선과 전략적 의사결정이다.

여행상품 운영 과정에서 축적되는 고객 불만, 만족도, 일정 변경 사례, 비용 변동 자료 등은 향후 상품 개선과 경영 전략 수립에 중요한 기초 자료가 된다. 운영의 목적은 단기적 문제 해결을 넘어, 운영 데이터를 체계적으로 분석하여 상품 경쟁력과 운영 효율을 지속적으로 향상시키는 데 있다.

02 여행상품 운영의 의미

여행상품 운영은 여행사 경영 전략과 직결되는 핵심 기능이다. 운영 관리 역량은 여행사가 단순한 상품 중개자를 넘어, 고객 경험을 설계하고 통제하는 주체로 자리매김할 수 있는 기반이 된다. 동일한 공급 자원을 활용하더라도 운영 수준에 따라 여행상품의 품질과 수익성은 크게 달라질 수 있다.

체계적인 운영 관리가 이루어질 경우, 여행사는 서비스 품질의 표준화와 일관성을 확보할 수 있으며, 이는 재구매율과 브랜드 충성도로 이어진다. 반대로 운영 실패는 고객 불만, 민원, 환불, 법적 분쟁으로 연결되어 재무적 손실뿐 아니라 장기적인 브랜드 가치 훼손을 초래할 수 있다. 따라서 여행상품 운영은 단기적인 비용 절감이나 효율성만을 추구하는 영역이 아니라, 장기적 관점에서 여행사의 경쟁 우위를 창출하는 전략적 자산으로 인식되어야 한다.

또한 여행상품 운영은 조직 내부의 기능 통합을 요구한다. 상품 기획, 판매, 수배, 현지 운영, 고객 서비스 부서 간의 긴밀한 협력이 이루어지지 않을 경우 운영 효율은 급격히 저하된다. 이러한 측면에서 여행상품 운영은 조직 관리와 프로세스 관리의 성격도 동시에 지닌다.

여행상품 운영은 기획과 판매를 통해 설계된 여행상품의 가치를 실제 고객 경험으로 실현하는 결정적 단계이다. 운영 관리 능력이 뛰어난 여행사는 고객 만족과 안전을 동시에 확보할 수 있으며, 이는 재구매와 브랜드 충성도로 이어져 장기적인 경영 성과를 창출한다.

운영 관리 능력은 여행사의 전문성과 고객 중심 경영 수준을 보여주는 핵심 지표이며, 체계적 운영 관리 시스템을 구축한 여행사는 단순 판매자를 넘어, 고객 경험 관리와 경영 전략 실행의 중심 주체로 자리매김할 수 있다. 따라서 여행상품 운영을 전략적 기능으로 인식하고, 사전 계획, 실시간 관리, 사후 평가의 체계를 통합적으로 운영하는 것은 여행사의 지속 가능한 경쟁력 확보를 위한 필수 조건이라 할 수 있다

제2절

여행 전 운영 관리

여행 전 운영 관리(pre-travel operation management)는 고객이 여행상품을 구매한 이후부터 실제 여행이 시작되기 전까지 이루어지는 모든 관리 활동을 의미한다. 이 단계는 여행상품 운영 전 과정 중에서도 가장 중요한 준비 단계로, 여행 중 발생할 수 있는 다양한 운영 리스크를 사전에 통제하고, 고객 경험의 질과 안전성을 결정짓는 핵심 관리 영역이다.

여행상품은 무형의 서비스이자 복합적 경험 상품이기 때문에, 여행이 시작되기 이전에 발생하는 작은 오류나 관리 소홀도 여행 전체 만족도에 큰 영향을 미칠 수 있다. 따라서 여행 전 운영 관리는 단순한 행정 절차가 아니라, 여행상품의 기획 의도를 실제 운영 단계에서 정확히 구현하기 위한 전략적 관리 활동으로 이해되어야 한다.

01 고객 정보 확인 및 일정 최종 확정

여행 전 운영 관리의 출발점은 고객 정보와 여행 일정의 최종 확인이다. 이 단계는 단순한 예약 내역 점검을 넘어, 여행상품이 고객에게 적합하게 제공될 수 있는지를 검증하는 과정이다.

여행사는 고객 인원, 연령 구성, 동반자 유형, 특수 요구 사항(식사 제한, 이동 보조 필요 여부, 건강 상태 등)을 면밀히 검토해야 한다. 이러한 정보는 교통 수단 배정, 객실 유형 선택, 일정 강도 조절, 현지 서비스 구성에 직접적인 영향을 미친다. 특히 단체여행이나 가족 단위 여행에서는 고객 특성에 대한 사전 파악이 부족할 경우 여행 중 불만과 민원으로 이어질 가능성이 높다. 또한 예약 내역과 여행 일정 간의 불일치 여부를 점검하여 항공 좌석 부족, 숙박 초과예약, 교통 연결 오류 등의 운영 리스크를 사전에 제거해야 한다. 이 과정에서 일정 변경 가능성, 공급자 확정 여부, 예약 조건을 함께 검토함으로써 실제 운영 가능성을 최종적으로 점검한다.

이러한 고객 정보 확인과 일정 확정 과정은 단순한 행정 업무가 아니라, 운영 리스크 예방과 고객 맞춤형 서비스 설계를 동시에 수행하는 전략적 관리 활동으로 평가할 수 있다.

02 교통·숙박·현지 서비스 예약 및 확인

여행상품을 구성하는 교통, 숙박, 현지 투어, 시음료 서비스 등 모든 요소는 여행 전 단계에서 실제 제공 가능한 상태로 확보되어야 한다. 이는 여행상품 운영의 안정성을 좌우하는 핵심 관리 영역이다.

여행사는 항공, 철도, 버스 등 교통 수단의 예약 상태와 스케줄을 재확인하고, 숙박 시설의 객실 배정 여부와 제공 조건을 점검해야 한다. 이 과정에서 예약 변경 및 취소 규정, 특수 요청 반영 여부, 계약 조건 이행 가능성 등을 공급자와 최종적으로 확인한다. 특히 패키지 여행과 단체 여행에서는 교통·숙박·현지 서비스 간의 일정 연결성이 매우 중요하다. 이동 시간의 과도한 증가, 숙박 위치의 비효율성, 현지 프로그램 간 연결 실패는 여행상품의 품질 저하로 직결된다. 따라서 여행 전 운영 관리 단계에서 각 구성 요소 간의 시간적·공간적 연계를 종합적으로 검토하고, 일정 흐름을 최적화해야 한다.

이러한 관리 활동은 여행 중 발생할 수 있는 돌발 상황을 최소화하고, 여행사의 운영 부담과 추가 비용 발생 가능성을 사전에 줄이는 효과를 가진다.

03 고객 안내 및 정보 제공

여행 전 운영 관리에서 고객 커뮤니케이션은 매우 중요한 역할을 수행한다. 고객은 여행 전 단계에서 제공받는 정보의 정확성과 충분성을 통해 여행사에 대한 신뢰를 형성하며, 여행 전 불안감을 해소하게 된다. 여행사는 고객에게 최종 일정표, 출발 시간과 장소, 항공 및 교통 정보, 숙박 안내, 준비물, 비자·여권 및 보험 관련 정보를 체계적으로 제공해야 한다. 또한 항공 지연 가능성, 기상 변화, 현지 상황 등 예상 가능한 문제와 이에 대한 대응 방안을 사전에 안내함으로써 고객의 심리적 불안을 줄일 수 있다.

최근에는 모바일 앱, 이메일, 문자 메시지, 온라인 플랫폼 등을 활용한 다채널 커뮤니케이션이 일반화되고 있다. 이를 통해 여행사는 정보 전달의 정확성과 신속성을 높이고, 고객 문의와 변경 요청에 보다 효율적으로 대응할 수 있다.

이 단계의 효과적인 고객 안내는 여행 중 발생 가능한 민원을 감소시키고, 여행사에 대한 신뢰와 만족도를 높이는 중요한 관리 수단으로 기능한다.

04 위기 대비 및 사전 리스크 관리

여행 전 운영 관리의 마지막 핵심 요소는 위기 대비와 사전 리스크 관리이다. 여행상품 운영은 외부 환경에 대한 의존도가 높기 때문에, 다양한 불확실성을 전제로 한 사전 준비가 필요하다.

여행사는 운항예정 항공편의 결항, 숙박 초과예약, 현지 기상 악화, 정치·사회적 불안 등 외부 리스크에 대한 대응 시나리오를 마련해야 한다. 동시에 예약 오류, 정보 전달 지연, 결제 문제 등 내부 운영 리스크도 함께 관리하여 여행 중 혼란을 최소화해야 한다. 이를 위해 비상 연락망 구축, 대체 교통 및 숙박 옵션 확보, 고객 지원 프로세스 정비 등 실질적인 대응 체계를 갖추는 것이 중요하다. 이러한 사전 리스크 관리는 여행 중 문제 발생 시 신속하고 일관된 대응을 가능하게 하여, 고객 불만과 경영 손실을 동시에 줄이는 효과를 가진다.

여행 전 운영 관리는 단순한 예약 확인이나 정보 전달을 넘어, 여행상품의 성공적 실행을 좌우하는 전략적 준비 단계이다. 체계적인 여행 전 운영 관리는 고객 만족과 브랜드 신뢰를 직접적으로 향상시키며, 여행사 입장에서는 여행 중 발생할 수 있는 비용과 리스크를 사전에 통제하는 경영 관리 수단으로 기능한다.

제3절

여행 중 운영과 인솔 관리

여행 중 운영과 인솔 관리(on-travel operation and escort management)는 여행상품이 실제로 실행되는 기간 동안 수행되는 모든 관리 활동을 의미하며, 여행사의 서비스 품질과 운영 역량이 가장 직접적으로 드러나는 단계이다. 이 단계에서는 여행 전 운영 관리 단계에서 수립된 계획과 예약 사항이 실제 현장에서 정확히 이행되는지가 검증되며, 고객 경험의 질과 여행사의 평판이 실질적으로 형성된다.

여행 중 운영은 단순히 일정표를 실행하는 기능적 관리에 그치지 않는다. 현장 상황에 대한 판단, 고객 요구에 대한 대응, 예기치 못한 문제 발생 시의 의사결정 능력 등이 복합적으로 작용하며, 여행사의 전문성, 책임성, 신뢰성이 종합적으로 평가된다. 특히 여행 중 운영 관리가 미흡할 경우, 사전 준비가 아무리 철저하더라도 고객 만족은 크게 저하될 수 있으므로, 이 단계는 여행상품 운영 전반에서 가장 민감하고 핵심적인 관리 영역으로 인식된다.

01 일정 관리 및 시간 조율

여행 중 일정 관리는 여행상품 운영의 기본이자 핵심이다. 여행 일정표에 따라 항공, 현지 교통, 숙박, 관광, 식사 등의 활동이 계획대로 진행되도록 지속적으로 점검하고 조율하는 것이 중요하다. 그러나 실제 여행 현장에서는 기상 변화, 교통 지연, 현지 상황 변화, 고객 요청 등 다양한 변수가 발생할 수 있으며, 이러한 변수에 대한 신속한 판단과 유연한 일정 조정 능력이 요구된다.

효과적인 일정 관리는 단순한 시간 관리가 아니라, 전체 여행 흐름의 균형을 유지하는 작업이다. 특정 일정의 지연이 전체 일정에 미치는 영향을 분석하고, 고객의 피로도와 만족도를 고려하여 우선순위를 조정하는 것이 필요하다. 이러한 관리가 이루어질 경우,

고객은 여행이 안정적으로 운영되고 있다는 신뢰를 형성하게 되며, 여행 경험의 일관성과 만족도가 유지된다.

02 인솔자(가이드)의 역할과 책임

인솔자는 여행 중 운영 관리의 핵심 실행 주체로서, 여행사와 고객, 그리고 현지 서비스 제공자를 연결하는 중심 역할을 수행한다. 일정 안내와 진행 관리, 서비스 설명, 현지 문화와 언어 지원, 문제 발생 시의 즉각적 대응 등 인솔자의 역할은 매우 다양하며, 여행사의 브랜드 이미지와 서비스 수준을 현장에서 대표한다. 특히 패키지 여행이나 단체여행에서는 인솔자의 전문성과 태도가 고객 경험의 질을 좌우한다. 인솔자가 일정과 서비스 내용을 명확히 이해하고, 상황 변화에 침착하게 대응할수록 고객은 안정감과 신뢰를 느끼게 된다. 반대로 인솔자의 대응 미숙이나 소통 부족은 작은 문제도 큰 불만으로 확대시킬 수 있으므로, 인솔 관리 체계와 교육 시스템은 여행사 운영에서 전략적 중요성을 가진다.

03 고객 응대 및 문제 해결

여행 중에는 고객의 다양한 요구와 불만, 예기치 못한 문제가 발생할 수 있다. 예약 오류, 일정 변경, 교통 지연, 숙박 불만, 건강 이상, 안전 문제 등은 여행 현장에서 빈번하게 발생하는 이슈이며, 이에 대한 여행사의 대응 방식은 고객 만족과 브랜드 신뢰에 직접적인 영향을 미친다.

효과적인 고객 응대는 문제의 발생 자체를 완전히 차단하는 것이 아니라, 문제 발생 시 얼마나 신속하고 합리적으로 대응하느냐에 달려 있다. 고객의 입장을 충분히 이해하고, 가능한 대안을 제시하며, 상황을 투명하게 설명하는 과정은 불만을 완화하고 신뢰를 유지하는 데 중요한 역할을 한다. 이러한 대응 역량은 여행사의 운영 성숙도를 보여주는 지표로 작용하며, 장기적으로 재구매 의사와 긍정적 구전 효과로 이어질 수 있다.

04 현지 서비스 제공자와의 협력

여행 중 운영의 품질은 여행사 단독으로 결정되지 않으며, 현지 호텔, 교통업체, 레스토랑, 관광지 운영자, 현지 가이드 등 다양한 서비스 제공자와의 협력에 의해 좌우된다. 여행사는 계약 조건과 서비스 내용이 현장에서 정확히 이행되고 있는지를 지속적으로 점검해야 하며, 문제가 발생할 경우 즉각적인 조율과 개선 조치를 취해야 한다.

현지 서비스 제공자와의 협력 관계가 안정적일수록, 일정 변경이나 예외 상황에서도 유연한 대응이 가능해진다. 또한 장기적인 파트너십을 구축한 경우, 서비스 품질의 일관성을 유지하고 운영 리스크를 감소시킬 수 있다. 이러한 협력 구조는 여행상품의 표준화와 품질 관리 측면에서 중요한 의미를 가지며, 여행사의 운영 경쟁력을 강화하는 기반이 된다.

05 위기 대응 및 안전 관리

여행 중 운영 단계에서는 사고, 질병, 자연재해, 정치적 불안, 치안 문제 등 다양한 위기 상황이 발생할 수 있다. 여행사는 이러한 상황에 대비한 안전 관리 체계와 위기 대응 매뉴얼을 갖추고, 이를 실제 현장에서 효과적으로 실행할 수 있어야 한다.

비상 연락망 운영, 의료 지원 체계, 대체 일정 마련, 본사와의 신속한 커뮤니케이션은 고객 안전 확보의 핵심 요소이다. 위기 상황에서의 대응 능력은 단순한 서비스 품질을 넘어, 여행사의 사회적 책임과 윤리적 경영 수준을 평가받는 기준이 된다. 안전 관리가 체계적으로 이루어질수록 고객은 여행사에 대한 신뢰를 강화하게 되며, 이는 장기적인 브랜드 가치로 이어진다.

따라서, 여행 중 운영과 인솔 관리는 여행상품이 지닌 기획적 가치가 실제 고객 경험으로 전환되는 결정적 단계이다. 이 단계에서의 운영 능력은 일정 관리, 인솔자 역량, 고객 응대, 현지 협력, 위기 대응이 유기적으로 결합된 종합적 관리 역량을 요구한다.

여행사가 여행 중 운영과 인솔 관리를 체계적으로 수행할수록 고객 만족과 안전은 안정적으로 확보되며, 이는 재구매와 브랜드 충성도 향상으로 이어진다. 따라서 여행 중 운영과 인솔 관리는 단순한 현장 관리가 아니라, 여행사의 전문성과 경쟁력을 실질적으로 구현하는 핵심 경영 기능으로 인식되어야 한다.

제4절

여행 후 운영과 사후 관리

여행 후 운영과 사후 관리(post-travel operation and follow-up management)란, 여행이 종료된 이후 고객과의 접점을 관리하고, 서비스 품질을 평가·개선하며, 재구매와 고객 충성도 확보를 목적으로 수행되는 일련의 관리 활동을 의미한다. 여행 중 운영과 인솔 관리가 여행 경험의 실행 단계라면, 여행 후 운영과 사후 관리는 그 경험을 평가하고 자산화하는 완결 단계로 이해할 수 있다. 여행 후 관리 활동은 단순한 행정적 마무리나 사후 연락에 국한되지 않는다. 이는 여행 전·중에 형성된 고객 경험을 종합적으로 평가하고, 그 결과를 향후 상품 기획과 운영 전략에 반영함으로써 여행사의 장기적 성과와 브랜드 신뢰를 좌우하는 전략적 경영 활동으로 인식되어야 한다.

01 고객 피드백 수집 및 평가

여행 종료 후 고객 설문, 전화 인터뷰, 이메일, 온라인 리뷰 등 다양한 채널을 활용하여 여행 서비스 전반에 대한 만족도와 불만 요인을 체계적으로 수집한다. 일정 구성, 인솔 서비스, 숙박과 교통, 현지 프로그램, 전반적 가격 대비 가치 등에 대한 고객의 평가를 분석함으로써 여행상품의 강점과 개선점을 도출할 수 있다. 체계적인 고객 피드백 관리는 여행사의 서비스 품질을 지속적으로 점검하는 핵심 수단이며, 고객 중심 경영이 실제로 작동하고 있는지를 판단하는 중요한 지표로 기능한다.

02 문제 발생 사항 처리

여행 중 발생한 불편 사항이나 서비스 미흡, 예약 오류, 일정 변경 등으로 인한 고객 불만에 대해 신속하고 공정하게 대응하는 것이 중요하다. 숙박 문제나 교통 지연으로 인한 환불·보상 처리, 사과 및 후속 조치 여부는 고객 신뢰 회복과 직결된다. 문제 해결 과정에서 여행사가 보여주는 태도와 대응 방식은 단기적 만족을 넘어, 고객의 장기적 관계 유지 여부에 결정적인 영향을 미친다. 따라서 사후 불만 처리는 비용이 아닌 관계 관리 차원의 투자로 인식될 필요가 있다.

03 재구매 및 충성 고객 관리

여행 경험에 만족한 고객은 향후 재구매 가능성이 높은 핵심 자산이다. 여행사는 여행 종료 이후 후속 커뮤니케이션, 맞춤형 상품 추천, 이벤트 초대, 멤버십 프로그램 등을 통해 고객과의 관계를 지속적으로 유지해야 한다.

CRM(Customer Relationship Management)을 기반으로 한 충성 고객 관리 전략은 단기 매출 확대뿐 아니라, 안정적인 수요 기반을 형성하고 마케팅 비용을 절감하는 데에도 중요한 역할을 한다.

04 서비스 품질 분석 및 내부 피드백

수집된 고객 피드백과 운영 데이터를 내부적으로 분석하여 문제의 원인과 구조를 파악한다. 단순히 개별 직원이나 인솔자의 문제로 귀결하기보다는, 상품 기획, 공급자 관리, 내부 프로세스 등 시스템 차원의 개선점을 도출하는 것이 중요하다. 이러한 내부 피드백 과정은 여행사의 운영 역량을 축적하고, 향후 여행상품의 완성도를 높이는 기반이 된다. 데이터 기반의 사후 평가는 여행사의 전략적 의사결정을 지원하는 핵심 자원으로 활용될 수 있다.

05 브랜드 이미지와 평판 관리

여행 후 고객 경험 관리가 미흡할 경우, 부정적 평가와 리뷰가 온라인과 소셜 미디어를 통해 빠르게 확산될 수 있다. 반대로, 사후 관리가 충실하게 이루어질 경우 긍정적 경험이 강화되고, 브랜드 신뢰와 평판이 장기적으로 축적된다. 따라서 여행사는 여행 종료 이후에도 고객과의 소통을 지속하며, 문제 해결과 관계 관리를 통해 브랜드 이미지를 전략적으로 관리해야 한다. 이는 여행사의 시장 경쟁력과 직결되는 핵심 관리 영역이다.

여행 후 운영과 사후 관리는 여행 경험을 단발성 거래로 끝내지 않고, 장기적 고객 관계와 경영 성과로 전환하는 핵심 단계이다. 체계적인 사후 관리 시스템을 구축한 여행사는 고객 만족과 재구매, 브랜드 충성도를 동시에 확보할 수 있으며, 지속 가능한 경쟁력을 유지할 수 있다.

제5절

운영 실패와 경영 리스크

여행상품의 운영 과정에서 발생하는 운영 실패와 이에 따른 경영 리스크(operation failures and management risks)는 여행사 경영에서 반드시 인식하고 관리해야 할 핵심 영역이다. 여행산업은 무형의 경험을 상품으로 제공하는 특성상, 운영상의 작은 오류라도 고객 만족도 저하, 브랜드 이미지 훼손, 재무적 손실로 즉각 연결될 가능성이 높다. 따라서 운영 실패는 단순한 현장 문제나 일회성 사고가 아니라, 여행사 경영 전반에 구조적 영향을 미치는 전략적 리스크로 이해되어야 한다.

01 운영 실패의 유형과 특성

여행상품 운영 실패는 다양한 형태로 나타나며, 일정 지연이나 변경, 서비스 품질 저하, 예약 오류, 인솔자 관리 미흡, 고객과의 커뮤니케이션 실패 등이 대표적이다. 이러한 실패는 개별적으로 발생하는 것처럼 보이지만, 실제로는 여행상품 운영 과정의 복합성과 공급자 의존 구조에서 기인하는 경우가 많다. 예를 들어 항공편 지연이나 숙박 문제는 외부 요인에 의해 발생할 수 있지만, 이에 대한 사전 대비와 현장 대응이 미흡할 경우 운영 실패로 확대된다. 특히 패키지 여행이나 단체여행의 경우, 일정 요소들이 상호 연계되어 있기 때문에 하나의 문제 발생이 전체 여행 경험에 연쇄적으로 영향을 미친다. 이로 인해 운영 실패는 고객 불만으로 직결되며, 온라인 리뷰와 SNS를 통해 빠르게 확산되어 여행사의 평판에 장기적인 부정적 영향을 미칠 수 있다.

02 경영 리스크로서의 운영 실패

운영 실패는 단순히 서비스 품질 문제에 그치지 않고, 여행사의 경영 리스크로 전환된다. 경영 리스크란 운영 실패가 여행사의 재무 성과, 법적 책임, 브랜드 가치, 장기적 경쟁력에 미치는 잠재적 부정적 영향을 의미한다. 환불과 보상 비용 증가는 수익성을 직접적으로 악화시키며, 안전 사고나 법규 위반은 법적·규제적 리스크로 이어질 수 있다. 또한 디지털 환경에서는 고객의 부정적 경험이 온라인 플랫폼을 통해 공개적으로 공유되기 때문에, 평판 리스크가 빠르게 확대될 가능성이 크다. 이러한 평판 리스크는 단기간에 회복하기 어려우며, 신규 고객 유치와 재구매율에 지속적인 악영향을 미친다. 따라서 운영 실패는 현장 차원의 문제가 아니라, 경영 전략 차원에서 통합적으로 관리해야 할 위험 요소로 인식되어야 한다.

03 운영 실패에 대한 대응 전략과 예방 관리

여행사가 운영 실패와 경영 리스크를 효과적으로 관리하기 위해서는 사후 대응 중심의 접근을 넘어, 사전 예방과 구조적 관리 전략이 필요하다. 먼저 예상 가능한 문제 상황을 분석하고, 이를 운영 매뉴얼과 표준 프로세스로 체계화함으로써 운영 실패 가능성을 낮출 수 있다. 일정 변경, 예약 오류, 고객 불만 발생 시의 대응 절차를 명확히 정립하는 것은 운영 안정성을 확보하는 기본 조건이다.

아울러 외부 공급자와의 계약 과정에서 책임 범위와 보상 조건을 명확히 설정하고, 보험 및 대체 옵션을 활용하는 리스크 분산 전략도 중요하다. 위기 상황 발생 시 신속하게 대응할 수 있는 비상 연락 체계와 의사결정 구조를 갖추는 것은 운영 실패가 경영 리스크로 확대되는 것을 방지하는 핵심 요소이다. 동시에 고객과의 투명하고 신속한 커뮤니케이션은 문제 상황에서도 신뢰를 유지하는 중요한 수단으로 작용한다.

04 운영 실패 사례의 경영적 의미

실제 여행사 운영 사례를 보면, 숙박 예약 오류나 교통 지연으로 인한 일정 차질이 고객 불만으로 이어지고, 이는 온라인 부정 리뷰와 브랜드 이미지 손상, 매출 감소로 연결되는 경우가 빈번하다. 이러한 사례는 운영 실패가 단순한 실무상의 실수가 아니라, 경영 성과와 직결된 문제임을 보여준다. 운영 실패를 경험한 여행사일수록 운영 프로세스 개선과 리스크 관리 체계의 중요성을 인식하게 되며, 이를 전략적으로 관리한 기업은 오히려 고객 신뢰 회복과 장기적 경쟁력 강화의 계기로 활용하기도 한다. 이는 운영 실패 관리가 방어적 활동에 그치지 않고, 경영 역량을 고도화하는 기회가 될 수 있음을 시사한다.

여행상품 운영 실패와 이에 따른 경영 리스크는 여행사 경영에서 불가피하게 발생할 수 있지만, 체계적인 관리와 예방 전략을 통해 충분히 통제 가능하다. 운영 실패에 대한 대응 능력은 고객 만족과 브랜드 신뢰, 재구매율, 장기적 경쟁력 확보에 직접적으로 연결된다.

여행사는 운영 실패를 개별 사건으로 처리하기보다, 사전 계획, 위기 대응 체계, 내부 프로세스 표준화, 고객 커뮤니케이션을 통합적으로 관리하는 전략적 접근이 필요하다. 이러한 관점에서 운영 리스크 관리는 단순한 문제 해결을 넘어, 여행사의 지속 가능한 경쟁력을 확보하기 위한 핵심 경영 기능으로 자리매김해야 한다.

제7장

연습문제 Review Questions

문제 01 여행상품 운영 과정에서 발생할 수 있는 주요 실패 유형과 그에 따른 영향에 대해 설명하시오.

➡

문제 02 여행사 경영에서 발생하는 운영 리스크의 종류와 특성을 설명하시오.

➡

문제 03 운영 실패와 경영 리스크를 최소화하기 위한 여행사의 대응 전략을 설명하시오.

➡

:: 모범답안 ::

문제 01 여행상품 운영 실패는 일정 지연, 서비스 품질 저하, 예약 오류, 인솔자 관리 실패, 커뮤니케이션 오류 등으로 나타날 수 있다. 이러한 실패는 고객 만족도 저하, 부정적 평가, 재구매 의사 감소 등으로 이어지며, 장기적으로 여행사의 브랜드 이미지와 수익성에 부정적 영향을 미친다.

문제 02 운영 리스크는 재무적 리스크, 법적·규제적 리스크, 평판 리스크, 운영 리스크 등으로 구분된다.

- 재무적 리스크: 환불, 보상, 추가 비용 발생 등으로 수익 손실 가능
- 법적·규제적 리스크: 여행 관련 법규 위반, 안전 사고 시 법적 책임
- 평판 리스크: 온라인 리뷰, SNS 등에서 부정적 평판 확산
- 운영 리스크: 내부 프로세스, 인력, 외부 공급자 의존 구조에서 발생하는 시스템적 문제

문제 03

- 사전 계획 및 프로세스 표준화: 문제 발생을 예상하고 매뉴얼과 표준화된 프로세스 구축
- 리스크 분산: 외부 공급자 계약 시 책임 범위와 보험 명확화
- 위기 대응 매뉴얼: 사고나 일정 변경 시 즉각 대응 체계 마련
- 고객 커뮤니케이션 강화: 여행 전후 안내, 문제 발생 시 신속한 정보 제공과 해결책 제시

제7장 토론문제 Discussion Questions

토론 01 "여행사 운영 실패는 불가피하며, 이를 최소화하기 위한 전략은 무엇이 있는가?"

토론 포인트!

- 불가피성: 여행상품은 무형이고 외부 변수(교통, 날씨 등)에 크게 영향받음
- 전략: 표준화된 운영 프로세스, 리스크 분산, 위기 대응 매뉴얼, 고객 커뮤니케이션 강화
- 결론: 실패를 완전히 제거할 수는 없지만, 조직적 관리와 대응을 통해 손실과 고객 불만 최소화 가능

토론 02 "운영 실패가 발생했을 때, 여행사는 고객 만족과 수익성 중 무엇을 우선해야 하는가?"

토론 포인트!

- 고객 만족 우선: 장기적 재구매, 평판 관리, 브랜드 신뢰 확보
- 수익성 고려: 손실 최소화 전략, 보험과 계약 조건 활용
- 결론: 단기적 수익보다 장기적 고객 관계와 브랜드 가치 유지가 우선되어야 하며, 수익성과 고객 만족은 균형적으로 관리

토론 03 "OTA와 디지털 플랫폼 확대가 여행사 운영 리스크 관리에 미치는 영향은 무엇인가?"

토론 포인트!

- 긍정적 영향: 예약 관리 자동화, 일정 변경 실시간 안내 가능
- 부정적 영향: OTA 의존 시 수익 마진 감소, 시스템 오류 발생 가능
- 결론: 디지털 플랫폼 활용으로 운영 효율성과 고객 커뮤니케이션 개선 가능하지만, 새로운 유형의 리스크 관리 필요

제8장

여행사 마케팅의 이해

:: 학습목표

Learning Objectives

01. 여행사 마케팅을 단순 광고나 판매 활동이 아닌, 경영적 관점에서 이해할 수 있다.
02. 여행사 마케팅의 특성과 다른 산업과의 차별성을 분석할 수 있다.
03. STP 전략(Segmentation, Targeting, Positioning)을 여행사 마케팅에 적용할 수 있다.
04. 7P(제품·가격·유통·촉진·사람·과정·물리적 증거) 관점에서 여행사의 마케팅 믹스를 설계하고 평가할 수 있다.
05. 여행사 마케팅 전략의 한계와 현실적 제약 요인을 이해하고, 개선 방향을 논의할 수 있다.

:: 핵심 키워드 Key Concepts

- 여행사 마케팅(Travel Agency Marketing)
- STP 전략(STP Strategy)
- 목표 시장(Targeting)
- 경쟁 전략(Competitive Strategy)
- 마케팅 믹스 7P
  - Product(제품)
  - Price(가격)
  - Place(유통)
  - Promotion(촉진)
  - People(사람)
  - Process(과정)
  - Physical Evidence(물리적 증거)
- 마케팅 경영 관점
- 시장 세분화(Segmentation)
- 포지셔닝(Positioning)
- 마케팅 전략의 한계

:: 장 요약 Chapter Summary

본 장은 여행사 경영에서 마케팅의 역할과 중요성을 이해하기 위한 기본 이론과 실제 적용 관점을 제시한다. 여행사 마케팅은 단순한 홍보나 판매 활동이 아니라, 고객 요구와 시장 환경을 분석하여 여행상품과 서비스를 기획하고 제공하는 경영 활동의 핵심 요소이다.

여행사는 상품과 서비스가 무형이고, 소비 시점과 생산 시점이 동시에 발생하며, 고객 맞춤형 요구가 강한 특성을 가진다. 따라서 일반 제조업이나 소매업과 달리 마케팅 전략 설계에서 세심한 시장 분석과 맞춤형 전략이 필요하다.

특히 STP 전략은 여행사 마케팅의 기초 틀로, 시장 세분화(Segmentation), 목표 시장(Targeting), 포지셔닝(Positioning)을 통해 경쟁사와 차별화된 마케팅 방향을 설정한다. 이후 7P 마케팅 믹스를 통해 구체적인 제품 기획, 가격 결정, 유통 채널 선택, 촉진 전략을 실행한다.

그러나 여행사 마케팅은 OTA 확산, 디지털 플랫폼 경쟁, 수익성 한계, 법적 규제 등 현실적 제약 요인을 항상 고려해야 한다. 이 장에서는 여행사 마케팅의 개념, 특징, 전략 적용 방법, 그리고 한계를 종합적으로 이해하도록 안내한다.

제1절

여행사 마케팅의 개념

여행사 마케팅은 단순히 광고를 내거나 여행상품을 판매하는 활동을 의미하지 않는다. 여행사 마케팅은 고객의 요구와 시장 환경을 면밀히 분석하고, 그 분석 결과를 바탕으로 여행상품과 서비스를 기획·제공함으로써 기업의 수익을 창출하고 지속 가능한 경쟁력을 확보하는 경영 활동의 핵심이다. 다른 산업과 달리 여행산업에서는 상품과 서비스가 동시에 제공되는 순간, 고객의 경험이 형성되며, 이러한 경험의 질이 기업의 평판과 매출에 즉각적인 영향을 미친다. 즉, 여행상품의 소비와 평가가 동시에 이루어지는 특성 때문에 여행사 마케팅은 단순한 판매 촉진 활동이 아닌, 전략적 의사결정과 연결되는 경영적 활동으로 이해해야 한다.

여행사 마케팅의 첫 번째 핵심 역할은 시장과 고객 분석이다. 여행사의 주요 고객층, 선호도, 여행 목적, 소비 패턴 등을 체계적으로 분석하여 타깃 고객을 정의하고, 이를 기반으로 상품과 서비스 설계를 계획한다. 현대 여행사는 빅데이터 분석, 온라인 리뷰, SNS 모니터링, 예약 데이터 분석 등을 통해 고객 행동과 트렌드를 파악하며, 이를 통해 맞춤형 패키지, 테마 여행, 체험형 여행 등을 기획한다. 예를 들어, 최근 젊은 층 사이에서 체험형 액티비티 여행과 소규모 맞춤형 패키지 수요가 증가함에 따라, 여행사는 기존 단체 패키지 중심의 상품에서 벗어나 고객 세분화에 따른 상품 기획을 수행하고 있다. 이러한 분석은 단순한 판매 전략이 아니라, 고객 경험과 기업 경쟁력의 기반이 되는 전략적 활동이다.

두 번째는 상품 및 서비스 설계이다. 여행사는 시장과 고객 분석 결과를 기반으로 패키지 여행, 맞춤형 여행, 테마 여행 등 다양한 상품을 설계하며, 일정, 가격, 서비스 수준, 안전 관리, 고객 편의성을 종합적으로 고려한다. 특히 여행상품은 항공, 숙박, 교통, 현지 투어, 식음료, 보험, 가이드 서비스 등 여러 요소가 유기적으로 결합되어야 하며, 이 중 하나라도 운영상 실패가 발생하면 고객 만족도와 브랜드 신뢰가 크게 저하될 수 있다. 예를 들어, 해외 패키지 여행에서 항공편 지연과 숙박 예약 오류가 동시에 발생하면, 단순한 일정 지연을 넘어서 기업 신뢰도와 장기적 수익성에 심각한 영향을 미친다. 따라서 여행상품 설계는 운영 관리와 긴밀히 연계되어야 하며, 전략적 관점에서 사전에 위험을 분석하고 대응 계획을 포함해야 한다.

세 번째 핵심 역할은 가치 전달과 경쟁 우위 확보이다. 여행사 마케팅은 고객에게 여행상품의 차별적 가치를 명확히 전달하고, 경쟁사 대비 우위를 확보할 수 있는 전략을 수립해야 한다. 경쟁 우위는 가격 경쟁보다는 서비스 품질, 고객 편의성, 맞춤형 경험에서 창출될 수 있다. 예를 들어, 고급 여행사는 고객별 전담 가이드를 배정하고 현지 체험과 프라이빗 액티비티를 제공하여 단순한 항공·숙박 제공 이상의 가치를 전달한다. 이러한 전략은 고객의 재구매와 충성도 향상으로 이어지며, 장기적인 수익성과 브랜드 지속 가능성을 확보한다.

네 번째로, 여행사 마케팅은 통합적 경영 전략의 핵심 구성 요소이다. 상품 기획, 가격 결정, 유통 채널 선택, 고객 관계 관리(CRM) 등 전 과정이 유기적으로 연결되어야 하며, 단순한 홍보와 판매 활동에 그쳐서는 안 된다. 예를 들어, 여행사는 OTA와 자체 웹사이트를 동시에 활용하는 다채널 판매 전략을 통해 단기 매출을 증대시키는 동시에, 예약 데이터와 고객 피드백을 분석하여 향후 마케팅 전략과 상품 개선에 반영한다. 이를 통해 고객 맞춤형 추천과 후기 기반 평가는 브랜드 신뢰를 강화하고, 경쟁사 대비 지속 가능한 경쟁 우위를 유지할 수 있는 기반이 된다.

여행사 마케팅은 단순한 판매 활동이 아니라 전략적 경영 활동으로 인식되어야 하며, 고객 분석, 상품 설계, 가치 전달, 통합 전략 실행, 성과 평가까지 전 과정이 유기적으로 연계되어야 한다. 이러한 접근을 통해 여행사는 고객 만족과 안전을 보장하고, 재구매율과 브랜드 충성도를 높이며, 장기적 경쟁력을 확보할 수 있다. 교재에서는 이를 바탕으로 여행사 마케팅의 개념과 의미를 이해하고, 이후 마케팅 특성, STP 전략, 7P 전략 등 구체적 실행 방법을 심화 학습하는 것이 중요하다.

여행사 마케팅은 단순히 여행상품을 홍보하거나 판매를 촉진하는 활동에 국한되지 않는다. 여행사 마케팅은 고객의 욕구와 시장 환경을 체계적으로 분석하고, 그 결과를 바탕으로 여행상품과 서비스를 기획·제공함으로써 기업의 수익을 창출하고 장기적인 경쟁력을 확보하는 전략적 경영 활동의 핵심 영역이다. 특히 여행산업은 무형의 경험을 상품으로 제공하는 산업적 특성을 지니고 있어, 마케팅 활동은 제품 중심이 아닌 고객 경험 중심으로 전개될 수밖에 없다. 여행상품은 생산과 소비가 동시에 이루어지며, 소비 과정에서 고객의 만족과 불만이 즉각적으로 형성된다. 이로 인해 여행상품의 품질 평가는 사후가 아니라 여행 진행 과정 중에 실시간으로 이루어지며, 고객 경험의 질은 곧바로 기업의 평판과 재무 성과에 영향을 미친다. 이러한 특성 때문에 여행사 마케팅은 단기적인 판매 증대 수단이 아니라, 전략적 의사결정과 직결되는 경영 활동으로 이해되어야 한다.

01 시장 및 고객 분석으로서의 여행사 마케팅

여행사 마케팅의 출발점은 시장과 고객에 대한 체계적 분석이다. 여행사는 고객의 여행 목적, 선호 유형, 소비 성향, 여행 빈도, 정보 탐색 방식 등을 다각도로 분석하여 핵심 타깃 고객을 정의해야 한다. 전통적으로 여행사는 연령이나 소득 수준 중심의 단순한 고객 분류에 의존해 왔으나, 최근에는 라이프스타일, 가치관, 여행 동기, 경험 선호도 등을 반영한 정교한 고객 세분화가 요구되고 있다.

현대 여행사는 예약 데이터, 온라인 검색 기록, SNS 활동, 고객 리뷰, 설문 조사 등 다양한 데이터를 활용하여 고객 행동을 분석한다. 이러한 데이터 기반 분석은 여행상품 기획의 방향성을 결정하는 핵심 자료로 활용되며, 고객의 잠재적 니즈를 사전에 파악하는 데 중요한 역할을 한다. 예를 들어, 소규모 자유여행이나 체험형 액티비티 여행에 대한 수요가 증가하는 추세를 반영하여, 여행사는 기존 대규모 단체 패키지 중심의 상품 구조에서 벗어나 맞춤형·테마형 상품을 확대하고 있다.

이처럼 고객 분석은 단순한 마케팅 조사 활동이 아니라, 여행사의 상품 전략과 경쟁 우위를 결정하는 기반이 되는 전략적 활동으로 평가된다.

02 상품 및 서비스 설계 중심의 마케팅 기능

여행사는 시장과 고객 분석 결과를 바탕으로 패키지 여행, 맞춤형 여행, 테마 여행, 고급 여행 등 다양한 형태의 상품을 설계한다. 이 과정에서 일정 구성, 가격 책정, 서비스 수준, 안전 관리, 고객 편의성 등을 종합적으로 고려해야 하며, 각 요소는 유기적으로 결합되어야 한다.

여행상품은 항공, 숙박, 교통, 현지 투어, 식음료, 보험, 가이드 서비스 등 다수의 요소로 구성되며, 이 중 어느 하나라도 운영상 문제가 발생할 경우 전체 상품 가치가 훼손될 수 있다. 예를 들어 항공편 지연이나 숙박 예약 오류는 고객에게 단순한 불편을 넘어, 여행사에 대한 신뢰 저하와 부정적 평가로 이어질 가능성이 높다. 따라서 여행상품 설계는 마케팅 기능과 운영 관리 기능이 분리되지 않고 통합적으로 이루어져야 한다.

이러한 관점에서 여행사 마케팅은 단순히 '팔릴 상품'을 만드는 것이 아니라, 운영 가능성과 리스크 관리까지 고려한 전략적 상품 설계 활동으로 이해되어야 한다.

03 가치 전달과 경쟁 우위 확보 전략

여행사 마케팅의 또 다른 핵심 역할은 고객에게 여행상품의 가치를 효과적으로 전달하고, 경쟁사와 차별화된 경쟁 우위를 확보하는 것이다. 여행시장에서는 유사한 일정과 가격의 상품이 다수 존재하기 때문에, 단순한 가격 경쟁은 장기적인 경쟁력 확보에 한계를 가진다. 이에 따라 여행사는 서비스 품질, 경험의 차별성, 고객 맞춤형 제공 능력을 중심으로 경쟁 우위를 구축해야 한다. 예를 들어 고급 여행이나 특수 목적 여행에서는 전담 가이드 배정, 프라이빗 이동 수단, 현지 체험 프로그램 강화 등을 통해 고객에게 차별적 가치를 제공할 수 있다. 이러한 가치 중심의 마케팅 전략은 고객의 재구매 의사와 브랜드 충성도를 높이며, 가격 민감도를 낮추는 효과를 가져온다.

즉, 여행사 마케팅은 단기적인 판매 성과보다, 고객과의 장기적 관계 형성과 브랜드 가치 축적을 목표로 수행되어야 한다.

04 통합적 경영 전략으로서의 여행사 마케팅

여행사 마케팅은 상품 기획, 가격 결정, 유통 채널 선택, 프로모션, 고객 관계 관리(CRM) 등 전 과정이 유기적으로 연결되는 통합적 경영 전략의 핵심 구성 요소이다. 특히 디지털 환경의 확산으로 인해 여행사는 OTA, 자사 웹사이트, 모바일 앱, SNS 등 다양한 채널을 동시에 운영해야 하며, 각 채널에서 발생하는 데이터를 통합적으로 관리할 필요가 있다.

다채널 전략을 통해 단기 매출을 증대시키는 동시에, 고객 행동 데이터를 분석하여 향후 상품 개발과 마케팅 전략에 반영하는 것이 현대 여행사 마케팅의 중요한 과제이다. 고객 리뷰와 후기 관리는 브랜드 신뢰를 형성하는 핵심 요소로 작용하며, 이는 다시 신규 고객 유치와 재구매로 연결된다.

이처럼 여행사 마케팅은 독립된 기능이 아니라, 기업 전반의 경영 전략과 밀접하게 연계된 핵심 관리 활동으로 인식되어야 한다. 즉, 여행사 마케팅은 단순한 홍보나 판매 촉진 활동이 아니라, 고객 분석, 상품 설계, 가치 전달, 유통 전략, 고객 관계 관리까지 포함하는 전략적 경영 활동이다. 여행사가 마케팅 기능을 체계적으로 수행할수록 고객 만족과 안전이 확보되며, 재구매율과 브랜드 충성도가 동시에 강화된다.

여행사 마케팅을 전략적으로 이해하는 것은 장기적 경쟁력 확보의 출발점이며, 여행사 마케팅의 특성, STP 전략, 마케팅 믹스(7P)는 이러한 개념을 실제 실행 전략으로 구체화하는 과정이라 할 수 있다.

제2절

여행사 마케팅의 특성

여행사 마케팅은 일반 제조업이나 다른 서비스 산업의 마케팅과는 본질적으로 구별되는 고유한 특성을 지닌다. 이러한 특성은 여행상품이 물리적 형태를 가지지 않는 경험재라는 점과, 서비스 제공 과정에서 고객과 기업, 그리고 다양한 외부 공급자가 동시에 관여한다는 점에서 비롯된다. 특히 여행상품은 고객의 감정, 기대, 상황 인식에 따라 가치평가가 크게 달라지기 때문에, 여행사 마케팅은 단순한 판촉 활동이 아니라 고객 경험을 설계하고 관리하는 전략적 경영 활동으로 접근해야 한다.

여행사 마케팅의 특성은 일반적으로 무형성, 동시성, 이질성, 비저장성, 고객 경험 중심이라는 다섯 가지 측면에서 설명될 수 있으며, 이들 특성은 상호 독립적이라기보다 서로 긴밀하게 연결되어 있다. 따라서 여행사 마케팅 전략은 개별 특성을 분절적으로 이해하기보다, 통합적 관점에서 해석하고 적용할 필요가 있다.

01 무형성(Intangibility)

여행상품은 눈으로 확인하거나 사전에 시험해 볼 수 없는 무형의 서비스로 제공된다. 고객은 여행을 실제로 경험하기 전까지 상품의 품질, 서비스 수준, 만족도를 명확히 판단할 수 없기 때문에, 구매 결정 과정에서 불확실성과 인지된 위험을 크게 느낀다. 이로 인해 여행사 마케팅에서는 물리적 증거보다 신뢰와 이미지가 핵심적인 역할을 수행한다.

여행사는 이러한 무형성으로 인한 불확실성을 줄이기 위해 다양한 신뢰 신호를 활용한다. 온라인 후기, 고객 평점, 여행 사례 소개, 사진과 영상 콘텐츠, 브랜드 스토리텔링 등은 고객이 여행 경험을 간접적으로 상상하고 기대를 형성하도록 돕는다. 또한 여행사 인증, 제휴 항공사 및 호텔 브랜드, 전문 가이드 인력 구성 등도 무형 서비스의 품질을 보완적으로 설명하는 역할을 한다.

무형성은 가격 전략과도 밀접하게 연결된다. 고객은 눈에 보이지 않는 상품에 대해 가격 대비 가치를 의심하기 쉽기 때문에, 여행사는 서비스 구성의 논리성과 전문성을 명확히 전달해야 한다. 즉, 무형성은 단순한 마케팅상의 어려움이 아니라, 브랜드 신뢰 구축과 가치 커뮤니케이션 전략의 핵심 과제로 작용한다.

02 동시성(Simultaneity)

여행서비스는 생산과 소비가 동시에 이루어지는 특성을 가진다. 고객이 여행을 경험하는 순간, 서비스는 즉시 소비되며 동시에 평가된다. 항공 탑승, 숙박 이용, 가이드 안내, 현지 투어 진행 등 모든 서비스 요소는 제공되는 즉시 고객 만족도와 기업 평판에 반영된다.

이러한 동시성으로 인해 여행사 마케팅은 판매 이전 단계에 국한되지 않고, 여행 실행 과정 전반과 긴밀하게 연결된다. 여행 전 광고와 홍보가 아무리 효과적이더라도, 실제 여행 중 서비스 제공이 미흡할 경우 고객의 기대는 즉각적으로 실망으로 전환될 수 있다. 따라서 여행사 마케팅은 운영 관리와 분리될 수 없으며, 상품 기획 단계에서부터 실행 가능성과 서비스 품질 관리가 동시에 고려되어야 한다.

동시성은 또한 인적 서비스 품질의 중요성을 강조한다. 가이드, 인솔자, 현지 직원의 태도와 대응 능력은 서비스 제공 순간에 직접적으로 고객 경험을 형성하며, 이는 여행사 브랜드 이미지에 결정적인 영향을 미친다. 결국 여행사 마케팅은 약속한 가치를 실제 경험으로 실현하는 운영 역량을 전제로 해야만 의미를 가진다.

01 이질성(Heterogeneity)

여행상품은 동일한 형태로 제공되더라도 고객에 따라 경험과 만족도가 다르게 인식되는 이질성을 지닌다. 고객의 연령, 소득 수준, 여행 목적, 문화적 배경, 이전 여행 경험 등에 따라 동일한 서비스라도 평가 결과는 크게 달라질 수 있다.

이러한 이질성은 여행사 마케팅 전략에서 고객 세분화와 맞춤형 접근의 필요성을 강조한다. 예를 들어, 젊은 층의 자유여행 고객은 일정의 유연성과 체험 요소를 중시하는 반면, 가족 단위나 고령층 고객은 안전성, 편의성, 안정적 일정 운영을 더 중요하게 평가한다. 따라서 여행사는 표준화된 단일 상품 전략보다는, 고객 특성에 맞는 차별화된 상품 구성과 커뮤니케이션 전략을 설계해야 한다.

이질성은 동시에 서비스 품질 관리의 난이도를 높이는 요인이기도 하다. 모든 고객을 동일한 수준으로 만족시키는 것은 현실적으로 어렵기 때문에, 여행사 마케팅은 기대 관리(expectation management)의 역할도 수행해야 한다. 즉, 고객에게 제공 가능한 서비스 수준과 경험 범위를 명확히 전달함으로써, 기대와 실제 경험 간의 괴리를 최소화하는 전략이 필요하다.

04 비저장성(Perishability)

여행상품을 구성하는 서비스 요소는 저장이 불가능한 비저장성을 가진다. 항공 좌석, 호텔 객실, 투어 인원 수용 능력 등은 특정 시점에 소비되지 않으면 회수할 수 없는 자원이 된다. 이는 여행사 마케팅이 단순한 홍보 활동을 넘어, 수요 관리와 수익 관리 전략과 밀접하게 결합되어야 함을 의미한다.

비저장성은 성수기와 비수기 간 수요 편차를 더욱 심화시키며, 여행사는 이를 고려한 가격 전략과 판매 전략을 수립해야 한다. 조기 예약 할인, 시즌별 프로모션, 단체 예약 혜택, 잔여 좌석 특가 판매 등은 비저장성에 대응하기 위한 대표적인 마케팅 수단이다. 이러한 전략은 자원의 효율적 활용과 수익성 확보를 동시에 목표로 한다.

또한 비저장성은 마케팅과 운영의 시간적 조율을 요구한다. 판매 시점과 서비스 제공 시점 간의 시간 차이를 어떻게 관리하느냐에 따라, 여행사의 재무 성과와 고객 만족도가 크게 달라질 수 있다.

05 고객 경험 중심(Customer Experience Focus)

여행사 마케팅의 궁극적 초점은 고객 경험에 있다. 고객이 여행 전, 여행 중, 여행 후에 걸쳐 인식하는 총체적 경험은 단일 서비스 요소의 합이 아니라, 전 과정에서 형성되는 감정과 기억의 축적 결과이다. 따라서 여행사 마케팅은 여행상품의 전 생애주기 전반을 포괄하는 경험 설계 활동으로 이해되어야 한다.

여행 전 단계에서는 정보 제공의 명확성, 예약 편의성, 신뢰 형성이 중요하며, 여행 중에는 서비스 품질, 문제 대응 능력, 감정 관리가 핵심이 된다. 여행 후 단계에서는 피드백 관리, 사후 서비스, 관계 유지 활동을 통해 고객 경험이 완성된다. 이러한 경험 중심 접근은 고객의 재구매 의사와 구전 효과에 직접적인 영향을 미친다.

고객 경험 중심 마케팅은 단기적 판매 성과보다 장기적 관계 형성을 중시하며, 이는 여행사가 지속 가능한 경쟁력을 확보하는 핵심 기반이 된다.

여행사 마케팅의 특성인 무형성, 동시성, 이질성, 비저장성, 고객 경험 중심성은 서로 독립된 개념이 아니라, 여행산업의 본질적 특성을 다각도로 설명하는 요소들이다. 이러한 특성을 이해하지 못할 경우, 여행사 마케팅은 단순한 가격 경쟁이나 일회성 판촉 활동에 머무를 위험이 크다. 반대로 이러한 특성을 전략적으로 활용할 수 있다면, 여행사는 고객 만족과 수익성을 동시에 달성하고, 장기적으로 안정적인 브랜드 경쟁력을 구축할 수 있다. 따라서 여행사 마케팅은 상품 기획, 가격 정책, 유통 관리, 운영 관리, 고객 관계 관리가 통합된 전략적 관점에서 설계되어야 하며, 각 요소는 유기적으로 연계되어야 한다

제3절

STP 전략과 여행사 마케팅

여행사 마케팅에서 STP 전략(Segmentation, Targeting, Positioning)은 고객을 체계적으로 이해하고, 그 이해를 바탕으로 효과적인 마케팅 전략을 수립하기 위한 핵심 분석 틀이다. STP 전략은 단순히 고객을 분류하거나 특정 집단을 선택하는 기법이 아니라, 여행사가 어떤 고객을 위해 어떤 가치를 제공할 것인가를 결정하는 전략적 의사결정 과정이다. 특히 여행산업은 무형적 서비스, 생산과 소비의 동시성, 고객 경험의 이질성, 비저장성이라는 특성을 지니고 있기 때문에, STP 전략은 여행사 경쟁력의 출발점이자 고객 경험 설계의 핵심 도구로 기능한다.

여행사 마케팅에서 STP 전략은 개별 단계가 독립적으로 작동하지 않는다. 시장 세분화는 목표시장 설정의 기초가 되며, 목표시장은 다시 포지셔닝 전략의 방향을 규정한다. 또한 포지셔닝의 결과는 향후 상품 기획, 가격 정책, 유통 채널 선택, 커뮤니케이션 전략 전반에 영향을 미친다. 따라서 STP 전략은 단기적 판매 촉진 수단이 아니라, 여행사 경영 전반을 관통하는 중장기 전략 체계로 이해되어야 한다.

01 시장 세분화(Segmentation)

시장 세분화는 여행시장의 전체 고객을 동질적인 욕구와 특성을 가진 여러 집단으로 나누는 과정이다. 여행시장은 매우 이질적이며, 고객의 여행 목적, 기대 수준, 소비 성향이 크게 다르기 때문에 단일한 상품이나 메시지로 모든 고객을 만족시키는 것은 현실적으로 어렵다. 따라서 여행사는 시장을 세분화함으로써 고객을 보다 정교하게 이해하고, 각 집단에 적합한 상품과 마케팅 전략을 설계할 수 있다.

1) 인구통계학적 세분화

여행사 마케팅에서 가장 기본적으로 활용되는 기준이다. 연령, 성별, 소득 수준, 직업, 가족 구성은 고객의 여행 방식과 소비 능력을 예측하는 데 유용한 정보이다. 예를 들어, 20~30대 청년층은 가격 민감도가 높고 체험 중심의 여행을 선호하는 경향이 강한 반면, 40~50대 중장년층은 일정의 안정성과 서비스 품질을 중시하는 경향을 보인다. 가족 단위 고객은 안전성과 편의성을 최우선 가치로 평가하는 경우가 많다. 이러한 차이는 여행상품 구성, 가격 수준, 홍보 메시지에 직접적인 영향을 미친다.

2) 지리적 세분화

고객의 거주 지역과 이동 가능성을 기준으로 시장을 구분하는 방식이다. 수도권 거주자와 지방 거주자 간 여행 빈도와 여행 기간에는 차이가 발생할 수 있으며, 국내 여행과 해외 여행에 대한 접근성 또한 다르게 나타난다. 또한 출발 공항, 이동 거리, 휴가 일정의 제약 여부 등은 상품 기획과 일정 구성에 중요한 변수로 작용한다. 지리적 세분화는 특히 지역 기반 여행상품이나 근거리·단거리 여행 상품 설계에서 효과적으로 활용된다.

3) 심리적 세분화

고객의 라이프스타일, 가치관, 여행에 대한 태도를 중심으로 시장을 나누는 방식으로, 여행사 마케팅에서 점차 중요성이 커지고 있다. 여행을 단순한 휴식으로 인식하는 고객과 자기계발이나 체험의 기회로 인식하는 고객은 동일한 목적지를 방문하더라도 전혀 다른 경험을 기대한다. 모험과 액티비티를 선호하는 고객, 문화·예술 중심 여행을 선호하는 고객, 힐링과 웰빙을 추구하는 고객 등 심리적 세분화는 고객의 내적 동기와 감정적 욕구를 반영한 차별화 전략의 핵심 기반이 된다.

4) 행동적 세분화

고객의 실제 구매 행동과 이용 패턴을 중심으로 시장을 구분한다. 여행 빈도, 여행 시기, 예약 채널, 브랜드 충성도, 가격 민감도 등은 여행사 마케팅에서 매우 실질적인 의미를 가진다. 예를 들어, 반복 구매 고객에게는 멤버십 혜택이나 맞춤형 추천이 효과적일 수 있으며, 가격 민감 고객에게는 프로모션과 할인 전략이 중요하게 작용한다. 행동적 세분화는 디지털 환경에서 데이터 분석과 결합되면서 여행사 마케팅의 정밀도를 크게 높이고 있다.

시장 세분화는 단순한 분류 작업이 아니라, 여행사 마케팅 전략의 출발점으로서 이후 모든 전략적 선택의 기준이 된다.

02 목표시장 설정(Targeting)

목표시장 설정은 세분화된 여러 고객 집단 중에서 여행사가 전략적으로 집중할 시장을 선택하는 단계이다. 이 과정에서는 시장 규모나 단기 매출 가능성뿐만 아니라, 성장 잠재력, 경쟁 강도, 자사 역량과의 적합성, 장기적 수익성 등을 종합적으로 고려해야 한다.

여행사는 모든 세분 시장을 동시에 공략하기보다, 자사의 전문성, 인력 구조, 제휴 네트워크, 브랜드 이미지에 부합하는 목표시장을 선택하는 것이 바람직하다. 예를 들어, 소규모 전문 여행사는 대형 패키지 시장보다는 테마 여행이나 맞춤형 여행 시장에 집중하는 전략이 효과적일 수 있으며, 대형 여행사는 규모의 경제를 활용한 대중적 패키지 상품을 통해 경쟁력을 확보할 수 있다.

목표시장 설정은 또한 여행사 마케팅의 위험 관리 측면에서도 중요하다. 무리하게 다양한 고객층을 동시에 공략할 경우, 서비스 품질 저하와 브랜드 이미지 혼란이 발생할 수 있다. 반대로 명확한 목표시장을 설정하면, 자원의 효율적 배분과 일관된 마케팅 메시지 전달이 가능해진다. 따라서 목표시장 설정은 단기적 판매 확대가 아니라, 장기적 브랜드 전략과 연계되어 이루어져야 한다.

03 포지셔닝(Positioning)

포지셔닝은 목표시장에서 여행사의 상품과 서비스를 경쟁사와 차별화하여 고객의 마음속에 특정 이미지와 가치를 자리 잡게 하는 전략이다. 포지셔닝의 핵심은 여행사가 제공하는 가치가 무엇이며, 왜 고객이 해당 여행사를 선택해야 하는지를 명확히 인식시키는 데 있다.

여행사 포지셔닝에서 핵심 가치 제안은 고객이 실제로 체감할 수 있는 구체적 이점으로 표현되어야 한다. 단순히 '좋은 여행', '합리적인 가격'과 같은 추상적 표현보다는, 맞춤형 일정 설계, 전문 가이드 동행, 안전 관리 강화, 프리미엄 숙소 제공 등 실질적 차별 요소가 강조되어야 한다.

차별화 요소는 상품 구성뿐만 아니라 서비스 방식, 고객 응대, 사후 관리 등 전반적인 경험 요소에서 나타날 수 있다. 특히 여행산업에서는 작은 서비스 차이가 고객 경험 전체를 좌우할 수 있기 때문에, 포지셔닝은 운영 전략과 밀접하게 연결된다.

커뮤니케이션 전략은 설정된 포지셔닝을 고객에게 일관되게 전달하는 역할을 한다. 광고, SNS, 후기, 콘텐츠 마케팅, 브랜드 스토리텔링 등 다양한 채널을 통해 동일한 메시지를 반복적으로 전달함으로써, 고객의 인식 속에 여행사의 정체성이 확립된다. 이 과정에서 메시지의 진정성과 일관성은 브랜드 신뢰 형성의 핵심 요소로 작용한다.

여행사 마케팅에서 STP 전략은 단순한 분석 기법이 아니라, 고객 이해와 기업 전략을 연결하는 핵심 의사결정 틀이다. 효과적인 STP 전략을 통해 여행사는 고객 특성에 최적화된 상품과 서비스를 제공하고, 경쟁사와 차별화된 가치를 전달하며, 장기적 고객 관계와 브랜드 충성도를 구축할 수 있다.

결국 STP 전략은 단기적 판매 성과를 넘어, 지속 가능한 성장과 고객 경험 강화를 목표로 설계되어야 하며, 여행사 경영의 모든 마케팅 활동과 통합적으로 연계되어야 한다.

제4절

마케팅 믹스(7P)와 여행사

여행사 마케팅에서 마케팅 믹스(7P) 전략은 단순히 여행상품을 홍보하고 단기적인 판매를 촉진하는 전술적 수단이 아니라, 고객에게 제공되는 여행 경험의 가치를 전반적으로 설계하고 관리함으로써 여행사의 수익성과 장기적 경쟁력을 확보하기 위한 핵심 경영 전략으로 이해되어야 한다. 서비스 중심 산업인 여행산업에서는 상품 자체뿐만 아니라 서비스 제공 과정과 인적 요소, 그리고 고객이 인식하는 가시적 단서까지 포괄적으로 관리하는 전략적 접근이 요구된다.

7P 마케팅 믹스는 상품(product), 가격(price), 유통(place), 촉진(promotion)이라는 전통적인 마케팅 요소에 더해, 사람(people), 과정(process), 물적 증거(physical evidence)를 포함함으로써 여행서비스의 무형성과 경험 중심적 특성을 보다 효과적으로 반영한다. 이들 요소는 개별적으로 작동하는 독립적인 전술이 아니라, 고객 경험 전반에 영향을 미치는 상호 연계된 전략 요소로 기능하며, 어느 하나라도 일관성이 결여될 경우 여행사의 서비스 품질과 브랜드 신뢰도는 크게 저하될 수 있다. 특히 여행산업은 고객과 서비스 제공자가 직접 상호작용하는 과정에서 서비스 가치가 실현되는 특성을 지니고 있기 때문에, 7P 전략은 고객 경험 관리와 직결되는 통합적 경영 전략 체계로 운영되어야 한다. 상품과 가격, 유통, 촉진을 통해 설정된 가치 제안은 사람과 과정, 물적 증거를 통해 실제 서비스 경험으로 구현되며, 이러한 일관된 관리가 이루어질 때 여행사는 차별화된 경쟁우위를 확보할 수 있다. 결국 여행사 마케팅에서 7P 전략은 STP 전략에서 도출된 목표 고객과 포지셔닝을 실행 단계에서 구체화하는 핵심 수단으로서, 지속 가능한 성과 창출의 기반을 형성한다.

01 상품(Product) 전략과 여행상품 설계

여행상품은 제조업의 단일 제품과 달리 항공, 숙박, 교통, 현지 투어, 식음료, 가이드 서비스, 보험 등 다양한 요소가 결합된 복합 서비스 상품이다. 이러한 특성 때문에 여행사 상품 전략의 핵심은 개별 구성 요소의 단순한 나열이 아니라, 고객이 여행 전·중·후 전 과정에서 일관된 만족을 경험할 수 있도록 총체적 경험을 설계하는 데 있다.

여행상품 설계에서 가장 중요한 요소는 각 구성 요소 간의 정합성과 품질 관리이다. 항공 스케줄, 숙박 위치, 이동 동선, 투어 강도, 자유 시간 배분 등은 서로 유기적으로 연결되어 있으며, 어느 한 요소의 실패도 전체 여행 경험을 훼손할 수 있다. 따라서 여행사는 상품 기획 단계에서 운영 리스크를 사전에 분석하고, 대체 일정과 위기 대응 방안을 포함한 전략적 설계를 수행해야 한다.

상품 차별화 역시 여행사 상품 전략의 핵심이다. 동일한 목적지와 일정이라 하더라도, 여행사가 제공하는 서비스 방식과 경험 요소에 따라 상품의 가치는 크게 달라진다. 최근에는 대규모 획일적 패키지보다 소규모 맞춤형 여행, 테마형 여행, 체험 중심 여행에 대한 수요가 증가하고 있으며, 이는 여행사에게 상품 차별화를 통한 경쟁 우위 확보 기회를 제공한다. 예를 들어, 문화·예술 중심 여행, 미식 여행, 액티비티 여행, 웰니스 여행 등은 고객 세분화 전략과 결합될 때 높은 부가가치를 창출할 수 있다.

또한 부가 서비스는 여행상품의 신뢰성과 완성도를 높이는 중요한 요소이다. 여행자 보험, 유연한 환불 정책, 실시간 예약 관리 시스템, 고객 상담 서비스 등은 고객의 불확실성을 줄이고 구매 결정을 촉진하는 역할을 한다. 이러한 부가 서비스는 단순한 비용 요소가 아니라, 브랜드 신뢰와 장기적 고객 관계 형성의 핵심 자산으로 작용한다.

02 가격(Price) 전략과 가치 인식 관리

여행상품의 가격은 고객의 구매 결정에 직접적인 영향을 미치며, 동시에 여행사의 수익 구조를 결정하는 핵심 요소이다. 여행상품 가격은 항공, 숙박, 현지 서비스 등 외부 공급자의 비용 구조와 여행사의 마진, 시장 경쟁 상황, 고객의 가치 인식을 종합적으로 고려하여 설정되어야 한다.

원가 기반 가격 전략은 여행사의 최소 수익을 보장하는 안정적 방식이지만, 가격 경쟁이 심화된 여행시장에서는 한계가 존재한다. 이에 따라 많은 여행사는 시장 기반 가격 전략을 활용하여 경쟁사 가격과 고객 수요를 반영한 가격 조정을 수행한다. 이 과정에서 가격은 단순한 숫자가 아니라, 상품의 품질과 브랜드 이미지를 반영하는 신호로 작용한다는 점을 고려해야 한다. 특히 여행산업에서는 비저장성과 수요 변동성이 크기 때문에 탄력적 가격 전략이 중요하다. 성수기와 비수기, 조기 예약과 막판 예약, 단체와 개인 예약에 따라 가격을 차별화함으로써 수익을 극대화할 수 있다. 패키지 가격 전략 역시 고객에게 가격의 복잡성을 줄이고, 통합된 가치를 인식하게 하는 효과적인 방법이다.

가격 전략의 핵심은 '저렴함'이 아니라 '합리적 가치'에 있다. 고객이 지불한 가격 대비 어떤 경험과 서비스를 제공받는지를 명확히 인식할 수 있을 때, 가격은 경쟁 요소가 아니라 차별화 요소로 작용한다.

03 유통(Place) 전략과 고객 접근성

유통 전략은 여행상품이 고객에게 전달되는 경로를 의미하며, 고객 접근성과 예약 편의성을 결정하는 핵심 요소이다. 여행서비스는 저장이 불가능하고 소비 시점이 명확하기 때문에, 유통 전략은 운영 전략과 밀접하게 연계되어야 한다.

직접 유통은 여행사 자체 웹사이트, 오프라인 매장, 콜센터 등을 통해 이루어지며, 브랜드 통제력과 고객 데이터 확보 측면에서 강점을 가진다. 특히 고가 상품이나 맞춤형 여행 상품은 직접 유통을 통해 신뢰 기반 상담과 관계 형성이 중요하다. 반면 간접 유통은 OTA, 여행 포털, 제휴 플랫폼 등을 활용하여 고객 접근성을 확대하는 방식이다. 이는 신규 고객 확보와 시장 확장에 유리하지만, 수수료 부담과 가격 경쟁 심화라는 구조적 한계를 동반한다.

이에 따라 많은 여행사는 멀티 채널 전략을 채택하여 온라인과 오프라인, 직접과 간접 유통을 병행한다. 유통 전략의 핵심은 채널 수의 확대가 아니라, 각 채널의 역할을 명확히 설정하고 고객 경험을 일관되게 관리하는 데 있다.

04 촉진(Promotion) 전략과 브랜드 커뮤니케이션

촉진 전략은 여행상품의 가치를 고객에게 전달하고 구매를 유도하는 동시에, 장기적으로 브랜드 이미지와 고객 충성도를 형성하는 역할을 한다. 여행사 촉진 전략은 단기적 판매 촉진과 장기적 브랜드 관리라는 두 가지 목표를 동시에 고려해야 한다.

광고와 홍보는 여행상품의 특성과 타깃 고객에 맞는 채널 선택이 중요하다. 디지털 환경에서는 SNS, 유튜브, 블로그, 후기 콘텐츠가 신뢰 형성에 큰 영향을 미치며, 실제 경험 기반 콘텐츠는 무형적 여행상품의 한계를 보완하는 핵심 수단이 된다. 판매 촉진 활동은 단기적 매출 증대에 효과적이지만, 과도한 할인은 브랜드 가치 하락으로 이어질 수 있다. 따라서 촉진 전략은 가격 전략, 상품 전략과의 정합성을 유지해야 한다.

또한, 관계 마케팅은 여행사 촉진 전략의 장기적 핵심 요소이다. 여행 후 관리, 고객 데이터 기반 맞춤형 제안, 멤버십 프로그램은 재구매율과 고객 생애가치(LTV)를 높이는 데 기여한다.

05 사람(People) 전략과 서비스 품질 관리

사람(People) 전략은 여행사 마케팅 믹스에서 고객 경험의 질을 결정하는 핵심 요소로, 서비스 제공에 직접 관여하는 인적 자원의 역할을 체계적으로 관리하는 전략을 의미한다. 여행상품은 고객과 직원 간의 상호작용을 통해 완성되는 특성을 지니고 있기 때문에, 여행 상담 직원과 가이드, 현지 운영 인력의 전문성과 태도는 상품 자체의 품질만큼이나 중요한 경쟁 요소로 작용한다.

여행사 직원은 단순한 판매자가 아니라, 고객의 여행 욕구를 이해하고 이를 구체적인 상품과 경험으로 전환하는 서비스 설계자이자 커뮤니케이터의 역할을 수행한다. 상담 과정에서의 전문성, 친절성, 신뢰성은 고객의 구매 결정에 직접적인 영향을 미치며, 여행 중 가이드의 역량과 문제 대응 능력은 전체 여행 만족도를 좌우한다. 따라서 여행사는 체계적인 교육과 훈련을 통해 직원의 상품 이해도, 목적지 전문성, 서비스 마인드를 지속적으로 강화해야 한다.

또한 여행서비스는 감정 노동의 비중이 높은 산업이므로, 직원 만족도와 조직 몰입도를 고려한 인적 자원 관리가 중요하다. 내부 고객인 직원의 만족이 외부 고객의 만족으로 이어진다는 관점에서, People 전략은 단기적 인건비 관리 차원이 아니라 장기적 서비스 경쟁력 확보를 위한 전략적 투자로 인식되어야 한다.

06 과정(Process) 전략과 서비스 전달 체계

과정(Process) 전략은 여행상품이 기획되고 판매되며 실제 여행이 진행되고 사후 관리에 이르기까지 고객이 경험하는 전체 서비스 제공 절차를 체계적으로 설계하고 관리하는 전략을 의미한다. 여행서비스는 생산과 소비가 동시에 이루어지며 고객의 참여도가 높기 때문에, 서비스 제공 과정의 효율성과 일관성은 고객 만족에 직접적인 영향을 미친다.

여행사의 서비스 과정에는 상담 및 예약 절차, 결제와 서류 처리, 여행 일정 운영, 문제 발생 시 대응, 여행 종료 후 피드백 관리 등이 포함된다. 이 과정에서 절차가 복잡하거나 불투명할 경우 고객의 불안과 불만이 증가할 수 있다. 따라서 여행사는 표준화된 프로세스를 통해 서비스 품질의 일관성을 확보하는 동시에, 상황 변화에 유연하게 대응할 수 있는 운영 체계를 구축해야 한다.

특히 위기 상황이나 예기치 못한 일정 변경은 여행서비스의 특성상 빈번하게 발생할 수 있으므로, 사전 대응 매뉴얼과 의사결정 체계의 명확화는 Process 전략의 핵심 요소라 할 수 있다. 잘 설계된 서비스 과정은 고객에게 안정감과 신뢰를 제공하며, 이는 여행사 브랜드에 대한 긍정적 인식으로 이어진다.

07 물적 증거(Physical Evidence) 전략과 서비스 가시화

물적 증거(Physical Evidence) 전략은 무형적인 여행서비스를 고객이 인식하고 평가할 수 있도록 돕는 가시적 단서를 관리하는 전략을 의미한다. 여행상품은 구매 이전에 실체를 직접 확인하기 어렵기 때문에, 고객은 다양한 물적 단서를 통해 여행사의 전문성과 신뢰성을 판단하게 된다.

여행사의 물적 증거에는 오프라인 매장 환경, 직원의 복장과 태도, 브로슈어와 계약서,

일정표와 안내 자료 등이 포함된다. 동시에 웹사이트 디자인, 예약 화면의 사용 편의성, 고객 후기와 평점, 모바일 앱의 완성도와 같은 온라인 요소 역시 중요한 물적 증거로 작용한다. 이러한 요소들은 여행사가 제공하는 서비스의 품질을 사전에 예측하게 하는 신호로 기능한다.

물적 증거 전략의 핵심은 일관성이다. 여행사의 브랜드 포지셔닝과 일치하지 않는 물적 증거는 고객의 기대와 실제 경험 간의 괴리를 확대시킬 수 있다. 따라서 여행사는 모든 접점에서 일관된 이미지와 메시지를 전달함으로써, 무형 서비스의 불확실성을 최소화하고 고객 신뢰를 강화해야 한다.

여행사 마케팅에서 확장된 7P 전략은 4P에 사람, 과정, 물적 증거를 추가함으로써 고객 경험 전반을 보다 정교하게 관리할 수 있는 통합적 전략 체계를 제공한다. 특히 서비스 중심 산업인 여행산업에서는 인적 자원, 서비스 전달 과정, 물적 증거가 마케팅 성과에 결정적인 영향을 미친다. 따라서 7P 전략은 개별 요소의 단순한 나열이 아니라, STP 전략과 연계된 일관된 고객 경험 설계 도구로 이해되어야 하며, 이를 통해 여행사는 장기적인 경쟁우위와 지속 가능한 성상을 노보할 수 있나. 득히 7P 전략은 STP 전략과 연계되어 실행될 때 그 효과가 극대화된다. 고객 세분화와 목표시장, 포지셔닝이 명확할수록 7P 전략은 더욱 정교해지며, 이는 곧 여행사의 경쟁력으로 이어진다.

제5절

여행사 마케팅 전략의 적용 한계

여행사 마케팅은 STP 전략과 7P 전략을 기반으로 고객 중심의 여행상품과 서비스를 설계하고, 고객 경험을 핵심 가치로 삼는 경영 활동이다. 이론적으로는 고객 세분화와 차별화된 포지셔닝, 통합적 마케팅 믹스를 통해 경쟁 우위를 확보할 수 있을 것으로 기대되지만, 실제 여행사 경영 환경에서는 이러한 전략이 항상 계획대로 실행되기 어렵다. 여행산업은 외부 환경 변화에 대한 민감도가 매우 높고, 내부적으로도 구조적 제약이 존재하기 때문에, 마케팅 전략은 필연적으로 한계에 직면하게 된다. 이러한 한계를 정확히 이해하는 것은 전략의 실패를 의미하는 것이 아니라, 보다 현실적이고 실행 가능한 마케팅 전략을 수립하기 위한 출발점이라 할 수 있다.

01 외부 환경의 불확실성과 통제 불가능성

여행산업은 다른 산업에 비해 외부 환경 변화에 극도로 취약한 구조를 가지고 있다. 자연재해, 기후 변화, 정치·사회적 불안, 국제 관계, 전염병과 같은 요인은 여행사의 의지나 전략과 무관하게 수요와 공급 구조를 급격히 변화시킨다. 이러한 외부 요인은 여행사 마케팅 전략의 전제 자체를 무력화시키는 경우도 빈번하다.

자연재해와 기후 변화는 여행 일정의 실행 가능성을 직접적으로 위협한다. 태풍, 폭설, 폭염, 산불 등은 항공편 결항과 일정 변경을 초래하며, 이는 여행상품의 품질 저하와 고객 불만으로 즉각 연결된다. 이 과정에서 여행사는 대체 일정 마련, 환불 및 보상, 고객 커뮤니케이션 등 추가적인 비용과 인력을 투입해야 하며, 이는 마케팅 전략에서 예상한 수익 구조를 흔드는 요인이 된다.

정치·사회적 요인 역시 여행사 마케팅 전략의 큰 불확실성 요인이다. 특정 국가나 지역의 정치적 불안, 안전 문제, 외교 갈등은 여행 수요를 단기간에 급감시킬 수 있으며,

이는 해당 목적지를 중심으로 설계된 상품과 마케팅 전략의 전면 수정으로 이어진다. 이러한 상황에서는 기존의 STP 전략이나 포지셔닝이 더 이상 유효하지 않게 되며, 여행사는 단기간 내 대체 목적지 개발과 마케팅 전략 전환을 강요받게 된다.

전염병과 글로벌 보건 위기는 여행사 마케팅 전략의 한계를 가장 극단적으로 보여주는 사례이다. 코로나19 팬데믹은 여행 수요 자체를 붕괴시켰으며, 기존의 가격 전략, 유통 전략, 촉진 전략 모두를 무력화시켰다. 이 과정에서 여행사는 단순한 마케팅 조정이 아니라, 비즈니스 모델 전환과 생존 전략을 고민해야 했다. 이는 여행사 마케팅이 외부 환경 변화에 대해 구조적으로 취약하다는 점을 명확히 보여준다.

02 가격과 수익 구조의 구조적 제약

여행사 마케팅 전략의 또 다른 핵심 한계는 가격과 수익 구조에서 발생한다. 여행상품은 항공사, 호텔, 현지 랜드사 등 외부 공급자에 대한 의존도가 매우 높으며, 이로 인해 여행사는 가격 결정권과 수익 구조 측면에서 제한된 자율성을 가진다.

여행상품의 원가는 상당 부분 사전에 확정된 계약 비용으로 구성되며, 이는 가격 탄력성을 제한한다. 항공 좌석, 호텔 객실, 현지 투어 비용 등은 이미 계약으로 묶여 있는 경우가 많아, 시장 상황 변화에 따라 자유롭게 가격을 조정하기 어렵다. 이러한 비탄력적 원가 구조는 여행사가 가격 경쟁에 유연하게 대응하는 데 구조적 제약으로 작용한다. 또한 OTA와 글로벌 플랫폼의 확산은 가격 경쟁을 더욱 심화시키고 있다. 고객은 다양한 플랫폼을 통해 가격과 조건을 즉시 비교할 수 있으며, 이는 여행사의 가격 전략을 방어적 수준에 머물게 만든다. 마케팅을 통해 차별적 가치를 강조하더라도, 가격 비교 환경에서는 최종 구매 결정이 가격 중심으로 이루어지는 경우가 많아, 전략적 마케팅의 효과가 제한될 수 있다.

이러한 구조 속에서 여행사의 마진은 지속적으로 압박받으며, 이는 마케팅 투자 여력 감소로 이어진다. 결과적으로 여행사는 장기적 브랜드 구축보다는 단기적 판매 촉진에 의존하게 되고, 이는 다시 가격 경쟁 심화라는 악순환을 초래할 수 있다.

03 정보 비대칭 감소와 여행사의 역할 약화

과거 여행사는 정보 비대칭을 기반으로 시장에서 중요한 중개자 역할을 수행하였다. 그러나 디지털 기술의 발전과 OTA, 리뷰 플랫폼의 확산으로 인해 이러한 정보 우위는 크게 약화되었다. 고객은 항공권, 숙박, 액티비티, 교통 정보를 스스로 탐색하고 비교할 수 있으며, 여행사는 단순 정보 제공자 역할로는 경쟁력을 유지하기 어려운 상황에 직면해 있다. 이러한 환경 변화는 여행사 마케팅 전략의 근본적 전환을 요구한다. 과거처럼 목적지 정보, 가격 정보, 일정 안내 중심의 마케팅은 더 이상 차별적 가치를 제공하지 못한다. 고객은 여행사가 제공하는 정보보다 실제 이용자 후기와 경험 기반 콘텐츠를 더 신뢰하는 경향을 보인다.

이에 따라 여행사는 마케팅 전략을 '정보 제공 중심'에서 '경험 설계와 문제 해결 중심'으로 전환해야 한다. 맞춤형 일정 설계, 여행 중 위기 대응, 사후 관리와 관계 유지 등 여행사만이 제공할 수 있는 부가가치가 핵심 경쟁 요소로 부각된다. 그러나 이러한 전략은 인력, 시스템, 운영 역량을 동시에 요구하기 때문에 모든 여행사가 동일하게 실행하기 어렵다는 한계를 가진다.

04 고객 행동의 다양성과 예측 불가능성

현대 여행객의 행동은 매우 다양하고 복잡하며, 이는 여행사 마케팅 전략의 효과성을 제한하는 중요한 요인이다. 고객은 연령, 소득, 여행 목적, 경험 수준, 정보 탐색 방식에 따라 전혀 다른 구매 행태를 보이며, 동일한 마케팅 메시지에 대해서도 상이한 반응을 나타낸다.

STP 전략을 통해 시장을 세분화할수록 마케팅의 정교함은 높아지지만, 동시에 운영 복잡성과 비용 부담도 증가한다. 지나친 세분화는 상품 기획, 홍보, 유통 관리의 비효율을 초래할 수 있으며, 중소 여행사에게는 현실적으로 감당하기 어려운 수준의 부담이 될 수 있다. 또한 여행 수요는 계절성, 사회적 트렌드, 외부 이슈에 따라 급격히 변동하기 때문에 정확한 수요 예측이 어렵다. 이는 가격 전략, 프로모션 시점, 상품 구성에 불확실성을 더하며, 마케팅 전략의 성공 가능성을 제한하는 요인으로 작용한다. 더불어 고객 충성도 역시 과거에 비해 낮아지고 있다. 정보 접근성이 높아진 환경에서는 고객이 특정 여행사에 장기적으로 충성할 유인이 줄어들며, 이는 관계 마케팅 전략의 효과를 제한한다.

여행사 마케팅 전략은 이론적으로는 STP와 7P를 통해 체계적으로 설계될 수 있지만, 현실에서는 외부 환경의 불확실성, 가격과 수익 구조의 제약, 정보 비대칭 감소, 고객 행동의 복잡성이라는 구조적 한계를 안고 있다. 이러한 한계는 여행사 마케팅 전략의 실패 요인이 아니라, 전략을 보다 유연하고 현실적으로 설계해야 할 필요성을 보여준다.

여행사는 고정된 마케팅 전략을 고수하기보다는, 환경 변화에 민감하게 반응하고 고객 경험을 중심으로 전략을 지속적으로 조정해야 한다. 디지털 기술, 데이터 분석, CRM, 운영 관리 역량과 결합된 마케팅 전략만이 이러한 한계를 부분적으로 극복할 수 있다. 결국 여행사 마케팅의 핵심 과제는 완벽한 전략 수립이 아니라, 불완전한 환경 속에서도 고객 신뢰를 유지하고 지속 가능한 가치를 창출하는 능력에 있다. 이러한 현실적 인식 위에서 수립된 마케팅 전략만이 여행사의 장기적 경쟁력과 생존을 가능하게 한다.

제8장

연습문제 Review Questions

문제 01 여행사 마케팅의 주요 개념과 특성을 설명하고, 일반 상품 마케팅과 비교해 차별화되는 점을 논하시오.

➡

문제 02 STP 전략을 여행사 마케팅에 적용할 때 고려해야 하는 주요 요소를 설명하시오.

➡

문제 03 마케팅 믹스(7P)를 여행사 상품에 적용할 때 주의해야 할 점을 설명하시오.

➡

:: 모범답안 ::

문제 01

- 여행사 마케팅은 무형의 경험 상품을 중심으로 고객의 여행 경험을 설계하고 제공하는 활동이다.
- 특성: 무형성, 동시 생산·소비, 고객 참여 중심, 외부 공급자 의존, 계절성과 수요 변동성
- 일반 상품 마케팅과 비교: 유형 상품은 재고와 물리적 생산이 가능하지만, 여행상품은 경험 중심으로 재고가 없고, 고객 참여가 필요하며, 외부 변수에 민감하다.

문제 02

- Segmentation(시장 세분화): 고객 연령, 소득, 여행 목적, 경험 수준 등 다양하게 세분화
- Targeting(표적시장 선정): 수익성과 접근 용이성을 고려하여 핵심 고객층 선정
- Positioning(포지셔닝): 경쟁사 대비 차별화된 경험 가치 제공, 고객이 인지할 수 있는 핵심 가치 강조
- 고객 행동 다양성과 정보 접근성 증가로 인해 세분화와 포지셔닝의 전략적 균형이 필요

문제 03

- Product(상품): 무형 경험 중심, 패키지 및 맞춤형 상품 설계 필요
- Price(가격): 외부 공급자 가격, 계절성, 경쟁 요인에 따라 탄력적 운영
- Place(유통): 오프라인, 온라인, OTA 등 다양한 유통 채널 활용
- Promotion(촉진): 경험 중심 메시지 강조, 온라인 리뷰와 SNS 활용
- People(사람): 상담 직원과 가이드의 전문성 및 서비스 태도가 고객 만족에 직접적인 영향을 미침
- Process(과정): 예약-상담-여행 진행-사후 관리까지의 서비스 제공 과정을 체계적으로 관리해야 함
- Physical Evidence(물적 증거): 매장 환경, 안내 자료, 웹사이트, 후기 등 가시적 단서를 통해 서비스 품질을 인식하도록 관리함
- 주의: 서비스 특성과 외부 환경 변화, 고객 행동 변화에 따라 7P 전략을 유연하게 조정해야 함

제8장 토론문제 Discussion Questions

토론 01 "여행사 마케팅 전략은 기존의 7P 중심 접근만으로 충분한가?"

토론 포인트!

- 반대 논리: 7P는 서비스 전달 요소를 포괄하지만, 디지털 전환, 플랫폼 경쟁, 고객 데이터 활용, 지속가능성 등 최근 환경 변화를 충분히 설명하는 데 한계 존재함.
- 결론 유도: 고객 경험 중심 전략을 기반으로 데이터 분석, 기술 활용, 시장 환경 변화에 대응하는 확장된 마케팅 접근 필요함.

토론 02 STP 전략을 여행사 마케팅에 적용할 때 현실적 한계와 극복 방안을 논하시오.

토론 포인트!

- 한계: 고객 행동 다양성, 정보 접근성 증가, 세분화 비용 증가, 충성도 낮음.
- 극복 방안: 데이터 분석 활용, 고객 경험 중심 포지셔닝, 디지털 채널 통합, 유연한 상품 구성.

토론 03 OTA의 성장과 디지털 환경 변화가 전통 여행사 마케팅 전략에 미친 영향은 무엇인가?

토론 포인트!

- 정보 제공 중심 마케팅 기능 약화
- 고객 직접 예약 증가, 가격 경쟁 심화
- 여행사 역할 전환: 경험 설계, 운영 책임, 문제 해결 중심으로 재편
- 디지털 채널과 협업, 차별화된 고객 경험 제공 전략 필요

제9장

여행상품 촉진과 커뮤니케이션

:: 학습목표 Learning Objectives

01. 여행상품 촉진(Promotion)의 개념과 필요성을 이해할 수 있다.
02. 여행사 광고, 판촉, 이벤트 전략을 경영 관점에서 설명할 수 있다.
03. 디지털 채널, SNS, 리뷰 등 콘텐츠 기반 커뮤니케이션의 역할과 중요성을 분석할 수 있다.
04. 상담 및 대면 커뮤니케이션을 통한 고객 관리 전략을 이해할 수 있다.
05. 촉진 활동의 효과를 평가하고 한계를 논리적으로 설명할 수 있다.

:: 핵심 키워드

Key Concepts

- 촉진(Promotion)
- 판촉(Sales Promotion)
- SNS(Social Network Service)
- 상담(Counseling)
- 고객 경험(Customer Experience)
- 광고(Advertising)
- 콘텐츠 마케팅(Content Marketing)
- 리뷰(Review)
- 대면 커뮤니케이션(Face-to-Face Communication)
- ROI(Return on Investment)

:: 장 요약

Chapter Summary

본 장은 여행상품의 촉진과 커뮤니케이션 전략을 이해하는 것을 목표로 한다. 여행사는 상품을 단순히 기획하고 판매하는 것을 넘어, 효과적인 촉진 활동을 통해 고객의 관심과 구매를 유도해야 한다. 광고, 판촉, 이벤트, 콘텐츠, SNS, 리뷰, 상담 등 다양한 촉진 수단은 각각의 장점과 한계를 가진다. 디지털 환경과 SNS의 확산은 여행사 촉진 전략의 변화를 요구하며, 고객 경험을 기반으로 한 마케팅 커뮤니케이션의 중요성을 강조한다. 또한 촉진 활동의 효과성을 평가하고, 경영적 관점에서 ROI[1]를 고려하는 것이 필수적이다. 이러한 이해는 여행사의 마케팅 전략 수립과 실행 능력을 강화하는 핵심 기반이 된다.

---

1) ROI는 투자수익률(Return on Investment)을 뜻하는 용어로, 투자자가 투자 활동을 검토하고 다른 투자와 비교해 특정 투자의 성과가 어떤지 파악할 때 사용하는 공식으로 투자로 인해 얼마나 벌었거나 손해를 봤는지를 보여준다

제1절

여행상품 촉진의 개념

여행상품 촉진(promotion)이란 여행사가 고객에게 자사의 여행상품과 서비스를 효과적으로 전달하고, 구매 의사결정을 유도하며, 장기적으로 고객과의 관계를 구축·유지하기 위해 수행하는 모든 커뮤니케이션 활동을 의미한다. 이는 단순히 광고를 집행하거나 일시적인 판매를 증가시키기 위한 단기적 활동이 아니라, 여행사 경영 전략 전반과 긴밀히 연결된 전략적 마케팅 수단으로 이해되어야 한다. 여행사는 촉진 활동을 통해 시장에서 자사의 존재를 알리고, 상품의 가치를 해석하며, 고객과의 지속적인 관계를 형성함으로써 장기적인 경쟁우위를 확보할 수 있다.

여행산업의 특성상 여행상품은 무형성(intangibility), 비저장성(perishability), 동시성(simultaneity), 이질성(heterogeneity)이라는 서비스 산업의 특성을 강하게 지닌다. 여행상품은 사전에 직접 경험할 수 없으며, 소비 이전에 품질을 완전히 평가하기 어렵다. 또한 항공 좌석, 호텔 객실, 투어 일정 등은 특정 시점이 지나면 소멸되는 특성을 가지므로, 촉진 활동은 수요를 적절한 시점에 유도하는 기능을 수행해야 한다. 이러한 특성으로 인해 여행상품 촉진은 단순한 정보 전달을 넘어, 고객의 불확실성을 완화하고 심리적 위험을 감소시키는 역할을 수행한다. 특히 여행상품 촉진은 고객의 인지 형성과 기대 관리라는 측면에서 중요한 의미를 가진다. 고객은 촉진 메시지를 통해 여행 목적지의 이미지, 상품의 품질 수준, 서비스의 전문성을 인식하게 되며, 이는 실제 여행 경험에 대한 기대를 형성한다. 만약 촉진 과정에서 전달된 정보와 실제 여행 경험 사이에 괴리가 발생할 경우, 고객 만족도는 급격히 저하될 수 있으며, 이는 부정적 구전과 브랜드 신뢰 하락으로 이어질 가능성이 크다. 따라서 여행상품 촉진은 과장된 메시지보다는 정확하고 일관된 정보 제공을 통해 기대와 경험의 정합성을 유지하는 방향으로 설계되어야 한다.

여행상품 촉진은 고객 구매 의사결정 전반에 영향을 미친다. 고객은 촉진 활동을 통해 여행 필요성을 인식하고, 다양한 대안을 탐색하며, 특정 여행상품을 선택하게 된다. 이 과정에서 촉진은 인지 단계에서는 브랜드와 상품의 존재를 알리는 역할을 수행하고, 정보 탐색 단계에서는 상품의 차별성과 가치를 설명하며, 구매 결정 단계에서는 가격 혜택이나 신뢰 요소를 통해 선택을 확정하도록 유도한다. 나아가 여행 이후 단계에서도 후기 공유, 사후 커뮤니케이션, 관계 관리 활동을 통해 재구매와 추천을 촉진하는 기능을 수행한다.

여행상품 촉진의 기능은 크게 네 가지로 구분할 수 있다. 첫째, 정보 제공 기능이다. 촉진 활동은 여행 일정, 가격 구조, 포함 및 불포함 사항, 안전 정보 등 고객이 합리적 의사결정을 내리기 위해 필요한 정보를 체계적으로 전달한다. 둘째, 설득 기능이다. 경쟁 여행상품과의 비교를 통해 자사 상품의 강점을 부각시키고, 고객의 감정적 욕구와 라이프스타일에 호소함으로써 구매 의도를 강화한다. 셋째, 신뢰 형성 기능이다. 브랜드의 전문성, 실제 고객 후기, 상담 과정에서의 일관된 메시지는 고객의 불확실성을 줄이고 신뢰를 구축한다. 넷째, 관계 유지 기능이다. 지속적인 커뮤니케이션과 사후 관리 활동은 고객 충성도를 높이고 장기적 관계 형성을 가능하게 한다.

여행상품 촉진 활동은 활용 방식과 목적에 따라 다양한 유형으로 구분된다. 광고(advertising)는 대중 매체와 디지털 플랫폼을 통해 불특정 다수에게 여행상품과 브랜드 이미지를 전달하는 활동으로, 인지도 형성과 이미지 구축에 효과적이다. 판촉(sales promotion)은 할인, 한정 상품, 추가 혜택 제공 등을 통해 단기적 구매를 촉진하는 활동이다. 홍보(public relations)는 언론 보도, 공공 커뮤니케이션, 사회적 책임 활동 등을 통해 여행사에 대한 긍정적 이미지를 형성하고 신뢰를 강화한다. 이벤트(event)와 체험 활동은 고객의 참여를 유도하여 여행상품에 대한 몰입과 기대를 높이는 역할을 수행한다. 개인 판매 및 상담(personal selling)은 고객 개별 요구에 맞춘 맞춤형 커뮤니케이션을 통해 구매 결정의 불확실성을 최소화한다.

이러한 촉진 활동은 각각 독립적으로 운영되기보다 통합적으로 관리될 때 가장 큰 효과를 발휘한다. 예를 들어, 광고를 통해 상품 인지도를 확보한 후, 온라인 콘텐츠와 후기를 통해 신뢰를 형성하고, 상담과 판촉 활동을 통해 실제 구매로 연결시키는 단계적 접근이 필요하다. 이 과정에서 여행사는 촉진 메시지의 일관성을 유지함으로써 브랜드 정체성을 강화하고, 고객 접점 전반에서 동일한 가치 제안을 전달해야 한다.

여행상품 촉진은 단기적인 판매 증가를 넘어, 고객 경험 관리, 브랜드 신뢰 구축, 장기적 관계 형성을 포괄하는 전략적 커뮤니케이션 활동이다. 여행사는 촉진 활동을 통해 고객의 기대를 체계적으로 관리하고, 실제 여행 경험과의 일관성을 유지함으로써 만족도와 충성도를 동시에 제고해야 한다. 이러한 관점에서 여행상품 촉진은 여행사 마케팅 전략의 핵심 요소이며, 지속 가능한 경쟁력 확보를 위한 필수적인 경영 활동이라 할 수 있다.

제2절

광고와 판촉 전략

여행상품의 광고와 판촉 전략은 여행사가 고객에게 자사의 상품과 서비스를 효과적으로 알리고, 구매를 유도하며, 장기적으로 브랜드 가치를 축적하기 위한 핵심적인 촉진 활동이다. 광고와 판촉은 모두 마케팅 믹스 중 촉진(promotion)에 속하지만, 전략적 목적과 작동 방식에서 차이를 가지며, 상호 보완적으로 활용될 때 가장 높은 성과를 창출할 수 있다. 특히 여행산업에서는 상품의 무형성과 경험 중심 특성으로 인해 광고와 판촉이 고객 인식 형성과 구매 의사결정 과정 전반에 미치는 영향이 매우 크다.

여행상품은 고객이 사전에 직접 경험할 수 없기 때문에, 광고와 판촉은 고객의 불확실성을 줄이고 기대를 형성하는 핵심 수단으로 작용한다. 이 과정에서 여행사는 단순히 가격이나 일정 정보를 전달하는 수준을 넘어, 여행 경험의 가치와 차별성을 설득력 있게 제시해야 하며, 장기적인 브랜드 이미지와 신뢰 구축까지 고려한 전략적 접근이 요구된다.

01 광고(Advertising)의 의미

광고는 불특정 다수의 고객을 대상으로 여행상품과 여행사 브랜드에 대한 정보를 전달하고, 인지도를 높이며, 긍정적인 이미지와 신뢰를 형성하는 커뮤니케이션 활동이다. 여행사 광고의 핵심 목적은 단기적 판매보다는 브랜드 인지도 구축과 고객의 심리적 선호 형성에 있으며, 이는 장기적인 구매 가능성과 충성도로 이어진다.

여행산업에서 광고의 중요성은 상품 특성에서 더욱 두드러진다. 고객은 여행을 구매하기 전까지 실제 서비스 품질을 확인할 수 없기 때문에, 광고는 고객이 여행을 '상상'하도록 돕는 역할을 수행한다. 시각적 이미지, 영상, 스토리텔링 중심 광고는 여행지의 분위기, 서비스 수준, 여행사의 전문성을 전달함으로써 고객의 기대 수준을 형성한다. 이러한 기대는 이후 구매 결정뿐 아니라 여행 경험 만족도에도 직접적인 영향을 미친다.

광고 매체는 전통적 매체(TV, 신문, 잡지, 라디오)와 디지털 매체(검색 광고, SNS 광고, 영상 플랫폼 광고 등)를 모두 포함한다. 최근 여행사 마케팅에서는 디지털 광고의 비중이 급격히 증가하고 있으며, 이는 고객 행동 변화와 밀접하게 연관되어 있다. 디지털 광고는 연령, 관심사, 검색 이력, 여행 성향 등을 기준으로 세밀한 타겟팅이 가능하다는 점에서 효율성이 높다. 예를 들어, 해외 자유여행 검색 이력이 있는 고객에게 맞춤형 패키지 광고를 노출함으로써 광고 반응률을 높일 수 있다.

광고 전략을 설계할 때는 메시지의 내용, 전달 시점, 채널 선택이 중요하다. 여행 성수기와 비수기, 휴가 시즌, 특정 이벤트 일정에 맞추어 광고를 집행함으로써 고객의 관심과 수요를 효과적으로 자극할 수 있다. 또한 광고 메시지는 여행사의 포지셔닝 전략과 일관성을 유지해야 하며, 단기적 판매 메시지보다 브랜드 가치와 경험 중심 메시지를 균형 있게 조합하는 것이 중요하다.

02 판촉(Personal Selling & Sales Promotion)의 의미

판촉은 특정 고객 또는 소규모 고객 집단을 대상으로 직접적인 구매 행동을 유도하는 활동으로, 여행사 마케팅에서 단기적 매출 증대와 고객 관계 강화를 동시에 달성할 수 있는 수단이다. 여행사 판촉 전략에는 조기 예약 할인, 시즌별 프로모션, 패키지 결합 할인, 멤버십 혜택, 상담을 통한 맞춤형 제안 등이 포함된다.

판촉의 가장 큰 특징은 고객 행동에 즉각적인 영향을 미친다는 점이다. 가격 혜택이나 한정 조건은 고객의 구매 결정을 앞당기는 역할을 하며, 특히 여행상품처럼 구매 시점이 중요한 상품에서 효과가 크다. 예를 들어, 성수기 항공 좌석이나 한정된 호텔 객실을 포함한 패키지 상품은 조기 예약 판촉을 통해 수요를 분산시키고 운영 효율성을 높일 수 있다.

또한 여행사 판촉은 단순한 가격 할인에 그치지 않고, 개인 판매(personal selling)와 결합될 때 효과가 극대화된다. 대면 상담이나 전화, 온라인 상담을 통해 고객의 여행 목적, 예산, 선호도를 파악한 후 맞춤형 상품을 제안하는 방식은 고객 만족도를 높이고 재구매 가능성을 강화한다. 이는 여행상품의 복잡성과 고객 요구의 다양성을 고려할 때 매우 중요한 전략적 접근이다.

판촉 전략은 장기적으로 고객과의 관계 관리 수단으로도 활용될 수 있다. 멤버십 제도, 포인트 적립, 재구매 혜택은 고객을 단발성 구매자가 아닌 장기 고객으로 전환시키는 역할을 하며, 고객 생애가치(LTV, Life Time Value)[2]를 높이는 데 기여한다.

03 광고와 판촉의 통합적 활용

광고와 판촉은 기능과 목적이 다르지만, 통합적으로 운영될 때 가장 높은 마케팅 효과를 발휘한다. 광고는 여행상품과 브랜드에 대한 인지도와 기대를 형성하고, 판촉은 이러한 기대를 실제 구매 행동으로 전환시키는 역할을 수행한다. 따라서 두 전략은 단계적으로 연계되어야 하며, 메시지와 혜택 구조 역시 일관성을 유지해야 한다. 예를 들어, 신상품 출시 시 대중 광고를 통해 상품의 콘셉트와 차별성을 알린 후, 기존 고객이나 관심 고객을 대상으로 한 맞춤형 판촉을 병행하면 단기 매출과 장기 관계를 동시에 강화할 수 있다. 이 과정에서 광고와 판촉 메시지가 서로 상충하지 않도록 관리하는 것이 중요하다. 특히 여행상품의 무형성으로 인해 광고와 판촉에서 전달되는 정보와 실제 여행 경험 간의 일관성은 매우 중요하다. 과장된 광고나 실현 불가능한 혜택 중심 판촉은 단기적으로는 판매를 증가시킬 수 있으나, 장기적으로는 고객 불만과 브랜드 신뢰 하락으로 이어질 수 있다. 따라서 여행사는 광고·판촉 전략을 상품 구성, 서비스 품질, 운영 역량과 긴밀히 연계하여 설계해야 한다.

여행사 광고와 판촉 전략은 단순한 판매 촉진 수단이 아니라, 고객 경험 관리와 브랜드 가치 형성, 장기적 경영 성과를 연결하는 전략적 도구이다. 시장 환경과 고객 행동 변화에 맞추어 광고와 판촉을 지속적으로 조정하고 통합적으로 운영할 때, 여행사는 단기 성과와 지속 가능한 경쟁력을 동시에 확보할 수 있다.

---

2) LTV(Life Time Value)는 고객 생애 가치로, 한 명의 고객이 기업과 관계를 유지하는 전체 기간 동안 창출할 것으로 예상되는 총 수익 또는 가치를 의미하며, 고객의 평균 구매액, 구매 빈도, 서비스 이용 기간 등을 종합하여 계산한다.

제3절

콘텐츠·SNS·리뷰의 역할

현대 여행사 마케팅에서 콘텐츠, SNS, 리뷰는 단순한 정보 전달 수단을 넘어 고객 경험과 구매 결정에 직접적인 영향을 미치는 핵심 전략 요소로 자리 잡았다. 디지털 환경의 확산과 모바일 기기의 보편화는 여행사와 고객 간의 접점을 크게 확대시켰으며, 고객은 여행상품을 접하고 비교하며 평가하는 전 과정에서 디지털 콘텐츠와 타인의 경험을 적극적으로 활용한다. 이러한 환경 변화 속에서 여행사 마케팅은 일방적인 메시지 전달 중심 구조에서 벗어나, 고객 참여와 상호작용을 기반으로 한 커뮤니케이션 전략으로 전환되고 있다. 특히 여행상품은 무형적이고 경험 중심적 특성을 가지므로, 콘텐츠·SNS·리뷰는 고객이 여행을 실제로 경험하기 이전에 기대와 이미지를 형성하는 중요한 역할을 수행한다. 이 과정에서 고객의 실제 경험이 다시 콘텐츠와 리뷰로 축적되며, 이는 또 다른 잠재 고객의 구매 결정에 영향을 미치는 선순환 구조를 형성한다. 따라서 여행사는 콘텐츠 제작, SNS 운영, 리뷰 관리를 개별 활동으로 분리하여 운영하기보다, 통합적 커뮤니케이션 전략의 핵심 요소로 인식해야 한다.

01 콘텐츠(Content)의 의미

콘텐츠는 여행상품과 여행사의 가치, 차별성, 전문성을 고객에게 전달하는 모든 형태의 정보와 이야기를 의미한다. 사진, 영상, 블로그 글, 브이로그(Vlog), 여행 가이드 자료, 인터뷰, 스토리텔링 콘텐츠 등은 모두 여행사 콘텐츠의 범주에 포함된다. 이러한 콘텐츠는 단순한 상품 설명을 넘어, 고객이 여행을 간접적으로 경험하고 상상하도록 돕는 역할을 수행한다.

여행상품 구매 과정에서 콘텐츠의 역할은 특히 중요하다. 고객은 여행을 떠나기 전, 콘텐츠를 통해 여행지의 분위기, 일정의 매력, 서비스 품질을 평가하며, 이를 바탕으로 구매 여부를 결정한다. 예를 들어, 특정 지역의 풍경 사진이나 현지 체험 영상을 접한 고객은 해당 여행상품에 대해 긍정적 감정과 기대를 형성하게 되며, 이는 가격 민감도를 완화하고 구매 전환 가능성을 높인다. 또한 콘텐츠는 여행사의 전문성과 신뢰성을 전달하는 수단이기도 하다. 일정 구성의 합리성, 현지 정보의 정확성, 여행 팁 제공 등은 여행사가 단순 중개자가 아니라 전문적인 여행 설계자라는 이미지를 형성하게 한다. 이러한 전문성 중심 콘텐츠는 경쟁이 심화된 여행시장 환경에서 차별적 경쟁 우위를 제공한다.

중요한 점은 콘텐츠의 일관성과 진정성이다. 과도한 연출이나 현실과 괴리가 큰 콘텐츠는 단기적으로 관심을 끌 수 있으나, 실제 여행 경험과의 불일치는 고객 불만과 부정적 리뷰로 이어질 수 있다. 따라서 콘텐츠 전략은 여행상품의 실제 품질과 운영 수준을 반영하여 설계되어야 하며, 고객 기대 관리 차원에서 접근해야 한다.

02 SNS(Social Network Service)의 의미

SNS는 여행사와 고객 간의 쌍방향 커뮤니케이션을 가능하게 하는 핵심 플랫폼이다. 인스타그램(Instagram), 페이스북(Facebook), 유튜브(YouTube), 틱톡(Tik Tok) 등 다양한 SNS 채널은 여행사 콘텐츠를 빠르게 확산시키고, 고객 참여를 유도하며, 브랜드와 고객 간의 지속적인 관계 형성을 가능하게 한다.

SNS 전략의 핵심은 단순한 게시물 업로드가 아니라, 고객 참여와 관계 형성이다. 여행사는 댓글, 메시지, 공유, 좋아요 등의 상호작용을 통해 고객 반응을 실시간으로 확인할 수 있으며, 이를 통해 고객의 관심사와 요구 변화를 파악할 수 있다. 이러한 상호작용은 여행사 마케팅을 일방향 홍보에서 참여형 커뮤니케이션 구조로 전환시킨다.

구체적으로, 여행사는 해시태그 캠페인, 고객 참여 이벤트, 후기 공유, 실시간 라이브 방송 등을 통해 SNS 상에서 브랜드 커뮤니티를 형성할 수 있다. 고객이 자발적으로 여행 경험을 공유하도록 유도하면, 이는 신뢰도 높은 마케팅 메시지로 작용하며, 광고 대비 높은 설득력을 가진다. 특히 젊은 세대 고객은 SNS를 주요 정보 탐색 채널로 활용하므로, SNS 전략은 세대별 마케팅에서도 중요한 의미를 가진다. 또한 SNS는 위기 대응 커뮤니케이션 수단으로도 활용된다. 여행 일정 변경, 돌발 상황, 고객 문의 등에 대해 신속하고 투명하게 대응함으로써 브랜드 신뢰를 유지할 수 있다. 이는 단순한 홍보 도구를 넘어, 고객 경험 관리 채널로서 SNS의 역할을 보여준다.

순위 \ 세대별	20세 미만	20대	30대	40대	50대	60세 이상
1위	인스타그램 400	인스타그램 709	인스타그램 596	인스타그램 637	밴드 427	밴드 199
2위	틱톡 190	에브리타임 362	밴드 245	밴드 588	인스타그램 285	인스타그램 98
3위	핀터레스트 158	X 308	네이버 카페 182	네이버 카페 322	페이스북 146	틱톡 66
4위	X 156	핀터레스트 241	X 175	페이스북 210	네이버 카페 143	틱톡 라이트 59
5위	밴드 94	스레드 225	틱톡 159	틱톡 157	틱톡 85	페이스북 58
6위	스레드 60	네이버 카페 196	스레드 156	틱톡 라이트 154	틱톡 라이트 84	카카오스토리 52
7위	페이스북 60	밴드 178	핀터레스트 139	스레드 128	카카오스토리 83	네이버 카페 30

출처: WISEAPP·RETAIL

그림 9.1 ❙ SNS 세대별 사용자 순위(2025년 6월 기준)

03 리뷰(Review)의 의미

리뷰는 고객이 실제 여행 경험을 바탕으로 남긴 평가와 의견으로, 현대 여행사 마케팅에서 강력한 영향력을 가지는 요소 중 하나이다. 온라인 여행 플랫폼, 포털 사이트, SNS, 블로그 등에 게시되는 리뷰는 잠재 고객의 구매 결정에 직접적인 영향을 미치며, 광고보다 높은 신뢰도를 가진 정보로 인식된다.

긍정적 리뷰는 여행상품과 여행사에 대한 신뢰를 강화하고 신규 고객 유입을 촉진하는 반면, 부정적 리뷰는 서비스 개선의 필요성을 드러내는 중요한 신호가 된다. 중요한 점은 부정적 리뷰 자체보다, 이에 대한 여행사의 대응 방식이다. 신속하고 성의 있는 대응은 오히려 고객 신뢰를 강화하는 계기가 될 수 있으며, 문제 해결 중심의 커뮤니케이션은 브랜드 이미지 개선으로 이어질 수 있다.

여행사는 리뷰를 단순한 평가 결과로 받아들이는 것이 아니라, 전략적 데이터 자원으로 활용해야 한다. 리뷰 분석을 통해 고객 불만 요인, 만족 요인, 개선 요구 사항을 체계적으로 파악할 수 있으며, 이는 상품 기획, 서비스 개선, 마케팅 메시지 재설계에 활용될 수 있다. 이처럼 리뷰는 고객 경험 관리와 품질 개선을 연결하는 핵심 연결 고리이다.

04 콘텐츠·SNS·리뷰의 통합적 활용

콘텐츠, SNS, 리뷰는 각각 독립적인 마케팅 도구이지만, 통합적으로 운영될 때 가장 큰 시너지를 창출한다. 콘텐츠는 여행상품의 가치를 설명하고 기대를 형성하며, SNS는 이를 확산시키고 고객 참여를 유도한다. 이후 고객의 실제 경험은 리뷰로 축적되어 또 다른 콘텐츠 자산으로 재활용된다.

예를 들어, 여행사가 제작한 여행 콘텐츠가 SNS를 통해 확산되고, 해당 상품을 경험한 고객의 리뷰가 다시 콘텐츠로 공유되면, 신뢰 기반 마케팅 구조가 형성된다. 또한 리뷰에서 도출된 고객 반응과 요구는 향후 콘텐츠 제작 방향과 SNS 캠페인 전략에 반영될 수 있다.

결국 콘텐츠·SNS·리뷰는 여행사 마케팅에서 단기적 판매 촉진을 넘어, 고객 경험 관리와 브랜드 구축, 장기적 관계 형성을 가능하게 하는 핵심 전략 요소이다. 여행사는 이들을 단순 홍보 수단으로 인식하기보다, 고객과의 지속적인 상호작용과 경험 축적을 위한 전략적 자산으로 관리해야 한다.

현대 여행사 마케팅에서 콘텐츠·SNS·리뷰의 전략적 활용은 선택이 아닌 필수이며, 이를 체계적으로 통합·운영하는 여행사만이 변화하는 디지털 환경 속에서 지속 가능한 경쟁력을 확보할 수 있다.

제4절

상담과 대면 커뮤니케이션

여행사 마케팅에서 상담과 대면 커뮤니케이션은 디지털 홍보와 온라인 예약이 확대된 환경 속에서도 여전히 핵심적인 역할을 수행한다. 여행상품은 무형적 서비스이자 항공, 숙박, 관광, 이동, 체험 요소가 결합된 복합 상품이기 때문에, 고객은 구매 이전에 상품의 품질과 위험을 완전히 판단하기 어렵다. 이러한 특성으로 인해 상담 과정은 단순한 정보 전달 기능을 넘어, 고객의 불확실성을 완화하고 신뢰를 형성하며, 구매 의사결정을 구조화하는 전략적 기능을 수행한다. 특히 여행상품은 고관여 상품(high involvement product)에 해당하므로, 상담과 커뮤니케이션의 질은 고객 만족과 재구매 의도에 직접적인 영향을 미친다.

01 대면 상담(Face-to-Face Consultation)의 전략적 가치

대면 상담은 고객과 여행사 직원 간의 직접적인 상호작용을 통해 이루어지는 커뮤니케이션 방식으로, 여행상품 판매 과정에서 가장 전통적이면서도 신뢰 형성 효과가 높은 방식으로 평가된다. 대면 상담의 핵심 가치는 고객의 명시적 요구뿐만 아니라 잠재적 요구(latent needs)까지 파악할 수 있다는 점에 있다. 고객의 표정, 말투, 반응, 질문 방식 등을 종합적으로 관찰함으로써, 표면적으로 드러나지 않은 불안 요소나 기대 수준을 파악할 수 있다. 특히 맞춤형 패키지 여행, 고가 상품, 장거리 해외여행, 단체 및 기업 연수 여행 등에서는 대면 상담의 중요성이 더욱 커진다. 이러한 상품은 일정 구성, 비용 구조, 위험 요소, 계약 조건이 복잡하기 때문에, 대면 상담을 통해 충분한 설명과 조율이 이루어지지 않으면 고객 불만이나 분쟁으로 이어질 가능성이 높다. 따라서 대면 상담은 단순한 판매 활동이 아니라, 여행상품 설계와 실행의 출발점으로 기능한다.

대면 상담 과정에서 여행사는 일정, 가격, 포함·불포함 사항, 취소 규정, 보험, 현지 상황 등 세부 정보를 체계적으로 제공해야 하며, 고객의 질문과 우려를 즉각적으로 해소해야 한다. 이 과정에서 형성된 신뢰는 구매 결정에 직접적인 영향을 미칠 뿐만 아니라, 여행 후 평가와 재이용 의사에도 장기적인 영향을 미친다. 더 나아가 상담 과정에서 축적된 고객 정보는 향후 상품 기획, 고객 세분화, 관계 마케팅 전략 수립의 중요한 기초 자료로 활용될 수 있다.

02 비대면 상담(온라인·전화 상담)의 기능과 한계

비대면 상담은 이메일, 전화, 채팅, 메신저, 화상 상담 등 디지털 기반 커뮤니케이션 수단을 활용한 상담 방식으로, 현대 여행사 운영에서 필수적인 요소로 자리 잡았다. 비대면 상담은 시간과 공간의 제약을 최소화하여 고객 접근성을 높이고, 신속한 응대를 가능하게 한다는 점에서 효율성이 높다. 특히 온라인 예약 과정에서 발생하는 정보 부족, 결제 불안, 상품 비교의 어려움을 해소하는 데 중요한 역할을 한다. 그러나 비대면 상담은 고객의 감정 상태나 미묘한 반응을 파악하는 데 한계가 존재한다. 따라서 상담원의 언어 표현 능력, 설명의 구조화 능력, 문제 해결 역량이 대면 상담보다 더욱 중요해진다. 명확하고 일관된 설명, 신속한 피드백, 고객 눈높이에 맞춘 표현은 비대면 상담의 품질을 좌우하는 핵심 요소이다.

또한 비대면 상담 과정에서 생성되는 상담 기록과 고객 데이터는 고객관계관리(CRM) 시스템과 연계될 때 전략적 가치가 극대화된다. 고객의 문의 유형, 구매 이력, 선호 상품, 불만 사항 등을 체계적으로 관리하면, 이후 개인화된 마케팅과 맞춤형 상품 제안이 가능해진다. 즉, 비대면 상담은 단순한 비용 절감 수단이 아니라, 데이터 기반 마케팅을 가능하게 하는 핵심 접점으로 이해되어야 한다.

03 상담 커뮤니케이션의 설득 구조와 신뢰 형성 메커니즘

상담은 정보 전달 행위이면서 동시에 설득 커뮤니케이션의 과정이다. 여행사 상담은 고객의 요구를 일방적으로 충족시키는 것이 아니라, 고객의 기대와 현실적 제약 사이에서 합리적인 선택을 유도하는 조정 과정으로 기능한다. 이때 상담의 핵심은 가격, 일정, 서비스 조건을 단순히 나열하는 것이 아니라, 고객의 여행 목적과 가치 기준에 맞추어 정보를 구조화하는 데 있다.

효과적인 상담은 문제 인식 → 대안 제시 → 비교 설명 → 위험 관리 → 최종 결정 지원의 단계로 이루어진다. 이 과정에서 상담원은 전문성과 정직성을 기반으로 고객과의 신뢰를 구축해야 하며, 과장된 설명이나 불완전한 정보 제공은 단기적 판매에는 도움이 될 수 있으나 장기적 관계 형성에는 부정적 영향을 미친다. 특히 여행상품은 사후 경험이 명확히 남는 서비스이므로, 상담 단계에서 형성된 기대와 실제 경험 간의 괴리는 고객 만족도를 결정하는 핵심 요인이 된다.

04 상담의 전략적 활용과 통합 마케팅 관점

상담 활동은 개별 판매 접점에 머무르지 않고, 여행사의 통합 마케팅 전략과 연계되어야 한다. 상담 과정에서 수집된 고객의 관심사, 예산 범위, 여행 동기, 라이프스타일 정보는 향후 콘텐츠 마케팅, SNS 캠페인, 이메일 마케팅, 맞춤형 프로모션 설계에 활용될 수 있다. 이러한 연계는 고객 경험을 단절 없이 관리하고, 일관된 브랜드 이미지를 구축하는 데 기여한다. 또한 상담 품질은 여행사의 서비스 역량과 조직 경쟁력을 반영하는 지표로 작용한다. 상담 인력의 교육 수준, 커뮤니케이션 역량, 문제 해결 능력은 여행사의 브랜드 신뢰도와 직결되며, 이는 가격 경쟁이 심화된 시장 환경에서 차별화 요소로 작용한다. 따라서 여행사는 상담을 단순한 영업 기능이 아닌, 전략적 자산으로 인식하고 체계적인 관리와 투자를 지속해야 한다.

상담과 대면 커뮤니케이션은 여행상품 판매 과정에서 고객의 불확실성을 완화하고, 신뢰를 구축하며, 장기적인 고객 관계를 형성하는 핵심 수단이다. 디지털 채널이 확대되는 환경 속에서도 상담의 전략적 가치는 여전히 유효하며, 대면과 비대면 상담을 균형 있게 운영하고 통합적으로 활용할 때 여행사는 고객 경험의 질을 극대화하고 지속 가능한 경쟁력을 확보할 수 있다.

제5절

촉진 활동의 성과와 한계

여행상품 촉진 활동(promotion)은 여행사의 매출 증대, 브랜드 가치 형성, 고객 관계 강화라는 경영적 목표를 달성하기 위해 필수적으로 수행되는 전략적 활동이다. 여행상품은 무형적 서비스이자 복합적 경험 상품이기 때문에, 고객은 실제 여행을 경험하기 전까지 상품의 가치를 명확히 판단하기 어렵다. 이러한 특성으로 인해 촉진 활동은 단순한 광고나 할인 행사를 넘어, 고객에게 상품과 브랜드의 가치를 이해시키고 기대와 실제 경험을 일치시키는 중요한 역할을 수행한다.

01 주요 성과

여행상품 촉진 활동의 가장 직접적인 성과는 단기적인 판매 증대이다. 광고, 판촉, 프로모션, 이벤트 등은 특정 기간 동안 고객의 구매 의사결정을 자극하여 예약 전환율을 높이는 효과를 가진다. 특히 성수기·비수기, 연휴, 계절별 수요 변화에 맞추어 설계된 할인 혜택이나 조기 예약 프로그램, 단체 여행 프로모션은 여행상품 판매를 촉진하는 데 효과적으로 작용한다. 고객은 이러한 촉진 활동을 통해 가격적·심리적 부담을 완화하고, 구매 결정을 보다 신속하게 내리게 된다. 또한 촉진 활동은 브랜드 인지도와 이미지 강화를 통해 장기적인 성과를 창출한다. 반복적인 광고 노출과 콘텐츠, SNS 캠페인을 통한 홍보는 여행사를 고객의 인식 속에 각인시키며, 브랜드 신뢰와 친숙도를 형성하는 기반이 된다. 특히 여행 콘텐츠를 활용한 스토리텔링 방식의 촉진 활동은 여행사의 전문성과 차별성을 효과적으로 전달함으로써, 단순한 상품 판매를 넘어 브랜드 가치를 축적하는 역할을 수행한다.

더 나아가 촉진 활동은 고객 참여와 관계 구축 측면에서도 중요한 성과를 낳는다. SNS 이벤트, 온라인 캠페인, 후기 공유 활동 등은 고객의 자발적 참여를 유도하고, 여행사와 고객 간의 상호작용을 강화한다. 이러한 참여 경험은 고객에게 긍정적인 기억으로 남아 재구매 가능성을 높이며, 장기적인 고객 관계 형성과 충성도 구축으로 이어질 수 있다.

이처럼 촉진 활동은 단기 매출 증대와 장기적 브랜드 자산 형성을 동시에 달성할 수 있는 전략적 수단이다.

02 한계와 주의사항

여행상품 촉진 활동은 여러 위험 요소를 내포하고 있으며, 때문에 신중한 관리가 요구된다. 우선 촉진 활동의 성과를 정확하게 측정하는 데에는 구조적인 어려움이 존재한다. 광고 노출 수, 클릭 수, 참여율과 같은 정량적 지표는 비교적 쉽게 확보할 수 있으나, 이러한 지표가 실제 구매나 장기적 브랜드 충성도로 얼마나 연결되는지를 명확히 파악하는 것은 쉽지 않다. 특히 콘텐츠 마케팅이나 SNS 활동은 즉각적인 매출 효과보다 중·장기적 브랜드 형성에 기여하는 경우가 많아, 투자 대비 효과를 단기적으로 평가하는 데 한계가 있다.

또한 소비자 반응의 불확실성 역시 촉진 활동의 중요한 제약 요인이다. 동일한 광고나 판촉 전략이라 하더라도 고객의 연령, 여행 경험, 정보 탐색 수준, 사회적 환경에 따라 반응은 크게 달라질 수 있다. 일괄적인 촉진 전략은 특정 고객층에는 효과적일 수 있으나, 다른 고객층에는 오히려 무관심이나 피로감을 유발할 가능성도 존재한다. 따라서 촉진 활동은 정교한 타깃 설정과 데이터 기반 분석을 전제로 설계되어야 한다.

나아가 단기적 판매 성과에 과도하게 의존할 경우 장기적인 부작용이 발생할 수 있다. 지나친 할인이나 가격 중심의 판촉 전략은 고객에게 여행상품의 품질과 브랜드 가치에 대한 의문을 제기하게 할 수 있으며, 가격에 민감한 고객만을 유인하는 결과로 이어질 위험이 있다. 이는 장기적으로 브랜드 신뢰도와 수익성 모두를 약화시키는 요인이 될 수 있다.

끝으로, 디지털 환경의 급속한 변화 역시 촉진 활동의 효과 제한 요소로 작용한다. OTA, 메타 검색 플랫폼, SNS 알고리즘 변화 등 기존 촉진 전략의 효과를 빠르게 감소시킬 수 있으며, 여행사는 이러한 변화에 지속적으로 대응해야 한다. 전통적인 광고 방식과 디지털 촉진 수단을 분절적으로 운영할 경우, 고객 경험의 일관성이 훼손될 가능성도 존재한다.

여행상품 촉진 활동은 매출 증대와 브랜드 가치 강화를 동시에 추구하는 핵심 전략이지만, 그 효과는 결코 자동적으로 보장되지 않는다. 촉진 활동의 성과를 극대화하기 위해서는 명확한 타깃 설정, 데이터 기반 전략 수립, 단기 성과와 장기 브랜드 가치 간의 균형, 그리고 고객 경험 중심의 통합적 접근이 필수적이다. 이러한 관점에서 촉진 활동을 운영할 때, 여행사는 변화하는 시장 환경 속에서도 지속 가능한 경쟁력을 확보할 수 있을 것이다.

제9장

연습문제 Review Questions

문제 01 여행상품 촉진 활동이 여행사의 매출과 브랜드 가치에 미치는 영향을 설명하시오.

➡

문제 02 여행상품 촉진 활동의 한계를 세 가지 이상 제시하고, 각 한계가 여행사 경영에 미치는 영향을 논하시오.

➡

문제 03 SNS, 리뷰, 콘텐츠 마케팅과 같은 디지털 촉진 활동이 전통적 광고와 다른 점을 설명하시오.

➡

:: 모범답안 ::

문제 01

- 촉진 활동은 고객에게 정보를 제공하고 구매를 유도함으로써 매출 증대에 직접 기여한다.
- 광고, SNS, 이벤트 등을 통해 브랜드 인지도와 신뢰도를 높이며, 장기적으로 고객 충성도를 강화한다.
- 고객 참여와 상호작용을 통해 서비스 개선과 고객 경험 혁신에도 활용될 수 있다.

문제 02

- 성과 측정의 어려움 → ROI 분석이 어려워 마케팅 투자 효율 판단이 복잡하다.
- 소비자 반응의 불확실성 → 타겟팅과 캠페인 효과에 변동성이 크며, 무분별한 광고는 비용 낭비 가능
- 단기적 효과에 치중 → 할인·쿠폰 중심 활동은 장기적 브랜드 가치에 부정적 영향
- 디지털 환경 변화 → 기존 전통적 채널만 활용 시 경쟁력 약화 가능

문제 03

- 디지털 채널은 양방향 소통 가능, 고객 참여 유도, 실시간 피드백 수집 가능
- 타겟 세분화와 개인 맞춤형 마케팅 가능
- 성과 측정이 어렵지만, 장기적 브랜드 관계 구축과 고객 경험 강화에 유리

제9장

토론문제 Discussion Questions

토론 01 "SNS와 콘텐츠 마케팅이 전통적 광고보다 더 효과적인 촉진 수단인가?"

토론 포인트!

- 찬성: 실시간 상호작용, 타겟팅 정밀, 참여형 마케팅, 리뷰 신뢰성
- 반대: 대규모 노출 한계, 측정 어려움, 특정 세대 편중 가능
- 결론: 목적과 상황에 따라 통합 활용 필요

토론 02 "단기 판매 증대와 장기 브랜드 구축 중 어느 것을 우선시해야 하는가?"

토론 포인트!

- 단기: 프로모션, 이벤트, 쿠폰 → 매출 즉시 상승
- 장기: 콘텐츠, 브랜딩, 고객 관계 관리 → 지속적 충성도 강화
- 결론: 균형 전략 필수, 단기 성과와 장기 전략 통합 관리 필요

토론 03 "여행사 촉진 활동에서 디지털 채널과 오프라인 채널은 어떻게 조화롭게 활용할 수 있는가?"

토론 포인트!

- 디지털: SNS, 온라인 광고, 리뷰 관리
- 오프라인: 여행 박람회, 카운터 홍보, 체험 이벤트
- 결론: 상호 보완적 통합 마케팅 전략 필요

제10장

여행사 조직과 인적자원 관리

:: 학습목표 Learning Objectives

01. 여행사의 조직 구조를 이해하고, 조직 유형과 특성을 설명할 수 있다.
02. 여행사 내 주요 직무와 역할을 경영적 관점에서 구분할 수 있다.
03. 인적자원 관리(HRM)의 개념과 여행사에서의 특수성을 이해할 수 있다.
04. 서비스 산업 종사자의 감정노동과 역할 스트레스 관리의 중요성을 논할 수 있다.
05. 여행사 인적자원 관리에서 발생하는 경영적 과제와 대응 전략을 설명할 수 있다.

:: 핵심 키워드 Key Concepts

- 조직 구조(Organization Structure)
- 직무(Job)
- 역할(Role)
- 인적자원 관리(HRM)
- 감정노동(Emotional Labor)
- 서비스 품질(Service Quality)
- 경영적 과제(Management Challenge)
- 조직 효율성(Organizational Efficiency)
- 기능별 조직(Functional Organization)/사업부별 조직(Divisional Organization)
- 채용(Recruitment), 교육(Training), 평가(Performance Appraisal), 보상(Compensation)

:: 장 요약 Chapter Summary

본 장은 여행사 조직과 인적자원 관리의 핵심 개념을 이해하고, 여행사 운영에서 HRM이 가지는 의미를 설명한다. 여행사는 다양한 기능과 직무를 수행하는 조직으로, 조직 구조는 회사 규모와 전략, 서비스 유형에 따라 달라진다.

인적자원 관리(HRM)는 단순한 직원 관리가 아니라, 인재 확보, 교육, 평가, 보상, 경력 개발을 포함한 통합적 경영 활동이다. 특히 여행사와 같은 서비스 산업에서는 직원의 감정노동과 고객 대응 능력이 서비스 품질과 직결되므로 HRM의 역할이 매우 중요하다.

여행사 조직의 효율성과 HRM의 전략적 활용은 경쟁력 확보와 직접 연결되며, 잘 설계된 조직과 관리 체계는 고객 만족, 운영 효율, 직원 만족도를 동시에 향상시킬 수 있다. 본 장에서는 조직 구조, 직무와 역할, HRM의 특성과 과제, 감정노동 관리 등을 종합적으로 다루어 여행사 경영에서 인적자원의 의미를 이해하도록 한다.

제1절

여행사 조직 구조의 이해

여행사는 단순한 서비스 제공 기업이 아니라, 고객에게 복합적 경험과 가치를 창출하는 서비스 통합형 기업조직이다. 즉, 여행사는 항공, 숙박, 교통, 관광지, 현지 가이드, 보험, 비자 등 다양한 외부 공급자와의 협력 네트워크를 통해 '경험'을 상품화하고, 이를 고객에게 전달하는 과정에서 수많은 이해관계자와 부서가 동시에 작동하는 다층적 조직 체계를 갖는다.

따라서 여행사의 조직 구조는 단순히 업무를 효율적으로 나누기 위한 수단이 아니라, 기업의 전략적 목표를 실현하기 위한 핵심 관리 시스템이자 가치 창출 구조로 이해되어야 한다. 조직 구조의 설계는 기업의 비전, 경영전략, 시장 지향성, 인적자원 특성, 그리고 서비스 품질 관리 체계와 밀접히 연관된다.

01 여행사 조직 구조의 전략적 의의

조직 구조는 여행사의 업무 효율성과 시장 대응력, 의사결정의 속도, 부서 간 협업 수준, 고객만족도를 결정짓는 핵심 요인이다. 특히 여행산업은 제품이 아닌 서비스와 경험을 판매하는 산업이기 때문에, 부서 간의 정보 공유와 협업 체계가 매끄럽지 않으면 고객 서비스의 일관성이 무너질 위험이 있다. 예를 들어, 상품기획 부서가 새 여행상품을 개발할 때 판매 부서의 고객 피드백이 반영되지 않거나, 운영 부서가 현지 문제를 즉시 보고하지 못하면 전체 고객 경험이 훼손될 수 있다. 이러한 점에서 조직 구조는 단순한 행정체계가 아니라 '서비스 품질을 담보하는 설계도'로 기능한다.

또한, 조직 구조는 경영 전략과 긴밀히 연결되어야 한다. 예를 들어, 대형 여행사는 규모의 경제를 극대화하고 표준화된 프로세스를 유지하기 위해 기능 중심 구조를 선호하지만, 중소형 전문 여행사는 고객 맞춤형 서비스와 빠른 의사결정을 위해 평면적 구조나 프로젝트 중심 구조를 택한다. 따라서 조직 구조는 전략적 선택의 산물이며, 내부 효율성과 외부 시장 대응 간 균형을 맞추는 것이 핵심이다.

02 주요 조직 형태와 특징

여행사의 조직 구조는 일반적으로 기능별 조직, 사업부별 조직, 매트릭스 조직으로 구분된다. 각 형태는 기업의 규모, 상품 특성, 시장 전략에 따라 다르게 적용된다.

1) 기능별 조직(Functional Structure)

기능별 조직은 여행사의 핵심 기능(상품기획, 판매, 운영, 마케팅, 재무 등)을 기준으로 부서를 구성하는 가장 전통적인 형태이다. 각 부서가 자신이 맡은 기능에 대해 높은 전문성을 확보할 수 있으며, 명확한 책임 분담과 체계적인 보고 라인을 갖는다는 점에서 관리 효율성이 높다. 예를 들어, 기획 부서는 항공 및 호텔 공급자와의 협상, 일정 구성, 여행 일정표 작성 등을 수행하고, 판매 부서는 고객 상담, 예약, 발권, 결제 등을 담당한다. 운영 부서는 현지 네트워크 관리, 가이드 교육, 문제 발생 시 조정 기능을 수행한다.

그러나 기능별 조직은 부서 간 경계가 뚜렷하여 부서 이기주의(silo effect) 가 발생하기 쉽다. 이는 부서 간 정보 단절, 협업 부족, 그리고 고객 요구에 대한 반응 속도 저하로 이어질 수 있다. 특히 여행상품은 기획·판매·운영이 유기적으로 연결되어야 하므로, 부서 간 커뮤니케이션 체계가 취약할 경우 서비스 품질이 불균형하게 나타날 수 있다. 따라서 기능별 조직에서는 조정자 역할을 수행하는 관리계층(middle management)의 역할이 중요하며, 부서 간 협력 프로세스를 체계화해야 한다.

2) 사업부별 조직(Divisional Structure)

사업부별 조직은 여행상품 유형, 고객 세그먼트, 지역 시장 등 특정 기준에 따라 독립적인 사업 단위를 구성하는 구조이다. 예컨대 '유럽팀', '동남아팀', '국내여행팀', '단체여행팀', '자유여행팀' 등으로 구분할 수 있으며, 각 사업부는 독립된 이익 책임(profit responsibility)을 갖는다.

출처: 하나투어

그림 10.1 ▌하나투어 조직도

출처: 노랑풍선

그림 10.2 ▌노랑풍선조직도

이 구조의 장점은 시장 변화에 대한 대응력이 높고, 각 사업부가 고객 특성에 맞춘 전략을 독립적으로 수립할 수 있다는 점이다. 또한 성과 평가가 명확하여 관리자의 책임의식이 강화된다. 그러나 동일 기능의 중복으로 인한 비용 증가와 자원 낭비, 그리고 부서 간 경쟁 심화로 인한 조직 간 시너지 약화라는 단점이 있다. 이를 방지하기 위해 본사 차원의 중앙지원조직(예: 인사, 재무, 법무, 마케팅 전략부)을 별도로 두는 것이 일반적이다. 이러한 중앙집중형 지원체계는 전체 자원의 효율적 배분과 기업 수준의 일관된 전략 실행을 돕는다.

3) 매트릭스 조직(Matrix Structure)

매트릭스 조직은 기능별 조직과 사업부별 조직의 장점을 결합한 구조로, 한 직원이 기능 부서와 사업부 양쪽에 소속되어 두 가지 책임을 동시에 수행한다. 예를 들어, '기획부서' 소속이지만 '유럽사업부 프로젝트팀'의 일원으로 활동하는 형태이다.

이 구조는 복잡한 여행상품 개발이나 대규모 이벤트·단체 여행 프로젝트에 적합하며, 부서 간 협업을 강화하고 정보 흐름을 원활하게 만든다. 또한 다양한 시각에서 문제를 해결할 수 있는 융합적 사고를 촉진한다. 그러나 매트릭스 조직은 보고체계의 이중성(double authority)으로 인해 혼란이 생기기 쉽다. 직무 책임이 중복되거나 우선순위가 모호해지는 경우, 갈등이 발생할 가능성이 크다. 따라서 매트릭스 조직을 성공적으로 운영하려면 명확한 역할 정의, 갈등 조정 시스템, 그리고 관리자 간 신뢰 기반의 리더십이 필수적이다.

03 규모와 구조: 계층적 vs 평면적

여행사의 규모에 따라 조직 구조는 계층적(hierarchical) 또는 평면적(flat) 형태로 구분된다.

소규모 여행사는 신속한 의사결정과 고객 밀착형 서비스를 위해 평면적 구조를 선호한다. 대표자와 실무자 간의 소통이 자유롭고, 시장 변화에 빠르게 대응할 수 있다는 장점이 있다. 예를 들어, 고객의 특별 요청이나 일정 변경에 대해 실시간 의사결정이 가능하며, 개별화된 서비스 제공이 용이하다. 반면 대형 여행사는 관리 효율성과 통제 기능 강화를 위해 다층적 구조를 유지한다. 부서 간 명확한 역할 구분과 직급 체계가 존재하며,

각 부문 간 업무 흐름이 표준화되어 있다. 그러나 지나친 계층화는 의사결정의 지연과 현장 대응력 약화를 초래할 수 있으므로, 최근에는 하이브리드 구조(hybrid structure) 나 프로젝트 기반 조직(project-based organization) 이 도입되는 추세다.

04 디지털 전환과 조직 구조의 진화

최근 여행산업의 디지털 전환(digital transformation)은 조직 구조의 패러다임을 변화시키고 있다. 온라인 여행사(OTA, Online Travel Agency), 플랫폼 기업, 메타서치 서비스의 부상은 전통적인 기능별·계층적 구조의 한계를 드러냈다. 이에 따라 여행사들은 기술 중심의 네트워크형 조직(network-based organization)이나 애자일(agile) 조직[1]을 채택하고 있다.

애자일 조직에서는 부서 간 경계를 최소화하고, 고객 경험 중심의 크로스펑셔널 팀(cross-functional team)을 구성하여 유연한 의사결정을 가능하게 한다. 예를 들어, 마케팅, IT, 상품기획, 데이터분석 담당자가 하나의 팀으로 구성되어 실시간으로 캠페인을 설계하고, 고객 데이터를 기반으로 상품 전략을 수정하는 형태이다. 이러한 구조는 디지털 시대에 요구되는 민첩성(agility) 과 지속적 학습(continuous learning)을 촉진한다.

여행사의 조직 구조는 단순히 업무를 나누는 행정적 틀이 아니라, 전략적 가치 창출의 수단이며, 기업 경쟁력의 본질적 기반이다. 효율적 조직 구조는 여행상품의 기획과 유통, 고객 서비스, 운영 관리 등 모든 경영 활동을 유기적으로 연결하며, 구성원의 전문성과 협력적 역량을 극대화한다. 따라서 여행사는 시장 환경의 변화, 고객 요구의 다양화, 디지털 기술의 진보, 인적자원의 특성을 종합적으로 고려하여 조직 구조를 설계하고 지속적으로 개선해야 한다. 특히 향후 여행산업의 경쟁력은 '조직 구조의 효율성'보다 '조직 구조의 유연성과 학습 능력'에 의해 결정될 가능성이 높다. 즉, 정해진 틀을 효율적으로 운영하는 것보다, 환경 변화에 맞춰 구조를 신속히 재설계할 수 있는 능력이 경쟁우위의 핵심으로 자리 잡고 있다.

---

1) 애자일 조직은 불확실성이 높은 환경에 민첩하게 대응하기 위해, 기존의 수직적/계층적 구조를 벗어나 고객 중심으로 소규모 자율 팀(self-organizing team)을 구성하고 권한을 위임하여, 빠른 실행과 반복적인 피드백을 통해 가치를 창출하는 유연하고 수평적인 조직이다. 이는 부서 간 경계를 허물고 구성원들의 주도성과 협업을 강조하며, 변화에 신속하게 적응하고 고객 만족을 높이는 데 중점을 둔다.

제2절

여행사 직무와 역할

여행사의 조직이 효율적으로 운영되기 위해서는 각 구성원의 직무와 역할이 명확하게 정의되어야 한다. 여행사는 단순히 상품을 판매하는 회사가 아니라, 여행상품의 기획, 판매, 운영, 고객 상담, 마케팅, 재무 관리 등 다양한 기능을 동시에 수행해야 하는 복합 조직이다. 각 직무는 독립적으로 수행되는 것처럼 보이지만, 실제로는 서로 유기적으로 연결되어 있으며, 하나의 부서나 개인이 수행하는 업무의 결과가 다른 직무의 효율성과 성과에 직결된다. 따라서 직무 설계와 역할 정의는 단순 업무 배분을 넘어, 조직 전체의 성과, 고객 만족, 나아가 기업 경쟁력에 전략적 영향을 미치는 핵심 요인이다.

01 기획 직무

기획 직무는 여행상품의 개발과 설계, 가격 결정, 일정 구성, 공급자와의 계약 관리 등 여행상품의 핵심 구조를 설계하는 역할을 수행한다. 기획 담당자는 항공사, 호텔, 현지 관광업체 등 다양한 공급자와 긴밀히 협력하며 고객 경험을 최적화하고, 상품의 경쟁력과 수익성을 동시에 고려해야 한다. 특히 최근에는 고객 데이터와 시장 트렌드를 분석하여 맞춤형 상품을 기획하는 능력이 중요하다. 예를 들어, 계절별 여행 수요, 코로나19 이후 안전 여행 트렌드, MZ세대 선호 체험 중심 상품 등을 반영하여 차별화된 여행상품을 설계해야 한다. 또한 기획 직무는 새로운 기술과 플랫폼(OTA, 모바일 앱, AI 추천 시스템 등)을 활용하여 상품 접근성과 판매 효율성을 높이는 전략적 역할도 포함된다.

02 판매 직무

판매 직무는 고객과 직접 접촉하며 여행상품을 홍보하고 판매하는 핵심 업무를 담당한다. 오프라인 매장, 전화 상담, 온라인 플랫폼, 모바일 앱 등 다양한 채널을 통해 고객 접점을 관리하며, 고객의 요구와 선호를 분석하여 최적의 상품을 제안한다. 판매 직무의 전략적 중요성은 단순한 거래 수행을 넘어, 장기적 고객 충성도 구축과 재구매 유도에 있다. 판매 담당자는 고객과의 상호작용에서 신뢰를 형성하고, 여행상품에 대한 기대를 명확히 전달함으로써 브랜드 이미지를 강화한다. 특히 디지털 채널에서는 데이터 기반 고객 맞춤 추천, 자동화 예약 시스템, 리뷰 관리까지 통합적으로 관리할 필요가 있으며, 이를 통해 판매 효율과 고객 만족도를 동시에 극대화할 수 있다.

03 운영 직무

운영 직무는 여행 전, 중, 후의 실행 관리와 고객 지원을 담당하며, 고객 경험과 안전을 직접적으로 좌우한다. 출발 전 준비 과정에서는 고객의 요구사항과 일정, 숙박, 교통 수단 등을 점검하고, 예상 문제를 사전에 관리한다. 여행 중에는 일정 진행, 현지 이동, 예기치 못한 사건 대응 등 실질적 지원을 제공하며, 종료 후에는 고객 피드백을 수집하고 후속 서비스를 제공한다. 운영 직무의 품질은 여행사의 신뢰성과 평판에 직접적인 영향을 미치며, 고객 만족과 재구매율을 결정짓는 핵심 요인이다. 최근에는 디지털 기반 운영 시스템과 모바일 지원을 활용해 실시간 문제 해결과 고객 커뮤니케이션 효율을 높이는 전략적 관리가 필수적이다.

1) 항공 직무

항공 직무는 항공권 예약, 발권, 변경, 취소, 단체 좌석 관리 등을 담당한다. GDS 시스템을 활용하여 항공 좌석과 요금을 관리하며, 출발 당일 공항에서 고객의 체크인과 출국 절차를 지원한다.

2) 수배 직무

수배 직무는 숙박, 전세버스, 현지 교통, 가이드, 식당, 관광지 입장권 등 여행 실행에 필요한 모든 요소를 사전에 예약하고 조정한다. 일정 변경이나 돌발 상황 발생 시 신속하게 대응하며, 여행 실행 안정성을 보장한다.

3) 인솔 직무

인솔 직무는 단체 여행객과 함께 이동하며 여행 전 과정을 관리한다. 일정 통제, 안전 관리, 고객 응대, 현지 문제 해결 등을 수행하며, 여행 만족도와 고객 경험에 직접적인 영향을 미친다.

4) 부가서비스 운영 직무

부가서비스 운영 직무는 여행상품의 핵심 요소 외에 추가적 고객 경험을 제공하는 서비스 운영을 담당한다. 공연, 전시, 체험 프로그램, 테마파크 입장권, 지역 체험 활동 등 다양한 부가 서비스를 기획·예약·운영하며, 고객 만족과 여행상품의 부가가치를 높이는 전략적 역할을 수행한다.

04 마케팅 직무

마케팅 직무는 여행사의 브랜드 이미지를 관리하고, 프로모션을 기획하며, 광고, SNS 운영, 디지털 캠페인 등 다양한 채널을 통해 고객과 접점을 확대하는 역할을 수행한다. 단순한 홍보를 넘어, 고객 데이터를 기반으로 한 맞춤형 상품 추천, 브랜드 가치 전달, 장기적 고객 충성도 강화까지 전략적으로 연계된다. 예를 들어, 시즌별 캠페인, 특정 타깃 맞춤 패키지, 고객 후기와 UGC(user generated content)를 활용한 콘텐츠 마케팅은 현대 여행사 경쟁력의 핵심이다. 마케팅 직무는 고객 경험 설계와 브랜드 전략을 동시에 수행하는 전략적 기능을 갖는다.

05 관리·지원 직무

재무, 인사, 교육훈련, 고객 정보 관리 등 관리·지원 직무는 여행사의 안정적 운영과 지속 가능한 성장을 뒷받침한다. 재무 관리는 프로젝트별 수익 분석, 비용 관리, 가격 전략 지원 등 재무적 의사결정을 보조하며, 인사 관리는 채용, 평가, 교육, 동기 부여 체계를 운영한다. 또한 고객 정보 관리 직무는 CRM을 활용하여 고객 데이터를 전략적으로 분석하고, 마케팅 및 서비스 개선에 활용한다. 이러한 지원 기능은 핵심 직무가 효율적으로 운영될 수 있도록 조직 전체를 조율하는 전략적 역할을 수행한다.

각 직무는 독립적 기능을 수행하면서도 상호 의존적이다. 기획에서 설정한 상품 구조는 판매와 운영, 마케팅과 직접 연결되며, 판매 과정에서 수집된 고객 피드백은 운영과 기획에 반영되어 지속적 개선을 가능하게 한다. 또한 디지털 환경에서는 CRM, OTA 데이터, SNS 분석 등 정보가 직무 간 연계의 핵심 자원이 된다. 따라서 여행사는 직무 설계, 역할 정의, 데이터 관리, 직원 교육을 통합적으로 운영하여 조직 전체 성과를 극대화해야 한다.

표 10.1 ▌모두투어 직무소개

직군	직무내용
경영지원	**경영지원 분야는 회계, 총무, 인사, 감사, 법무지원 등의 직무로 구분된다.** 회계 및 감사는 회사의 투명한 경영 활동을 지원하여 기업의 가치를 높이는 업무이다. 총무는 기업의 동산에 해당하는 자산의 효율적인 사용과 통신 설비 등을 안정적으로 운영하여 경영 활동을 지원하는 업무이다. 인사분야는 채용 업무와 HRM 및 HRD로 분류되며 HRM은 인사기획, 평가/보상, 노무 업무를 담당하여 HRD는 교육, 경력개발, 조직문화 업무를 담당하게 된다. 법무지원은 사내 법무관련 자문 및 대외 법무관련 업무를 수행하여 안정적인 경영활동을 지원하는 업무이다.
마케팅	**마케팅 분야는 브랜드관리, CRM, 사업부마케팅기획 등의 직무로 구분된다.** 브랜드관리는 기업의 비전을 달성하기 위해 브랜드 가치향상에 기여하는 업무이다. CRM은 고객과의 지속적이고 행복한 관계를 유지하여 고객 만족을 극대화하는 활동을 하는 업무이다. 사업부마케팅기획은 고객 니즈를 분석하여 사업부에서 진행해야 할 마케팅 전략을 수립하고 사업부의 생산성 향상을 위한 기획 활동을 하는 업무이다
항공	**항공 분야는 항공기획, 항공영업, 발권 등의 직무로 구분된다.** 항공기획은 항공권 매출 목표를 달성하고 생산성을 높이기 위한 기획 업무를 담당하는 직무이다. 항공영업은 항공사와의 원활한 관계를 유지하고 안정적인 항공좌석 공급을 통해 매출 달성에 기여하는 업무이다. 발권은 고객의 항공권 구매에 대한 상담과 판매 업무를 통해 수익을 창출하는 업무이다.
상품	**상품 분야는 상품SM, 상품MD, 상품OP 등의 직무로 구분된다.** 상품SM은 여행상품을 구성하는 요소(호텔, 여행지 등)에 대한 공급망을 관리하여 매출 극대화에 기여하는 업무이다. 상품MD는 여행 트렌드 및 고객 니즈를 분석하고 판촉 전략을 수립하고 유통망을 관리하는 업무이다. 상품OP는 영업직무자들의 문의에 응대하고 여행상품 구성요소(호텔, 가이드, 식당, 여행지 등)의 예약을 확인하고 문제없이 일정을 운영하여 매출 달성에 기여하는 업무이다.
영업	**영업 분야는 대리점영업, 제휴영업, 법인영업, OP 등의 직무로 구분된다.** 대리점영업은 전국에 있는 여행대리점을 대상으로 판촉 활동과 영업관리를 지원하는 업무를 하는 직무이다. 제휴영업은 일반 고객을 대상으로 타 기업과 함께 영업활동을 하는 직무로 제휴영업을 위한 판촉 활동 및 관련 시스템 관리 등의 업무를 하는 직무이다. 법인영업은 기업의 출장 및 행사, 박람회 등을 유치하는 영업 직무이다. OP는 영업직무자들을 지원하는 업무로서 예약관리, 상담 등의 업무를 하는 직무이다.
서비스	**서비스분야는 고객만족, 센딩, 고객**(여행)**상담 등의 직무로 구분된다.** 고객만족분야는 고객의 서비스 만족도를 관리하고 지속적으로 개선될 수 있도록 하기 위한 기획을 하는 업무이다. 센딩직무는 고객이 공항에서 여행을 출발하기 전에 편안하고 안전한 여행이 되도록 안내를 하고 여행에 필요한 서류 및 경품 등을 전달하는 업무이다. 고객(여행)상담은 인바운딩 경로(전화, 내방, 웹사이트 등)의 여행상품 문의 고객을 대상으로 상품설명, 예약관리 등 판매활동 업무를 수행하게 된다.
IT	**IT 분야는 IT기획, ERP개발, 웹개발, 웹디자인 등의 직무로 구분된다.** IT기획은 기업의 업무 효율성 개선을 위한 아이디어를 발굴하고 기획을 하는 업무이다. ERP개발은 자체 ERP(전사적 자원관리)시스템을 개발/운영하여 효율적인 자원관리를 지원하는 업무이며 웹개발과 웹디자인은 기업의 홍보와 영업을 위한 홈페이지를 개발/운영하는 업무이다.

출처: 모두투어

제3절

인적자원 관리의 특성

여행사는 서비스 산업의 특성을 가진 조직으로, 인적자원 관리(HRM, Human Resource Management)가 조직 성과와 직결되는 핵심 요소이다. 여행업은 무형의 상품과 경험을 제공하는 특수한 산업으로, 고객에게 제공되는 서비스의 품질은 결국 직원의 전문성, 태도, 서비스 역량에 의해 결정된다. 따라서 인적자원 관리는 단순한 인력 배치나 채용 차원을 넘어, 전략적 차원에서 조직 경쟁력을 강화하고 고객 경험을 최적화하는 중요한 경영 활동으로 이해되어야 한다.

01 서비스 중심 HRM 특성

여행사는 고객과 직접 접촉하는 서비스 접점 직원의 역할이 매우 중요하다. 고객은 여행상품을 구매하고 경험하는 과정에서 직원의 친절, 전문성, 문제 해결 능력에 따라 만족도가 결정되며, 이는 재구매와 브랜드 충성도로 직결된다. 따라서 HRM은 직원 교육, 동기 부여, 성과 관리 등 다양한 방법을 통해 서비스 품질을 지속적으로 향상시켜야 한다. 특히 서비스 품질 표준, 고객 대응 매뉴얼, 상황별 시나리오 등은 HRM에서 핵심적인 도구로 활용된다. 예를 들어, 항공권 발권, 숙박 예약, 현지 체험 안내 등 모든 과정에서 직원이 일관된 서비스를 제공하도록 체계화하면, 고객 경험의 질과 브랜드 신뢰성을 동시에 높일 수 있다. 또한 최근에는 AI 기반 고객 분석과 자동화 시스템을 활용하여 직원이 반복 업무보다 고객 맞춤형 서비스에 집중하도록 설계하는 전략적 HRM이 강조된다.

02 다기능·다역할 요구

여행사의 직무는 기획, 판매, 운영, 상담 등 다양한 영역에 걸쳐 있으며, 직원들은 필요에 따라 여러 역할을 동시에 수행해야 한다. 예를 들어, 한 직원이 예약 업무를 수행하면서 고객 문의 상담과 일정 조정을 동시에 처리할 수 있어야 한다. 이러한 유연성은 고객 경험의 질을 결정하는 중요한 요소로, HRM은 직원의 다재다능성을 개발하고 적재적소에 배치할 수 있는 능력을 강조한다.

이를 위해 HRM은 직무 설계, 역량 개발, 내부 승진 체계 등 다양한 전략을 활용해야 한다. 또한 각 직원의 다기능 역량과 서비스 전문성을 체계적으로 평가하고 보상하는 제도를 마련함으로써, 조직 전체의 효율성과 고객 만족을 동시에 높일 수 있다.

03 변동성과 유연성

여행수요는 계절, 이벤트, 경제 상황, 국제 정세 등 외부 요인에 따라 크게 변동한다. 이에 따라 인력 수요도 불규칙하게 변하며, 유연한 고용 형태와 근무 배치가 필요하다. 여행사는 계약직, 파트타임, 시즌직 등 다양한 고용 방식을 활용하며, HRM은 이러한 변동성을 효율적으로 관리하면서도 직원의 안정성과 동기 부여를 유지해야 한다. 예를 들어, 성수기에는 임시 인력을 적절히 배치하고, 비수기에는 교육과 역량 개발 중심의 업무를 배정하는 방식으로 운영하면, 비용 효율과 직원 만족도를 동시에 달성할 수 있다. 또한 긴급 상황 대응과 유연 근무 계획, 직무 재배치 체계 등을 사전에 설계하여, 조직 전체의 안정성과 민첩성을 확보하는 것이 중요하다.

04 감정노동 관리와 조직 문화

여행업은 고객과의 직접적인 상호작용이 필수적이므로, 직원은 자신의 감정을 조절하고 긍정적인 서비스를 제공해야 하는 감정노동을 수행해야 한다. 고객의 불만, 일정 변경, 예상치 못한 상황 등 다양한 스트레스 요인에 직면할 수 있으며, 이를 효과적으로 관리하지 못하면 서비스 품질 저하, 직원 번아웃(burn out), 고객 불만 증가로 이어진다. 따라서 HRM은 정기적인 심리적 지원, 스트레스 관리 프로그램, 직무 순환, 휴식과 재충전 시간 제공, 문제 대응 매뉴얼 등을 통해 감정노동을 체계적으로 관리해야 한다. 또한 협력적이고 고객 지향적인 조직 문화를 조성함으로써, 직원의 몰입과 만족도를 높이고 팀워크를 강화하는 것이 필수적이다.

05 전략적 HRM의 필요성

현대 여행사는 경쟁이 심화되고 디지털 환경이 빠르게 변화함에 따라, HRM은 단순 인력 관리 기능을 넘어 조직 전략과 연계되어야 한다. 디지털 예약 시스템, 온라인 여행 플랫폼(OTA) 연계, 맞춤형 상품 설계 등 새로운 경영 전략을 실행할 수 있는 역량 있는 인력을 확보하고 육성하는 것은 HRM의 전략적 역할에 포함된다.

전략적 HRM은 인력 배치, 교육, 성과 관리, 보상 체계까지 조직 전략과 일관성을 유지하며, 이를 통해 조직 전체의 경쟁력과 고객 경험을 동시에 강화한다. 이를 통해 HRM은 단순 관리 기능이 아니라, 조직 전략 실행과 지속 가능한 경쟁력 확보의 핵심 수단으로 자리매김한다.

여행사의 인적자원 관리는 단순 인력 운영을 넘어, 고객 경험, 서비스 품질, 직원 만족, 조직 유연성, 전략적 역량 확보까지 포괄하는 복합적 기능을 수행한다. HRM의 효과적 설계와 실행은 여행사의 경쟁력과 지속 가능한 성장에 직접적인 영향을 미치며, 고객 만족과 시장 점유율, 장기적인 브랜드 가치 향상이라는 경영 목표 달성에 결정적 역할을 한다.

제4절

서비스 인력과 감정노동

여행사는 고객과 직접 접촉하는 서비스 접점 인력이 핵심인 조직으로, 서비스 접점 직원의 역할과 관리가 여행사의 경영 성과와 직결된다. 여행업의 특성상 제공되는 상품은 무형의 경험과 복합적 서비스로 구성되어 있으며, 고객은 서비스 접점 직원에 의해 여행의 질을 평가한다. 따라서 서비스 접점 직원은 단순한 정보 제공자를 넘어, 고객 경험을 형성하고 브랜드 이미지를 대표하는 중요한 역할을 수행한다.

01 서비스 접점 직원의 중요성

여행사의 상담원, 예약 담당자, 여행 인솔자 등 직원은 고객과의 접점에서 서비스 경험을 제공하며, 이들의 대응 능력과 태도는 고객 만족도를 결정하는 핵심 요인이다. 고객은 여행상품을 구매할 때, 상담 과정에서 제공되는 정보의 정확성과 직원의 친절한 태도를 통해 신뢰를 형성하며, 이는 재구매 의사와 브랜드 충성도로 연결된다.

특히 맞춤형 패키지 여행, 단체 여행, 고난이도 일정과 같은 복합 상품에서는 서비스 접점 직원의 전문성과 판단력이 고객 만족에 직접적으로 영향을 미친다. 직원의 능력과 서비스 태도는 단순한 상담을 넘어 고객의 여행 결정 과정, 상품 이해도, 안전 관리, 추가 서비스 선택까지 연계되어 고객 경험의 전체 품질을 좌우한다.

02 감정노동의 특성

감정노동은 직원이 자신의 감정을 조절하고 고객에게 항상 긍정적이고 친절한 태도를 유지해야 하는 직무적 요구를 의미한다. 여행사 직원은 고객의 다양한 요구와 불만, 일정 변경, 예상치 못한 사건 등으로 인해 스트레스 상황에 자주 직면한다. 이러한 상황에서 감정을 효과적으로 조절하지 못하면 서비스 경험의 질이 저하될 뿐만 아니라, 직원 번아웃, 직무 스트레스, 조직 내 갈등까지 발생할 수 있다.

감정노동은 단순히 친절을 유지하는 행위가 아니라, 고객 심리와 서비스 상황에 맞추어 적절한 감정을 전략적으로 전달하는 능력이다. 예를 들어, 고객이 불만을 표출할 때 단순히 사과하는 것을 넘어 문제 해결을 안내하고 신뢰를 유지하도록 감정을 조절하는 기술이 필요하다.

03 감정노동 관리 전략

여행사는 직원이 안정적이고 일관된 서비스를 제공할 수 있도록 다양한 관리 방안을 마련해야 한다. 구체적으로 정기적인 심리적 지원 프로그램과 상담을 통해 스트레스 요인을 최소화하고, 직무 순환과 휴식 시간을 제공하여 재충전을 가능하게 해야 한다. 또한 직무와 책임을 명확히 정의하고, 문제 상황 대응 매뉴얼을 제공함으로써 직원이 어려운 상황에서도 전문적 판단과 서비스를 유지할 수 있도록 지원해야 한다.

이와 함께 디지털 시스템과 자동화 도구를 활용하면 반복적 업무 부담을 줄여 직원이 고객 맞춤형 서비스와 문제 해결에 집중할 수 있다. 예를 들어, 온라인 예약 확인, 자동 발권, 일정 안내 등을 시스템으로 처리하면, 직원은 상담과 여행 현장 지원 등 감정노동 중심의 핵심 서비스에 더 많은 에너지를 투입할 수 있다.

04 조직 문화와 팀워크의 역할

감정노동을 효과적으로 관리하기 위해서는 조직 전체가 협력적이고 고객 중심적인 문화를 조성해야 한다. 상사와 동료의 지원, 팀 내 지식 공유, 성과 인정과 긍정적 피드백 문화는 직원이 어려운 고객 상황에서도 안정적으로 대응할 수 있도록 돕는다.

팀워크와 협력적 환경은 직원 간 스트레스 공유와 문제 해결 능력을 높이며, 장기적으로 조직 몰입과 직무 만족도를 향상시킨다. 이를 통해 서비스 일관성과 고객 만족도를 동시에 확보할 수 있으며, 서비스 접점 직원의 전문성과 신뢰성을 강화하는 전략적 효과를 가진다.

05 디지털 환경 변화와 감정노동

최근 온라인 예약, OTA 시스템, 모바일 플랫폼의 확산으로 일부 업무가 자동화되었지만, 맞춤형 여행, 특수 목적 여행, 고난도 일정에서는 여전히 접점 서비스가 필요하며 감정노동 요구는 지속된다. 디지털 환경의 발전은 반복적·행정적 업무 부담을 줄이는 반면, 직원의 감정적·상담적 역할은 더욱 중요해졌다. 따라서 여행사의 HR 전략은 디지털 환경 변화 속에서도 인간 중심의 서비스 역량을 강화하는 방향으로 설계되어야 한다. 직원이 고객과 직접 상호작용하며 맞춤형 서비스를 제공하는 핵심 역할에 집중할 수 있도록 지원하는 것이 중요하다.

여행사의 서비스 인력은 고객 경험과 직접적으로 연결되어 있으며, 감정노동은 필연적인 요소이다. 이를 효과적으로 관리하는 것은 조직 경쟁력과 지속 가능한 성장의 핵심 과제이다. HRM 관점에서 감정노동 관리는 단순한 직원 지원을 넘어, 직원의 심리적 안정, 직무 만족, 팀워크 강화, 교육 및 지원 체계를 통합적으로 설계하는 것이 필수적이다. 이를 통해 여행사는 고객 접점 서비스의 질을 유지하고 향상시킬 수 있으며, 장기적으로 고객 만족, 재구매율, 브랜드 충성도를 높이는 동시에 조직 성과와 경쟁력을 극대화할 수 있다.

제5절

인적자원 관리의 경영적 과제

여행사에서 인적자원 관리(HRM)는 그저 직원들을 관리하는 기능을 넘어, 조직의 경영 성과와 직결되는 핵심 경영 과제로 인식되어야 한다. 여행업은 무형의 서비스와 복합적 경험을 제공하는 산업으로, 고객 만족과 브랜드 이미지는 직원의 역량과 서비스 품질에 의해 직접적으로 좌우된다. 따라서 인적자원 관리는 단순 인력 운영이 아니라, 전략적 HRM 관점에서 조직 경쟁력과 지속 가능성을 확보하는 필수적인 경영 활동으로 자리 잡는다.

01 직무 설계와 역할 분담

여행사는 상품 기획, 판매, 운영, 고객 상담 등 다양한 기능을 수행하는 조직으로, 각 직무에 적합한 역량과 책임을 명확히 정의해야 한다. 직무 설계가 부적절하면 업무 중복, 책임 회피, 의사소통 혼란이 발생하며, 이는 서비스 품질 저하와 조직 운영 비효율로 이어진다. 따라서 각 직무의 역할과 책임을 명확히 설정하고, 업무 프로세스를 표준화하며, 직무 간 상호 연계성을 고려한 체계적 설계가 필요하다. 예를 들어, 기획 담당자가 신규 상품 일정과 가격 정책을 결정할 때, 판매 및 운영 담당자와 사전 조율이 이루어지지 않으면 예약 오류, 고객 불만, 현장 혼란이 발생할 수 있다. 또한 역할 정의는 직원이 자신의 업무 범위와 기대치를 명확히 이해하도록 도와, 불필요한 갈등과 혼선을 줄이고 조직 전체의 효율성을 높인다.

02 인력 확보와 육성

여행사의 경쟁력은 핵심 인력 확보와 조직 내부 역량 강화에 있다. 숙련된 서비스 접점 직원, 전문 여행 상품 기획자, 운용 및 수배 전문가 등 분야별 전문 인력을 채용하고,

지속적인 교육과 역량 개발 프로그램을 통해 조직의 전문성을 강화해야 한다.

현대 여행업에서는 디지털 환경과 OTA(온라인 여행사) 플랫폼의 확산에 대응할 수 있는 IT 활용 능력, 데이터 분석 능력, 디지털 마케팅 역량이 필수적이다. 이를 위해 여행사는 신입과 경력 직원을 대상으로 맞춤형 교육과 OJT(on-the-job training)를 체계적으로 운영하고, 역량 평가와 피드백을 반복하여 조직 내 전문성을 지속적으로 향상시켜야 한다. 또한 전문성을 넘어 다기능적 역할 수행 능력을 갖춘 인재를 육성하는 것이 중요하다. 예를 들어, 예약 업무를 담당하면서 고객 맞춤형 상담, 문제 해결, 간단한 일정 조정을 동시에 수행할 수 있는 능력이 요구된다. 이를 위해 다중 직무 교육, 멘토링, 시뮬레이션 트레이닝 등을 활용할 수 있다.

03 성과 관리와 보상 체계

직원의 동기 부여와 조직 몰입도를 높이기 위해 합리적이고 공정한 평가 및 보상 시스템을 구축해야 한다. 단순히 판매 실적이나 예약 수 같은 정량적 성과뿐 아니라, 고객 만족도, 문제 해결 능력, 팀워크 등 정성적 성과까지 평가 항목에 포함해야 한다.

이를 기반으로 한 성과 기반 보상 체계는 직원의 업무 효율과 책임감을 동시에 높이며, 장기적인 조직 성과 향상에 기여한다. 급여와 인센티브뿐 아니라, 복지, 휴가, 심리적 지원, 경력 개발 기회 등 포괄적 인센티브 프로그램을 운영함으로써 직원 유지와 만족도를 동시에 달성할 수 있다. 또한 조직 내부에서 공정성과 투명성을 강화하는 성과 관리 체계는 직원 신뢰도를 높이고, 높은 서비스 품질과 고객 만족을 유지하는 데 필수적이다. 이를 위해 주기적 성과 평가, 피드백 회의, 360도 평가 등의 방법을 도입할 수 있다.

04 조직 문화와 커뮤니케이션

인적자원 관리의 성공 여부는 조직 문화와 소통 체계에 크게 의존한다. 여행사는 직원이 서로 협력하고 지식을 공유하며, 고객 중심 문제 해결에 참여할 수 있는 개방적이고 지원적인 조직 문화를 조성해야 한다. 이를 위해 상하 간, 부서 간 효율적 커뮤니케이션 채널을 운영하고, 의사결정 과정을 투명하게 공유하여 조직 내 정보 전달 속도를 높여야 한다. 팀워크와 협력적 조직 문화를 장려함으로써 변화하는 시장 환경과 고객 요구에 신속하게 대응할 수 있는 조직적 역량을 확보할 수 있다.

조직 문화는 단순히 업무 효율을 높이는 것뿐 아니라, 직원 몰입, 직무 만족, 고객 경험 개선에 직접적으로 영향을 미친다. 긍정적 조직 문화는 서비스 접점 직원의 감정노동 부담을 완화하고, 서비스 품질 유지와 향상에 기여한다.

05 전략적 HRM과 경영 전략 연계

여행사의 HR 전략은 조직의 전략적 목표와 긴밀하게 연계되어야 한다. 예를 들어, 고급 맞춤형 여행상품 확대 전략을 추진할 경우, 해당 상품을 기획·운영할 수 있는 전문 지식과 서비스 역량을 갖춘 인력을 우선 배치하고, 이들의 역량 개발을 위한 맞춤형 교육과 평가 체계를 설계해야 한다.

전략적 인력 배치를 통해 조직 전체의 성과를 극대화하고, 고객 경험과 브랜드 가치를 동시에 향상할 수 있다. HRM은 단순 관리 기능을 넘어, 조직 전략 실행을 지원하고 지속 가능한 경쟁력을 확보하는 핵심 수단으로 기능하게 된다.

디지털 전환 환경에서는 인력 관리와 전략 연계가 중요하다. 데이터 기반 인력 배치, 온라인 플랫폼 활용 교육, 디지털 고객 관리 역량 강화 등은 HRM의 역할을 강화한다.

여행사의 인적자원 관리 과제는 단순한 인력 운영을 넘어, 조직 성과, 서비스 품질, 고객 만족, 경쟁력 확보까지 연결되는 복합적이고 전략적인 경영 활동이다.

직무 설계, 인력 확보 및 육성, 성과 관리, 조직 문화 구축, 전략 연계 등 모든 측면에서 통합적 접근이 이루어질 때, 여행사는 효율적인 조직 운영과 높은 고객 만족을 동시에 달성할 수 있다. 인적자원 관리는 여행사 경영의 핵심 축으로서, 단기적 업무 수행을 넘어 장기적 조직 성과와 고객 가치 창출을 뒷받침하는 전략적 기반이다.

제6절

HRM과 조직 경쟁력 및 지속 가능성

현대 여행사는 급변하는 시장 환경과 디지털 전환, 글로벌 경쟁 심화 속에서 지속 가능한 경쟁력을 확보하는 것이 핵심 과제이다. 여행업은 무형 서비스와 경험을 제공하는 산업으로, 조직의 경쟁력은 결국 인적자원(human capital)에 의해 결정된다. 따라서 인적자원관리(HRM)는 단순한 인력 운영을 넘어, 여행사의 장기적 성과와 지속 가능성을 담보하는 전략적 수단으로 기능한다.

01 HRM과 조직 경쟁력의 연계

HRM은 조직 경쟁력 확보를 위해 직원 역량 개발, 성과 관리, 조직 문화 구축 등 다양한 기능을 수행한다. 경쟁력 있는 여행사는 전문성과 다기능성을 갖춘 인력을 확보하고, 이를 통해 맞춤형 서비스, 고급 패키지, 특수 목적 여행 등 고부가가치 상품을 효율적으로 제공할 수 있다. 예를 들어, 고객 상담과 예약, 문제 해결을 동시에 수행할 수 있는 서비스 접점 직원은 여행 경험의 질을 결정하며, 이는 곧 고객 만족과 재구매, 브랜드 충성도로 연결된다. HRM이 이러한 핵심 인력을 전략적으로 배치하고 육성하지 못하면, 고객 경험의 일관성이 떨어지고 경쟁력 약화로 이어질 수 있다.

또한 HRM은 기술 변화와 디지털 트렌드에도 적응해야 한다. 데이터 분석, CRM, OTA 활용 역량을 갖춘 인력은 여행사 경쟁력의 핵심 자원이다. 이를 통해 조직은 시장 변화에 민첩하게 대응하고, 효율적 운영과 전략적 의사결정을 동시에 수행할 수 있다.

02 HRM과 조직의 지속 가능성

여행사의 지속 가능성은 단기적 수익 증대뿐 아니라 장기적 조직 역량, 인력 유지, 고객 충성도 확보와 직결된다. 안정적이고 전문적인 인력은 조직의 지속 가능성을 보장하는 핵심 요소로, 직원 만족과 몰입도가 높을수록 서비스 품질과 고객 경험도 향상된다.

여행사에서 인적자원관리는 조직의 지속 가능성과 서비스 품질을 동시에 확보하는 핵심 요소로 작용한다.

먼저, 인재 육성과 역량 개발은 여행사의 HRM 전략에서 가장 중요한 축이다. 지속적인 교육과 멘토링, 직무 순환 프로그램을 통해 직원들은 다양한 업무를 수행할 수 있는 다기능적 역량을 갖추게 된다. 예를 들어, 여행상품 기획, 고객 상담, 현장 운영 등 여러 역할을 경험하게 되면, 급격한 수요 변화나 신규 상품 도입에도 신속히 대응할 수 있다. 이는 단순히 직원 개인의 성장에 그치지 않고, 여행사 전체의 운영 효율성과 서비스 품질 유지에도 직접적인 영향을 미친다.

또한, 유연한 근무 환경은 여행사 HRM의 중요한 전략적 접근이다. 계절적 수요 변화가 뚜렷한 여행 산업 특성상 정규직뿐만 아니라 계약직, 파트타임, 시차 근무 등을 적절히 활용하면, 인력 운용의 효율성을 높이는 동시에 직원 만족도와 조직 안정성을 동시에 확보할 수 있다. 예를 들어, 성수기에는 추가 계약직과 파트타임을 활용하고, 비수기에는 재택 근무나 시차 근무를 도입하여 고정비용을 최소화하면서 직원의 근무 유연성을 보장할 수 있다.

건강과 웰빙 관리는 직원이 지속적으로 고품질 서비스를 제공할 수 있는 기반이 된다. 여행사 직원은 고객과의 직접 접촉뿐만 아니라, 다양한 문제 상황에 대응하는 감정 노동이 빈번하게 발생한다. 따라서 스트레스 관리 프로그램, 심리 상담, 휴식제도 등의 체계적 지원을 통해 직원의 심리적·신체적 안정을 도모하는 것이 필수적이다. 이러한 노력이 직결되는 부분은 서비스 품질이다. 안정된 정신적 상태와 신체적 건강을 가진 직원이 고객 응대에 집중할 수 있을 때, 여행사의 브랜드 이미지와 고객 만족도 역시 높아진다.

마지막으로, 경력 개발과 승계 계획은 장기적 관점에서 조직 역량을 유지하고 강화하는 전략이다. 핵심 인력의 장기적 유지와 함께 체계적인 승계 계획을 마련하면, 여행사 내 지식과 경험이 조직 내부에 지속적으로 축적된다. 이를 통해 신규 인력의 학습 곡선을 단축하고, 조직의 운영 안정성을 높일 수 있다. 또한, 승계 계획은 조직의 전략적 의사결정과 서비스 연속성을 보장하여, 단기적인 인력 변동에도 여행사의 전반적 운영 효율성과 고객 만족도가 유지될 수 있도록 한다.

결국 여행사 HRM 전략은 단순한 인력 관리 차원을 넘어, 조직의 지속 가능성과 경쟁력 확보를 위한 핵심 경영 활동으로 기능한다. 인재 육성, 유연 근무, 웰빙 관리, 승계 계획이 유기적으로 결합될 때, 여행사는 변화하는 시장 환경에서도 안정적 운영과 높은 서비스 품질을 동시에 실현할 수 있다.

03 HRM과 조직 전략 연계

HRM은 조직 전략과 긴밀하게 연계되어야 한다. 여행사가 목표로 하는 고급 맞춤형 여행상품, 디지털 기반 서비스, 글로벌 시장 진출 전략 등은 HRM의 역량과 밀접하게 연계된다. 예를 들어, 글로벌 시장 진출 전략에서는 다국어 구사 능력, 해외 공급자 협상 경험, 해외 고객 대응 역량을 가진 인력이 필요하다. 이러한 전략적 인력 배치와 육성 없이는 여행사의 장기 전략 달성은 어렵다. 따라서 HRM은 조직 전략 목표에 부합하는 인력 개발, 교육, 성과 관리, 보상 체계를 설계하고 실행해야 한다.

또한 디지털 환경에서는 인력의 디지털 역량 강화가 필수적이다. OTA 연계, 모바일 플랫폼 활용, 데이터 기반 맞춤형 마케팅 등 전략적 기능 수행을 위해서는 직원 교육과 지속적 역량 강화가 반드시 필요하다. 이를 통해 HRM은 조직 전략 실행을 지원하고, 변화하는 시장 환경에서도 경쟁력을 유지할 수 있다.

04 HRM의 성과 측정과 평가

HRM의 효과를 조직 경쟁력과 지속 가능성 차원에서 측정하고 평가하는 것은 필수적이다. 성과 지표는 단순 인력 운영 효율을 넘어서, 고객 만족도, 서비스 품질, 직원 유지율, 조직 몰입도, 재구매율 등 다양한 항목으로 구성되어야 한다. 예를 들어, 고객 만족도와 재구매율이 높고, 핵심 인력의 이직률이 낮으며, 직원 만족도가 높다면 HRM 전략이 효과적으로 작동하고 있음을 의미한다. 반대로 성과 관리 체계가 부실하면, 직원 이직 증가, 서비스 품질 저하, 고객 불만 증가로 이어져 조직 경쟁력과 지속 가능성을 동시에 위협할 수 있다.

HRM은 여행사의 경쟁력과 지속 가능성을 결정하는 핵심 경영 수단이다. 전략적 HRM을 통해 조직은 전문성과 다기능성을 갖춘 인력을 확보하고, 서비스 품질과 고객 경험을 유지하며, 장기적 성장을 실현할 수 있다.

직무 설계, 인력 배치, 교육과 역량 강화, 성과 관리, 조직 문화 구축, 전략적 연계 등 모든 HRM 활동이 유기적으로 실행될 때, 여행사는 변화하는 시장 환경에서도 안정적 운영과 지속 가능한 성장을 달성할 수 있다. HRM은 단순한 인사 관리 기능을 넘어, 조직의 전략적 자산과 경쟁력 확보의 핵심 기반으로 자리매김한다.

제10장 연습문제 Review Questions

문제 01 여행사 조직 구조에서 직무 설계와 역할 분담이 중요한 이유를 설명하시오.

➡

문제 02 인력 확보와 육성이 여행사 경영에서 중요한 이유를 설명하시오.

➡

문제 03 성과 관리와 보상 체계가 여행사 운영에 미치는 영향을 설명하시오.

➡

:: 모범답안 ::

문제 01

- 여행사는 상품 기획, 판매, 운영, 고객 상담 등 다양한 기능을 수행함
- 직무와 역할이 명확하지 않으면 업무 중복, 책임 회피 발생 가능
- 직무 설계와 역할 분담을 명확히 하면 서비스 품질 유지와 경영 리스크 감소

문제 02

- 핵심 인력 확보는 고객 만족과 매출 성과에 직접적 영향
- 숙련된 직원, 전문 기획자, 운영·수배 전문가 확보 필요
- 지속적 교육과 역량 개발을 통해 조직 전문성 강화
- 디지털 환경 변화 대응을 위한 IT·데이터 분석 역량 강화 필요

문제 03

- 합리적·공정한 평가 및 보상 시스템은 직원 동기 부여 및 조직 몰입도 향상
- 정량적 성과(판매 실적)와 정성적 성과(고객 만족, 문제 해결 능력) 모두 평가
- 복지, 휴가, 심리적 지원 등 포괄적 인센티브 체계 필요
- 성과 관리와 보상 체계의 효율적 운영은 인력 유지 및 서비스 품질 향상에 기여

제10장 토론문제 Discussion Questions

토론 01 여행사에서 조직 문화가 서비스 품질과 경영 성과에 미치는 영향에 대해 논하시오.

토론 포인트!

- 개방적·협력적 조직 문화 조성 → 직원 간 지식 공유, 팀워크 향상
- 고객 중심 문제 해결 참여 가능 → 서비스 품질 개선
- 효과적 커뮤니케이션 채널 운영 → 의사결정 속도 향상, 변화 대응력 강화
- 조직 문화는 경영 성과와 직결되는 핵심 요소로 작용

토론 02 여행사 HR 전략을 경영 전략과 연계해야 하는 이유를 논하시오.

토론 포인트!

- 전략적 목표와 HR 전략 일관성 확보 필요
  [예] 고급 맞춤형 여행상품 전략 → 전문 지식·서비스 역량 보유 인력 배치, 교육·평가 체계 설계
- 전략과 HR 연계 → 조직 전체 성과 극대화, 경쟁력 확보

토론 03 여행사에서 직원 감정노동 관리가 중요한 이유와 효과적인 관리 방법을 논하시오.

토론 포인트!

- 감정노동 과중 → 스트레스, 직무 불만, 이직률 증가 가능
- 서비스 품질 저하 및 고객 만족도 하락 위험
- 효과적 관리 방법: 정기 상담, 심리적 지원, 근무환경 개선, 감정노동 교육 및 회복 프로그램 제공
- 감정노동 관리 → 직원 만족도 향상, 서비스 품질 유지, 조직 성과 개선

제11장

여행사 재무 구조와 수익 관리

:: 학습목표 Learning Objectives

01. 여행사의 수익 구조를 이해하고, 주요 수익원과 수익 창출 방식의 특징을 설명할 수 있다.
02. 여행사의 비용 구조와 비용 발생 요인을 분석할 수 있다.
03. 마진, 커미션, 수익성 지표를 활용하여 여행사 경영 성과를 평가할 수 있다.
04. 수익 관리 과정에서 발생할 수 있는 한계와 위험 요인을 설명할 수 있다.
05. 여행사의 재무 구조 개선을 위한 전략적 접근 방법을 제안할 수 있다.

:: 핵심 키워드 Key Concepts

- 여행사 수익 구조(Travel Agency Revenue Structure)
- 판매 수익 및 커미션(Sales Revenue and Commission)
- 고정비 vs 변동비(Fixed Costs vs Variable Costs)
- 수익 관리 전략(Revenue Management Strategy)
- 재무 구조 개선(Financial Structure Improvement)
- 비용 구조(Cost Structure)
- 마진 관리(Margin Management)
- 수익성 분석(Profitability Analysis)
- 재무 리스크(Financial Risk)

:: 장 요약 Chapter Summary

본 장은 여행사 경영에서 재무 구조와 수익 관리를 이해하기 위한 기본 개념을 다룬다. 여행사는 단순히 상품을 판매하는 조직이 아니라, 다양한 수익원과 비용 구조를 동시에 관리해야 하는 복합 경영 조직이다. 여행사의 주요 수익원은 상품 판매 수익, 항공·숙박 등 공급자와의 커미션, 그리고 부가 서비스 제공을 통한 수익이다. 한편, 여행사의 비용 구조는 인건비, 마케팅 비용, 운영 비용, 교통 및 숙박 예약 비용 등 다양한 요소로 구성된다. 이러한 비용과 수익의 구조를 이해해야만 경영 성과를 정확히 분석하고 전략적 의사결정을 내릴 수 있다. 마진과 커미션, 그리고 전체 수익성 분석은 여행사 경영에서 핵심적인 평가 지표이며, 수익 관리 과정에서는 시장 변동, 시즌성, 고객 수요 변화 등 외부 요인에 따른 위험 관리가 필수적이다.

마지막으로 여행사의 재무 구조 개선은 비용 효율화, 마진 최적화, 신규 수익원 개발, 그리고 수익성 중심 경영 전략 수립을 포함한다. 이 장의 이해는 여행사 전략과 경영 의사결정 논의의 기초가 된다.

제1절

여행사 수익 구조의 이해

여행사의 수익 구조를 이해하는 것은 단순한 재무 분석을 넘어, 조직의 경영 성과를 평가하고 전략적 의사결정을 내리는 데 필수적인 출발점이 된다. 여행사는 단순히 여행상품을 고객에게 판매하는 상거래 조직이 아니라, 다양한 수익원과 사업 활동이 통합적으로 작동하는 복합 경영 조직이다. 따라서 여행사 경영자가 수익 구조를 명확히 파악하는 것은 기업의 장기적 경쟁력 확보와 재무 안정성을 위해 필수적인 과정이며, 전략적 경영 판단의 기반이 된다.

01 여행사의 수익

여행사의 수익은 크게 직접 판매 수익과 간접 수익으로 나눌 수 있다.

1) 직접 판매 수익

직접 판매 수익은 여행사가 기획하고 판매한 패키지 여행, 맞춤형 여행, 테마 여행 등에서 발생하는 순수한 수익을 의미한다. 여기서 '순수한 수익'이란 고객이 지불한 여행상품 가격에서 항공권, 숙박, 현지 교통, 식사, 관광 입장료 등 여행상품을 구성하는 각종 공급자 비용과 운영비를 차감한 금액을 말한다. 즉, 여행사가 직접 제공하거나 관리하는 서비스에서 발생하는 순이익이 바로 직접 판매 수익이며, 이는 여행사의 재무 상태와 경영 성과를 직접적으로 반영한다.

패키지 여행과 맞춤형 여행, 단체 여행 등 다양한 상품 유형에 따라 직접 판매 수익의 규모와 구조는 달라질 수 있다. 예를 들어, 10인 단체 패키지 여행에서는 항공권과 호텔 협상으로 단위당 비용을 낮춰 마진율을 15~20%까지 확보할 수 있지만, 1인 맞춤형 여행의 경우 개별 서비스 제공과 맞춤 운영으로 인해 변동비용이 상대적으로 높아

마진율이 5~10% 수준으로 낮아질 수 있다. 따라서 여행사는 상품 설계, 가격 정책, 판매 전략에 따라 수익성을 세밀하게 분석하고 관리할 필요가 있다. 또한, 시즌별 수요와 고객군별 선호도에 따라 마진율은 크게 달라지므로, 여행사는 상품별 수익성을 정기적으로 평가하고 최적화 전략을 마련해야 한다. 예를 들어, 성수기에는 마진을 높게 설정하되, 비수기에는 비용 효율을 높이는 상품 구성과 프로모션 전략을 통해 전체 수익을 극대화할 수 있다.

2) 간접 수익

간접 수익은 여행사가 항공사, 호텔, 렌터카, 현지 랜드사 등 다양한 공급자와 계약을 체결하여, 상품 판매 또는 예약 성사 시 일정 비율의 커미션을 받는 형태를 의미한다. 예를 들어, 항공권 예약을 대행하거나 호텔 객실을 판매할 때, 여행사는 공급자로부터 판매액의 일정 비율을 수수료 형태로 지급받는다.

커미션은 직접적인 판매 활동 없이도 발생하는 수익으로, 여행사의 안정적인 수익원 역할을 한다. 아울러 여행자 보험, 현지 가이드 서비스, 여행 기념품 판매, 체험 프로그램 제공 등 부가 서비스에서도 추가 수익을 창출할 수 있다. 예를 들어, 단체 패키지 여행에서 1인당 보험 수익 2만 원, 현지 투어 수익 3만 원을 확보하면, 총 10인 단체 기준으로 부가 서비스 수익만 50만 원 이상이 발생하며, 이는 직접 판매 수익과 결합되어 총수익 구조를 강화한다.

간접 수익은 비교적 안정적이지만, 공급자 계약 조건 변화, 경쟁 여행사의 전략, OTA 등장 등 외부 요인에 따라 변동성을 가질 수 있다. 따라서 여행사는 단일 수익원에 의존하기보다는, 다양한 수익원을 조합하고 매출 흐름을 관리함으로써 안정적인 재무 구조를 유지해야 한다.

02 수익원별 변동성과 안정성

수익 구조 분석에서 핵심은 각 수익원의 변동성과 안정성을 이해하는 것이다. 직접 판매 수익은 계절적 요인, 관광 수요 변동, 고객 선호 변화 등에 민감하며, 특정 시즌이나 이벤트에 따라 급격한 변동이 발생할 수 있다. 반면, 커미션 기반의 간접 수익은 상대적으로 안정적일 수 있지만, 장기적으로 외부 요인에 따라 변동성을 지닌다.

따라서 여행사는 포트폴리오 방식으로 수익원을 관리해야 한다. 예를 들어, 직접 판매 수익의 비중을 60%, 커미션·부가 서비스 수익 비중을 40%로 유지하며, 계절별·상품별로 수익 조정 전략을 수립하면, 전체 매출 변동성을 완화하면서 안정적인 현금 흐름을 확보할 수 있다.

03 비용 구조와 연계한 마진 관리

수익 구조를 이해함과 동시에, 비용 구조와 연계한 마진 관리가 중요하다. 단순한 매출 극대화보다, 수익과 비용을 함께 분석하여 각 상품과 서비스의 실제 수익성을 평가해야 한다. 예를 들어, 마진이 낮지만 판매량이 높은 상품은 추가 마케팅으로 매출을 극대화하고, 마진이 높은 상품은 프리미엄 전략으로 수익성을 극대화하는 방식으로 전략적 의사결정을 내릴 수 있다. 또한, 신규 수익원을 발굴하거나 부가 서비스를 확대하는 전략은 직접·간접 수익을 통합적으로 관리하는 데 필수적이다.

04 전략적 의사결정과 수익 구조

여행사의 수익 구조 이해는 단순히 재무 지표 확인을 넘어, 조직의 전략적 경영과 직결된다. 직접 판매 수익과 간접 수익을 통합 분석하고, 각 수익원의 변동성과 안정성을 고려하며, 비용과 연계한 마진 관리를 수행할 때, 여행사는 장기적 재무 안정성과 지속 가능한 성장 기반을 마련할 수 있다. 경영자는 이러한 분석을 바탕으로 상품 구성, 가격 정책, 마케팅 전략, 판매 채널 관리, 부가 서비스 확대 등 모든 경영 활동에 적용함으로써 최적의 수익 구조를 설계해야 하며, 수익 구조의 이해와 관리 능력은 여행사 경쟁력의 핵심 요소가 된다.

제2절

여행사 비용 구조

여행사의 비용 구조를 이해하는 것은 경영 전략과 재무 건전성을 확보하는 데 있어 매우 중요한 출발점이다. 여행사는 단순히 여행상품을 판매하는 조직이 아니라, 다양한 상품과 서비스를 기획, 운영, 판매하면서 여러 유형의 비용을 동시에 관리해야 한다. 이러한 비용은 여행사의 수익성, 가격 전략, 운영 효율성과 직결되므로, 경영진은 비용 구조를 면밀히 분석하고 최적화할 필요가 있다.

01 여행사 비용구조

여행사 비용은 크게 고정비용(fixed cost)과 변동비용(variable cost)으로 나눌 수 있으며, 각 비용의 특성과 경영 전략적 의미를 이해하는 것이 핵심이다.

1) 고정비용

고정비용은 여행사가 상품을 판매하든 판매하지 않든 지속적으로 발생하는 비용을 의미한다. 대표적인 항목으로는 사무실 임대료, 기본급을 포함한 직원 인건비, IT 시스템 운영비, 사무용 장비 및 인프라 유지 비용 등이 있다. 고정비용은 여행사가 안정적으로 운영되기 위해 필수적이며, 장기적인 재무 계획과 전략적 투자 결정의 기준이 된다. 예를 들어, 대규모 여행사는 다수의 영업점과 예약 시스템을 운영하기 때문에 사무실 임대료와 서버 유지비용이 상당히 높다. 이러한 고정비용은 계절적 수요 변동과 관계없이 지속적으로 발생하므로, 경영자는 고정비용을 감당할 수 있는 최소 수익 구조를 확보해야 한다. 소규모 여행사는 평면적 조직 구조를 활용하여 고정비용을 최소화하고, 의사결정 속도를 높여 운영 효율성을 확보할 수 있다.

고정비용 관리의 전략적 의미는 비용 절감뿐만 아니라, 여행사 전반의 경영 안정성과도 직결된다. 예를 들어, 사무실 위치나 임대 계약 조건을 효율화하고, 불필요한 IT 시스템을 통합하거나 클라우드 서비스를 활용하면 고정비 부담을 줄일 수 있다. 또한, 고정비를 구성하는 인력의 효율적 배치와 업무 표준화는 서비스 품질 저하 없이 운영 효율성을 높이는 데 중요한 역할을 한다.

2) 변동비용

변동비용은 여행상품 판매량과 서비스 제공 규모에 따라 달라지는 비용이다. 항공권, 호텔 숙박비, 현지 투어 비용 등 여행상품 구성 요소 구매 비용이 대표적인 변동비용이다. 또한, 고객이 많아질수록 발생하는 가이드, 운전사, 통역사 인건비, 현장 운영비 역시 변동비용에 포함된다.

변동비용은 여행사의 마진 구조와 수익성에 직접적인 영향을 미친다. 예를 들어, 단체 패키지 여행의 경우, 고객 수가 많으면 변동비용은 증가하지만, 규모의 경제를 통해 단위당 비용을 낮추고 수익성을 높일 수 있다. 반대로, 맞춤형 소규모 여행은 고객 수가 적더라도 개별 서비스 제공과 맞춤 운영으로 인해 변동비용이 상대적으로 높아질 수 있다. 따라서 여행사는 상품 유형과 고객 특성에 맞춰 변동비용을 관리하고, 비용 효율성을 높이는 전략을 수립해야 한다. 또한, 변동비용은 여행사의 가격 전략과 밀접하게 연관된다. 고객 수와 서비스 수준을 고려하여 적정 가격을 설정하면, 변동비용을 충당하면서도 마진을 확보할 수 있다. 예를 들어, 시즌별 가격 조정, 그룹 할인, 조기 예약 할인 등은 변동비용과 수익성을 동시에 관리하는 대표적 전략이다.

3) 마케팅 및 판매 관련 비용

여행사 비용 구조에서 중요한 또 다른 항목은 마케팅 및 판매 비용이다. 광고, 판촉, 온라인 플랫폼 수수료, 여행 박람회 참여, 제휴사 커미션 등은 고객 유치와 직접적으로 연결된 필수 비용이다.

마케팅과 판매 비용은 단순한 지출이 아니라, 매출 확대와 브랜드 강화 전략의 핵심 요소로 작용한다. 예를 들어, 디지털 광고와 SNS 캠페인을 통해 신규 고객을 확보하고, 기존 고객을 대상으로 판촉 활동을 강화하면 매출 증대와 장기적인 고객 충성도 확보가 가능하다. 그러나 지나치게 마케팅 비용에 의존하면 단기 성과는 높일 수 있지만, 장기적인 수익성은 저해될 수 있다. 따라서 비용과 매출 효과를 함께 분석하여 전략적 투자가 필요하다.

02 비용 구조와 경영 의사결정

여행사의 비용 구조는 단순히 지출 내역을 파악하는 것에 그치지 않고, 경영 의사결정의 핵심 요소로 작용한다. 상품 기획, 가격 결정, 판매 채널 선택, 운영 방식 등 모든 의사결정은 비용 구조와 직결되어 있다. 예를 들어, 사전 예약 기반의 패키지 여행은 변동비용 부담을 줄이는 효과가 있으며, 단체 여행이나 맞춤형 여행은 개별 요구 사항에 따라 변동비용이 높아 수익성 관리가 어려워진다. 또한, 인건비와 고정비 부담을 최소화하면서 고객 서비스 품질을 유지하는 방안을 고민해야 한다. 이를 위해, 여행사는 효율적인 직무 배치, 업무 프로세스 표준화, 자동화 시스템 도입 등을 통해 비용 구조를 최적화할 수 있다.

여행사의 비용 구조 분석은 단순히 지출을 확인하는 수준을 넘어, 수익성 확보와 경영 전략 수립의 핵심 기반이 된다. 고정비용과 변동비용, 마케팅 및 판매 비용을 체계적으로 이해하고, 이를 기반으로 상품 구성, 가격 정책, 운영 효율화 전략을 수립할 때, 여행사는 재무 안정성과 지속 가능한 성장, 경쟁력 강화를 동시에 달성할 수 있다. 비용 구조를 고려한 전략적 경영은 여행사가 단기 매출을 넘어 장기적 수익성과 브랜드 가치를 높이는 데 필수적인 요소다.

제3절

마진·커미션·수익성

여행사의 재무 성과와 수익성은 단순한 매출 규모만으로 판단할 수 없다. 여행사는 다양한 상품 구성, 판매 전략, 운영 관리, 비용 구조 등을 종합적으로 고려하여 수익을 창출하며, 이 과정에서 마진(margin)과 커미션(commission)은 핵심적인 재무 지표이자 경영 판단의 기준이 된다. 여행사의 지속 가능한 경쟁력 확보와 장기적인 성장 전략은 결국 이 두 요소를 얼마나 효율적으로 관리하느냐에 달려 있다.

01 마진(Margin)의 이해와 관리

마진은 여행상품의 판매 가격과 상품 원가의 차이를 의미하며, 여행사가 상품을 설계하고 운영하면서 얻는 직접적인 수익을 나타낸다. 패키지 여행, 자유 여행, 테마 여행 등 각 상품 유형에 따라 마진 구조는 다르게 형성된다. 예를 들어, 패키지 여행의 경우 항공권, 숙박, 현지 교통비 등 변동비용을 제외한 금액이 마진으로 계산되며, 마진율이 높다는 것은 여행사가 가격 책정과 운영 효율성을 효과적으로 활용하고 있음을 의미한다.

마진 관리는 단순히 가격에서 원가를 차감하는 계산에 그치지 않는다. 여행사는 상품별, 시즌별, 고객군별로 마진 구조를 분석하고, 이를 기반으로 가격 전략과 운영 전략을 조정해야 한다. 예를 들어, 성수기와 비수기, 단체 여행과 소규모 맞춤형 여행의 마진 구조가 다르므로, 각각에 적합한 판매 전략과 비용 관리 방안을 설계해야 한다. 또한, 마진 관리에서는 고객에게 제공하는 서비스 품질과 경험을 희생하지 않으면서 비용을 효율적으로 통제하는 전략적 판단이 필수적이다.

마진을 효과적으로 관리하기 위해 여행사는 상품 구성 최적화, 가격 정책 조정, 운영 효율화를 동시에 고려해야 한다. 예를 들어, 인기 여행지 패키지의 경우, 항공권과 숙박의 조기 예약, 그룹 예약 할인, 현지 투어 비용 협상 등을 통해 비용을 최소화하고, 마진을 극대화할 수 있다. 이 과정에서 고객 만족과 브랜드 가치를 유지하는 것은 매우 중요한 과제이다.

02 커미션(Commission)의 역할

커미션은 여행사가 항공사, 호텔, 렌터카, 현지 투어 운영사 등과 체결한 계약에 따라 상품 판매나 예약 성사 시 받는 수수료를 의미한다. 커미션은 직접 판매 수익과 결합되어 여행사의 총 수익 구조를 형성하며, 상품별 수익성과 장기적 재무 안정성에 큰 영향을 미친다.

커미션 구조는 계약 조건, 시즌, 상품 유형, 판매 채널 등에 따라 달라진다. 예를 들어, 대규모 단체 여행은 단가가 높지만 커미션율이 낮을 수 있으며, 소규모 맞춤형 여행은 높은 커미션율을 확보해야 수익성을 유지할 수 있다. 따라서 여행사는 다양한 상품 유형과 판매 전략에 맞춰 커미션 수익을 체계적으로 관리해야 한다.

또한, 커미션은 여행사의 가격 전략과 연계되어야 한다. 특정 상품군의 커미션율이 낮다면, 마진 확보를 위한 가격 조정, 비용 효율화, 부가 서비스 확대 등의 전략이 필요하다. 반대로, 커미션율이 높은 상품은 판매량 확대나 프리미엄 서비스 제공을 통해 수익을 극대화할 수 있다. 이처럼 커미션과 마진을 통합적으로 관리함으로써 여행사는 상품별, 채널별, 시즌별 수익성을 최적화할 수 있다.

03 수익성 분석과 전략적 활용

여행사의 수익성 분석은 단순히 매출과 비용을 비교하는 수준을 넘어, 상품별, 고객군별, 시즌별 수익 구조를 종합적으로 평가하는 과정이다. 패키지 여행, 자유 여행, 맞춤형 여행, 테마 여행 등 각 상품 유형은 원가 구조, 마진, 커미션, 운영 비용, 판매 채널 특성 등이 다르기 때문에, 정기적인 수익성 분석이 필수적이다.

특히 OTA와 연계한 판매에서는 플랫폼 수수료, 결제 수수료, 취소·환불 정책 등이 수익성에 직접적인 영향을 미친다. 여행사는 이러한 요소를 모두 포함하여 총수익(total revenue)을 계산하고, 이를 기반으로 가격 정책, 판촉 전략, 운영 계획을 수립해야 한다.

수익성 분석은 여행사의 경영 전략과 긴밀히 연결되어야 한다. 마진이 낮은 상품은 판매량 확대, 비용 절감, 부가 서비스 강화 등 전략적 조치로 보완할 수 있으며, 마진이 높은 상품은 프리미엄 서비스 제공과 차별화 전략을 통해 수익성을 극대화할 수 있다. 또한, 수익성 분석 결과를 기반으로 상품 포트폴리오 조정, 신규 상품 개발, 시장 대응 전략 수립에도 활용할 수 있다.

04 마진·커미션·수익성의 통합 관리

마진과 커미션은 여행사 수익성을 결정하는 핵심 지표이지만, 단일 지표에 의존하는 것은 위험하다. 따라서 여행사는 마진 관리, 커미션 관리, 비용 관리, 판매 전략, 고객 경험을 통합적으로 고려하여 수익성을 관리해야 한다. 예를 들어, 특정 시즌의 인기 패키지 여행은 높은 판매량으로 수익을 확보할 수 있지만, 변동비용과 OTA 수수료를 고려하지 않으면 예상보다 낮은 수익을 기록할 수 있다. 반대로 맞춤형 소규모 여행은 높은 커미션율과 프리미엄 가격 책정을 통해 높은 마진을 달성할 수 있으나, 판매량이 적으면 전체 수익성에 한계가 발생할 수 있다. 이처럼 여행사는 마진과 커미션, 비용 구조, 판매 채널, 고객 수요를 모두 고려한 전략적 수익 관리가 필요하다.

여행사의 마진과 커미션 구조를 이해하고 관리하는 과정은 단순한 매출 증대가 아니라, 상품별·채널별·시즌별 수익성을 최적화하고, 장기적인 재무 안정성과 경쟁력을 확보하는 핵심 경영 활동이다. 마진 관리, 커미션 관리, 비용 구조 최적화, 판매 전략, 고객 경험을 통합적으로 운영할 때, 여행사는 지속 가능한 수익성과 시장 점유율을 동시에 확보할 수 있다. 따라서 여행사의 경영자는 재무적 관점과 전략적 관점을 결합하여 수익성 분석과 의사결정을 수행해야 한다.

제4절

수익 관리의 한계와 위험

여행사 경영에서 수익 관리(revenue management)는 마진과 커미션을 극대화하는 동시에 상품 판매 전략과 운영 효율성을 최적화하기 위한 핵심적인 경영 도구로 자리 잡고 있다. 그러나 수익 관리는 단순히 가격을 올리거나 판매량을 극대화하는 단기적 조치만으로 이루어지지 않는다. 여행사의 수익성 확보와 지속 가능한 성장에는 다양한 한계와 위험 요소가 존재하며, 이를 체계적으로 이해하고 대응하는 전략적 접근이 필요하다.

01 수요 변동성에 따른 위험

여행 수요는 계절성, 날씨, 사회적 이벤트, 경제 상황 등 다양한 외부 요인에 의해 크게 변동한다. 성수기 항공권과 호텔 예약은 높은 수익성을 가져오지만, 비수기에는 수요가 급격히 감소하여 고정비용 부담이 커질 수 있다. 또한, 자연재해, 팬데믹, 정치적 불안정과 같은 예기치 못한 사건은 수요를 급락시키며, 기존의 수익 관리 계획을 무력화할 수 있다. 예를 들어, 성수기 패키지 여행은 예약이 집중되어 높은 마진을 확보할 수 있지만, 갑작스러운 기상 악화나 항공편 결항은 수익성을 크게 떨어뜨린다. 따라서 여행사는 이러한 수요 변동성을 사전에 분석하고, 예약 상황에 따라 탄력적인 가격 정책, 조기 예약 할인, 취소·환불 정책 등을 전략적으로 설계해야 한다.

또한 여행사에서는 과거 데이터 기반의 예측뿐 아니라, 이벤트 일정, 관광 트렌드, 지역 경제 상황 등 외부 요인을 종합적으로 고려하여 수요 변동성에 대응하는 전략이 필요하다. 이를 통해 급격한 수요 변화에도 최소한의 손실로 운영을 유지할 수 있다.

02 가격 민감성과 경쟁 환경

현대 여행객은 인터넷과 모바일 플랫폼을 통해 다양한 여행 옵션을 실시간으로 비교할 수 있으며, 가격에 민감하게 반응한다. 따라서 여행사의 수익 관리 전략은 경쟁 환경과 고객 행동을 고려하지 않으면 실패할 가능성이 높다. 경쟁 여행사가 대규모 할인 프로모션을 시행하거나 OTA 플랫폼에서 가격을 조정할 경우, 기존 수익 계획은 큰 영향을 받을 수 있다.

가격 민감성을 고려한 전략은 단순한 비용-마진 계산만으로는 충분하지 않다. 예를 들어, 성수기 패키지 여행에서 가격을 높게 설정하면 단기적으로 마진은 높아질 수 있지만, 경쟁 여행사 대비 예약률이 낮아 전체 수익성이 감소할 수 있다. 반대로 가격을 낮게 설정하면 판매량이 증가하더라도 낮은 마진으로 인해 예상 수익을 확보하지 못할 수 있다. 따라서 가격 결정은 경쟁 분석, 고객 행동 분석, 시즌별 수요 예측과 결합되어야 한다.

03 운영 리스크와 재고 관리

여행상품은 항공권, 숙박, 현지 투어 등 여러 공급 요소가 결합된 복합 상품이다. 일부 요소는 고정 비용을 동반하며, 예약 취소, 일정 변경, 지연 등 운영 과정에서 발생하는 변수들은 수익 관리에 직접적인 영향을 미친다. 예를 들어, 사전에 확보한 항공 좌석이나 호텔 객실을 판매하지 못하면 기회 손실과 비용 부담이 동시에 발생한다.

따라서 여행사는 재고 관리 전략을 수립하여 예약 상황에 따라 항공권, 숙박, 투어 서비스를 탄력적으로 배분하고, 수요 변화에 따라 가격과 판매 전략을 조정해야 한다. 또한, 단체 여행, 맞춤형 여행, MICE 상품 등 유형별 운영 특성을 고려한 리스크 관리가 필요하며, 예약 취소율과 환불 정책을 반영한 수익 시뮬레이션도 필수적이다.

운영 리스크 관리는 단순히 비용 통제뿐 아니라 고객 만족도와 서비스 품질 유지에도 영향을 미친다. 예를 들어, 예약 과부하로 인한 서비스 지연이나 불만 발생은 단기적 수익은 확보하더라도 장기적 브랜드 가치에 부정적 영향을 줄 수 있다.

04 데이터와 기술 의존의 한계

현대 여행사는 수익 관리를 위해 데이터 기반 시스템과 분석 툴을 적극 활용한다. 그러나 데이터 품질이 낮거나 분석 모델이 부정확하면 전략적 판단에 오류가 발생할 수 있다. 예를 들어, 고객 수요 예측 모델이 과거 데이터를 과도하게 신뢰하면, 급격한 수요 변화나 외부 충격에 대응하지 못할 수 있다. 또한 OTA, 제휴 채널, 온라인 플랫폼을 통한 판매는 플랫폼 수수료, 계약 조건 변경, 정책 변동 등 외부 요인에 따라 수익성이 달라질 수 있으며, 이를 정확히 반영하지 않으면 예상보다 낮은 수익을 기록하게 된다. 따라서 기술 활용은 필수적이지만, 시스템 의존에 따른 한계와 위험을 함께 관리하는 전략이 필요하다.

05 고객 만족과 수익 간 균형

수익 관리는 단기적 수익 극대화에만 초점을 맞추면 장기적 브랜드 신뢰와 고객 재구매율에 부정적인 영향을 줄 수 있다. 예를 들어, 가격을 지나치게 높게 설정하면 고객이 불만족하거나 예약을 취소할 가능성이 높다. 반대로 가격을 지나치게 낮추면 판매량은 증가하더라도 단기 수익은 제한될 수 있다. 따라서 여행사는 가격 전략, 서비스 품질, 고객 경험을 통합적으로 고려해야 한다. 고객 만족과 수익 간 균형을 찾는 것은 장기적 브랜드 충성도 확보와 시장 점유율 유지에 핵심적인 과제이다. 이를 위해 가격 결정과 프로모션 전략은 단기적 재무 목표뿐 아니라 고객 만족 지표와 연계하여 관리되어야 한다.

여행사의 수익 관리에는 수요 변동성, 가격 민감성, 경쟁 환경, 운영 리스크, 데이터 품질, 고객 경험 등 다층적 위험과 한계가 존재한다. 단순히 가격을 조정하거나 판매량을 극대화하는 수준으로는 지속 가능한 성장을 담보할 수 없다.

여행사는 이러한 한계와 위험 요소를 체계적으로 분석하고, 수익 관리 전략에 반영해야 한다. 이를 위해서는 데이터 분석과 기술 활용, 운영 리스크 관리, 가격 전략 최적화, 고객 경험 유지 등 다차원적 접근이 필요하며, 이러한 통합적 수익 관리 전략이 여행사의 지속 가능성과 장기 경쟁력 확보를 결정짓는 핵심 요소가 된다.

제5절

재무 구조 개선의 방향

여행사 경영에서 재무 구조의 안정성은 단순히 일시적인 비용 통제나 수익 관리에 그치지 않고, 장기적인 지속 가능성과 성장 전략을 실현하는 핵심 요소로 작용한다. 여행사는 항공권, 숙박, 현지 투어 등 다양한 요소를 결합해 상품을 제공하고, 계절적 수요 변동과 외부 환경 변화, 운영상의 리스크에 끊임없이 노출되기 때문에, 재무 구조를 체계적으로 개선하고 안정화하는 전략적 접근이 필수적이다.

01 비용 구조 최적화를 통한 재무 구조 개선

재무 구조 개선의 가장 기본적인 접근은 비용 구조의 정확한 이해와 최적화이다. 여행사는 상품 기획과 운영 과정에서 발생하는 고정비와 변동비를 명확히 구분하고, 불필요한 비용을 줄이는 노력이 필요하다. 예를 들어, 사전 확보한 항공 좌석이나 호텔 객실의 유휴 비용을 최소화하기 위해 동적 가격 정책(dynamic pricing)과 판매 채널 최적화를 활용할 수 있다. 특정 시즌에 수요가 집중되는 상품은 조기 예약 할인이나 패키지 구성 전략을 통해 고정비 부담을 분산시키고, 변동비 효율을 극대화할 수 있다.

또한, 내부 인력과 운영 자원의 효율적 배치도 중요한 전략이다. 예를 들어, 고정비 부담이 높은 인력 구조를 조정하거나, 파트타임, 시즌직, 계약직 등 유연한 인력 활용을 통해 운영 비용을 관리하면, 고객 서비스 품질을 유지하면서 재무 안정성을 강화할 수 있다. 비용 구조 최적화는 단순히 지출을 줄이는 것이 아니라, 비용 대비 효율성과 마진 극대화라는 장기적 관점에서 이루어져야 한다.

02 수익 다각화를 통한 안정적 재무 구조 확보

재무 구조 개선은 비용 절감만으로는 충분하지 않다. 단일 여행상품이나 특정 시즌에 의존하는 수익 구조는 외부 환경 변화에 매우 취약하다. 따라서 여행사는 수익 다각화 전략을 통해 안정적 재무 기반을 확보해야 한다.

여행사는 패키지 여행, 자유여행, MICE(MICE: Meeting, Incentive, Convention, Exhibition), 맞춤형 여행 등 다양한 상품 포트폴리오를 구성할 수 있다. 또한, 여행자 보험, 가이드 서비스, 기념품 판매, 부가 투어 프로그램 등 부가 서비스와 연계한 상품 개발은 새로운 수익원을 창출하고, 계절적 수익 변동성을 완화하는 데 효과적이다.

판매 채널의 다각화 역시 중요한 전략적 요소이다. OTA, 자체 온라인 플랫폼, 오프라인 매장, 제휴사 채널 등 다양한 유통 경로를 활용하면 특정 채널에 의존하지 않고 판매 위험을 분산시킬 수 있으며, 고객 접근성과 예약 편의성을 높임으로써 매출 확대에도 기여한다. 이처럼 상품과 채널의 다각화는 재무 구조를 안정화하고 장기적인 수익성을 확보하는 핵심 전략이다.

03 재무 지표와 성과 관리 체계 강화

재무 구조를 개선하기 위해서는 단순한 비용과 수익 관리에 그치지 않고, 재무 지표와 성과 관리 체계를 강화하는 것이 필수적이다. 여행사는 매출, 비용, 마진, 총수익, 현금흐름 등 핵심 지표를 정기적으로 모니터링하고, 이상 징후가 나타날 경우 즉각 대응할 수 있는 체계를 갖추어야 한다. 예를 들어, 특정 상품군의 수익성이 지속적으로 낮다면, 가격 조정, 판매 전략 변경, 공급 계약 재검토 등의 조치를 신속히 시행할 수 있어야 한다. 또한, 재무 데이터를 기반으로 상품별, 시즌별, 고객군별 수익성을 분석하면, 전략적 가격 정책과 비용 구조 조정을 통해 마진을 극대화할 수 있다.

재무 성과 관리 체계는 단순히 과거 데이터를 기록하는 것이 아니라, 예측 분석과 시나리오 계획을 통해 미래 수익과 비용을 관리하고, 경영진의 의사결정을 지원하는 역할을 수행해야 한다.

04 리스크 관리와 유동성 확보

재무 구조 개선에는 외부 리스크 관리와 유동성 확보도 포함된다. 여행사는 환율 변동,

유가 상승, 자연재해, 전염병 등 외부 요인에 의해 비용과 수익이 영향을 받을 수 있다. 이러한 위험에 대응하기 위해 충분한 현금 유동성을 확보하고, 필요 시 외부 금융기관과 협력하거나 보험을 활용하는 전략이 필요하다. 또한, 공급자 계약 조건을 유연하게 설계하여 취소, 변경, 가격 변동에 대응할 수 있는 방안을 마련해야 한다. 예를 들어, 호텔 객실과 항공 좌석 계약에서 최소 수수료나 취소 조건을 조정하면, 예기치 않은 예약 취소나 수요 감소에도 재무 리스크를 최소화할 수 있다.

리스크 관리와 유동성 확보는 단순히 재무 안정성을 높이는 것을 넘어, 여행사의 장기적 경쟁력 확보와 고객 신뢰 유지에도 직결된다.

05 기술 활용을 통한 재무 관리 혁신

현대 여행사 경영에서는 기술 기반 재무 관리가 재무 구조 개선의 핵심 도구로 자리잡고 있다. 데이터 기반 수익 관리 시스템, 자동화된 비용 관리 솔루션, 실시간 재무 분석 툴을 활용하면 경영진은 보다 정확하고 신속하게 의사결정을 내릴 수 있다. 예를 들어, 실시간 예약 데이터와 판매 실적을 분석하여 가격 전략을 조정하거나, 마케팅 투자 대비 수익(ROI)을 평가하여 효율적인 비용 배분을 수행할 수 있다. 또한, 인공지능(AI) 기반의 수요 예측과 시나리오 분석을 통해, 성수기와 비수기, 특정 상품군별 수익성을 최적화할 수 있다.

기술 활용은 단순히 효율성을 높이는 수단이 아니라, 재무 전략과 경영 전략을 통합적으로 연결하여 장기적인 재무 안정성과 경쟁력을 확보하는 핵심 수단이 된다.

여행사의 재무 구조 개선은 단순한 비용 절감이나 가격 조정으로 끝나는 것이 아니라, 비용 최적화, 수익 다각화, 재무 지표 관리, 리스크 대응, 기술 활용 등 다층적인 전략적 접근이 필요하다. 이러한 통합적 재무 관리 전략을 통해 여행사는 장기적인 성장 기반을 마련하고, 지속 가능한 경쟁력을 확보할 수 있으며, 고객 만족과 신뢰를 동시에 실현할 수 있다.

재무 구조 개선은 경영진의 전략적 판단과 실행 능력, 그리고 기술과 데이터를 활용한 관리 체계의 결합을 통해 가능한 복합적 과제로, 여행사 경영에서 반드시 달성해야 하는 핵심 과제 중 하나이다.

제11장

연습문제 Review Questions

문제 01 여행사의 수익 구조와 비용 구조를 설명하고, 재무 구조 개선이 필요한 이유를 논하시오.

➡

문제 02 여행사의 비용 구조 최적화 전략과 수익 다각화 전략을 각각 설명하시오.

➡

문제 03 여행사의 재무 지표 관리와 리스크 관리가 왜 중요한지 논하시오.

➡

:: 모범답안 ::

문제 01 여행사의 수익 구조는 항공권 판매, 숙박 연계, 패키지 여행, 부가 서비스 등 다양한 상품과 서비스에서 발생한다. 비용 구조는 항공·숙박 계약 비용, 인력 운영 비용, 마케팅 비용, 유통 비용 등으로 구성된다. 재무 구조 개선이 필요한 이유는 계절적 수요 변동, 외부 환경 변화, 운영 리스크 등으로 인해 수익과 비용의 불균형이 발생할 수 있으며, 안정적 운영과 지속 성장, 경쟁력 확보를 위해 비용 최적화와 수익 다각화가 필요하기 때문이다.

문제 02

- 비용 구조 최적화 전략: 고정비와 변동비를 구분하고 불필요한 비용을 절감하며, 내부 인력과 운영 자원을 효율적으로 배치한다. 또한, 사전 확보한 좌석과 객실의 유휴 비용을 최소화하기 위해 동적 가격 정책과 판매 채널 최적화를 실시한다.
- 수익 다각화 전략: 단일 상품이나 시즌 의존 구조를 벗어나 패키지 여행, 자유여행, 맞춤형 여행, 부가 서비스 등 다양한 상품 포트폴리오를 구성하며, OTA, 직접 판매, 제휴 채널 등 다중 유통 경로를 활용하여 판매 위험을 분산한다.

문제 01 재무 지표 관리(매출, 비용, 수익, 마진, 현금 흐름 등)는 의사결정과 경영 전략 수립의 근거가 된다. 문제 발생 시 즉시 대응할 수 있는 체계를 갖추면 경영 실패를 예방할 수 있다. 리스크 관리(환율, 유가, 자연재해, 전염병 등 외부 요인 대응)와 유동성 확보는 여행사의 안정적 운영과 지속 성장을 위해 필수적이다.

제11장 토론문제 Discussion Questions

토론 01 "비용 절감만으로 재무 구조를 개선할 수 있다."에 대한 찬반 논리를 제시하시오.

토론 포인트!

- 반대: 단순 비용 설감은 수익 다각화, 리스크 관리, 기술 활용 등 구조적 개선을 대체할 수 없다. 지속 가능성을 위해서는 비용과 수익, 유동성, 리스크 관리 등 종합적 접근이 필요하다.
- 찬성: 비용 절감은 단기적으로 재무 건전성을 높일 수 있으며, 불필요한 자원 사용을 줄여 효율성을 확보할 수 있다.
- 결론: 비용 절감은 일부 전략일 뿐, 장기적 재무 구조 개선에는 다층적 접근이 필요하다.

토론 02 "기술 활용이 여행사 재무 구조 개선의 핵심이다."라는 주장에 대해 논하시오.

토론 포인트!

- 찬성: 데이터 기반 수익 관리, 자동화된 비용 관리, 실시간 재무 분석 도구 활용은 의사결정 속도를 높이고 오류를 줄이며, 가격 전략과 판매 전략을 정밀하게 조정할 수 있다.
- 반대: 기술은 보조 수단이며, 근본적인 재무 구조 개선은 비용 최적화, 수익 다각화, 리스크 관리와 함께 수행되어야 한다.
- 결론: 기술 활용은 핵심 도구이지만, 재무 구조 개선은 다층적 전략과 결합되어야 한다.

제12장

여행산업의 디지털 전환과 OTA

:: 학습목표 Learning Objectives

01. 여행산업에서 디지털 전환의 개념과 필요성을 이해할 수 있다.
02. OTA(Online Travel Agency)의 등장 배경과 성장 요인을 분석할 수 있다.
03. OTA의 비즈니스 모델과 수익 구조를 설명할 수 있다.
04. 여행산업에서 플랫폼 경쟁 구조와 주요 전략을 이해할 수 있다.
05. OTA 환경 변화가 전통 여행사 경영에 미치는 영향을 경영적 관점에서 평가할 수 있다.

:: 핵심 키워드 Key Concepts

- 디지털 전환(Digital Transformation)
- 플랫폼 경제(Platform Economy)
- 유통 혁신(Distribution Innovation)
- 수익 구조(Revenue Structure)
- 사용자 경험(User Experience)
- OTA(Online Travel Agency)
- 온라인 예약 시스템(Online Booking System)
- 비즈니스 모델(Business Model)
- 경쟁 전략(Competitive Strategy)
- 여행사 경영 영향(Impact on Travel Agency Management)

:: 장 요약 Chapter Summary

본 장은 여행산업에서 진행되는 디지털 전환과 OTA의 등장을 중심으로 산업 구조 변화와 경영 전략의 함의를 설명한다. 디지털 전환은 단순 기술 적용이 아니라, 여행상품 기획, 유통, 운영, 고객 서비스 등 전 과정에서 경영 효율성과 고객 경험을 동시에 개선하는 혁신적 변화이다.

OTA는 인터넷과 모바일 기술의 발전을 기반으로 등장하였으며, 사용자가 여행상품을 검색·예약·결제할 수 있는 온라인 플랫폼을 제공한다. OTA의 성장 배경에는 정보 비대칭 해소, 편리한 예약 경험, 가격 비교 기능, 글로벌 공급망 접근 등이 있다.

OTA는 수수료 기반, 광고 기반, 데이터 기반 등 다양한 비즈니스 모델을 통해 수익을 창출하며, 플랫폼 경쟁 구조에서는 사용자 확보, 공급자 계약, 기술 혁신, 마케팅 역량이 핵심 경쟁 요인으로 작용한다.

디지털 전환과 OTA의 확산은 전통 여행사의 경영 방식에 큰 영향을 미친다. 정보 제공 중심의 기능은 감소했으나, 상품 기획, 운영 책임, 고객 맞춤 서비스, 전문 여행 상품 개발 등 차별화 전략의 필요성은 오히려 증가하였다. 따라서 여행사는 디지털 환경을 전략적으로 활용하면서 기존 운영과 혁신적 서비스 제공을 균형 있게 수행해야 한다.

제1절

디지털 전환과 여행산업

01 디지털 전환의 정의와 개념

디지털 전환(DX, Digital Transformation)은 단순히 기존 아날로그 업무를 디지털 기술로 전환하는 수준을 의미하지 않는다. 여행산업에서 디지털 전환은 조직의 경영 구조 전반과 고객 경험을 근본적으로 개선하고 혁신하는 전략적 변화 과정으로 이해해야 한다. 이는 단순한 시스템 도입이나 온라인 예약 기능 확충을 넘어, 여행사의 모든 핵심 활동과 프로세스를 디지털 기술을 중심으로 재설계하는 것을 포함한다. 구체적으로, 여행상품 기획, 유통, 판매, 운영, 고객 서비스 등 경영 전 영역에서 디지털화가 이루어져야 하며, 이는 경영 효율성 향상과 동시에 고객 만족을 극대화할 수 있는 필수 전략이다.

02 과거 여행산업의 운영 구조

과거 여행산업은 주로 오프라인 중심 구조로 운영되었다. 전통 여행사는 자체 사무실을 중심으로 고객에게 직접 상품을 판매하고 예약과 결제를 관리하였다. 고객은 여행사 방문을 통해 항공권, 숙박, 투어 패키지 등의 정보를 제공받았으며, 여행사는 이러한 판매 활동을 기반으로 수익을 창출하였다. 그러나 이러한 전통적 운영 방식은 고객의 접근성과 정보 제공 효율성이 제한적이었으며, 시장 변화에 빠르게 대응하기 어렵다는 구조적 한계를 가지고 있었다.

03 디지털 기술 발전과 산업 변화

인터넷과 모바일 기술의 급속한 발전, 스마트폰 및 앱 기반 서비스의 확산은 여행산업 운영 방식에 근본적인 변화를 요구하였다. 오늘날 고객은 더 이상 여행사에 직접 방문하지 않고도 항공권, 숙박, 투어 패키지를 비교, 예약, 결제할 수 있으며, 이러한 변화는 여행사 내부 프로세스와 의사결정 구조를 디지털화하지 않고는 대응하기 어렵게 만들었다. 디지털 기술을 활용하면 여행사는 방대한 항공, 호텔, 현지 서비스 정보를 신속하게 수집하고 분석하여 고객에게 최적화된 상품을 제공할 수 있으며, 고객 개개인의 선호와 행동 데이터를 기반으로 맞춤형 상품 설계와 통합 서비스 제공이 가능해진다.

04 디지털 전환의 핵심 요소

디지털 전환은 단순히 새로운 기술을 도입하는 차원을 넘어, 여행사의 전략적 혁신을 가능하게 하는 핵심 수단으로 작동해야 한다.

1) 정보 접근성과 처리 효율성의 향상

디지털 시스템과 빅데이터 분석을 활용하면 여행사는 방대한 공급자 정보와 여행 상품 데이터를 신속하게 수집하고 처리할 수 있다. 이를 통해 시장 변화에 빠르게 대응하고, 고객에게 적시에 최적화된 여행상품을 추천함으로써 경쟁 우위를 확보할 수 있다. 예를 들어, 항공권, 호텔, 현지 투어 등 다양한 공급자 정보를 통합 관리하고 실시간으로 업데이트함으로써, 고객의 예약 요구와 시장 동향에 맞춘 신속한 의사결정이 가능해진다.

2) 고객 경험 중심의 운영이 가능

디지털 기술은 예약, 결제, 상담, 여행 후 서비스까지 전 과정에서 통합적인 고객 경험 관리를 지원한다. 고객의 검색 기록, 예약 패턴, 선호도 데이터 등을 분석하면 개별 고객 맞춤형 상품과 서비스를 제공할 수 있으며, 이는 고객 만족도를 높이는 핵심 요소가 된다. 예를 들어, 고객이 선호하는 여행지와 일정, 서비스 옵션을 기반으로 자동 추천 시스템을 구현하면, 반복 구매율과 고객 충성도를 동시에 높일 수 있다.

3) 디지털 전환은 여행사의 비즈니스 모델 혁신을 가능하게 함

기존 수익 구조에만 의존하지 않고, 새로운 수익 모델을 창출할 수 있는 기회를 제공한다. 예를 들어, 여행사의 온라인 플랫폼을 활용한 수수료 기반 수익, 고객 데이터 분석을 통한 맞춤형 패키지 판매, 광고와 제휴 프로그램 등 다양한 방식으로 부가가치를 창출할 수 있다. 디지털 전환을 전략적으로 활용하면, 단순한 운영 효율화뿐 아니라, 수익성과 경쟁력을 동시에 강화하는 장기적 성장 기반을 마련할 수 있다.

05 디지털 전환의 의미

디지털 전환은 여행사의 운영 효율성을 높이고, 고객 만족을 극대화하며, 경쟁력을 강화할 수 있는 전략적 기회로 작용한다. 이는 단순히 기술을 도입하는 것이 아니라, 조직 구조, 업무 프로세스, 인력 구성, 기업 문화까지 포함한 총체적 변화로 접근해야 하며, OTA와 같은 디지털 기반 플랫폼의 등장과 밀접하게 연관된다. 전통 여행사와 디지털 OTA 간 관계를 이해하기 위해서는 이러한 디지털 전환의 의미와 산업 전반에 미치는 파급 효과를 정확히 분석하고 이해할 필요가 있다. 디지털 전환을 성공적으로 수행한 여행사는 단순한 예약 판매를 넘어, 고객 중심 경영과 데이터 기반 의사결정 능력을 확보하며, 장기적으로 지속 가능한 경쟁력을 갖추게 된다.

제2절

OTA의 등장과 성장 배경

01 OTA의 정의와 역할

OTA(온라인 여행사)는 인터넷과 모바일 기술의 발전과 함께 등장한 여행산업의 핵심 디지털 혁신 주체이다. OTA는 전통 여행사와 달리, 고객이 온라인 플랫폼을 통해 항공권, 숙박, 투어 패키지, 렌터카 등 다양한 여행상품을 실시간으로 검색하고 예약할 수 있도록 지원하는 디지털 유통 채널이다. 기존의 오프라인 여행사가 고객 방문과 직접 상담을 중심으로 운영되었던 것과 달리, OTA는 디지털 기술을 기반으로 언제 어디서나 접근 가능한 서비스를 제공함으로써 여행사와 고객 간, 여행사와 공급자 간 기존 거래 구조를 근본적으로 재편하였다.

02 OTA 등장 배경

OTA의 등장은 기술적, 경제적, 사회적 요인이 복합적으로 작용한 결과로 이해할 수 있다. 과거 여행 산업에서는 고객이 항공 스케줄, 호텔 요금, 패키지 구성 등의 정보를 얻기 위해 반드시 여행사 창구를 방문해야 했으며, 이는 여행사가 필수적인 중개자 역할을 수행하게 만드는 원인이 되었다. 이러한 과정에서 정보 비대칭이 존재하였으나, 인터넷과 모바일 기술의 보급으로 상황이 변화하였다. 고객은 누구나 다양한 공급자의 상품 정보를 즉시 비교할 수 있게 되었고, OTA는 이러한 정보를 통합하여 고객 중심의 예약 환경을 제공함으로써 기존의 정보 독점 구조를 해소하였다.

또한 OTA는 거래 편의성과 접근성을 획기적으로 향상시켰다. 웹사이트와 모바일 앱을 통해 24시간 예약이 가능하며, 다양한 결제 수단과 실시간 가격 변동 반영 기능을 제공함으로써 고객 만족도를 높였다. 특히 개별 여행자, 단기 여행자, 비즈니스 여행객에게 높은 편리성을 제공하며, 전통 여행사에 대한 의존도를 감소시키는 중요한 요인이 된다. 고객은 스마트폰 앱을 통해 여러 호텔과 항공권을 비교하고 즉시 예약할 수 있으며, 필요 시 패키지 상품을 선택하거나 맞춤형 여행 계획을 구성할 수도 있다.

더 나아가 OTA는 비즈니스 모델 혁신과 효율적 운영을 가능하게 한다. 물리적 매장을 운영하지 않고, 데이터 기반으로 고객 행동을 분석하여 상품을 추천함으로써 운영 비용을 낮추고 서비스 확장성을 높이며 글로벌 시장 진출을 용이하게 한다. 예를 들어, Expedia, Booking.com, Agoda 등 글로벌 OTA는 이러한 모델을 활용하여 단기간에 전 세계 고객과 공급자를 연결하는 네트워크를 구축할 수 있었다. 전통 여행사와 달리 물리적 한계를 극복하고, 낮은 운영비로 다수의 상품을 효율적으로 관리할 수 있는 구조를 갖춘 것이다. 이러한 특성은 OTA가 여행 산업의 핵심적인 혁신자로 자리매김하게 만든 주요 요인으로 평가된다.

03 OTA의 산업적 의미

OTA의 등장은 단순한 온라인 예약 채널 출현을 넘어, 여행산업 전반의 거래 방식, 수익 구조, 고객 접점 관리 방식을 근본적으로 변화시키는 혁신이었다. OTA를 통해 고객은 더 이상 여행사에 방문하지 않고도 항공권, 호텔, 투어 패키지를 선택할 수 있으며, 이를 통해 가격과 서비스 조건의 투명성이 향상되었다. 동시에 여행사는 단순 예약과 판매를 넘어, 고부가가치 서비스와 차별화된 경험 설계로 경쟁력을 재편해야 하는 새로운 경영 환경에 직면하게 되었다.

OTA의 등장과 성장 배경을 이해하는 것은 전통 여행사와 디지털 OTA 간 경쟁과 협력 관계를 분석하는 데 필수적이다. 정보 비대칭 해소, 거래 편의성 향상, 데이터 기반 효율적 운영 등 OTA가 제공하는 구조적 장점은 디지털 전환 시대의 여행산업 경영 전략을 설계하는 데 중요한 기준이 된다. 전통 여행사는 OTA 환경에 대응하여 단순한 정보 제공과 판매 기능을 넘어, 고객 맞춤형 상품 개발, 데이터 활용, 디지털 마케팅, 효율적 운영 관리 등 새로운 전략을 수립해야 지속 가능한 경쟁력을 확보할 수 있다.

제3절

OTA의 비즈니스 모델

01 OTA 비즈니스 모델의 정의

OTA 기존의 오프라인 여행사와 달리, 디지털 플랫폼을 중심으로 고객과 공급자를 연결하는 새로운 비즈니스 모델을 기반으로 운영된다. 전통 여행사는 여행상품을 직접 기획하고 판매하며 고객을 대면하는 방식으로 수익을 창출했지만, OTA는 온라인 상에서 상품을 중개하며 거래 수수료와 데이터 기반 수익 구조를 통해 이익을 얻는다. 이는 고객과 공급자 모두에게 편리성과 효율성을 제공하는 동시에, 기존 오프라인 여행사의 물리적 한계를 극복할 수 있는 혁신적 구조이다.

02 주요 수익 구조: 수수료 기반 모델

OTA의 핵심 수익 모델은 수수료 기반 구조이다. 항공사, 호텔, 렌터카 등 공급자와 계약을 맺고, 고객 예약이 발생할 때마다 일정 비율의 수수료를 수익으로 확보한다. 기존 여행사가 직접 상품 판매에 따른 순수 수익을 확보하는 것과 달리, OTA는 중개 기능을 중심으로 안정적 수익을 창출한다. 일부 OTA는 고정 요금 계약이나 광고, 마케팅 수수료 등 추가 수익원을 결합하여 다층적인 수익 구조를 확보하기도 한다. 예를 들어, 고객이 항공권을 OTA를 통해 예약하면, 항공사로부터 일정 비율의 수수료를 OTA가 수취하며, 동시에 해당 고객이 호텔이나 렌터카를 예약하면 각각의 공급자로부터 추가 수수료가 발생한다. 이를 통해 OTA는 다수의 거래를 기반으로 안정적인 매출을 확보할 수 있으며, 플랫폼 운영 비용 대비 높은 수익성을 유지할 수 있다.

03 고객 중심 기능과 서비스 제공

OTA는 직접 예약과 가격 비교 기능을 제공함으로써 고객 경험을 혁신적으로 개선한다. 고객은 다양한 공급자의 상품을 한눈에 비교하고, 가격, 일정, 리뷰, 혜택 등을 고려하여 최적의 선택을 할 수 있다. 이러한 기능은 단순 예약을 넘어, 고객의 예약 편의성과 만족도를 극대화하며, 충성 고객 확보에도 중요한 역할을 한다.

또한, 일부 OTA는 항공권, 숙박, 렌터카, 관광지 입장권 등을 결합한 패키지 상품을 제공하거나, 고객의 선호와 여행 목적에 맞춘 맞춤형 추천 서비스를 제공한다. 이를 위해 OTA는 빅데이터와 AI 분석을 활용하여 고객의 검색 기록, 예약 패턴, 선호도를 기반으로 최적화된 여행상품을 추천한다. 이러한 개인화된 서비스는 거래 전환율(conversion rate)을 높이는 핵심 전략이 된다.

04 글로벌 확장성과 네트워크 구축

OTA는 물리적 지점에 의존하지 않고, 온라인 플랫폼과 다국어 지원, 글로벌 결제 시스템을 통해 전 세계 고객과 공급자를 연결한다. 이는 기존 오프라인 여행사가 갖는 지리적 한계를 극복하며, 대규모 글로벌 네트워크를 효율적으로 구축할 수 있는 기반이 된다. 예를 들어, Booking.com과 Expedia는 전 세계 호텔, 항공사, 렌터카 업체와 제휴를 맺고, 다양한 언어와 결제 옵션을 지원함으로써 글로벌 시장에서 빠르게 성장할 수 있었다.

05 데이터 기반 운영과 마케팅 전략

OTA는 고객 행동 데이터, 검색 기록, 예약 트렌드 등을 분석하여 가격 전략, 프로모션, 광고 타겟팅, 상품 개발 등에 활용한다. 이러한 데이터 중심 운영은 전통 여행사가 경험과 직관에 의존하던 의사결정 구조를 정량적·분석적 접근으로 전환하게 하며, 경쟁력 확보의 핵심 요소가 된다. 데이터 기반 의사결정은 가격 설정, 재고 관리, 맞춤형 추천, 프로모션 설계 등 다양한 영역에서 OTA의 전략적 우위를 강화한다.

OTA의 비즈니스 모델은 크게 다섯 가지 핵심 요소로 요약할 수 있다. 첫째, 수수료 기반의 안정적 수익 구조, 둘째, 고객 편의성과 직접 예약 기능, 셋째, 패키지와 맞춤형 서비스 제공, 넷째, 글로벌 시장 접근성과 확장성, 다섯째, 데이터 기반 의사결정과 마케팅 전략이다. 이러한 모델은 전통 여행사와 차별화된 경쟁력을 제공하며, OTA와 전통 여행사 간 경쟁 및 협력 관계, 디지털 전환 시대 여행산업의 전략적 방향을 이해하는 핵심 기반이 된다.

제4절

플랫폼 경쟁 구조

01 OTA와 플랫폼 중심 경쟁의 정의

OTA의 확산은 여행산업을 플랫폼 중심 경쟁 구조로 재편하였다. 기존 전통 여행사는 오프라인 지점과 직원 중심으로 고객과 직접 접점을 확보하며 운영했지만, OTA는 온라인 플랫폼을 매개로 공급자와 소비자를 동시에 연결하는 양면 시장(two-sided market)을 형성하였다. 이로 인해 OTA의 성공 여부는 단순히 고객 수나 예약 건수뿐만 아니라, 플랫폼 내에서 공급자와 소비자 간 네트워크 효과(network effect)를 얼마나 효율적으로 창출하는지에 달려 있다.

네트워크 효과란 플랫폼에 참여하는 공급자 수가 증가할수록 고객에게 더 많은 선택 기회를 제공하고, 동시에 플랫폼 이용 고객 수가 증가할수록 공급자에게 매력적인 거래 채널이 되는 현상을 말한다. 따라서 초기 시장 점유율 확보와 적극적인 공급자 유치 전략이 플랫폼 경쟁에서 핵심적 전략 요소가 된다.

02 가격 경쟁과 차별화 전략

OTA 플랫폼은 동일한 여행상품을 다수 플랫폼에서 판매하기 때문에 가격 비교가 용이하며, 가격 경쟁이 매우 심화되는 구조를 갖는다. 단순히 가격만으로 경쟁하는 전략은 장기적으로 지속 가능하지 않으며, 플랫폼들은 사용자 경험(UX), 예약 편의성, 맞춤형 추천, 고객 리뷰와 평점 시스템 등 다양한 비가격적 경쟁 요소를 강화한다.

일부 OTA는 특정 타깃 시장을 공략하거나 프리미엄 서비스를 제공하여 차별화를 시도한다. 예를 들어, 고급 호텔과 럭셔리 여행 상품에 특화된 OTA는 일반 OTA와 동일한 가격 경쟁에서 벗어나 고객 경험 중심의 프리미엄 전략을 통해 수익성과 충성도를 동시에 확보한다. 이러한 전략은 단순 가격 경쟁을 넘어, 플랫폼 경쟁에서 장기적 우위를 점할 수 있는 핵심 요소가 된다.

03 데이터와 알고리즘 기반 경쟁

OTA 경쟁에서 핵심 자원은 데이터와 알고리즘이다. 고객 행동, 검색 기록, 예약 패턴과 선호 데이터는 OTA가 제공하는 맞춤형 추천, 프로모션 타겟팅, 동적 가격 결정(dynamic pricing) 등 핵심 기능의 기반이 된다. 전통 여행사가 경험과 직관에 의존하던 의사결정 구조와 달리, OTA는 정량적 데이터 분석과 AI 기반 모델링을 통해 전략적 의사결정의 정확성과 속도를 높일 수 있다.

데이터 기반 경쟁은 또한 플랫폼의 지속적인 성장과 사용자 유지에 필수적이다. 고객 행동 데이터를 분석하여 개인화 추천 서비스를 제공하면 거래 전환율이 상승하며, 플랫폼 내 체류 시간과 재방문율이 증가한다. 동시에 공급자에게는 데이터 기반 인사이트를 제공함으로써 플랫폼 참여 동기를 강화하는 효과도 있다.

04 글로벌 네트워크와 제휴 경쟁

OTA는 글로벌 항공사, 호텔 체인, 렌터카, 관광지 등 다양한 공급자와 제휴를 통해 상품 풀(pool)을 확대하며, 다국적 고객을 대상으로 서비스를 제공한다. 따라서 경쟁 OTA 간에는 단순 고객 유치 경쟁뿐만 아니라, 공급자 제휴 조건, 수수료율, 마케팅 지원 등 공급자 경쟁도 동시에 발생한다.

이는 OTA가 플랫폼 경쟁에서 확보해야 할 자원이 단순히 고객뿐만 아니라 공급자라는 점을 의미하며, 글로벌 확장 전략과 현지화 전략, 다국어 지원, 결제 시스템 구축 등이 핵심 경쟁 요인이 된다. 예를 들어, Booking.com은 다양한 국가의 호텔과 제휴를 통해 지역적 차이를 극복하고 글로벌 고객에게 통합 서비스를 제공한다.

05 생태계 경쟁(Ecosystem Competition)

OTA는 여행상품 판매를 넘어 부가 서비스와 연계된 생태계를 구축하여 경쟁력을 강화한다. 항공권 예약, 숙박, 렌터카, 관광지 입장권, 여행자 보험 등 다양한 서비스를 플랫폼 내에서 통합 제공함으로써 고객을 플랫폼에 묶어두고 재방문율과 충성도를 높이는 전략을 수행한다. 이러한 생태계 경쟁은 단순 가격 경쟁이나 단일 상품 판매를 넘어, 다차원적 플랫폼 전략을 필요로 한다.

OTA 생태계는 공급자와 고객을 동시에 고려하며, 더 많은 서비스를 통합할수록 고객과 공급자의 플랫폼 의존도가 증가한다. 이로 인해 플랫폼은 단일 서비스 경쟁에서 벗어나, 서비스 통합과 경험 제공을 중심으로 한 장기적 경쟁력 확보가 가능하게 된다.

OTA 중심의 플랫폼 경쟁 구조는 단순한 가격 경쟁이 아니라, 네트워크 효과, 사용자 경험, 데이터 기반 분석, 글로벌 제휴, 생태계 확장 등 다층적 요소가 결합된 복합 구조이다. 이러한 경쟁 구조를 이해해야만 전통 여행사와 OTA가 디지털 환경 속에서 전략을 수립하고, 차별화된 경쟁 우위를 확보할 수 있다. 플랫폼 경쟁의 핵심은 단순 거래가 아닌, 공급자와 고객을 연결하는 통합적 생태계 관리와 데이터 기반 전략적 운영임을 명심해야 한다.

제5절

OTA 환경이 여행사에 미치는 영향

01 OTA 환경과 전통 여행사의 변화

OTA의 성장과 디지털 플랫폼의 확산은 전통 여행사의 경영 환경과 운영 방식을 근본적으로 변화시키고 있다. 기존 전통 여행사는 오프라인 지점과 직접 고객 접점을 중심으로 운영되었으며, 여행 정보와 예약 서비스에 대한 독점적 지위를 통해 수익을 창출했다. 그러나 OTA는 온라인 플랫폼을 통해 고객과 공급자를 동시에 연결함으로써 전통 여행사의 정보 독점권을 약화시키고, 여행 산업 전체의 거래 구조를 재편하였다.

OTA 환경에서는 고객이 다양한 공급자의 상품 정보를 실시간으로 비교할 수 있고, 가격과 서비스 조건의 투명성이 확보되면서 전통 여행사의 정보 제공 기능은 상대적으로 감소하였다. 이에 따라 여행사는 단순 정보 제공 중심에서 벗어나, 고객에게 제공할 부가 가치와 경험 설계 능력에 초점을 맞추는 전략적 전환이 필요하게 되었다.

02 정보 비대칭 감소와 전략적 대응

OTA 플랫폼의 큰 특징 중 하나는 정보 비대칭의 감소이다. 과거 여행사에서는 고객이 항공권, 숙박, 관광 상품에 대한 정보를 직접 확인할 수 없었기 때문에 여행사는 필수적 중개자로서 역할을 수행했다. 하지만 OTA 등장 이후 고객은 온라인에서 가격, 일정, 예약 가능 여부 등 다양한 정보를 즉시 비교하고 선택할 수 있게 되었다.

이로 인해 전통 여행사는 단순한 정보 제공으로는 경쟁력을 유지하기 어려워졌으며, 고객 맞춤형 상담, 차별화된 여행 경험 설계, 전문 지식 기반 추천 등 고부가가치 서비스를 제공해야 경쟁에서 살아남을 수 있다. 또한 OTA의 데이터 활용 능력과 맞춤형 추천 시스템을 벤치마킹하여 전통 여행사 내부에서도 데이터 기반 의사결정 체계를 구축하는 것이 필수적이다.

03 중개 역할 재정의

OTA는 단순 상품 중개 기능을 넘어, 플랫폼 기반 통합 서비스 제공자로 자리잡았다. 이에 따라 전통 여행사는 기존의 단순 판매 중심 전략에서 벗어나, 상품 기획, 운영 관리, 고객 경험 제공 등 고부가가치 영역으로 역할을 재정의해야 한다. 예를 들어, 단순한 항공권 판매에서 벗어나, 고객의 일정과 선호도에 맞춘 패키지 구성, 맞춤형 여행 추천, 여행 전후 서비스 제공 등을 통합적으로 운영함으로써 OTA와 차별화된 경쟁력을 확보할 수 있다. 이는 전통 여행사의 경쟁력이 더 이상 단순 정보 제공이 아닌, 전략적 기획 능력과 운영 효율성에 달려 있음을 의미한다.

04 가격 및 수익 구조 변화

OTA 중심 환경에서는 고객이 손쉽게 가격을 비교할 수 있으므로 전통 여행사는 가격 경쟁 압력에 직면하게 된다. 단순히 가격만으로 경쟁할 경우 수익성 확보가 어려워지기 때문에, 여행사는 부가 서비스, 패키지 차별화, 맞춤형 상품 구성 등을 통해 마진 확보 전략을 재설계해야 한다. 또한 OTA 수수료와 제휴 조건은 여행사의 비용 구조에 직접적인 영향을 미치며, 기존 재무 계획과 의사결정에도 변화를 요구한다. 전통 여행사는 OTA 수수료를 고려한 가격 정책, 비용 효율화 전략, 상품 포트폴리오 조정 등을 통해 수익성을 유지하고, 장기적으로 안정적인 재무 구조를 확보해야 한다.

05 마케팅과 고객 접점 전략 변화

OTA 중심의 디지털 환경에서는 고객 접점이 플랫폼으로 이동하며, 전통 여행사의 자체 브랜드와 직영 채널의 중요성이 상대적으로 감소한다. 따라서 여행사는 디지털 채널 활용 전략, 소셜미디어, 콘텐츠 마케팅, 충성 고객 관리 등을 강화해야 한다.

특히 OTA 플랫폼의 노출 순위, 고객 리뷰 및 평점 관리, 프로모션 기획 등 온라인 평판 관리가 경쟁의 핵심으로 등장하였다. 이를 통해 전통 여행사는 고객 경험을 차별화하고, 플랫폼과 협력하면서도 브랜드 가치를 유지할 수 있는 전략을 수립해야 한다.

06 조직 구조와 운영 방식 변화

OTA 환경에서는 전통 여행사의 조직 구조와 업무 방식도 변화가 요구된다. 단순 예약·판매 중심 조직에서 벗어나, 데이터 분석, 디지털 마케팅, 상품 개발, 운영 관리 역량을 강화해야 하며, 인적자원 관리와 의사결정 구조 역시 이에 맞춰 재설계되어야 한다.

이 과정에서 전통 여행사는 내부 역량과 디지털 기술을 통합하여 운영 효율을 높이고, OTA와 경쟁하면서도 차별화된 서비스를 제공할 수 있는 조직 체계를 구축해야 한다. 장기적으로는 이러한 디지털 전환과 조직 혁신이 여행사의 지속 가능성과 경쟁력 확보에 핵심적 역할을 한다.

OTA 환경은 전통 여행사에 기회와 위기를 동시에 제공한다. 고객 접근성 확대, 데이터 활용, 플랫폼 협력 등 새로운 기회가 존재하는 반면, 가격 경쟁 압력, 정보 투명성 확대, 중개 역할 축소 등 기존 구조에서는 위협 요소가 된다. 따라서 전통 여행사는 단순 판매에서 벗어나 차별화된 경험 설계, 운영 효율화, 디지털 역량 강화를 통해 경쟁 우위를 확보해야 한다.

OTA 중심의 디지털 환경에서 전통 여행사의 전략적 대응은 고객 경험 강화, 데이터 기반 의사결정, 디지털 조직 혁신으로 요약될 수 있으며, 이는 여행사의 지속 가능한 성장과 장기 경쟁력 확보의 핵심 요소가 된다.

제12장

연습문제 Review Questions

문제 01 OTA의 등장으로 전통 여행사의 정보 제공 기능이 약화된 이유를 설명하시오.

➡

문제 02 OTA 환경에서 전통 여행사가 경쟁력을 유지하기 위해 수행해야 할 핵심 역할을 설명하시오.

➡

문제 03 OTA 등장으로 여행사의 가격 및 수익 구조에 발생한 변화와 대응 전략을 논하시오.

➡

:: **모범답안** ::

문제 01 OTA는 항공권, 숙박, 여행상품 정보를 실시간으로 비교·예약할 수 있는 플랫폼을 제공하므로, 고객이 더 이상 여행사에 의존하지 않고도 정보를 얻을 수 있다. 이로 인해 전통 여행사는 정보 독점자가 아니게 되었으며, 정보 제공 기능이 상대적으로 약화되었다.

문제 02 전통 여행사는 단순 정보 제공에서 벗어나, 맞춤형 여행 설계, 고객 상담, 복합 상품 기획, 운영 관리 등 고부가가치 기능에 집중해야 한다. 또한, 디지털 채널 활용, 소셜미디어 마케팅, 고객 충성도 관리 등 차별화된 서비스 제공으로 경쟁력을 확보해야 한다.

문제 03 OTA 환경에서는 고객이 가격을 쉽게 비교할 수 있어 가격 경쟁 압력이 증가한다. 이에 따라 여행사는 단순 가격 경쟁이 아닌, 부가 서비스 제공, 맞춤형 패키지, 차별화된 상품 구성 등을 통해 수익성을 유지해야 한다. OTA 수수료와 제휴 조건을 고려한 비용 구조 재조정도 필요하다.

제12장 토론문제 Discussion Questions

토론 01 "OTA가 여행사를 대체할 수 있는가?"에 대해 찬반 논리를 제시하시오.

토론 포인트!

- 찬성 논리: 고객은 OTA를 통해 직접 예약과 정보 탐색이 가능하므로 일부 중개 기능은 불필요해졌다.
- 반대 논리: OTA는 단순 정보 제공과 예약 플랫폼에 불과하며, 복합 상품 설계, 문제 해결, 위기 대응 등은 여전히 여행사의 전문 영역이다.
- 결론: OTA는 여행사의 일부 기능을 대체하지만, 고부가가치 영역에서는 전통 여행사가 필요하다.

토론 02 OTA 환경에서 여행사가 단순 판매업에서 벗어나야 하는 이유와 전략을 논하시오.

토론 포인트!

- 이유: 단순 판매만으로는 가격 경쟁과 마진 감소로 지속 가능한 수익 창출이 어렵다.
- 전략: 맞춤형 상품 설계, 복합 상품 운영, 디지털 마케팅 활용, 고객 충성도 강화 등을 통해 차별화된 서비스를 제공해야 한다.

토론 03 OTA와 전통 여행사의 역할 변화가 여행사 조직 구조에 미치는 영향을 설명하시오.

토론 포인트!

OTA 등장으로 단순 예약·판매 중심의 조직 구조는 더 이상 충분하지 않다. 데이터 분석, 디지털 마케팅, 상품 개발 및 운영 관리 역량을 강화해야 하며, 인적자원 배치와 의사결정 구조에도 변화를 주어야 한다. 디지털 역량 중심의 조직으로 전환하는 것이 필요하다.

제13장

고객 관리와 관계 마케팅

:: 학습목표 Learning Objectives

01. 여행사 고객 관리의 중요성과 핵심 개념을 이해할 수 있다.
02. 고객 경험과 만족이 여행사 경영에 미치는 영향을 분석할 수 있다.
03. CRM(Customer Relationship Management)의 개념과 여행사 적용 방식을 설명할 수 있다.
04. 고객 재구매와 충성도를 높이기 위한 전략적 접근을 제시할 수 있다.
05. 관계 마케팅의 한계와 실제 적용 시 고려해야 할 문제점을 논할 수 있다.

:: 핵심 키워드 Key Concepts

- 고객 관리(Customer Management)
- 고객 만족(Customer Satisfaction)
- 재구매(Repurchase)
- 관계 마케팅(Relationship Marketing)
- 데이터 기반 관리(Data-driven Management)
- 고객 경험(Customer Experience)
- CRM(Customer Relationship Management)
- 고객 충성도(Customer Loyalty)
- 전략적 접근(Strategic Approach)

:: 장 요약 Chapter Summary

본 장은 여행사 경영에서 고객 관리와 관계 마케팅의 중요성을 다룬다. 고객 관리는 단순한 판매 후 서비스가 아니라, 고객의 경험과 만족을 분석하고 이를 기반으로 재구매와 충성도를 높이는 전략적 활동이다. CRM 시스템은 고객 데이터를 관리하고 개인화된 서비스를 제공하는 핵심 도구로, 여행사에서 장기적 수익성과 경쟁력 확보에 중요한 역할을 한다.

또한 고객 충성도는 반복 구매뿐만 아니라 긍정적 입소문, 브랜드 추천 등 다양한 경영 성과로 연결된다. 하지만 관계 마케팅에도 한계가 존재하며, 데이터 과잉, 고객 기대치 관리, 비용 대비 효과 등 실제 운영에서 주의해야 할 점이 있다. 이 장에서는 이러한 개념과 실제 적용 사례를 통해 고객 관리 전략의 실천적 이해를 돕는다.

제1절

여행사 고객 관리의 이해

01 고객 관리의 정의와 의미

고객 관리는 여행사 경영에서 핵심적인 활동 중 하나로, 단순히 여행상품을 판매한 이후의 서비스 제공에 머무르지 않는다. 여행사 고객 관리는 조직의 전략적 의사결정과 직결되며, 장기적인 수익성과 경쟁력 확보를 위해 필수적인 활동이다. 여행사는 항공권, 숙박, 투어 패키지, 렌터카 등 다양한 상품을 제공하며, 각 고객층의 니즈와 여행 목적에 맞춰 서비스를 설계해야 한다. 이러한 과정에서 고객의 만족과 재구매 가능성을 높이는 체계적인 관리가 요구된다. 단순히 반복 구매를 유도하는 수준을 넘어, 고객과의 관계를 장기적으로 유지하고 강화함으로써 브랜드 신뢰와 시장 지위를 높이는 전략적 활동으로 이해해야 한다.

02 고객 관리의 주요 구성 요소

여행사에서 고객 관리는 조직의 전략적 성과와 직결되는 핵심 활동으로, 크게 세 가지 주요 구성 요소로 나눌 수 있다.

1) 고객 데이터 수집

여행사는 운영 과정에서 발생하는 예약 정보, 여행 패턴, 고객 선호, 구매 이력 등 다양한 데이터를 체계적으로 수집해야 한다. 이러한 데이터는 고객의 행동과 필요를 이해하고, 향후 맞춤형 상품과 서비스를 제공하는 근거가 된다. 예를 들어, 특정 고객이 자주 방문하는 여행지, 선호하는 숙박 유형, 여행 일정 패턴 등을 분석하면 개인화된 제안이 가능하며, 이는 고객 만족도와 재구매율을 높이는 데 직접적으로 기여한다.

2) 고객 세분화

수집된 데이터를 기반으로 고객을 그룹화하는 과정으로, 연령, 여행 목적, 소비 성향, 선호 활동 등 다양한 기준에 따라 고객을 나눈다. 이러한 세분화를 통해 여행사는 각 그룹에 맞춘 마케팅 전략을 설계하고 보다 정교한 맞춤형 서비스를 제공할 수 있다. 단순한 상품 판매를 넘어, 고객 경험을 최적화하는 전략적 수단으로 활용될 수 있으며, 고객의 니즈를 정확히 반영한 서비스 제공이 가능해진다.

3) 고객 관계 유지 및 강화

고객 관계 관리는 단순히 재구매를 유도하는 수준을 넘어, 고객 경험 전체를 관리하여 장기적인 충성도를 구축하는 활동을 포함한다. 예약 과정, 상담, 여행 후 사후 관리 등 모든 접점에서 고객과의 관계를 강화하고, 피드백을 반영해 서비스 품질을 지속적으로 개선하는 것이 핵심이다. 이러한 활동은 고객 중심 사고(customer-centric approach)를 조직 전반에 내재화하고, 고객 경험 설계자로서 여행사의 전략적 가치를 높이는 중요한 요소로 작용한다.

03 고객 관리와 수익성의 관계

여행사 고객 관리는 단기적 판매 목표 달성뿐만 아니라, 장기적 성장과 경쟁력 확보와 직결된다. 만족도가 높은 고객은 재구매 가능성이 높으며, 긍정적 입소문과 브랜드 추천을 통해 신규 고객 유입에도 기여한다. 반대로 고객 관리가 부실하면 서비스 실패와 불만족으로 이어져 수익 손실과 브랜드 신뢰도 저하를 초래할 수 있다. 즉, 체계적인 고객 관리 활동은 여행사의 재무 성과와 직결되며, 단순 판매 중심 경영에서 벗어나 장기적 전략 경영 활동으로 인식되어야 한다.

04 고객 중심 사고의 필요성

여행사는 고객 접점이 다양하고 상품 구성이 복합적이기 때문에, 모든 조직과 업무 프로세스에서 고객 중심적 사고를 적용해야 한다. 고객 중심 사고를 구현하면, 단순 중개자로서의 역할을 넘어서 고객 경험을 설계하고, 관계를 유지하며, 충성도를 강화하는 전략적 가치를 창출할 수 있다. 이는 고객 데이터를 기반으로 맞춤형 서비스를 제공하고, 여행 과정에서 발생하는 문제를 사전에 예측·해결하며, 고객 피드백을 서비스 개선에 반영하는 전사적 관리 체계로 이어진다. 디지털 기술과 CRM 시스템을 접목하면 이러한 고객 중심 경영은 더욱 정교하게 실행될 수 있으며, 여행사는 경쟁력 있는 고객 관리 역량을 확보하게 된다.

결국, 여행사에서의 고객 관리는 단순한 판매 이후 서비스 제공을 넘어, 장기적 성장을 위한 전략적 활동이다. 고객 데이터 수집, 세분화, 관계 유지 및 강화의 체계적 관리가 유기적으로 이루어질 때, 여행사는 고객 만족과 충성도를 높이고, 브랜드 신뢰와 수익성을 극대화할 수 있다. 이러한 체계적 고객 관리는 여행사를 단순한 여행상품 판매자를 넘어 전략적 경영 주체로 자리매김하게 하며, 경쟁이 치열한 여행산업 환경에서 지속 가능한 성장과 경쟁력 확보를 가능하게 한다.

제2절

고객 경험과 만족

01 고객 경험의 정의와 중요성

고객 경험(CX, Customer Experience)은 여행사 경영에서 핵심적인 개념으로, 단순히 여행상품이나 서비스를 제공한 결과로 나타나는 만족을 넘어, 고객이 여행 전, 여행 중, 여행 후에 걸쳐 경험하는 모든 접점에서의 총체적 느낌과 인상을 의미한다. 여행사에서 고객 경험은 단순한 서비스 품질이나 가격 경쟁력뿐만 아니라, 고객이 상품을 예약하고 여행을 준비하며, 실제 여행을 진행하고, 여행 이후 사후 관리와 피드백까지 포함한 모든 과정에서 형성된다.

고객 경험 관리는 단순한 일회성 서비스 제공이 아니라, 고객의 기대를 정확히 이해하고 그 기대를 뛰어넘는 서비스를 설계함으로써 고객 만족을 극대화하고, 재구매와 충성 고객 확보로 이어지도록 하는 전략적 활동이다. 따라서 여행사는 고객이 여행 과정에서 느끼는 가치와 감정을 세밀하게 관리해야 하며, 이는 장기적으로 브랜드 신뢰와 수익성 확보와 직결된다.

02 고객 경험 형성의 과정

여행사의 고객 경험은 단순히 여행 중 서비스 제공에 그치지 않고, 예약 단계에서부터 상담, 여행상품 구성, 현지 안내, 여행 후 사후 서비스에 이르는 전 과정에서 형성된다.

1) 예약 과정

고객이 여행사를 처음 접하는 순간으로, 온라인과 오프라인 모두에서의 예약 편의성,

정보 제공의 정확성, 사용자 인터페이스(UI)와 사용자 경험(UX) 등이 초기 인상을 결정한다. 예약 과정에서 발생하는 오류나 불편은 곧바로 고객 불만족으로 이어질 수 있으므로, 예약 시스템의 효율성과 안정성을 확보하는 것이 필수적이다.

2) 고객 상담 과정

여행 목적, 선호, 일정 등을 정확히 파악하고, 개별 고객에 맞춘 맞춤형 여행상품을 제안하는 것이 중요하다. 가족 단위 여행객과 MZ세대 개별 여행객은 여행 스타일과 중시하는 서비스 포인트가 서로 다르므로, 동일한 여행상품이라도 고객별로 맞춤화된 경험을 제공해야 한다. 이를 통해 고객 만족도를 높이고 장기적인 충성도를 형성할 수 있다.

3) 여행상품 구성 단계

항공권, 숙박, 투어, 렌터카, 체험 활동 등 다양한 요소를 종합적으로 설계하며 고객 경험을 구체화한다. 여행사는 고객 선호, 예산, 여행 목적 등을 고려하여 최적의 선택을 제공하고, 패키지 구성의 유연성과 선택권 확대를 통해 만족도를 극대화해야 한다. 특히 맞춤형 옵션 제공과 고객 참여형 상품 설계는 여행사의 경쟁력 강화와 직결된다.

4) 현지 여행 경험

고객 경험 형성의 핵심 요소로 가이드, 숙박 서비스, 현지 교통, 체험 활동 등 현장에서 제공되는 모든 서비스는 고객이 여행사의 전문성과 품질을 평가하는 기준이 된다. 고객은 단순 안내 수준뿐만 아니라 문제 해결 능력, 현장 대응력, 편의 제공 정도까지 종합적으로 평가하며, 이를 통해 서비스 만족도가 결정된다.

5) 사후 서비스와 피드백 관리

여행 종료 후에도 고객 경험의 중요한 일부로 작용한다. 고객이 여행 후 제공하는 설문, 리뷰, 문의 등 피드백을 체계적으로 수집하고 이를 다음 여행상품 설계와 서비스 개선에 반영함으로써, 여행사는 고객 충성도와 재구매 가능성을 높일 수 있다. 전체 과정을 통합적으로 관리할 때, 고객 경험은 단순한 서비스 제공을 넘어 여행사의 전략적 자산으로 작용하게 된다.

03 고객 만족과 영향 요인

고객 만족(customer satisfaction)은 고객 경험의 질적 결과로 나타나며, 여행사의 서비스 품질, 가격 대비 가치, 상담 및 응대 능력, 문제 해결 능력, 예약 편의성, 정보 제공 정확성 등 다양한 요인에 의해 결정된다. 만족도가 높을수록 고객의 재구매율과 추천 의사가 증가하며, 반대로 부정적 경험은 고객 이탈과 부정적 입소문으로 이어진다.

여행사는 정기적으로 고객 만족도를 측정하고, 피드백을 분석하여 서비스 개선과 여행 상품 혁신에 반영해야 한다. 특히 현대 여행산업에서는 디지털 기술과 OTA 플랫폼 확산으로 온라인 경험의 질도 만족에 큰 영향을 미친다. 예를 들어, 모바일 앱 사용 편의성, 예약 확인 과정의 간편성, 실시간 알림 서비스, SNS 리뷰 관리 등이 모두 고객 만족과 충성도에 직결된다.

04 고객 경험과 디지털 기술

디지털 기술의 활용은 여행사 고객 경험 관리에서 필수적이다. 디지털 예약 시스템, 모바일 앱, AI 기반 추천 서비스, 고객 데이터 분석 도구 등을 통해 여행사는 고객 경험을 세밀하게 관리하고 맞춤화할 수 있다. 예를 들어, 고객의 이전 여행 기록과 선호도를 기반으로 최적화된 여행 패키지를 추천하거나, 여행 전·후 알림과 개인화 메시지를 제공함으로써 고객 만족을 극대화할 수 있다.

OTA 플랫폼과 연계하면, 고객은 다양한 상품 정보를 실시간으로 비교하고 선택할 수 있으며, 여행사는 고객 데이터를 분석하여 더욱 정교한 맞춤형 제안을 제공할 수 있다. 이러한 디지털 기반 경험 관리는 고객 충성도와 재구매율을 높이는 핵심 전략이 된다.

여행사에서 고객 경험과 만족 관리는 단순한 서비스 제공을 넘어 전략적 경영 활동으로 이해해야 한다. 예약, 상담, 여행, 사후 서비스 등 모든 접점에서 고객 중심 사고를 적용하고, 디지털 기술과 CRM 시스템을 활용하여 체계적·맞춤형 경험을 제공할 때, 고객 만족과 충성도를 극대화할 수 있다. 이러한 고객 중심 경영은 장기적으로 브랜드 신뢰와 재무 성과를 높이며, 경쟁이 치열한 여행산업 환경에서 지속 가능한 성장과 안정적 수익 기반을 확보하는 필수 전략이 된다.

제3절

CRM의 개념과 적용

01 CRM의 정의와 중요성

CRM(Customer Relationship Management, 고객관계관리)은 여행사 경영에서 고객 관리 전략의 핵심 도구로, 단순히 고객 데이터를 수집·저장하는 시스템이 아니라, 고객과의 장기적 관계를 구축하고 고객 가치를 극대화하는 전략적 경영 활동을 의미한다.

여행사에서는 항공권, 숙박, 투어 패키지 등 복합적인 여행상품을 제공하며 다양한 고객층을 대상으로 영업과 서비스를 수행한다. 이 과정에서 단순한 판매 활동만으로는 고객 만족과 재구매를 유도하기 어렵기 때문에, CRM을 활용하여 고객 정보를 체계적으로 분석하고 개별 고객에게 맞춤형 서비스를 제공하는 것이 필수적이다. CRM은 고객 행동과 선호를 이해하고, 전략적 의사결정에 반영함으로써 장기적 경쟁력 확보와 안정적 수익 창출에 직결된다.

02 CRM의 주요 구성 요소

CRM 시스템은 여행사에서 고객 관리 활동을 통합적으로 지원하며, 고객 경험과 매출 증대를 동시에 달성하는 핵심 도구로 작용한다.

1) 고객 데이터 통합 관리 기능

예약 내역, 상담 기록, 선호 정보, 피드백 등 여행사 운영 과정에서 생성되는 다양한 데이터를 하나의 통합된 고객 프로필로 구축하는 것을 의미한다. 이를 통해 고객의 여행 이력과 행동 패턴, 선호도, 특이사항 등을 체계적으로 관리할 수 있으며, 향후 맞춤형 서비스 제공과 마케팅 전략 설계의 기초 자료로 활용된다.

2) 고객 세분화

수집된 데이터를 기반으로 고객을 그룹화하고, 세그먼트별 맞춤 전략을 수립함으로써 마케팅 효과를 극대화할 수 있다. 예를 들어, 가족 단위 여행객, 개인 자유여행객, 비즈니스 여행객 등으로 고객을 구분하고, 각 그룹의 여행 목적과 선호에 맞춘 상품과 서비스를 설계하면, 단순한 판매를 넘어 고객 경험을 최적화할 수 있다. 세분화 전략은 고객 만족도를 높이는 동시에, 여행사의 자원과 마케팅 비용을 효율적으로 배분할 수 있는 근거가 된다.

3) 고객 행동 분석 기능

고객 행동 분석 기능은 CRM이 제공하는 또 다른 중요한 요소다. 고객의 구매 패턴, 예약 빈도, 방문 주기, 취소율, 피드백 등을 분석함으로써 여행사는 고객 행동을 이해하고 미래 행동을 예측할 수 있다. 이러한 분석 결과는 맞춤형 패키지 추천, 프로모션 전략 설계, 재구매 유도 등 데이터 기반 의사결정에 활용되며, 전략적 마케팅과 서비스 설계의 핵심 자료로 작용한다.

4) CRM을 활용한 맞춤형 커뮤니케이션

CRM은 고객과의 지속적인 접점을 유지하고 친밀감을 형성하는 데 필수적이다. 이메일, 문자, 앱 푸시 알림 등 다양한 채널을 통해 고객에게 개인화된 정보와 혜택을 제공할 수 있으며, 이전 여행 기록을 기반으로 한 맞춤형 여행상품 추천, 고객 생일이나 기념일 이벤트 알림, 시즌별 프로모션 정보 제공 등이 가능하다. 이를 통해 고객은 자신의 요구와 관심이 여행사에서 고려되고 있다는 인식을 갖게 되며, 브랜드 신뢰도와 만족도를 높일 수 있다.

5) 재구매 및 고객 충성도 관리

CRM은 단순히 고객 데이터를 관리하는 수준을 넘어, 고객의 구매 이력과 행동 데이터를 분석하여 향후 여행상품 추천을 자동화하거나 맞춤형 혜택을 제공함으로써 반복 구매와 장기적 충성도를 강화할 수 있다. 이러한 기능은 여행사가 단기 매출 증대뿐만 아니라 장기적 성장과 경쟁력 확보를 위한 전략적 기반으로 활용될 수 있음을 보여준다.

03 CRM의 전략적 적용

CRM을 효과적으로 적용하는 여행사는 고객의 잠재적 요구를 사전에 예측하고, 맞춤형 서비스를 제공함으로써 경쟁 우위를 확보할 수 있다. 최근에는 AI 분석과 빅데이터를 접목한 스마트 CRM(Smart CRM)이 등장하여, 고객 행동 데이터를 실시간으로 분석하고 개인화된 여행상품과 일정, 가격 정보를 제공할 수 있게 되었다. 예를 들어, 고객이 지난 3년 동안 가족 단위 해외여행을 주기적으로 예약한 기록이 있다면, 시즌별 가족 맞춤형 패키지 상품을 자동 추천하거나 프로모션 알림을 발송할 수 있다. 또한, 고객이 선호할 만한 신규 여행지를 예측하여 맞춤형 추천을 제공하면, 고객의 만족도와 재구매 가능성을 동시에 높일 수 있다.

CRM은 단순한 기술 도구가 아니라, 여행사의 전략적 자산으로서, 고객 경험과 만족을 높이고 장기적 경쟁력을 확보하는 핵심 경영 활동이다. 이를 위해 여행사는 CRM을 조직 전반의 의사결정 프로세스와 연계하고, 고객 데이터 분석 역량과 디지털 기술 활용 능력을 강화해야 한다.

04 CRM과 디지털 환경

현대 여행산업에서는 디지털 기술과 온라인 채널의 확산으로 CRM의 중요성이 더욱 높아졌다. OTA 플랫폼과 모바일 앱, SNS, 이메일 마케팅 등 다양한 디지털 접점에서 수집된 고객 데이터를 CRM과 연계하면, 고객의 선호와 행동을 실시간으로 분석하고 맞춤형 경험을 제공할 수 있다. 예를 들어, 고객이 앱에서 특정 여행지를 검색하고 가격을 비교한 기록이 있다면, 해당 데이터를 기반으로 최적화된 여행상품을 추천하거나, 예약 시점에 맞춘 프로모션 알림을 제공할 수 있다. 이를 통해 고객의 예약 편의성과 만족도를 높일 수 있으며, 재구매와 충성도 강화에도 기여한다.

CRM은 단순한 고객 관리 시스템이 아니라, 여행사의 전략적 자산이자 장기적 경쟁력 확보의 핵심 도구이다. 고객 데이터를 통합·분석하고 맞춤형 서비스를 제공함으로써 고객 경험과 만족을 극대화하며, 재구매와 충성도를 강화할 수 있다. 특히 디지털 기술과 AI 분석을 접목하면, 고객의 잠재적 요구를 예측하고 개인화된 서비스를 제공할 수 있어 여행사 경쟁력 확보와 안정적 수익 창출에 결정적인 역할을 한다.

결국 CRM은 여행사의 전략적 경영 활동과 직결되며, 고객 중심 사고를 조직 전반에 내재화하고, 데이터 기반 의사결정을 체계적으로 수행할 수 있도록 지원하는 필수 경영 도구라고 할 수 있다.

표 13.1 ▌OTA vs 전통 여행사 CRM 비교표

구분	OTA 기반 CRM	전통 여행사 CRM
CRM의 기본 성격	거래 중심(Transaction-based CRM)	관계 중심(Relationship-based CRM)
고객 접점 주체	플랫폼(앱·웹사이트)	사람(상담원·담당자·인솔자)
CRM의 목적	반복 거래 유도 및 이용 빈도 증가	신뢰 형성 및 장기 관계 유지
고객 인식 대상	'플랫폼'과의 관계	'여행사·담당자'와의 관계
주요 관리 수단	자동화 메시지, 추천 알고리즘, 푸시 알림	상담, 맞춤 제안, 사후 관리
고객 데이터 활용	대규모 데이터 기반 개인화 추천	개별 고객 이력·성향 중심 관리
개인화 방식	알고리즘 기반 행동 예측	경험·대화 기반 이해
대응 속도	빠름(자동화 시스템)	상황에 따라 유연
상황 대응 능력	표준화된 절차 중심	비정형 상황 대응 가능
불만 처리 방식	고객센터·규정 중심 처리	공감·책임 중심 직접 대응
서비스 회복 효과	제한적(규정 내 보상)	관계 강화 기회로 전환 가능
감정 노동 반영 여부	낮음	높음
브랜드 충성도	낮은 편(가격·편의성 중심)	높은 편(신뢰·책임 중심)
재구매 구조	가격·편의성 기반 반복 구매	관계·만족 기반 반복 구매
CRM의 한계	감정·맥락 이해 부족	인력 의존도·확장성 제한
CRM의 강점	규모·효율·데이터 처리	신뢰·책임·맞춤 서비스
장기 경쟁력 요소	기술·플랫폼 지배력	사람·관계·전문성
OTA 시대 CRM 전략 방향	자동화 고도화	관계 기반 차별화

제4절

재구매와 고객 충성도

01 재구매와 고객 충성도의 개념

재구매(repeat purchase)와 고객 충성도(customer loyalty)는 여행사 경영에서 단순한 판매 성과를 넘어, 장기적인 수익 창출과 안정적인 시장 지위를 확보하는 핵심 지표이다. 재구매는 고객이 동일한 여행사에서 반복적으로 상품이나 서비스를 구매하는 행동을 의미하며, 이는 고객이 경험한 서비스 품질과 만족도가 높을수록 자연스럽게 나타난다.

고객 충성도는 재구매 횟수에 국한되지 않고, 특정 여행사에 대한 긍정적 태도, 추천 의향, 장기적 관계 지속 의사까지 포함하는 개념이다. 충성도가 높은 고객은 새로운 상품이나 프로모션 출시 시 신속하게 반응하며, 주변 잠재 고객에게 추천하는 역할을 수행한다. 따라서 재구매와 충성도는 단기적인 매출뿐 아니라 여행사의 브랜드 가치와 장기적 안정성 확보에 필수적인 요소로 작용한다.

02 재구매와 충성도 형성 요인

재구매와 고객 충성도는 다양한 요인에 의해 영향을 받는다. 첫째, 고객 경험의 일관성과 품질이 중요하다. 예약 과정, 상담, 여행상품 구성, 현지 안내, 사후 관리 등 전 과정에서 높은 품질과 만족도를 제공해야 재구매가 유도된다.

둘째, 서비스 만족도와 문제 해결 능력이다. 여행 중 발생한 문제나 불편이 신속하게 해결되고, 사후 관리가 체계적으로 이루어질 경우 고객은 해당 여행사에 대한 신뢰를 강화하게 된다. 예를 들어, 예약 과정에서의 실수나 현지 서비스 제공 중 문제가 발생했을 때, 즉각적이고 효과적인 대응을 통해 고객 만족을 회복하면 재구매 가능성이 높아진다.

셋째, 가격 및 혜택 구조이다. 고객이 동일한 상품을 반복 구매할 경우, 가격 대비 만족감과 추가 혜택(포인트, 마일리지, 할인 등)이 제공되면 재구매를 유도할 수 있다. 이러한 혜택은 단순한 비용 절감 이상의 가치를 제공하며, 고객 충성도 강화에도 기여한다.

03 재구매와 충성도 강화 전략

여행사는 재구매와 고객 충성도를 높이기 위해 맞춤형 서비스 제공, 로열티 프로그램 운영, 고객 경험 관리, 관계 유지 커뮤니케이션 등 네 가지 전략을 통합적으로 운영해야 한다.

맞춤형 서비스 제공은 고객의 여행 이력, 선호, 관심사, 행동 패턴 등을 분석하여 개인화된 상품과 서비스를 설계하는 것을 의미한다. 예를 들어, 하나투어는 가족 단위 고객에게 계절별 맞춤 패키지를 제공하고, MZ세대 개인 여행객에게는 체험형 여행이나 최신 트렌드 기반 자유여행 상품을 추천한다. 이러한 맞춤형 전략은 고객이 자신에게 적합한 경험을 제공받는다고 느끼게 함으로써 재구매 의사를 높이고 충성도를 강화한다.

로열티 프로그램 운영은 장기적 고객 유지와 반복 구매 유도를 위한 핵심 전략이다. 인터파크투어와 같은 여행사는 포인트 적립, 마일리지, 회원 등급제 등 다양한 인센티브를 제공하여 고객이 프로그램 참여 과정에서 소속감을 느끼도록 설계한다. 특히, 혜택을 직관적이고 쉽게 체감할 수 있도록 구조화함으로써 고객의 참여율과 만족도를 높이고, 안정적인 재구매 흐름을 만들어 여행사의 지속적 매출 기반을 확보한다.

고객 경험 관리는 여행 전, 중, 후 모든 단계에서 일관된 품질과 감동을 제공하여 장기적 충성도를 강화하는 전략이다. 예약 과정, 상담, 상품 구성, 현지 안내, 사후 피드백까지 고객 접점을 통합 관리함으로써 고객의 신뢰와 만족을 높일 수 있다. 예를 들어, 모두투어는 여행 종료 후 설문조사와 리뷰 분석을 통해 문제점을 보완하고, 이를 다음 여행상품 구성과 맞춤형 제안에 반영한다. 고객은 자신의 의견이 실제 서비스에 반영되었다는 경험을 통해 만족도를 높이며, 재구매 가능성도 증가한다.

관계 유지 커뮤니케이션은 고객과 지속적 접점을 확보하고 친밀감을 형성하는 전략적 수단이다. 정기 뉴스레터 발송, 이벤트 초대, 생일·기념일 맞춤 메시지 등 다양한 채널을 통해 단순 정보 전달을 넘어 고객과의 정서적 유대감을 강화한다. 예를 들어, 하나투어는 회원별 여행 취향과 일정에 맞춘 맞춤형 알림과 할인 혜택을 제공하여 고객이 장기적으로 여행사를 선택하도록 유도한다.

이처럼 여행사는 데이터 기반 맞춤형 서비스, 체계적 로열티 프로그램, 고객 경험 관리, 관계 유지 커뮤니케이션 전략을 유기적으로 결합함으로써 재구매를 촉진하고 장기적 충성도를 확보할 수 있다. 이러한 전략은 단순한 마케팅 활동을 넘어 여행사의 경쟁력 강화와 지속 가능한 성장에 기여하며, 안정적인 수익 구조와 브랜드 신뢰를 동시에 구축하는 핵심 경영 수단으로 작용한다. 따라서 여행사는 각 전략을 고객 세분화, 데이터 분석, 피드백 반영 등 실질적 운영 체계와 연계하여 통합적으로 설계하고 실행하는 것이 필요하다. 이를 통해 고객은 개인 맞춤형 서비스를 경험하고, 반복적인 여행 선택에서 여행사를 우선적으로 고려하게 되며, 여행사는 장기적 관점에서 고객 충성도와 재무 안정성을 동시에 확보할 수 있다.

04 디지털 환경과 데이터 기반 재구매 관리

현대 여행산업에서는 디지털 기술과 데이터 분석을 활용하여 재구매와 충성도를 체계적으로 관리하는 것이 중요하다. 예를 들어, OTA와 모바일 앱, CRM 시스템을 연계하면 고객의 과거 예약 기록, 검색 패턴, 관심 여행지, 참여 이벤트 등을 분석하여 향후 여행 추천을 자동화하거나 맞춤형 프로모션을 제공할 수 있다.

또한, 데이터 기반 접근은 단순히 재구매율 향상뿐 아니라, 마케팅 비용 효율성 증대에도 기여한다. 충성 고객에게 적절한 타이밍과 맞춤형 메시지를 제공함으로써, 광고 및 프로모션 비용을 최소화하면서도 최대 효과를 달성할 수 있다.

재구매와 고객 충성도는 여행사의 지속 가능한 경쟁력 확보와 직결되는 핵심 지표이며, 단순한 판매 활동을 넘어 전략적 경영 활동으로 접근해야 한다. 이를 위해 CRM과 데이터 기반 분석을 적극 활용하고, 맞춤형 서비스 제공, 로열티 프로그램, 고객 경험 관리, 관계 유지 커뮤니케이션 등 통합적 전략을 실행해야 한다.

장기적으로 충성 고객을 확보한 여행사는 단순 판매 경쟁을 넘어 안정적 수익 구조를 구축하고, 브랜드 가치와 시장 지배력을 동시에 강화할 수 있으며, 이는 디지털 환경과 데이터 중심 경영 체계와 결합될 때 더욱 강력한 경쟁력으로 이어진다.

제5절

관계 마케팅의 한계

01 관계 마케팅의 개념

관계 마케팅(relationship marketing)은 단기적인 거래 중심의 마케팅에서 벗어나, 고객과 장기적이고 지속적인 관계를 구축하여 재구매와 고객 충성도를 높이는 전략적 접근법을 의미한다. 여행사 경영에서도 관계 마케팅은 고객 경험 관리, 맞춤형 서비스, CRM 활용 등과 밀접하게 연결되며, 고객과의 장기적인 신뢰 형성과 브랜드 충성도를 확보하는 데 핵심적인 역할을 한다.

관계 마케팅은 고객을 단순한 거래 대상으로 보는 전통적 접근과 달리, 고객의 라이프스타일, 선호, 행동 패턴을 이해하고 이에 맞춘 개인화된 서비스와 커뮤니케이션을 제공함으로써 장기적 관계를 형성하는 전략적 활동이다. 이를 통해 여행사는 단기적 매출에 의존하지 않고, 장기적인 수익 기반과 안정적인 시장 지위를 확보할 수 있다.

02 관계 마케팅의 비용 부담

관계 마케팅을 실행하는 데에는 상당한 비용과 자원이 요구된다. 충성 고객을 확보하고 장기적 관계를 유지하기 위해서는 맞춤형 서비스 제공, 로열티 프로그램 운영, 정기적 커뮤니케이션, 이벤트 초대 등 다양한 활동이 필요하며, 이 과정에서 인력, 시간, 예산이 소요된다.

특히 소규모 여행사나 예산이 제한된 조직의 경우, 이러한 비용 부담은 관계 마케팅 전략 실행에 큰 제약으로 작용할 수 있다. 고객 접점과 서비스 수준을 높이려는 전략적 시도가 자원의 한계를 넘어설 경우, 기대만큼 효과를 내지 못하고 오히려 비용 대비 효율성이 낮아질 수 있다. 따라서 여행사는 관계 마케팅을 설계할 때 비용-효과 분석을 철저히 수행하고, 자원을 효율적으로 배분해야 한다.

03 충성도와 수익 간 불일치

고객 충성도가 항상 직접적인 수익 증가로 이어지지 않는 점도 관계 마케팅의 한계로 꼽힌다. 충성 고객이라 하더라도 할인 혜택, 포인트 적립, 멤버십 인센티브 등으로 인해 마진이 감소할 수 있으며, 반복 구매가 수익으로 직결되지 않는 경우도 발생한다.

또한, 시장 환경 변화, 경쟁사의 공격적 프로모션, 경제적 요인 등 외부 변수는 충성 고객의 재구매 행동에 영향을 미치며, 높은 충성도를 확보했더라도 예상치 못한 매출 변동을 초래할 수 있다. 따라서 충성 고객 전략은 단순히 고객 관계 구축만으로는 충분하지 않으며, 재무적 성과와 연계된 전략적 설계가 필수적이다.

04 고객 기대 관리와 이탈 위험

관계 마케팅을 통해 고객과 친밀한 관계를 형성하면, 고객의 기대 수준이 자연스럽게 상승하게 된다. 그러나 이러한 기대가 과도하게 높아지면, 서비스 제공에서 작은 실수나 지연도 고객 불만족과 부정적 평가로 이어질 수 있다. 특히 여행과 같은 경험 상품에서는 개인의 주관적 만족도가 크기 때문에, 고객 이탈 위험이 상대적으로 높다.

따라서 여행사는 관계 마케팅을 통해 친밀감을 형성하면서도 고객 기대를 현실적으로 관리해야 하며, 서비스 품질 관리와 문제 대응 체계를 강화하는 것이 중요하다. 고객 불만 대응 프로세스, 사후 관리, 피드백 반영 등을 통합적으로 설계해야만 관계 마케팅의 효과를 극대화할 수 있다.

05 데이터 활용과 개인화 한계

디지털 환경에서 CRM과 빅데이터 분석, AI 기술을 활용해 맞춤형 서비스를 제공할 수 있지만, 고객의 행동 패턴과 선호는 복잡하고 변동적이어서 완벽하게 예측하기 어렵다. 지나친 데이터 기반 자동화는 고객 맞춤화 수준을 높이는 대신, 인간적 접점을 약화시키고 관계의 질적 가치를 떨어뜨릴 수 있다.

또한, 고객 세분화와 행동 예측의 정확도는 데이터 품질과 분석 역량에 크게 의존하며, 분석 과정에서 오류가 발생하면 고객 경험에 부정적 영향을 미칠 수 있다. 따라서 관계 마케팅 전략은 데이터 기반 접근과 인간적 서비스 접점을 균형 있게 통합해야 한다.

06 경쟁 심화와 전략적 한계

많은 여행사가 동일한 관계 마케팅 전략을 수행할 경우, 시장에서 차별화가 어려워지고 가격 경쟁과 혜택 경쟁으로 이어질 수 있다. 결과적으로 장기적 관점에서 고객 관계 유지 비용 대비 효과가 감소할 수 있으며, 관계 마케팅의 전략적 효율성이 제한된다.

이를 극복하기 위해서는 단순한 충성 고객 확보를 넘어, 여행상품 기획, 운영, 마케팅, 고객 경험 관리 등 통합적 경영 활동과 연계된 차별화 전략이 필요하다. 예를 들어, 고객 개별 맞춤형 상품 설계와 독창적 경험 제공을 결합하면 경쟁사와의 차별화를 확보할 수 있다.

관계 마케팅은 고객 충성도와 재구매를 높이는 강력한 전략이지만, 비용 부담, 외부 변수, 데이터 활용의 한계, 경쟁 환경 등 다양한 제약을 가진다. 여행사는 관계 마케팅을 단일 전략으로 실행하는 것이 아니라, 전략적 우선순위 설정, 비용-효과 분석, 현실적 기대치 관리, 그리고 상품 기획·운영·마케팅·고객 경험 관리 등 통합적 경영 활동과 연계하여 설계해야 한다.

이러한 체계적 접근을 통해 여행사는 관계 마케팅의 한계를 최소화하고, 장기적 재구매와 충성 고객 확보를 통해 지속 가능한 경쟁력과 안정적인 수익 구조를 구축할 수 있다. 디지털 환경과 데이터 기반 분석 기술을 효과적으로 활용하면, 이러한 관계 마케팅 전략은 더욱 강력하고 정교하게 실행될 수 있으며, 여행사의 브랜드 가치와 시장 경쟁력을 장기적으로 강화하는 핵심 요소로 자리매김하게 된다.

제13장 연습문제 Review Questions

문제 01 여행사에서 고객 경험 관리와 고객 만족이 왜 중요한지 설명하고, 여행사 경영에 미치는 영향을 논하시오.

➡

문제 02 CRM 시스템이 여행사 경영에 어떻게 활용되는지 설명하시오.

➡

문제 03 관계 마케팅 전략이 가진 한계와 이를 극복하기 위한 여행사의 접근 방식을 설명하시오.

➡

:: 모범답안 ::

문제 01

- 고객 경험 관리와 만족은 여행사의 반복 구매와 고객 충성도를 결정하는 핵심 요소이다.
- 만족한 고객은 재구매 가능성이 높으며, 긍정적인 구전 마케팅 효과를 유발한다.
- 여행사는 고객 만족도를 높이기 위해 맞춤형 서비스, 정확한 정보 제공, 문제 해결 능력을 강화해야 하며, 이는 경영 성과와 직결된다.

문제 02

- CRM은 고객 정보를 수집·분석하여 맞춤형 서비스와 마케팅 전략을 설계하는 도구이다.
- 고객 선호, 구매 패턴, 여행 이력 등을 분석하여 개인화된 상품 추천과 프로모션 제공이 가능하다.
- 이를 통해 고객 재구매율과 충성도를 높이고, 효율적인 마케팅 비용 집행과 경영 의사결정을 지원한다.

문제 03

- 한계: 높은 관계 유지 비용, 충성도와 수익의 불일치, 고객 기대 관리의 어려움, 데이터 활용의 한계, 경쟁 심화 문제 등
- 극복 방안: 비용-효과 분석 기반 우선순위 설정, 통합적 경영 활동과 연계, 현실적 기대치 관리, 고객 세분화 전략 활용 등

제13장 토론문제 Discussion Questions

토론 01 "관계 마케팅에 투자하는 것이 항상 여행사의 수익 증대로 이어지는가?"에 대해 찬반 논리 제시

토론 포인트!

- 찬성: 충성 고객 확보로 반복 구매 증가, 구전 효과, 장기적 안정적 수익 확보 가능
- 반대: 관계 유지 비용이 높고, 외부 환경 변화(경쟁, 경제)로 재구매가 불확실, 투자 대비 수익 불일치 가능
- 결론: 관계 마케팅은 전략적 도구이지만, 비용과 환경을 고려한 선택적 투자 필요

토론 02 여행사에서 관계 마케팅을 통한 충성도 확보와 OTA 직접 예약 증가 현상 간의 균형을 어떻게 맞출 수 있는가?

토론 포인트!

- OTA를 통한 직접 예약은 편리성과 가격 경쟁력 제공
- 여행사는 맞춤형 서비스, 패키지 상품, 경험 가치 강조를 통해 OTA와 차별화
- CRM과 고객 데이터 활용으로 충성 고객군을 관리하고, OTA 채널과 전략적 연계 필요

토론 03 여행사 고객 관리 전략에서 단기적 판매 목표와 장기적 관계 마케팅 목표 간의 갈등을 어떻게 관리할 것인가?

토론 포인트!

- 단기적 판매: 프로모션, 할인 전략 등 즉각적 매출 확보
- 장기적 관계: 충성도, 재구매, 만족 관리 중심
- 관리 전략: 고객 세분화, ROI 기반 우선순위 설정, 단기와 장기 목표를 통합한 KPI 설계 고객 경험 중심 의사결정

제14장

여행업의 경영전략과 경쟁 구조

:: **학습목표** Learning Objectives

01. 여행업의 경영환경과 경쟁 구조를 이해하고 전략적 함의를 분석할 수 있다.
02. 포터의 경쟁전략(원가우위, 차별화, 집중)의 개념을 여행업 사례에 적용할 수 있다.
03. OTA와 전통 여행사의 경쟁적 위치를 비교하고 전략적 차별화를 논증할 수 있다.
04. 집중 전략을 통해 경쟁 회피 및 틈새시장 공략 방안을 이해할 수 있다.
05. 여행사의 전략적 의사결정이 경영 성과와 수익성에 미치는 영향을 평가할 수 있다.

:: 핵심 키워드 Key Concepts

- 여행업 경영환경(Travel Industry Business Environment)
- 포터의 경쟁전략(Porter's Competitive Strategies)
- 차별화 전략(Differentiation Strategy)
- OTA(Online Travel Agency)
- 경쟁 회피(Competitive Avoidance)
- 경쟁 구조(Competitive Structure)
- 원가우위 전략(Cost Leadership Strategy)
- 집중 전략(Focus Strategy)
- 전통 여행사(Traditional Travel Agency)
- 전략적 의사결정(Strategic Decision-Making)

:: 장 요약 Chapter Summary

본 장은 여행업 경영의 전략적 측면을 다루며, 경쟁 환경 속에서 여행사가 선택할 수 있는 다양한 전략적 접근을 소개한다. 여행산업은 공급자와 소비자가 다층적으로 연결된 시장 구조를 가지며, 가격 민감도, 정보 접근성, 온라인 채널 확산 등 외부 환경 요인이 경영 전략 선택에 직접적인 영향을 미친다.

포터의 경쟁전략 틀을 적용하면, 여행사는 원가우위 전략, 차별화 전략, 집중 전략 중 적합한 전략을 선택할 수 있다. OTA는 원가우위와 광범위 유통을 기반으로 시장 점유율을 확대하는 반면, 전통 여행사는 서비스 차별화, 고객 경험, 전문 상품 설계 등으로 차별화 전략을 추구한다.

또한, 틈새시장을 공략하거나 경쟁이 덜한 분야에 집중함으로써 경쟁 회피 전략을 구현할 수 있다. 이러한 전략적 선택은 여행사의 수익성, 고객 충성도, 장기적 성장 가능성에 중요한 영향을 미치며, 경영자는 전략적 의사결정을 위해 시장 환경과 내부 역량을 종합적으로 분석해야 한다.

제1절

여행업 경영환경과 경쟁 구조

01 여행업 경영환경의 정의와 특징

여행업은 항공, 숙박, 교통, 현지 체험 서비스 등 다양한 요소가 결합되어 종합적인 여행 경험을 제공하는 산업으로, 다수의 이해관계자가 동시에 참여하고 공급과 수요가 복잡하게 얽혀 있는 특수한 구조를 가진다. 여행사가 제공하는 여행 경험은 단순히 상품을 판매하는 것이 아니라, 고객의 여행 여정을 설계하고 관리하는 과정 전체를 포함한다. 따라서 여행업의 경영환경은 단일 상품이나 단순 거래 구조에 머무르지 않고, 다층적이고 상호 연결된 시장 구조 속에서 이루어지는 복합적 활동으로 이해해야 한다.

여행업에서 경영환경은 내부 운영 구조와 외부 시장 환경이 상호작용하는 방식으로 형성된다. 내부적으로는 여행사의 조직 구조, 인적 자원, 운영 효율성, 고객 관리 시스템 등이 경영성과와 직결된다. 외부적으로는 공급자(항공사, 호텔, 현지 체험 업체 등)와 소비자(개인 여행객, 단체 여행객, 기업 고객 등) 간의 관계, 경쟁사 및 신규 진입자, 디지털 플랫폼과 기술 변화, 정책 및 규제 등이 복합적으로 작용한다. 이러한 다층적 구조는 여행사가 전략적 의사결정을 내릴 때 다각적인 분석과 접근을 필요로 한다.

02 여행업 경쟁 구조의 주요 특징

현대 여행업의 경쟁 구조는 다양한 경쟁자, 강화된 고객 선택권, 차별화 및 전문화 필요성, 그리고 시장 진입 장벽 변화 등 네 가지 주요 특징으로 이해할 수 있다.

우선, 여행업에는 OTA, 온라인 플랫폼, 전통 여행사, 전문 소규모 여행사 등 여러 형태의 경쟁자가 공존한다. OTA는 대규모 거래와 디지털 자동화 시스템을 활용하여 가격 경쟁력을 확보하고 시장 점유율을 확대하는 반면, 전통 여행사는 맞춤형 서비스와 현장 중심 지원을 통해 차별화된 경험을 제공한다. 또한 특정 지역이나 테마 여행에 특화된 전문 여행사는 틈새 시장에서 경쟁 우위를 점하며, 이처럼 다양한 경쟁자들의 존재는 여행 시장 내 경쟁 강도를 높여 단순한 가격 경쟁을 넘어 전략적 차별화와 서비스 혁신을 요구하게 한다.

또한, 디지털 기술의 확산으로 소비자는 다양한 여행상품을 직접 비교, 예약, 결제할 수 있으며, 여행 관련 리뷰와 평판 정보를 손쉽게 확인할 수 있다. 이에 따라 고객들은 단순한 가격 요소를 넘어 서비스 품질, 맞춤형 경험, 신뢰성과 편의성 등을 기준으로 여행사를 선택하게 된다. 따라서 여행사는 고객의 선택 요인을 면밀히 분석하고, 개별 고객의 기대와 요구에 맞춘 전략적 대응을 수행해야 한다. 단순히 상품을 제공하는 수준으로는 경쟁 우위를 확보하기 어렵고, 고객 경험 전반을 설계하고 관리하는 능력이 필수적이다.

이와 더불어, 단순 가격 경쟁은 여행사의 수익성을 약화시키기 때문에 서비스 차별화와 맞춤형 여행상품 개발, 전문화된 여행 경험 제공이 필요하다. 전통 여행사는 현장 지원과 맞춤형 상담을 통해 OTA와 차별화된 서비스를 제공하고, 전문 여행사는 특정 테마나 고객군에 특화된 상품을 개발함으로써 경쟁 우위를 확보할 수 있다. 이러한 차별화 전략은 단순히 상품의 질적 향상에 그치지 않고, 고객 경험 관리, 브랜드 신뢰 구축, 충성 고객 확보 등 여행사 경쟁력의 종합적 강화까지 포함한다.

마지막으로, 온라인 플랫폼과 디지털 채널의 등장으로 여행업의 시장 진입 장벽은 과거보다 낮아졌다. 누구나 쉽게 OTA나 소규모 플랫폼을 통해 시장에 진입할 수 있지만, 지속 가능한 경쟁력을 확보하기 위해서는 운영 효율성, 브랜드 신뢰, 고객 충성도, 데이터 기반 의사결정 능력 등 내부 역량이 필수적이다. 즉, 단순한 시장 진입은 가능하지만 장기적 성공을 위해서는 전략적 차별화와 조직 내부 역량 강화가 반드시 요구되며, 이를 통해 여행사는 변화하는 시장 환경에서도 지속 가능한 경쟁 우위를 유지할 수 있다.

03 경쟁 구조 이해의 의미

여행업의 경쟁 구조는 단순히 가격과 공급자 간 경쟁을 의미하지 않는다. 공급자와 소비자 간의 양면시장 구조, 고객 경험의 중요성, 브랜드 신뢰, 상품과 서비스의 차별화 등이 복합적으로 작용하며, 이러한 구조를 이해하는 것은 여행사가 전략적 의사결정을 내리는 데 필수적이다. 경영자는 경쟁 환경을 분석하여 자사와 경쟁사의 강점과 약점을 종합적으로 평가하고, 가격, 서비스, 채널, 운영 효율성 등 다양한 요인을 고려한 전략을 수립해야 한다.

특히 OTA와 전통 여행사의 경쟁 관계, 고객 요구 변화, 디지털 환경 변화 등 외부 요인을 지속적으로 모니터링하고 대응하는 능력은 전략적 성공의 핵심 요소이다. 이를 통해 여행사는 단기적 가격 경쟁에 머무르지 않고, 장기적 경쟁 우위 확보와 지속 가능한 수익 창출을 달성할 수 있다.

여행업의 경영환경과 경쟁 구조는 다층적이며, 여행사가 단순히 상품을 판매하는 것을 넘어 전략적 의사결정과 서비스 혁신을 수행해야 하는 복합적 상황임을 보여준다. 경쟁자는 다양하고 고객 선택권은 강화되었으며, 차별화와 전문화 없이는 지속 가능한 경쟁력 확보가 어렵다. 따라서 여행사는 외부 환경과 내부 역량을 종합적으로 분석하고, 고객 경험 중심의 전략적 운영을 통해 장기적 경쟁 우위를 확보해야 한다. 이러한 체계적 이해와 전략적 접근이 있을 때, 여행사는 단순한 여행상품 제공자를 넘어 전략적 경영 주체로 자리매김할 수 있으며, 변화하는 시장 환경 속에서도 지속 가능한 성장과 경쟁력을 유지할 수 있다.

제2절

포터의 경쟁전략과 여행업

01 포터 경쟁전략의 개념과 의의

마이클 포터(Michael Porter)의 경쟁전략 이론은 기업이 경쟁 환경에서 지속 가능한 우위를 확보하고 장기적인 수익성을 창출하기 위해 선택할 수 있는 전략적 방향을 제시한다. 포터는 기업 전략을 크게 세 가지 유형으로 구분하였다. 첫째, 원가우위(cost leadership) 전략은 경쟁사 대비 낮은 비용 구조를 확보하여 가격 경쟁력을 확보하는 전략이다. 둘째, 차별화(differentiation) 전략은 제품이나 서비스에서 독특한 가치를 제공하여 경쟁사와 구별되는 전략이다. 셋째, 집중(focus) 전략은 특정 시장 세그먼트나 고객군에 집중하여 경쟁 우위를 확보하는 전략이다.

여행업에 포터 전략을 적용하면, 단순히 가격 경쟁을 넘어 여행사 운영 전반에서 전략적 선택이 필요함을 알 수 있다. 여행업은 OTA, 전통 여행사, 전문 소규모 여행사 등 다양한 경쟁자가 존재하며, 각자의 내부 역량과 자원을 기반으로 차별화된 경쟁 우위를 확보하려 한다. 따라서 포터 전략은 여행사가 시장 내에서 독자적인 위치를 구축하고, 장기적으로 안정적인 수익과 브랜드 신뢰를 확보하기 위한 핵심 틀로 기능한다.

02 원가우위 전략과 여행업

원가우위 전략은 경쟁사보다 낮은 비용 구조를 확보함으로써 가격 경쟁력을 강화하는 전략으로, 특히 OTA에서 두드러지게 나타난다. OTA는 디지털 기술과 자동화 시스템을 적극적으로 활용하여 운영 효율성을 극대화하고, 대량 거래를 기반으로 낮은 가격을 고객에게 제공한다.

OTA가 원가우위 전략을 구현하는 방식은 다양하다. 먼저 대량 판매와 네트워크 활용을 통해 항공권, 호텔, 현지 투어 등 주요 공급자와 대규모 계약을 체결함으로써 단가를 낮춘다. 둘째, 자동화 시스템과 플랫폼 운영을 통해 예약, 결제, 고객 상담 과정을 디지털화함으로써 인건비와 운영비를 절감한다. 셋째, 중앙화된 데이터 관리를 통해 다양한 여행상품을 통합 관리하고, 가격 비교 기능을 제공하여 소비자가 손쉽게 최적 상품을 선택하도록 지원한다.

원가우위 전략의 효과는 명확하다. 고객에게 상대적으로 저렴한 가격을 제공함으로써 가격 민감도가 높은 시장을 집중 공략할 수 있으며, 다양한 여행상품을 통합하여 원스톱 예약 서비스를 제공함으로써 시장 점유율을 확대할 수 있다. 그러나 단순한 가격 경쟁은 장기적으로 수익성에 부담을 줄 수 있으며, 전통 여행사는 서비스 품질, 맞춤형 경험, 현장 지원 등 비가격 경쟁 요소를 통해 차별화 전략과 병행해야 한다.

03 차별화 전략과 여행업

차별화 전략은 경쟁사와 비교하여 독특하고 가치 있는 상품이나 서비스를 제공함으로써 고객의 선택을 유도하는 전략이다. 여행업에서는 OTA와 같은 대규모 온라인 플랫폼이 가격 중심 전략을 수행하는 반면, 전통 여행사는 맞춤형 서비스와 경험 중심의 차별화 전략을 통해 경쟁 우위를 확보할 수 있다.

차별화 전략의 핵심 요소는 다음과 같다. 첫째, 개인 맞춤형 서비스 제공으로 고객의 여행 목적, 일정, 선호도에 맞춘 여행상품을 기획하고 운영한다. 둘째, 현장 중심 지원을 통해 여행 전·중·후 모든 단계에서 전문 인력이 상담, 인솔, 문제 해결 서비스를 제공한다. 셋째, 독창적인 여행 경험 설계로 지역 특화 투어, 체험형 활동, 문화 연계 프로그램 등을 통해 경쟁사와 차별화된 상품을 제공한다. 넷째, 브랜드 가치와 신뢰 확보를 통해 오프라인 상담과 신뢰 기반 서비스를 제공함으로써 장기적인 고객 충성도를 구축한다.

차별화 전략을 효과적으로 수행하면, 가격 경쟁에서 벗어나 고부가가치 서비스를 제공할 수 있으며, 고객 충성도와 재구매 가능성을 동시에 높일 수 있다. 또한 특정 고객군, 예를 들어 단체 여행, 맞춤형 고급 여행, 테마 여행 등 세분화된 시장에서 경쟁 우위를 확보할 수 있다. 차별화 전략은 단순히 상품의 질적 향상뿐 아니라 고객 경험 관리, 브랜드 신뢰 구축, 장기적 수익 창출까지 포함하는 종합적 전략이다.

04 집중 전략과 여행업

집중 전략은 특정 시장 세그먼트나 고객군에 자원을 집중하여 경쟁 우위를 확보하는 전략으로, 넓은 시장을 대상으로 한 전방위 경쟁보다는 특정 영역에서 깊이 있는 전문성을 구축하는 것을 목표로 한다. 여행업에서는 대규모 OTA와의 직접 경쟁을 피하고, 특정 고객층이나 여행 유형에 특화된 서비스를 제공함으로써 경쟁 회피와 차별화를 동시에 달성할 수 있다.

집중 전략의 핵심 요소는 다음과 같다. 첫째, 시장 세분화 선택으로 고급 여행, 맞춤형 단체 여행, 특정 지역 또는 테마 여행 등 명확한 타깃을 설정한다. 둘째, 자원 집중을 통해 마케팅, 상품 개발, 운영 인력, 고객 서비스 역량을 타깃 시장에 집중 투자한다. 셋째, 전문화된 상품과 서비스를 제공하여 타깃 고객군의 니즈를 충족시키고, 독자적 경험을 제공한다. 넷째, 고객 관계 강화를 통해 선택된 고객군과 장기적 신뢰 관계를 형성한다.

집중 전략의 장점은 명확하다. 대규모 경쟁에서 벗어나 틈새 시장에서 안정적인 수익을 확보할 수 있으며, 특화된 서비스와 맞춤형 상품 제공으로 충성 고객을 확보할 수 있다. 또한 조직 내부의 제한된 자원을 전략적으로 활용하여 효율성을 극대화할 수 있다. 테마 여행 전문화, 고급 맞춤형 여행, 지역 특화 여행사 운영 등은 집중 전략의 구체적 사례로, 이를 통해 전통 여행사는 OTA와의 직접 가격 경쟁을 회피하면서도 지속 가능한 경쟁력을 확보할 수 있다.

05 전략 선택의 고려 요소

여행업에서 포터의 경쟁 전략을 적용할 때는 외부 환경, 내부 역량, 시장 구조 등 다양한 요소를 종합적으로 고려해야 한다.

외부 환경 측면에서는 디지털 전환, OTA의 성장, 소비자 구매 패턴 변화 등 시장과 기술 환경의 변화를 면밀히 분석할 필요가 있다. 예를 들어, 온라인 예약과 모바일 플랫폼 사용이 증가하는 상황에서는 기존 전통 여행사도 디지털 채널과 연계된 서비스 강화가 요구되며, 경쟁사 대비 신속한 대응 능력이 장기적 우위를 결정짓는 요소가 된다.

내부 역량 측면에서는 자사의 브랜드 가치, 인적 자원, 운영 효율성, 재무 안정성 등 핵심 역량을 평가하고, 이를 기반으로 경쟁 전략을 설계해야 한다. 예를 들어, 경험 많은 여행 상담 인력을 보유한 전통 여행사는 맞춤형 컨설팅 서비스와 현장 지원을 차별화 요소로 활용할 수 있으며, 운영 효율성이 높은 온라인 여행사는 원가 우위를 기반으로 가격 경쟁력을 확보할 수 있다.

시장 구조 역시 전략 선택에 중요한 영향을 미친다. 경쟁 강도, 공급자와 소비자의 협상력, 고객 세분화 정도 등 시장 특성을 분석함으로써 전략적 대응이 가능하다. 특정 고객군에 집중하거나 틈새시장을 공략하는 집중 전략, 독창적 경험과 고유 서비스를 제공하는 차별화 전략, 또는 운영 효율성과 비용 관리로 가격 경쟁력을 확보하는 원가우위 전략 등이 이에 해당한다.

결국, 포터의 경쟁 전략은 단순히 이론적 틀에 머무르는 것이 아니라, 여행업의 특수성과 외부 환경, 내부 역량을 통합적으로 고려하여 장기적 경쟁 우위와 지속 가능한 수익성을 확보하는 핵심 도구가 된다. 각 전략은 상황에 따라 단독으로 적용될 수도 있지만, 상호 보완적으로 활용될 때 최대 효과를 발휘하며, 고객 경험 중심 경영, 서비스 품질 향상, 브랜드 신뢰 구축과 연계될 때 여행사는 시장 내 독자적 위치를 확립하고 장기적 성장을 실현할 수 있다.

제3절

원가우위 전략과 OTA

01 원가우위 전략의 정의와 여행업 적용

원가우위 전략(cost leadership strategy)은 기업이 경쟁사보다 낮은 비용 구조를 확보하여 가격 경쟁력을 높이는 전략이다. 이는 단순히 비용을 절감하는 수준에 그치지 않고, 운영 효율성, 공급망 관리, 디지털 기술 활용 등 전사적 활동과 결합되어 장기적 경쟁력을 창출하는 전략적 접근이다.

여행업에서 원가우위 전략은 특히 온라인 여행사(OTA)가 대표적으로 활용하는 전략으로, OTA는 디지털 기술을 기반으로 운영 효율성을 극대화하고, 고객에게 상대적으로 저렴한 가격으로 여행 상품을 제공함으로써 시장 점유율을 확대한다.

전통 여행사와 비교하면, OTA는 비용 구조를 낮춤으로써 대규모 고객 확보와 가격 경쟁에서 강점을 가지며, 운영 효율성 극대화와 데이터 기반 의사결정을 통해 지속 가능한 경쟁력을 유지한다.

02 OTA의 원가우위 전략 구현 방식

OTA의 원가우위 전략은 운영 효율성 제고와 규모의 경제를 결합한 구조적 경쟁우위로 설명할 수 있으며, 실제 사례를 통해 그 특징이 더욱 분명해진다. OTA 원가우위 전략의 핵심 요소는 다음과 같다.

1) 대량 판매와 네트워크 활용 측면

Booking.com이나 Expedia와 같은 글로벌 OTA는 전 세계 수많은 호텔 체인 및 항공사와 장기·대규모 계약을 체결한다. 이러한 계약은 단순한 판매 중개를 넘어, 객실 확보 물량이나 항공 좌석 판매량을 보장하는 방식으로 이루어지며, 그 대가로 공급자로부터 낮은 단가와 유리한 조건을 확보한다. 예를 들어, Booking.com은 특정 지역에서 다수의 호텔을 동시에 플랫폼에 노출시키고 예약을 유도함으로써 개별 호텔이 자체적으로 마케팅할 때보다 높은 판매 효율을 제공한다. 그 결과 호텔은 낮은 수수료나 할인된 객실 요금을 제공할 유인을 갖게 되고, OTA는 이러한 가격 경쟁력을 다시 고객에게 제시함으로써 시장 지배력을 강화한다.

2) 자동화 시스템과 플랫폼 운영

Agoda나 NOL인터파크투어와 같은 OTA는 예약과 결제, 확인서 발송, 취소·환불 처리까지 대부분의 과정을 자동화된 시스템으로 운영한다. 고객 문의 역시 FAQ, 챗봇(chatbot), 자동 응답 시스템을 통해 상당 부분 처리되며, 이는 전통 여행사에서 필수적으로 발생하던 상담 인력과 오프라인 지점 운영 비용을 크게 절감하는 효과를 가져온다. 예를 들어, Agoda는 AI 기반 추천 알고리즘을 활용해 고객의 검색 이력과 예약 패턴을 분석하고, 가장 가능성이 높은 상품을 자동으로 제시함으로써 추가적인 상담 없이도 구매 전환율을 높인다. 이러한 자동화는 단순한 비용 절감을 넘어, 인력 의존도를 낮추고 플랫폼의 확장성을 높이는 구조적 장점으로 작용한다.

3) 중앙화된 데이터 관리와 데이터 기반 운영

Expedia 그룹은 고객의 검색 빈도, 예약 시점, 가격 민감도, 취소 패턴 등을 통합적으로 분석하여 수요 예측과 가격 조정에 활용한다. 예를 들어 특정 지역의 예약 수요가 급증할 경우, 시스템은 자동으로 가격을 조정하거나 프로모션을 중단하여 불필요한 할인 비용을 줄인다. 반대로 비수기에는 데이터 분석을 통해 가격 민감도가 높은 고객층을 대상으로 한정 프로모션을 운영함으로써 객실과 좌석의 가동률을 높인다. 이러한 실시간 데이터 활용은 재고 관리 비용을 낮추고, 마케팅 비용 대비 효과를 극대화하는 데 기여한다.

이처럼 OTA의 원가우위 전략은 단일 요소에 의존하지 않고, 대량 거래를 통한 협상력 확보, 자동화된 플랫폼 운영, 중앙화된 데이터 관리라는 세 가지 요소가 유기적으로 결합된 결과로 나타난다. 이러한 구조는 단기적인 가격 경쟁력을 넘어, 장기적으로 낮은 비용 구조를 유지할 수 있는 기반을 제공하며, OTA가 여행업 경쟁 환경에서 지속적으로 우위를 점할 수 있게 하는 핵심 원천으로 작용한다.

03 원가우위 전략의 효과

OTA가 원가우위 전략을 성공적으로 실행할 경우 나타나는 효과는 단순한 비용 절감 차원을 넘어, 시장 구조와 경쟁 구도를 변화시키는 수준으로 확장된다.

1) 가격 경쟁력의 확보

OTA는 자동화된 시스템 운영과 대규모 거래를 통해 낮은 고정비와 변동비 구조를 유지할 수 있으며, 이를 바탕으로 전통 여행사나 소규모 플랫폼보다 저렴한 가격을 제시할 수 있다. 예를 들어, Agoda나 Booking.com은 동일한 호텔 객실이라 하더라도 대량 계약을 통해 확보한 낮은 단가를 고객에게 반영함으로써 가격 비교 사이트에서 지속적으로 상위에 노출된다. 이러한 가격 경쟁력은 가격 민감도가 높은 개별 자유여행객이나 단기 여행객을 효과적으로 흡수하는 요인으로 작용하며, OTA에 대한 고객 의존도를 강화한다. 결과적으로 고객은 '가장 저렴한 예약 채널'로 OTA를 인식하게 되고, 이는 반복 이용과 자연스러운 고객 유입으로 이어진다.

2) 시장 점유율의 빠른 확대

원가우위 전략을 기반으로 한 가격 경쟁력은 대규모 고객 유입을 가능하게 하며, 이는 다시 공급자와의 협상력을 강화하는 선순환 구조를 형성한다. Expedia 그룹[1)]이나 Booking Holdings[2)]는 항공권, 숙박, 현지 투어 등 다양한 여행 상품을 하나의 플랫폼

---

1) 미국의 온라인 여행 쇼핑 회사로, 전세계 OTA(Online Travel Agencies)업계에서 부킹 홀딩스 다음으로 업계 2위인 대기업이다(2025년 기준). 본사는 미국 워싱턴주 시애틀에 위치해 있다. 주로 여행 요금 집계 및 여행 메타 검색 엔진인 웹 사이트는 Expedia.com, Hotels.com, Vrbo, Travelocity, Hotwire.com, Orbitz, Ebookers, CheapTickets, CarRentals.com, Expedia Cruises, Wotif, Trivago를 포함한다.

2) 부킹 홀딩스는 델라웨어 회사법에 따라 설립되었으며 코네티컷주 노워크에 본사를 둔 미국의 여행 기술 회사로, 이름을 딴 주요 Booking.com, Priceline.com, 아고다, 카약, 칩플라이츠, Rentalcars.com, 모몬도, 오픈테이블을 소유하고 있다.

에서 제공하면서 글로벌 고객 기반을 빠르게 확장해 왔다. 특히 자동화된 예약 시스템과 다국어·다통화 지원, 24시간 운영 체계는 지역적·시간적 한계를 제거하여 전 세계 고객을 동시에 대상으로 서비스를 제공할 수 있게 한다. 이러한 구조는 신규 시장 진입 시에도 낮은 추가 비용으로 확장이 가능하게 하며, OTA가 단기간 내 여러 국가와 지역에서 높은 시장 점유율을 확보할 수 있는 기반이 된다.

3) 서비스 범위의 확대

OTA는 낮은 운영 비용과 통합 플랫폼 구조를 활용해 항공권과 숙박뿐만 아니라, 현지 투어, 렌터카, 여행자 보험, 액티비티 상품까지 여행 전 과정을 포괄하는 서비스를 제공한다. 예를 들어, Klook이나 Expedia는 항공권 예약 이후 자동으로 연계된 현지 투어와 교통 상품을 추천함으로써 고객의 추가 구매를 유도한다. 고객 입장에서는 하나의 플랫폼에서 여행 준비를 모두 완료할 수 있어 편의성이 크게 향상되고, OTA는 교차 판매(cross-selling)[3]를 통해 부가 수익을 창출할 수 있다. 이러한 서비스 범위 확장은 고객 만족도를 높이는 동시에, 고객이 다른 채널로 이동할 필요성을 줄여 장기적인 플랫폼 충성도를 강화한다.

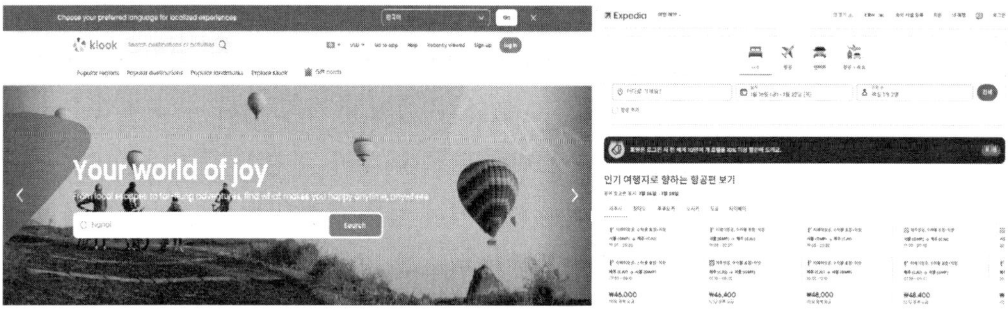

출처: klook　　출처: expedia

그림 14.1 ❙ OTA 홈페이지

3) 크로스셀링은 고객이 추가적인 관련 제품을 구매하도록 유도하는 세일즈 기법입니다. 예를 들어 맥도날드에서 햄버거를 주문했을 때 직원이 "감자튀김도 함께 드릴까요?"라고 묻는다면 이것이 바로 크로스셀링의 대표적인 사례이다.

OTA의 원가우위 전략은 가격 경쟁력 확보를 출발점으로 시장 점유율 확대와 서비스 범위 확장으로 이어지며, 이는 다시 규모의 경제와 데이터 축적을 통해 원가우위를 더욱 강화하는 구조를 만든다. 이러한 전략적 효과는 OTA가 여행업 경쟁 환경에서 단순한 중개자를 넘어, 시장을 주도하는 핵심 플레이어로 자리 잡게 만드는 결정적인 요인으로 작용한다.

04 전통 여행사와의 차별화

전통 여행사는 OTA와 비교했을 때 원가 절감과 가격 경쟁에서는 상대적으로 불리하지만, 고객 맞춤형 서비스, 현장 지원, 독창적 여행 경험 제공 등에서 경쟁 우위를 갖는다.

따라서 전통 여행사는 OTA의 가격 중심 전략과 직접 경쟁하기보다는, 차별화 전략과 집중 전략을 병행하여 독자적 시장 위치를 확보해야 한다. 이를 통해 고객 충성도를 높이고, 단순 가격 경쟁에서 발생할 수 있는 수익성 악화를 피할 수 있다.

OTA의 원가우위 전략은 디지털 기술과 대규모 네트워크를 기반으로 여행업 전반의 가격 경쟁 구조를 근본적으로 변화시키는 핵심 요인으로 작용하고 있다. 그러나 이러한 전략은 단기적으로 시장 점유율을 확대하는 데 효과적일 수 있으나, 장기적인 관점에서는 수익성 저하라는 한계를 내포하고 있다. 지속적인 가격 인하는 마진 축소로 이어질 가능성이 크며, 이는 플랫폼 운영 비용과 기술 투자 부담이 증가하는 환경에서 재무적 압박으로 작용할 수 있다. 이러한 맥락에서 전통 여행사는 OTA와 동일한 방식의 가격 경쟁에 참여하기보다는, 서비스 품질과 고객 경험을 중심으로 한 비가격 경쟁 전략에 집중할 필요가 있다. 맞춤형 상담, 여행 중 문제 해결 능력, 사후 관리 등 OTA가 상대적으로 제공하기 어려운 영역에서 경쟁 우위를 구축하는 것이 보다 현실적인 대응 전략이 된다.

또한 원가우위 전략은 단순히 가격을 낮추는 전략이 아니라, 운영 전반의 구조적 효율성을 전제로 한다는 점에서 중요한 시사점을 제공한다. OTA는 공급자와의 협상력을 강화하고, 디지털 시스템을 통해 예약·결제·고객 관리를 자동화하며, 운영 비용을 최소화하는 체계를 구축해 왔다. 이는 원가우위가 일회성 가격 인하가 아니라, 디지털 전환과 데이터 기반 의사결정, 운영 효율성 극대화가 결합된 결과임을 의미한다. 따라서 여행사 역시 비용 구조를 전략적으로 관리하고, 불필요한 운영 비용을 점검하며, 디지털 도구를 활용한 업무 효율화와 내부 역량 강화를 병행해야 한다.

OTA의 원가우위 전략은 전통 여행사로 하여금 차별화 전략과 집중 전략의 중요성을 더욱 부각시키는 계기가 된다. 가격 경쟁이 아닌 영역에서 경쟁력을 확보하기 위해서는 특정 고객군이나 여행 목적에 집중하고, 전문성과 신뢰를 기반으로 한 차별화된 가치를 제공해야 한다. 이는 단일 전략에 의존하기보다, 원가 구조에 대한 인식 위에서 차별화와 집중 전략을 유기적으로 결합하는 접근이 필요함을 의미한다. 이러한 전략적 선택을 통해 여행사는 단기적 가격 경쟁의 한계를 넘어, 장기적으로 지속 가능한 경쟁력과 안정적인 수익 구조를 구축할 수 있을 것이다.

OTA의 원가우위 전략은 디지털 기술과 대규모 네트워크를 활용하여 가격 경쟁력을 극대화하는 핵심 전략이며, 전통 여행사는 이를 전략적으로 분석하고 대응함으로써 독자적 경쟁 우위를 확보해야 한다.

제4절

차별화 전략과 전통 여행사

01 차별화 전략의 정의와 여행업 적용

차별화 전략(differentiation strategy)은 경쟁사와 비교하여 독특하고 가치 있는 상품이나 서비스를 제공함으로써, 고객의 선택을 유도하고 장기적인 경쟁 우위를 확보하는 전략이다. 여행업에서 전통 여행사는 OTA와 같은 대규모 온라인 플랫폼과 가격 경쟁을 벌이기보다는, 맞춤형 서비스, 경험 중심의 상품 설계, 전문 인력 활용 등을 통해 차별화 전략을 실현한다.

전통 여행사의 차별화 전략은 단순히 가격 경쟁에서 벗어나는 것을 넘어, 고객 경험, 브랜드 가치, 현장 지원 능력, 여행 전문성을 종합적으로 강화하는 활동을 포함한다. 이를 통해 고객 충성도를 높이고, 장기적인 시장 안정성과 수익성을 확보할 수 있다.

02 차별화 전략의 핵심 요소

전통 여행사가 차별화 전략을 성공적으로 수행하기 위해서는 가격 경쟁을 넘어서는 핵심 가치 요소에 집중할 필요가 있다.

무엇보다 중요한 것은 개인 맞춤형 서비스 제공이다. 전통 여행사는 고객의 여행 목적, 일정, 선호도, 관심사 등을 심층적으로 파악할 수 있는 상담 역량을 보유하고 있다는 점에서 강점을 가진다. 이를 바탕으로 가족 단위 여행객에게는 일정과 이동 동선을 세심하게 조정한 상품을, MZ세대에게는 액티비티와 체험 중심의 패키지를, 실버 세대에게는 이동 편의성과 안전을 고려한 프로그램을 제안함으로써 고객 개개인이 체감하는 만족도를 극대화할 수 있다. 이러한 맞춤형 접근은 고객에게 '나를 이해하는 여행사'라는 인식을 형성하게 하여 차별화의 출발점이 된다.

또한 현장 중심 지원 역량은 전통 여행사가 OTA와 가장 뚜렷하게 구분될 수 있는 요소이다. 여행 전 상담 단계부터 여행 중 현지에서의 문제 대응, 여행 후 사후 관리에 이르기까지 전문 인력이 직접 개입하는 서비스는 고객에게 높은 안정감과 신뢰를 제공한다. 특히 항공 지연, 숙박 문제, 현지 일정 변경과 같은 예기치 못한 상황에서 즉각적인 대응이 가능하다는 점은 고객 경험의 질을 크게 좌우한다. 이러한 현장 중심 지원은 단순한 서비스 제공을 넘어, 여행사에 대한 신뢰 형성과 장기적 관계 구축의 핵심 수단으로 작용한다.

차별화 전략의 또 다른 핵심은 독창적인 여행 경험 설계에 있다. 전통 여행사는 지역 네트워크와 현지 파트너십을 활용하여 대중적인 상품과는 다른 차별화된 경험을 제공할 수 있다. 지역 특화 투어, 체험형 활동, 문화 연계 프로그램 등은 고객에게 단순한 관광을 넘어서는 기억에 남는 경험을 제공한다. 예를 들어 특정 지역의 전통 문화 체험, 현지 전문가와 함께하는 테마 여행, 소규모 고급 맞춤형 여행 패키지는 가격 비교가 어려운 고유한 가치를 창출하며, 경쟁사와의 차별성을 분명히 한다.

브랜드 가치와 신뢰 확보는 차별화 전략을 지속 가능하게 만드는 기반이다. 전통 여행사는 오프라인 상담, 장기적인 고객 관계 관리, 전문성 있는 설명과 책임 있는 서비스 제공을 통해 브랜드에 대한 신뢰를 축적할 수 있다. 고객은 여행이라는 고관여 서비스에서 신뢰할 수 있는 브랜드를 선호하며, 이러한 신뢰는 재구매와 구전 효과로 이어진다. 결국 전통 여행사가 차별화 전략을 성공적으로 수행하기 위해서는 맞춤형 서비스, 현장 중심 지원, 독창적 경험 설계, 그리고 브랜드 신뢰 구축을 유기적으로 결합하여 고객에게 가격 이상의 가치를 제공하는 데 집중해야 한다.

03 차별화 전략의 효과

차별화 전략을 효과적으로 수행할 경우 전통 여행사는 가격 중심 경쟁 구조에서 벗어나 보다 안정적이고 지속 가능한 경쟁력을 확보할 수 있다.

우선, 가격 경쟁에서 벗어난 경쟁력 확보라는 측면에서 전통 여행사는 OTA와의 직접적인 가격 비교를 피하고, 서비스 품질과 고객 경험을 핵심 경쟁 요소로 전환할 수 있다.

이는 단순히 저렴한 가격을 제시하는 방식이 아니라, 상담의 전문성, 현장 대응력, 맞춤형 상품 설계 등에서 가치를 창출함으로써 고부가가치 시장을 중심으로 안정적인 수익 구조를 형성하는 데 기여한다. 결과적으로 가격 변동에 따른 수익성 악화를 완화하고, 장기적인 경영 안정성을 확보할 수 있다.

또한 차별화 전략은 고객 충성도 강화를 통해 지속 가능한 성장 기반을 마련한다. 개인화된 서비스 제공, 여행 전·중·후에 걸친 현장 중심 지원, 그리고 경쟁사와 구별되는 독창적인 여행 경험은 고객 만족도를 높이고 재구매와 추천 의사를 증대시킨다. 이러한 긍정적인 고객 경험의 축적은 여행사에 대한 신뢰와 호감도를 강화하며, 단발성 거래를 반복적인 관계로 전환시키는 역할을 한다. 그 결과 전통 여행사는 충성 고객을 기반으로 한 안정적인 매출 흐름과 브랜드 가치를 동시에 확보할 수 있다.

더 나아가 차별화 전략은 시장 세분화에 효과적으로 대응할 수 있는 기반을 제공한다. 전통 여행사는 단체 여행, 고급 맞춤형 여행, 테마 중심 여행 등 특정 고객군을 명확히 설정하고, 이들의 요구에 특화된 상품과 서비스를 제공함으로써 경쟁 우위를 확보할 수 있다. 이러한 세분화 전략은 불특정 다수를 대상으로 한 대량 판매 방식과 달리, 고객 특성에 맞춘 정교한 서비스 설계가 가능하도록 하며, 경쟁사와의 차별성을 더욱 공고히 한다. 결과적으로 전통 여행사는 제한된 자원 속에서도 효율적인 경쟁 전략을 실행하며, 지속 가능한 시장 내 위치를 구축할 수 있다.

04 OTA와의 비교

OTA는 대규모 네트워크와 자동화 시스템을 기반으로 가격 중심의 대량 판매 전략을 추구한다. 반면, 전통 여행사는 가격 경쟁보다 서비스 품질, 고객 경험, 맞춤형 지원 등 비가격 경쟁 요소에 집중한다. 따라서 전통 여행사는 OTA와의 직접 경쟁에서 불리할 수 있는 가격 요소를 최소화하고, 독자적인 서비스와 경험 중심 상품을 통해 고부가가치 고객층을 확보한다. 이를 통해 가격 외의 경쟁 요소에서 경쟁 우위를 유지하고 장기적인 충성 고객을 확보할 수 있다.

05 시사점

전통 여행사가 차별화 전략을 효과적으로 수행하기 위해서는 단순히 상품을 차별화하는 수준을 넘어, 조직 전반의 역량과 운영 방식이 함께 뒷받침되어야 한다.

우선 조직 내부 역량 강화는 차별화 전략의 출발점이라 할 수 있다. 직원 교육과 전문성 제고를 통해 상담 능력과 문제 해결 역량을 강화하고, 표준화된 서비스 프로세스를 개선함으로써 일관된 서비스 품질을 유지해야 한다. 또한 고객 데이터를 분석하고 활용할 수 있는 내부 역량을 갖추는 것은 맞춤형 서비스와 경험 설계를 실행하기 위한 필수 조건으로, 조직 차원의 학습과 시스템 구축이 요구된다.

이와 함께 고객 데이터 기반의 맞춤 서비스 설계는 차별화 전략을 실질적으로 구현하는 핵심 수단이다. 고객의 예약 기록, 여행 선호, 구매 이력, 여행 후 피드백 등을 체계적으로 분석함으로써 개별 고객의 기대와 요구를 정확히 반영한 여행 상품과 서비스를 제공할 수 있다. 이러한 맞춤화는 고객에게 '나를 이해하는 여행사'라는 인식을 형성하게 하며, 만족도와 신뢰를 높여 충성 고객 확보와 장기적인 수익성 강화로 자연스럽게 이어진다.

차별화 전략은 장기적 관점에서의 경쟁력 확보를 목표로 설계되어야 한다. 단기적인 매출 증대나 일시적인 마케팅 성과에 집중하기보다는, 고객 경험의 질과 일관성, 그리고 지속적인 관계 형성을 통해 축적되는 신뢰와 충성도를 중시해야 한다. 이러한 접근은 시장 환경 변화와 경쟁 심화 속에서도 전통 여행사가 독자적인 위치를 유지하고, 지속 가능한 성장을 달성하는 기반으로 작용한다.

차별화 전략은 전통 여행사가 OTA와 경쟁하면서도 독자적 위치를 유지하고, 서비스 품질과 고객 경험 중심의 비가격 경쟁 요소를 통해 장기적인 고객 충성도와 수익성을 확보하는 핵심 전략임을 알 수 있다.

제5절

집중 전략과 경쟁 회피

01 집중 전략의 정의와 여행업 적용

집중 전략(focus strategy)은 특정 시장 세그먼트나 고객군에 자원을 집중하여 경쟁 우위를 확보하는 전략으로, 광범위한 시장에서 전방위 경쟁을 벌이는 대신 특정 영역에서 깊이 있는 전문성을 구축하는 것을 목표로 한다. 여행업에서는 대규모 OTA와의 직접적인 가격 경쟁을 피하고, 특정 고객층, 여행 유형, 지역 또는 테마에 특화된 서비스를 제공함으로써 경쟁 회피와 차별화를 동시에 달성할 수 있다.

집중 전략은 단순한 틈새 시장 공략이 아니라, 조직 내부의 역량과 고객 니즈를 정밀하게 매칭시켜 고객 만족, 충성도, 수익성을 동시에 강화하는 전략적 선택이다. 이는 한정된 자원으로도 높은 성과를 창출할 수 있는 효율적 전략으로, 전통 여행사가 지속 가능한 경쟁력을 확보하는 핵심 방법이다.

02 집중 전략의 핵심 요소

전통 여행사가 집중 전략을 성공적으로 수행하기 위해서는 명확한 선택과 일관된 실행이 핵심이 된다.

우선 시장 세분화 선택은 집중 전략의 출발점으로, 고급 여행, 맞춤형 단체 여행, 특정 지역이나 테마에 특화된 여행 등 명확한 타깃 시장을 설정하는 과정이 필요하다. 이를 통해 여행사는 모든 고객을 만족시키려는 비효율적인 접근에서 벗어나, 선택된 고객군의 특성과 요구를 깊이 이해하고 보다 전문적인 서비스를 설계할 수 있다. 명확한 타깃 설정은 제한된 자원을 효율적으로 활용할 수 있는 기반을 마련해 주며, 경쟁사의 범용적 상품과 차별화되는 출발점이 된다.

이와 함께 자원 집중은 집중 전략의 실질적인 실행을 가능하게 하는 핵심 요소이다. 마케팅 활동, 상품 개발, 운영 인력, 고객 서비스 역량 등 여행사의 주요 자원을 선택된 타깃 시장에 우선적으로 배분함으로써 전략적 일관성을 유지할 수 있다. 이러한 자원 집중은 서비스 품질 향상과 운영 효율성 제고로 이어지며, 여행사가 특정 시장에서 전문성과 신뢰를 축적하는 데 중요한 역할을 한다. 특히 중소 규모의 전통 여행사에게 자원 집중은 한정된 인적·재무적 자원을 분산시키지 않고 경쟁 우위를 확보할 수 있는 현실적인 전략적 선택이 된다.

집중 전략의 또 다른 핵심은 전문화된 상품과 서비스 제공이다. 전통 여행사는 타깃 고객군의 니즈에 부합하는 독자적인 여행상품과 차별화된 경험을 설계함으로써 경쟁력을 강화할 수 있다. 예를 들어, 특정 연령대를 위한 테마 여행, 문화·역사 체험 중심의 맞춤형 패키지, VIP 고객을 위한 프리미엄 서비스 등은 대규모 OTA가 쉽게 모방하기 어려운 영역이다. 이러한 전문화는 가격 경쟁에서 벗어나 고객이 지불하는 가치에 대한 인식을 높이고, 높은 만족도와 재구매로 이어질 가능성을 높인다.

고객 관계 강화는 집중 전략의 성과를 장기적으로 유지하는 핵심 요인이다. 선택된 고객군과의 지속적인 커뮤니케이션, 개인화된 서비스 제공, 여행 이후의 사후 관리까지 포함한 전 과정에서 고객과의 접점을 유지함으로써 신뢰 관계를 구축할 수 있다. 이러한 관계 중심 접근은 고객을 단기적인 거래 대상이 아닌 장기적인 파트너로 인식하게 하며, 충성 고객 기반 형성과 안정적인 수익 구조 확보로 이어진다.

전통 여행사의 집중 전략은 특정 시장에 대한 명확한 선택을 바탕으로 자원을 집중하고, 전문화된 상품과 서비스를 제공하며, 고객과의 장기적 관계를 강화하는 과정으로 이해할 수 있다. 이러한 전략은 규모의 경제를 앞세운 OTA와의 직접 경쟁을 회피하면서도, 전통 여행사가 자신만의 영역에서 지속 가능한 경쟁우위를 확보할 수 있는 효과적인 경영 전략이라 할 수 있다.

03 경쟁 회피 전략으로서의 장점

집중 전략을 활용하면 전통 여행사는 대규모 경쟁이 치열한 일반 시장에서 벗어나 틈새 시장을 중심으로 안정적인 수익 구조와 충성 고객 기반을 구축할 수 있다.

집중 전략의 가장 큰 장점은 대규모 경쟁 회피에 있다. OTA와 전통 여행사 간 가격 경쟁이 심화된 대중 시장을 피하고 특정 고객 세그먼트나 전문 분야에 집중함으로써 경쟁 강도를 낮출 수 있으며, 이는 가격 인하 압박을 줄이고 서비스 가치와 전문성을 기반으로 한 수익 창출을 가능하게 한다. 또한, 집중 전략은 충성 고객 확보에도 효과적이다. 특정 고객군의 니즈에 맞춘 특화 서비스와 맞춤형 여행상품을 지속적으로 제공하면 고객 만족도가 높아지고, 이는 재구매율과 긍정적 구전 효과로 이어져 장기적인 고객 관계를 강화한다. 집중 전략은 전략적 자원의 효율적 활용을 가능하게 한다. 제한된 조직 역량과 자원을 명확히 설정한 세그먼트에 집중함으로써 투자 대비 성과를 극대화할 수 있으며, 이는 여행사 전체의 운영 효율성과 전략 실행력을 높이는 결과로 이어진다. 따라서 전통 여행사가 틈새 시장에 집중하여 전문성과 차별화된 서비스를 제공하면, 단순한 가격 경쟁에서 벗어나 장기적 경쟁력과 안정적 수익을 확보할 수 있다.

04 집중 전략의 실행 사례

집중 전략은 전통 여행사가 특정 세그먼트나 틈새 시장을 대상으로 전문화된 서비스를 제공함으로써 경쟁 우위를 확보하는 전략이다. 실제 여행업에서 이를 구현한 사례를 살펴보면, 첫째, 테마 여행 전문화가 있다. 와인 투어, 역사 탐방, 문화 체험 여행 등 특정 테마를 중심으로 상품을 구성하여 관심 있는 고객층을 집중 공략함으로써 전문성을 강화하고, 해당 분야에서 차별화된 경쟁력을 확보할 수 있다. 둘째, 고급 맞춤형 여행은 소규모 프리미엄 여행이나 VIP 여행, 특별 일정과 서비스를 제공하는 맞춤형 패키지 운영을 통해 고부가가치 고객층을 확보하는 전략이다. 고객 개개인의 요구와 선호를 반영한 개인화 서비스가 핵심 요소로 작용하며, 이를 통해 고객 만족도와 재구매 의사를 동시에 높일 수 있다. 셋째, 지역 특화 여행사 운영은 특정 국가, 도시 또는 지역 커뮤니티와 연계하여 현지 밀착형 상품을 제공하는 방식이다. 이를 통해 지역 기반 전문성을 강화하고, 경쟁사와 차별화된 독창적 경험을 제공함으로써 고객에게 특별한 가치를 전달할 수 있다. 이처럼 집중 전략은 명확한 타깃 설정과 자원 집중, 전문화된 상품 및 서비스 제공을 통해 여행사가 틈새 시장에서 장기적 경쟁력과 충성 고객을 확보하도록 돕는 핵심 전략으로 작동한다.

집중 전략은 단순히 틈새 시장을 공략하는 것을 넘어, 조직 내부 역량과 고객 요구를 정밀하게 매칭시키는 전략적 선택이라는 점에서 의미가 있다. 이를 통해 여행사는 경쟁이 덜한 세그먼트에서 높은 시장 점유율과 안정적인 수익을 확보할 수 있으며, 특정 고객군의 요구에 맞춘 맞춤형 서비스 제공으로 서비스 품질과 고객 경험 중심의 경쟁 우위를 구축할 수 있다. 또한, 한정된 자원을 전략적으로 배치함으로써 대규모 OTA와의 직접적인 가격 경쟁을 피하고, 장기적인 수익성과 지속 가능한 경쟁력을 극대화할 수 있다. 이러한 전략적 접근은 조직의 내부 역량과 외부 시장 환경을 종합적으로 고려한 실행으로, 틈새 시장에서 안정적이고 차별화된 성과를 달성하는 핵심 수단으로 작동한다.

집중 전략은 전통 여행사가 특정 시장 세그먼트에서 전문성을 발휘하여 경쟁을 회피하고, 고객 충성도와 수익성을 극대화할 수 있는 핵심 전략임을 알 수 있다.

제14장 연습문제 Review Questions

문제 01 여행업에서 집중 전략(Focus Strategy)을 사용하는 이유와 장점을 설명하시오.

➡

문제 02 전통 여행사가 집중 전략을 통해 OTA와 경쟁 회피를 실현하는 사례를 2가지 이상 설명하시오.

➡

문제 03 집중 전략과 차별화 전략의 차이를 설명하고, 전통 여행사가 두 전략을 결합할 수 있는 방법을 논하시오.

:: **모범답안** ::

문제 01

- 특정 시장 세그먼트에 자원을 집중하여 경쟁 우위를 확보하기 위함
- OTA와 전방위 경쟁을 피하고, 틈새 시장에서 안정적 수익 확보 가능
- 전문화된 상품과 서비스 제공으로 충성 고객 확보
- 조직 역량과 자원을 효율적으로 활용하여 성과 극대화

문제 02

- 테마 여행 전문화: 와인 투어, 역사 탐방, 문화 체험 등 특정 테마 중심 상품 제공
- 고급 맞춤형 여행: VIP 전용 소규모 패키지 여행 상품 개발 및 제공
- 지역 특화 여행사: 특정 국가·도시·지역과 연계한 현지 밀착형 상품 제공

문제 03

- 차별화 전략: 시장 전체에서 독특한 상품·서비스로 경쟁 우위 확보
- 집중 전략: 특정 시장 세그먼트에 자원과 역량을 집중하여 경쟁 회피 및 전문성 확보
- 결합 방법: 특정 틈새 시장에서 차별화된 서비스를 제공하여 전문성과 경쟁력을 동시에 확보

제14장 토론문제 Discussion Questions

토론 01 "전통 여행사는 OTA와 경쟁하기 위해 모든 시장에서 싸워야 한다."라는 주장에 대해 찬반 논리를 제시하시오.

토론 포인트!

- 찬성 논리: 시장 점유율 확대, 브랜드 인지도 상승, 다양한 수익원 확보 가능
- 반대 논리: 제한된 자원과 역량으로 OTA와 직접 경쟁 시 손실 위험, 틈새 시장 집중으로 안정적 수익 가능
- 결론 유도: 전통 여행사는 모든 시장에서 경쟁하기보다 전략적 집중을 통해 경쟁을 회피하고 전문성을 확보하는 것이 효율적

토론 02 집중 전략을 사용하는 여행사가 직면할 수 있는 위험과 한계를 논하시오.

토론 포인트!

- 특정 세그먼트 수요 감소 시 매출 불안정
- 시장 변화에 대한 대응력 부족
- 경쟁자가 같은 틈새 시장을 공략할 경우 경쟁 심화
- 전략적 세분화와 고객 관리의 어려움

토론 03 집중 전략과 차별화 전략을 동시에 적용할 경우, 여행사 운영과 조직 구조에 미치는 영향은 무엇인가?

토론 포인트!

- 상품 개발과 마케팅이 타깃 세그먼트 중심으로 특화
- 인력, 운영, 서비스 역량이 집중화
- 전략적 의사결정이 더욱 전문화되고 신속하게 이루어짐

제15장

여행사 경영의 통합적 이해와 향후 과제

:: 학습목표 Learning Objectives

01. 여행사 경영을 상품·가격·유통·운영·마케팅·조직·재무 등 통합적 관점에서 이해할 수 있다.
02. OTA 시대에 여행사가 직면한 구조적 한계와 위기를 분석할 수 있다.
03. 여행사 경영 전략의 선택지를 평가하고 적절한 대응 방안을 제시할 수 있다.
04. 조직과 인력 구조 변화가 경영 전략과 운영 효율성에 미치는 영향을 설명할 수 있다.
05. 여행사 경영의 미래 과제와 지속 가능성 확보 방안을 논의할 수 있다.
06. 여행사경영론에서 배운 주요 이론과 개념을 종합적으로 정리할 수 있다.

:: 핵심 키워드 Key Concepts

- 통합적 경영(Integrated Management)
- 여행사 구조(Travel Agency Structure)
- 전략 선택지(Strategic Options)
- 조직·인력 변화(Organizational and Workforce Changes)
- 지속 가능성(Sustainability)
- 경영 과제(Managerial Challenges)
- 서비스 경쟁력(Service Competitiveness)
- 위기 관리(Crisis Management)
- OTA 시대(OTA-Dominated Era/Online Travel Agency Era)

:: 장 요약 Chapter Summary

본 장은 지금까지 다룬 여행사 경영의 모든 요소를 통합적으로 이해하고, 향후 경영 과제를 모색하는 장이다. 여행사는 상품 기획, 가격 결정, 유통, 운영, 마케팅, 조직, 재무 등 복합적인 경영 기능을 동시에 수행하는 통합적 조직이다.

OTA와 디지털 기술 확산으로 정보 독점 기능은 약화되었지만, 전문화된 서비스, 복합 상품 설계, 운영 관리 능력은 여전히 핵심 경쟁력으로 남아 있다. 따라서 여행사는 변화하는 시장 환경 속에서 전략적 선택을 통해 지속 가능한 경쟁 우위를 확보해야 한다.

또한 조직과 인력 구조의 변화가 경영 전략과 운영 효율성에 미치는 영향은 매우 크다. 유연한 조직 구조, 전문 인력 확보, 디지털 역량 강화는 향후 경영 과제를 해결하는 핵심 요소로 작용한다. 마지막으로 여행사경영론에서 배운 이론과 개념을 종합적으로 이해함으로써, 학습자는 여행사 경영의 전체 구조와 전략적 의사결정 과정을 체계적으로 분석할 수 있다.

제1절

여행사 경영의 통합 구조

01 여행사 경영의 복합성과 상호의존성

여행사는 단순히 여행상품을 판매하는 조직이 아니라, 상품 기획, 가격 결정, 유통, 운영, 마케팅, 조직 관리, 재무 관리 등 다양한 기능이 유기적으로 결합된 통합적 경영 조직이다. 각 기능은 독립적으로 존재하는 것이 아니라 서로 영향을 주고받으며 전체 경영 성과를 결정하는 상호의존적 구조를 형성한다.

예를 들어, 여행상품 기획 과정에서 선택한 여행 일정, 숙박 유형, 항공편 구성은 가격 전략과 직결되며, 유통 채널 선택과 마케팅 진략에도 직접적인 영향을 미친다. 상품 구성이 복잡하거나 일정이 길수록 운영상의 리스크가 증가하며, 이는 고객 서비스 설계와 현장 운영 효율성에도 영향을 준다. 따라서 상품 기획 단계에서 이루어지는 의사결정은 단순히 상품 개발의 범위를 넘어서, 전체 경영 활동에 체계적으로 반영되어야 한다.

02 통합적 관리와 경영 의사결정

마케팅 활동은 고객의 구매 의사결정에 영향을 주지만, 실제 판매와 운영에서 발생하는 문제를 고려하지 않으면 고객 만족과 수익성 모두에 부정적인 영향을 미칠 수 있다. 예를 들어, 고객 맞춤형 서비스를 강조한 마케팅을 진행했음에도 불구하고, 운영팀의 현장 대응이 미흡하면 고객 불만이 증가하고 브랜드 신뢰가 손상될 수 있다.

재무 구조 또한 통합적 경영에서 핵심적인 역할을 한다. 여행사의 수익과 비용 구조, 마진 관리, 커미션 체계, 유동성 확보는 상품·가격·운영 전략과 긴밀하게 연결되어 있으며, 하나의 기능에서 발생한 오류가 전체 경영 성과에 심각한 영향을 미칠 수 있다. 예를 들어, 항공권이나 숙박 예약에서 발생한 비용 초과가 마케팅 예산과 재무 계획에 즉각적인 부담을 줄 수 있다.

03 외부 이해관계자와의 통합적 연계

여행사는 항공사, 호텔, 현지 서비스 제공자 등 외부 공급자와의 계약 관계를 통해 여행상품을 구성하고, 동시에 고객과의 접점에서 서비스를 제공한다. 이러한 이중적 구조는 경영적 의사결정의 복잡성을 증가시키며, 각 기능 간 통합적 관리가 필수적임을 보여준다.

따라서 여행사 경영의 통합 구조를 이해한다는 것은 단순히 개별 기능을 분석하는 것이 아니라, 전체 경영 활동과 의사결정 과정에서 서로 어떤 상호작용을 하는지를 파악하는 것을 의미한다. 이러한 관점은 전략적 의사결정, 리스크 관리, 자원 배분, 고객 만족관리 등에서 필수적인 분석 틀을 제공한다.

04 통합적 경영의 전략적 중요성

통합적 경영 구조를 갖춘 여행사는 외부 환경 변화에 신속하게 대응할 수 있으며, 의사결정의 일관성을 유지할 수 있다. 예를 들어, 특정 상품의 가격 인상 결정은 재무팀, 마케팅팀, 운영팀의 공동 검토를 통해 이루어져야 하며, 단일 부서의 판단에 의한 결정은 전체 조직에 혼선을 초래할 수 있다.

또한 통합적 경영은 고객 중심 경영과 직접 연결된다. 상품 기획, 운영, 서비스 제공, 고객 피드백 수집과 분석이 유기적으로 연계될 때 고객 만족도를 극대화할 수 있으며, 장기적으로 고객 충성도와 브랜드 신뢰를 구축할 수 있다. 결국, 여행사 경영에서 통합적 구조 이해는 조직의 전략적 경쟁력 확보와 지속 가능한 성장을 위한 필수 조건이다.

제2절

OTA 시대 구조적 한계

01 OTA의 등장과 전통 여행사 경영 환경 변화

최근 여행산업에서 디지털 전환과 온라인 여행사(OTA)의 확산은 전통 여행사의 경영 환경을 근본적으로 변화시키고 있다. OTA는 고객에게 항공권, 숙박, 패키지 상품을 한눈에 비교·검색하고 즉시 예약할 수 있는 편의성을 제공하며, 가격 투명성을 높였다. 이러한 환경에서 전통 여행사는 과거 정보 독점과 유통 권한을 기반으로 한 경영 전략이 더 이상 유효하지 않게 되었다.

OTA는 강력한 디지털 플랫폼과 글로벌 공급자 네트워크를 활용하여 대규모 사용자 기반을 확보하고, 다양한 여행상품을 통합 제공한다. 결과적으로, 고객은 개별 여행사를 방문하지 않고도 원하는 상품을 직접 탐색하고 구매할 수 있게 되면서, 전통 여행사의 고객 접근성과 가격 결정 권한은 상대적으로 제한되었다.

이러한 변화는 단순한 판매 방식의 변화가 아니라, 전통 여행사의 수익 구조, 운영 기능, 고객 관계 관리, 경쟁 전략 전반에 걸친 구조적 제약으로 이어진다. 즉, OTA 환경에서는 단순히 판매 활동을 넘어 전체 경영 전략을 재정립해야 하는 상황이 발생한 것이다.

02 수익 구조의 압박

OTA 시대 전통 여행사의 가장 큰 구조적 한계 중 하나는 수익 구조의 압박이다. OTA 플랫폼은 효율적인 유통 시스템과 대규모 거래 네트워크를 기반으로 높은 시장 점유율을 확보하지만, 전통 여행사는 다음과 같은 수익 구조상의 제약에 직면한다.

첫째, 수수료와 마진 감소 문제다. OTA를 통해 상품을 판매할 경우, 일정 비율의 중개 수수료가 발생하며, 이는 여행사의 총 수익성에 직접적인 부담을 준다. 특히 단체여행이나 패키지 상품에서도 OTA가 가격과 조건을 결정하는 경우가 늘어나면서, 전통 여행사는 가격 결정 권한과 수익성을 동시에 제한받는다.

둘째, 직접 예약 경쟁의 증가다. 고객은 OTA를 통해 보다 저렴한 가격과 다양한 상품 옵션을 쉽게 비교할 수 있으므로, 전통 여행사는 가격 경쟁에서 불리한 위치에 놓인다. 이러한 구조적 압박은 단순히 매출 감소뿐 아니라 장기적인 브랜드 가치와 고객 충성도에도 부정적인 영향을 미친다.

셋째, 운영 비용 부담이다. OTA 환경에서 경쟁력을 유지하려면, 전통 여행사도 디지털 시스템과 예약 플랫폼을 구축해야 한다. 그러나 초기 투자 비용과 유지 비용은 상당하며, 수익 감소와 결합될 경우 경영 안정성에 위험 요소가 된다.

03 운영 및 고객 관계 관리의 제한

OTA 환경에서는 전통 여행사의 운영과 고객 관계 관리 기능이 본질적으로 제한된다. OTA 플랫폼은 주로 상품 정보 제공과 예약 기능에 집중하기 때문에, 개별 여행사가 직접 고객 경험을 설계하거나 서비스 차별화를 구현할 수 있는 범위가 줄어든다.

결과적으로 여행사는 예약 전 단계에서 고객과 상호작용할 기회가 감소하며, 고객 요구와 선호를 세밀하게 파악하거나 맞춤형 서비스를 제공하는 것이 어려워진다.

또한, OTA를 통한 판매 구조는 대량 예약 처리와 표준화된 상품 제공에 초점을 두므로, 현장 운영에서 발생하는 문제와 위기 대응 책임은 여전히 전통 여행사가 부담해야 한다. 상품 구성 변경, 일정 조정, 고객 불만 처리 등 운영 리스크가 전적으로 여행사에 남지만, 수익성과 가격 결정 권한은 OTA 플랫폼의 규정과 조건에 따라 제한된다.

게다가, OTA 플랫폼에서는 다수의 여행사가 동일한 상품을 제공하고, 고객은 리뷰와 평점, 추천 시스템을 기반으로 선택하기 때문에 개별 여행사의 브랜드 영향력이 약화된다. 이에 따라 전통 여행사가 기존 방식으로 충성 고객을 확보하거나 장기적인 고객 관계를 유지하는 전략은 OTA 환경에서 제한적이며, 장기적 고객 충성도 관리와 재구매 유도에 어려움을 겪을 수 있다.

04 경쟁 전략의 제약

OTA의 등장은 전통 여행사가 선택할 수 있는 경쟁 전략에도 구조적 제약을 부과한다. OTA는 표준화된 플랫폼과 유사한 상품 제공을 기반으로 가격 경쟁력과 유통 효율성을 확보하고 있어, 전통 여행사는 전략적 선택의 폭이 제한될 수밖에 없다.

우선, 차별화 전략의 실행이 제한된다. OTA 플랫폼에서는 대부분 표준화된 상품과 가격 비교 기능을 제공하므로, 전통 여행사가 독창적인 상품을 개발하더라도 가격과 조건에서 OTA의 영향력에서 완전히 벗어나기 어렵다. 또한, 원가우위 전략을 통한 가격 경쟁을 시도하더라도, OTA의 대규모 거래 및 자동화된 유통 구조로 인해 장기적으로 가격 경쟁에서 우위를 확보하기 어렵다.

게다가 OTA의 리뷰, 평점, 추천 시스템은 고객 의사결정에 큰 영향을 미치기 때문에, 전통 여행사의 브랜드 영향력과 마케팅 활동이 제한될 수 있다. 이는 단순히 매출 감소에 그치지 않고, 장기적인 충성 고객 확보와 고객 관계 관리에도 부정적인 영향을 미친다. 따라서 OTA 환경에서 전통 여행사는 가격 경쟁이나 표준화된 서비스 중심 전략보다는, 고객 경험 차별화, 맞춤형 서비스, 장기적 관계 구축 등 비가격적 경쟁 요소에 집중하는 전략적 접근이 필수적이다.

OTA 시대의 구조적 한계를 극복하기 위해 전통 여행사는 전략적 대응을 다층적으로 수행해야 한다.

먼저, 단순 중개업 관점에서 벗어나 상품 설계, 운영 책임, 고객 경험 관리, 리스크 관리 등 여행사 핵심 기능을 통합적으로 강화하는 것이 중요하다. 이를 통해 전통 여행사는 OTA와 달리 전 과정에서 고객 가치를 창출하고, 문제 발생 시 신속하게 대응할 수 있는 운영 능력을 확보할 수 있다.

둘째, 차별화된 브랜드 가치 구축이 필요하다. OTA와 가격 경쟁에 머무르지 않고, 고유한 여행 상품과 맞춤형 서비스 경험을 제공함으로써 고객 충성도를 높이는 전략이 중요하다. 이를 위해 전통 여행사는 특정 테마 여행, 지역 특화 상품, 프리미엄 맞춤 패키지 등 독창적 경험을 중심으로 브랜드 포지셔닝을 강화해야 한다.

마지막으로, 디지털 역량 확보는 OTA 환경에서도 경쟁력을 유지하기 위한 핵심 요소이다. 자체 예약 시스템, 데이터 분석, CRM 플랫폼 등 디지털 기술을 활용하면 고객 행동과 선호를 분석하고 맞춤형 서비스를 제공할 수 있으며, 예약·결제·상담 과정의 효율성도 높일 수 있다. 이러한 통합적 경영, 차별화 브랜드, 디지털 역량의 결합은 전통 여행사가 OTA 환경에서도 지속 가능한 경쟁 우위를 확보하도록 하는 필수 전략적 대응이다.

OTA 시대의 여행사는 구조적 한계를 정확히 인식하고, 통합적 경영, 차별화 전략, 디지털 역량을 기반으로 지속 가능한 경쟁력 확보를 모색해야 한다.

제3절

여행사 경영 전략 선택지

01 경영 전략 선택의 필요성

OTA의 확산과 디지털 전환으로 전통 여행사의 경영 환경은 급격하게 변화하고 있다. 과거에는 여행사가 상품 판매와 예약 관리 중심으로 운영되었으나, 현재는 가격 경쟁, 운영 효율성, 고객 경험, 디지털 플랫폼 활용 등 다양한 요인이 경영 성과에 직접적인 영향을 미친다.

따라서 여행사는 생존과 성장을 위해 명확한 전략적 선택이 필요하다. 단순한 가격 경쟁이나 단기적 매출 증대에 머무르는 것이 아니라, 장기적 경쟁력 확보와 지속 가능한 수익 모델 구축을 목표로 전략을 설계해야 한다. 전략 선택은 조직 구조, 인력 역량, 재무 관리, 마케팅 전략 등 전사적 경영 활동과 밀접하게 연결되어 있으며, 선택한 전략에 따라 여행사의 운영 방향과 고객 관계 관리 방식도 달라진다.

02 차별화 전략

차별화 전략(differentiation strategy)은 여행사가 단순히 상품을 판매하는 수준을 넘어, 고객 경험과 서비스 품질을 중심으로 경쟁 우위를 확보하는 전략이다.

전통 여행사는 OTA와의 가격 경쟁에 의존하지 않고, 고급 패키지, 맞춤형 여행, 테마 여행, 웰니스 여행 등 고객에게 독창적이고 차별화된 경험을 제공할 수 있는 상품을 개발해야 한다. 이러한 상품 설계는 단순한 여행 정보 제공을 넘어서 고객의 감정과 기대를 충족시키는 경험 중심의 접근이 필요하다. 예를 들어, 지역 특화 체험 프로그램, 현지 전문가와의 연계, 고객 일정과 취향에 맞춘 맞춤형 일정 설계 등은 차별화 전략의 핵심 요소로 작용한다.

또한, 브랜드 신뢰와 전문성 강화는 차별화 전략의 중요한 축이다. 여행사는 전문성과 운영 능력을 강조하여 고객에게 안전과 신뢰를 제공함으로써, 장기적인 충성 고객을 확보하고 OTA 환경에서도 브랜드 가치를 유지할 수 있다. 이를 위해 고객 상담, 여행 전·중·후 서비스 품질 관리, 문제 해결 역량 등 전반적인 운영 체계를 체계화하는 것이 필요하다.

차별화 전략은 디지털과 오프라인 서비스를 연계하여 구현될 때 효과가 극대화된다. 고객 데이터 분석을 통해 맞춤형 여행 제안을 제공하고, 현장 경험을 통해 고유한 가치를 전달함으로써 OTA와의 경쟁에서 독자적 위치를 확보할 수 있다. 이러한 통합적 접근은 여행사가 단순한 가격 경쟁을 넘어, 고객 경험과 서비스 품질을 중심으로 장기적 경쟁력을 구축하도록 한다.

03 원가 효율화 및 마진 관리 전략

원가 효율화(cost efficiency)와 마진 관리 전략은 OTA 환경에서 여행사가 직면하는 높은 수수료 부담과 가격 경쟁 압박 속에서도 수익성을 유지하기 위해 반드시 필요하다.

원가 구조 최적화는 여행사의 핵심 전략으로, 항공권, 숙박, 현지 서비스 공급자와의 협상력을 강화하고, 대량 구매와 장기 계약을 통해 비용을 절감하는 것이 핵심이다. 또한, 운영 효율성을 높이기 위해 내부 프로세스를 표준화하고, 예약, 결제, 고객 관리 등 주요 업무를 디지털 시스템과 자동화 솔루션으로 전환하면 인건비 절감과 동시에 데이터 기반 의사결정을 가능하게 하여 마케팅 전략과 상품 개발에도 활용할 수 있다.

더 나아가 직접 예약 비중을 확대하는 전략은 OTA 중개 수수료 부담을 줄이는 동시에 고객과의 직접 접점을 강화하는 효과가 있다. 자체 플랫폼을 통한 직접 예약은 단순히 수익성 개선뿐 아니라, 고객 데이터를 확보하고 이를 기반으로 맞춤형 서비스와 개인화된 여행 경험을 제공하는 기반이 된다. 종합적으로, 여행사는 원가 구조 최적화, 운영 효율성 강화, 직접 예약 확대를 통합적으로 추진함으로써 OTA 환경에서도 지속 가능한 수익성과 경쟁력을 확보할 수 있다.

04 통합적 경영 및 다각화 전략

통합적 경영과 다각화 전략은 여행사가 단일 수익원에 의존하지 않고, 전체 경영 구조와 사업 포트폴리오를 통합적으로 관리함으로써 경쟁력과 수익성을 확보하는 전략이다.

먼저, 전체 경영 프로세스의 통합이 필요하다. 여행사는 상품 기획, 유통, 운영, 마케팅, 고객 관리, 재무 관리 등 모든 경영 활동을 상호 연계하고, 부문 간 상호작용을 최적화해야 한다. 예를 들어, 상품 기획 단계에서 가격, 운영, 마케팅 전략을 동시에 고려하면 자원 배분을 효율화하고, 잠재적 리스크를 사전에 관리할 수 있다. 이러한 통합적 접근은 단기적 비용 절감뿐만 아니라 장기적인 경영 안정성과 서비스 품질 향상에도 기여한다.

다음으로, OTA와의 협업 모델 구축도 중요한 전략적 요소이다. 단순히 경쟁 관계에 머무르는 대신, OTA 플랫폼과의 제휴를 통해 공동 프로모션을 진행하거나 맞춤형 패키지를 개발하고, 데이터 공유를 통해 고객 분석과 마케팅 전략을 강화할 수 있다. 이를 통해 시장 점유율을 확대하고 브랜드 가치를 높이는 동시에, OTA 환경에서 제한적인 운영 권한과 고객 접점의 한계를 극복할 수 있다.

마지막으로, 새로운 수익원을 개발하여 사업 포트폴리오를 다각화하는 것도 핵심이다. 여행 보험, 현지 체험 서비스, 멤버십 프로그램 등 기존 상품과 연계된 부가 서비스는 추가 수익을 창출하고, 외부 환경 변화에도 유연하게 대응할 수 있게 한다. 다각화를 통해 여행사는 특정 상품이나 채널에 대한 의존도를 줄이고, 장기적인 경쟁력과 안정적인 수익 구조를 확보할 수 있다.

통합적 경영과 다각화 전략은 여행사가 경영 전반을 연계하고, OTA와 협업하며, 새로운 수익원을 개발하는 통합적 접근을 의미한다. 이를 통해 단기적 매출 확보를 넘어 장기적 경쟁력, 시장 적응력, 브랜드 가치 제고까지 동시에 달성할 수 있다.

05 전략적 고려 사항

여행업에서 전략을 선택할 때는 외부 환경, 내부 역량, 시장 구조를 종합적으로 고려하는 것이 필수적이다.

외부 환경 요인은 디지털 전환, OTA 성장, 소비자 구매 패턴 변화와 더불어 글로벌 경제 상황, 정책 및 규제 변화 등을 포함하며, 이러한 요인들은 전략적 결정의 방향과 범위에 직접적인 영향을 미친다. 내부 역량 측면에서는 자사의 브랜드 가치, 조직 구조, 인력의 전문성, 운영 효율성, 재무 안정성 등이 전략 선택 가능성을 결정하는 핵심 요소로 작용한다. 또한 시장 구조 요인은 경쟁 강도, 공급자 및 소비자의 협상력, 고객 세분화 정도, 가격 민감도 등을 포함하며, 전략 실행의 성공 가능성과 효과를 좌우한다. 따라서 여행사는 단기적인 수익 창출에 집중한 단순 가격 경쟁에 머무르지 않고, 외부 환경과 내부 역량, 시장 구조를 종합적으로 분석하여 장기적인 경쟁 우위 확보와 고객 충성도 제고를 목표로 하는 전사적 경영 전략을 수립해야 한다.

전략적 선택은 단기적 수익을 목표로 하는 단순 가격 경쟁에서 벗어나, 장기적인 경쟁 우위와 고객 충성도 확보까지 고려한 전사적 경영 활동으로 이어져야 한다.

여행사 경영 전략 선택은 OTA 환경 속에서 생존과 성장을 위해 필수적이다. 차별화 전략을 통해 브랜드 고유의 가치를 제공하고, 원가 효율화 전략을 통해 수익성을 확보하며, 통합적 경영과 다각화 전략을 통해 장기적 경쟁력을 구축하는 것이 핵심이다. 이러한 전략적 선택은 조직 구조, 인력 구성, 재무 관리, 마케팅 전략 등 전사적 활동과 유기적으로 연결되어, OTA 환경에서도 지속 가능한 성장과 차별적 경쟁력을 확보하는 기반이 된다.

제4절

여행사 조직과 인력의 변화

01 조직 구조의 변화 필요성

디지털 전환과 OTA의 성장, 그리고 여행 수요의 다양화는 전통적인 여행사 조직 구조에 근본적인 변화를 요구한다. 과거의 여행사는 부서별 기능이 명확히 구분된 수직적 구조를 갖추고 있었으며, 각 부서는 상품 기획, 예약·판매, 운영, 고객 상담 등 개별 역할 중심으로 운영되었다. 이러한 구조는 안정적 시장에서는 효율적일 수 있지만, 급변하는 시장 환경과 고객 요구의 복잡성을 충족하기에는 한계가 있다.

현대 여행사는 유연하고 통합적인 조직 구조가 필요하다. 단순한 기능별 구분에서 벗어나, 팀 기반과 프로젝트 중심의 유기적 구조로 전환해야 한다. 각 팀은 상품 설계부터 운영, 마케팅, 고객 관리까지 전체 과정을 통합적으로 수행할 수 있어야 하며, 부서 간 경계를 넘어 실시간 협업과 의사결정이 가능해야 한다. 이러한 조직 구조는 변화하는 시장 요구와 고객 맞춤형 서비스 제공에 신속히 대응할 수 있는 기반이 된다.

02 인력 구성의 전문화

여행업에서 인력 구성의 전문화는 조직 경쟁력과 서비스 품질을 결정하는 핵심 요소로 작용한다. 우선, 전문 역량 강화는 필수적이다. 여행 상품이 점점 복잡해지고 고객 요구가 다양해짐에 따라, 단순 판매 중심의 인력만으로는 대응이 어렵다. 따라서 데이터 분석, 디지털 마케팅, 운영 관리, 고객 경험 설계 등 전문적인 역량을 갖춘 인력이 필요하다. 예를 들어, 고객 데이터를 기반으로 맞춤형 여행 패키지를 설계하거나 OTA 플랫폼과 연계한 가격 전략을 수립할 수 있는 인력이 요구된다.

또한, 재교육과 역량 개발은 기존 직원의 전문성을 높이는 중요한 수단이다. 디지털 플랫폼 활용, 빅데이터 분석, CRM 운영, 온라인 마케팅 전략 등 새로운 기술과 업무 능력을 습득하도록 지원함으로써 조직 전체의 역량을 강화할 수 있다. 이 과정은 단순 지식 전달을 넘어 실무 적용 능력과 문제 해결 능력을 포함해야 한다.

멀티 스킬 확보 역시 미래형 여행사에서 중요한 전략적 요소다. 한 명의 직원이 상품 기획, 마케팅 캠페인 설계, 고객 데이터 분석과 운영 전략 반영 등 다중 역할을 수행할 수 있어야 조직의 유연성과 민첩성을 높일 수 있다. 이러한 인력 구성의 전문화는 여행사가 변화하는 시장 환경에서 경쟁력을 유지하고, 고객 맞춤형 서비스를 효과적으로 제공하는 기반이 된다.

03 디지털 적응력 강화

디지털 기술은 현대 여행사의 경쟁력 확보에 핵심적인 요소로 자리 잡았다. 예약 시스템, CRM 플랫폼, 데이터 분석 도구, 인공지능 기반 추천 시스템 등 다양한 디지털 도구를 효과적으로 활용하려면 이를 지원할 조직 구조와 업무 프로세스를 마련하는 것이 필수적이다.

먼저, 디지털 플랫폼 통합 운영을 통해 예약, 결제, 고객 관리, 마케팅 등 다양한 업무를 연계하면 정보 처리 속도를 높이고 시장 변화에 실시간으로 대응할 수 있다. 예를 들어, 예약 데이터와 마케팅 데이터를 통합 분석함으로써 고객 맞춤형 상품 추천과 프로모션 전략 수립이 가능해진다.

또한, 데이터 기반 의사결정을 강화하는 것도 중요하다. 조직 내 데이터 분석 역량을 높여 고객 행동, 시장 트렌드, 판매 실적 등을 기반으로 전략적 판단을 내릴 수 있어야 한다. 특정 여행 상품의 예약 추이를 분석하여 가격, 마케팅, 운영 전략을 조정하는 사례가 대표적이다. 여기에 디지털 교육과 지속적 학습이 병행되어야 한다. 직원들에게 디지털 플랫폼 활용, 데이터 분석, AI 기반 추천 시스템 활용 등 최신 기술을 지속적으로 교육함으로써 단기적 업무 수행뿐 아니라 장기적 경쟁력 확보에도 기여할 수 있다.

04 조직과 인력 변화의 의미

조직과 인력의 변화는 경쟁력 확보, 고객 경험 향상, 전략적 의사결정 지원이라는 세 가지 측면에서 중요한 의미를 가진다. 유연한 조직 구조와 전문화된 인력, 디지털 역량 강화는 OTA 경쟁과 급변하는 여행 시장에서 생존과 경쟁력 확보의 필수 조건이며, 통합적 조직과 전문 인력은 고객 맞춤형 서비스와 경험 설계 능력을 높여 고객 만족과 충성도를 극대화한다. 더 나아가, 이러한 변화는 단순 운영 효율성을 넘어서 전략적 의사결정, 리스크 관리, 미래 성장 전략 설계에 직접적인 영향을 미친다.

여행사 조직과 인력 구조는 전통적 기능 중심에서 벗어나 유연하고 전문화된 통합 구조로 변화해야 한다. 디지털 적응력 강화, 프로젝트 기반 팀 운영, 멀티 스킬 확보, 감정노동 관리, 조직 문화 혁신 등은 OTA 시대와 디지털 전환 환경에서 장기적 경쟁력과 지속 가능성을 확보하는 핵심 요소가 된다.

제5절

여행사 경영의 미래 과제

01 통합적 경영 전략 수립

미래 여행사 경영의 핵심 과제는 모든 경영 활동을 통합적으로 관리하는 데 있다. 과거 전통 여행사는 각 기능을 개별적으로 운영해도 충분했지만, OTA 확산과 디지털 전환으로 시장 경쟁과 고객 요구가 복잡해지면서 단순 기능 중심의 운영만으로는 장기적 성장과 경쟁력 확보가 어려워졌다.

첫째, 상품 기획과 운영은 긴밀하게 연계되어야 한다. 장기 일정이나 복합 패키지 상품을 기획할 때 운영상의 리스크, 인력 배치, 고객 서비스, 가격 구조 등을 사전에 고려해야 한다. 이는 단순한 상품 개발이 아니라 전사적 전략 의사결정과 연결되는 과정으로, 조직 전체의 효율성과 고객 만족도를 동시에 높일 수 있다.

둘째, 마케팅과 고객 관리 역시 통합적으로 접근해야 한다. 맞춤형 광고, 프로모션, 고객 데이터 기반 캠페인은 단순 판매 촉진을 넘어 고객 충성도 강화와 재구매 유도에 초점을 맞춰야 한다. 고객 경험과 직접 연결된 마케팅 활동은 여행사 브랜드에 대한 신뢰를 높이고 장기적 관계를 형성하는 중요한 수단이다.

셋째, 재무 관리와 수익성 전략도 통합적 관점에서 설계되어야 한다. OTA 사용으로 인한 수수료 부담, 가격 압박, 마진 감소 문제를 해결하려면 재무, 운영, 마케팅, 고객 전략이 상호 연계된 의사결정 구조가 필수적이다. 이를 통해 여행사는 단기적 수익 확보뿐 아니라 장기적 경쟁력과 지속 가능한 성장을 동시에 달성할 수 있다.

미래 여행사는 상품 기획, 운영, 마케팅, 고객 관리, 재무 전략을 통합적으로 설계하고 실행함으로써 OTA와 디지털 전환 환경에서도 안정적 경쟁 우위와 지속 가능한 성장을 확보할 수 있다. 결국, 통합적 경영 전략 수립은 단기적 효율성만 추구하지 않고, 장기적 지속 가능성과 경쟁력 확보를 위한 전사적 시야와 전략적 사고를 요구한다.

02 조직과 인력의 미래형 변화

미래 여행사는 유연하고 전문화된 조직 구조와 다기능 인력을 기반으로 변화하는 시장에 능동적으로 대응해야 한다.

첫째, 프로젝트 중심의 조직 운영이 필요하다. 전통적인 부서별 역할 구분을 넘어서, 상품 기획, 마케팅, 운영, 고객 관리가 유기적으로 연결된 프로젝트 기반 팀을 구성함으로써, 상품 설계부터 판매, 사후 서비스까지 전체 고객 경험을 체계적으로 관리할 수 있다. 이를 통해 각 프로젝트 팀은 시장 변화와 고객 요구에 민첩하게 대응하며, 팀 단위 성과와 책임을 명확히 할 수 있다.

둘째, 전문 인력 확보와 재교육이 필수적이다. 고객 경험 설계, 디지털 마케팅, 데이터 분석, 운영 리스크 관리 등 다양한 전문 역량을 가진 인력을 채용하고, 기존 직원에게도 재교육과 멀티 스킬 습득 프로그램을 제공함으로써 조직 전반의 경쟁력을 강화해야 한다. 이러한 인적 자원 관리는 OTA 환경과 디지털 전환 시대에서 여행사의 차별화된 경쟁력을 유지하는 핵심 요소다.

셋째, 감정노동 관리와 조직 문화 혁신을 병행해야 한다. 고객 접점에서 발생하는 심리적 부담을 완화하고 직원 만족도를 높이는 인사 관리 체계와 조직 문화 개선이 필요하다. 예를 들어, 심리적 안전망 구축, 성과 기반 보상, 팀 단위 지원 체계를 도입하면 직원의 동기 부여와 장기 근속을 유도할 수 있으며, 이는 곧 안정적인 고객 서비스 품질과 충성 고객 확보로 이어진다.

미래 여행사는 프로젝트 중심 조직, 전문 인력 확보와 재교육, 감정노동 관리 및 조직 문화 혁신을 통합적으로 실행함으로써, OTA와 디지털 전환이라는 환경 변화 속에서도 지속 가능한 경쟁력과 고객 만족을 동시에 확보할 수 있다.

03 디지털 역량과 기술 활용 강화

OTA, 모바일 예약, 인공지능 추천 시스템, 빅데이터 분석 등 디지털 기술은 현대 여행사의 경쟁력을 결정하는 핵심 요소로 부상하고 있다.

첫째, 디지털 플랫폼 활용이 필수적이다. 예약, 결제, 고객 관리, 마케팅 등 다양한 업무를 통합적으로 관리할 수 있는 플랫폼을 구축하면, 정보 처리 속도를 높이는 동시에 고객 요구와 시장 변화에 실시간으로 대응할 수 있다. 이를 통해 단순한 운영 효율성을 넘어서, 고객 경험을 강화하고 경쟁 우위를 확보할 수 있다.

둘째, 데이터 기반 의사결정 능력을 강화해야 한다. 고객 행동 데이터, 예약 추이, 시장 트렌드 분석 등을 활용하여 전략적 의사결정을 수행함으로써, 특정 상품의 예약 추이에 따라 가격, 마케팅, 운영 계획을 실시간으로 조정할 수 있어야 한다. 데이터 분석을 통한 의사결정은 직관적 판단에 의존하는 기존 방식보다 정확성과 효율성을 높이며, 경쟁 환경 변화에 빠르게 대응할 수 있게 한다.

셋째, 직원의 디지털 역량 강화가 중요하다. 디지털 툴과 데이터 분석 능력은 조직의 핵심 경쟁력으로 자리잡아야 하며, 이를 위해 지속적인 교육과 훈련이 필요하다. 직원 개개인의 디지털 활용 능력을 강화함으로써 조직 전체의 경쟁력으로 연결시키고, OTA와 디지털 환경에서의 지속 가능한 성장을 지원할 수 있다.

여행사는 디지털 플랫폼 활용, 데이터 기반 의사결정, 직원 디지털 역량 강화라는 세 가지 요소를 통합적으로 구현함으로써, 변화하는 시장 환경 속에서도 경쟁력을 유지하고 고객 중심의 서비스를 제공할 수 있다.

04 고객 중심 경영 강화

고객 요구는 단순한 정보 제공에서 맞춤형 경험과 서비스 설계로 진화하고 있으며, 이에 따라 여행사는 고객 중심 경영을 강화해야 한다.

첫째, 경험 중심 서비스 설계가 필요하다. 여행 전, 중, 후의 모든 고객 접점을 고려하여 맞춤형 경험을 제공해야 하며, 고객 여정(journey) 기반의 서비스를 설계함으로써 예약, 이동, 체험, 피드백 등 전 과정에서 높은 만족도를 실현할 수 있다. 이를 통해 고객은 단순한 상품 구매를 넘어, 감동과 편의를 동시에 경험할 수 있다.

둘째, CRM과 관계 마케팅을 적극 활용해야 한다. 고객 데이터를 기반으로 맞춤형 패키지 제공, 생일·기념일 이벤트, 개인화 추천 서비스 등 관계 중심 전략을 수행하면 재구매율과 고객 충성도를 높일 수 있다. 데이터 기반 의사결정은 고객의 선호와 행동 패턴을 정밀하게 반영하여, 장기적 관계 구축과 맞춤 서비스 제공을 가능하게 한다.

셋째, 서비스 품질과 브랜드 신뢰를 강화해야 한다. 고객 중심 경영은 단순한 판매를 넘어서, 브랜드 신뢰와 지속적 충성도 확보로 이어진다. 이를 위해 고객 기대를 정확히 파악하고, 피드백과 성과 분석을 기반으로 서비스 품질을 지속적으로 개선하는 체계를 구축하는 것이 중요하다.

여행사는 경험 중심 설계, 데이터 기반 관계 마케팅, 서비스 품질과 브랜드 신뢰 강화라는 세 가지 축을 통합적으로 운영함으로써, 고객 만족과 장기적 충성도를 동시에 확보할 수 있다.

05 외부 환경 변화 대응 능력 강화

여행산업은 글로벌 경제, 정치, 환경 변화, 팬데믹 등 다양한 외부 변수에 매우 민감하며, 이에 대한 민첩한 대응 능력은 미래 여행사 경영의 핵심 과제로 떠오르고 있다.

첫째, 리스크 관리 체계를 강화해야 한다. 여행 상품 개발, 예약, 운영 과정에서 발생할 수 있는 재무적, 운영적, 고객 서비스 관련 위험을 사전에 분석하고, 이를 최소화할 수 있는 대응 체계를 구축하는 것이 중요하다. 이를 통해 예상치 못한 손실과 고객 불만을 줄이고, 안정적 운영을 유지할 수 있다.

둘째, 위기 대응 전략을 수립해야 한다. 팬데믹, 자연재해, 정치적 불안정 등 외부 사건에 신속하게 대응할 수 있는 위기 대응 프로토콜과 의사결정 체계를 마련함으로써, 여행사 운영의 연속성을 확보하고 고객 신뢰를 유지할 수 있다. 사전 시나리오 계획과 신속한 대응 매뉴얼은 위기 상황에서 조직의 민첩성을 높이는 핵심 요소이다.

셋째, OTA와 플랫폼 기업과의 전략적 대응이 필요하다. OTA 환경에서 가격 경쟁 압박을 완화하고, 여행사 고유의 브랜드 가치를 유지하기 위해 차별화 전략과 협업 모델을 동시에 고려해야 한다. 예를 들어, OTA 플랫폼과의 공동 프로모션, 데이터 공유, 맞춤형 패키지 제공 등을 통해 시장 점유율과 브랜드 신뢰를 동시에 강화할 수 있다.

미래 여행사는 외부 환경 변화에 민첩하게 대응하기 위해 리스크 관리, 위기 대응 전략, OTA와의 전략적 협업을 통합적으로 운영함으로써, 안정적 경영과 장기적 경쟁력을 확보해야 한다.

미래 여행사 경영은 단순한 운영 중심에서 벗어나 통합적 경영 전략, 디지털 역량 강화, 조직 혁신, 고객 중심 경영, 외부 환경 대응 능력을 모두 아우르는 전략적 관리로 전환해야 한다. 이러한 과제의 해결은 OTA 시대와 디지털 전환 환경 속에서 여행사가 장기적 생존과 지속 가능한 경쟁력을 확보하는 핵심 조건이다. 여행사는 단기적 수익을 넘어 장기적 전략을 수립하고, 조직과 인력, 기술, 고객, 외부 환경을 종합적으로 고려한 경영 활동을 수행해야 한다.

제6절

여행사경영론의 정리

01 여행사는 통합적 경영 조직임

여행사는 단순히 항공권이나 숙박 상품을 중개하는 조직이 아니라, 상품 기획, 가격 결정, 유통, 운영, 마케팅, 고객 관리, 재무 관리 등 모든 경영 기능이 유기적으로 결합된 통합적 조직이다. 각 기능은 독립적으로 존재하는 것이 아니라, 서로 상호작용하며 전체 경영 성과를 결정한다.

첫째, 상품 기획과 가격 결정은 여행사의 핵심 전략 요소로, 상품의 구성, 일정, 테마, 서비스 수준에 따라 가격 정책이 달라지고, 이는 곧 유통 전략과 운영 효율성에 직접적인 영향을 미친다. 따라서 상품 설계 단계에서 가격, 마케팅, 운영, 고객 서비스 등을 동시에 고려하는 통합적 접근이 필요하다.

둘째, 유통과 마케팅은 고객에게 상품을 효과적으로 전달하고 선택을 유도하기 위해 긴밀히 연계되어야 한다. 온라인 예약, 모바일 앱, SNS 마케팅 등 디지털 채널을 활용하면 고객 접근성을 높이고, 전 과정에서 일관된 경험을 제공할 수 있어 경쟁력 강화에 필수적이다.

셋째, 운영과 고객 관리는 실제 여행 수행 과정에서 발생하는 문제 대응, 일정 조정, 고객 요구 반영 등과 직결된다. 이러한 운영 능력은 고객 만족과 재구매율에 직접적인 영향을 주며, 운영 과정에서 발생하는 리스크는 조직 전체 성과와 브랜드 신뢰에 영향을 미친다.

마지막으로, 재무 관리는 수익 구조, 마진 관리, 커미션, 유동성 확보 등 여행사의 모든 기능과 긴밀히 연결된다. 재무적 안정성은 장기적 성장과 경쟁력 확보의 기반이 되며, 다른 기능과의 통합적 조화 없이는 효율적 자원 배분과 전략 실행이 어렵다.

결국 여행사 경영의 핵심 경쟁력은 개별 기능의 최적화가 아니라, 모든 경영 활동을 통합적으로 관리하고 조화시키는 능력에 있으며, 이를 통해 안정적 수익, 고객 만족, 장기적 성장과 경쟁력을 동시에 달성할 수 있다. 즉, 여행사 경영은 기능별 최적화가 아닌 전체적 조화와 통합적 관리가 핵심 경쟁력이다.

02 여행상품 중심의 전략적 경영

여행사의 핵심 자산은 바로 여행상품이며, 상품 기획, 가격 책정, 운영 관리, 고객 맞춤 서비스 등 모든 의사결정은 전략적 관점에서 유기적으로 연결되어야 한다.

첫째, 여행상품 생애주기 관리는 기획, 판매, 실행, 평가의 각 단계에서 수익성과 고객 만족도를 동시에 고려하는 전략적 접근이 필요하다. 예를 들어, 새로운 테마 여행 상품을 출시할 때는 운영 비용, 공급자 계약 조건, 마케팅 비용, 예상 예약률 등을 통합적으로 분석하여 실행 가능성과 수익성을 평가해야 한다.

둘째, 상품 구성과 차별화 전략은 OTA와 같은 플랫폼에서 가격 중심 경쟁이 심화되는 상황에서 필수적이다. 단순한 상품 판매만으로는 경쟁 우위를 확보하기 어렵기 때문에, 여행사는 고객 맞춤형 상품, 테마 여행, 고급 패키지, 현지 체험 프로그램 등 차별화 전략을 통해 고부가가치 시장을 공략하고, 고객 경험 중심 경쟁 우위를 확보해야 한다.

셋째, 가격 결정과 유통 전략은 단순한 비용 기반 접근을 넘어 전략적 판단이 필요하다. 상품 가격은 고객 선호, 경쟁사 가격, 시즌성, 판매 채널별 마진 등을 종합적으로 고려하여 설정해야 하며, 직접 예약과 OTA 판매 비율, 프로모션 전략 등 유통 구조도 통합적으로 관리함으로써 수익성과 고객 경험을 동시에 극대화할 수 있다.

결국 여행상품 관리와 관련된 모든 의사결정은 단기적 판매 목표를 넘어, 장기적 수익성과 고객 충성도를 확보하는 전략적 활동으로 연결되어야 한다.

03 디지털 전환과 OTA 환경에서의 역할 재정립

인터넷, 모바일, 인공지능(AI), 빅데이터 등 디지털 기술의 발전과 OTA의 확산은 전통 여행사의 역할과 경쟁 구조를 근본적으로 변화시켰다.

첫째, 정보 제공 역할이 변화했다. OTA와 디지털 플랫폼은 고객에게 항공권, 호텔, 투어 패키지 등 다양한 정보를 직접 제공함으로써, 전통 여행사가 가졌던 정보 독점적 우위가 약화되었다. 이에 따라 여행사는 단순 정보 제공에 머무르지 않고, 복합 상품 설계, 운영 책임, 문제 해결 능력 등을 중심으로 경쟁 우위를 재정립해야 한다. 고객 경험과 서비스 품질이 경쟁력의 핵심 요소로 부상한 것이다.

둘째, 디지털 기술 활용의 중요성이 증가했다. 예약 시스템 자동화, 고객 데이터 분석, AI 기반 추천 서비스 등 다양한 디지털 도구를 활용하면 운영 효율성을 높이고, 고객 맞춤형 상품을 제공하며, 전반적인 고객 경험을 개선할 수 있다. 따라서 여행사는 디지털 역량을 전략적 경쟁 요소로 인식하고, 조직 전반의 의사결정, 운영, 마케팅, 고객 관리 프로세스에 통합할 필요가 있다.

셋째, OTA와의 협업 및 경쟁 전략이 필요하다. 단순히 OTA와 직접 경쟁하는 것보다는, 협업 모델을 구축하거나 자체 브랜드와 차별화된 서비스를 제공함으로써 고유 경쟁력과 충성 고객층을 확보할 수 있다. 예를 들어, 맞춤형 패키지, 현지 체험 중심 상품, 프리미엄 서비스 등 OTA가 제공하지 못하는 고유 경험을 중심으로 차별화 전략을 구사하는 것이 효과적이다.

디지털 전환과 OTA 환경에서 여행사는 정보 제공자의 역할을 넘어, 전략적 상품 설계, 운영 능력, 고객 경험 중심의 경쟁력을 기반으로 장기적 성장과 차별적 경쟁 우위를 확보해야 한다.

04 고객 경험과 관계 중심 경영

현대 여행사는 단순한 상품 판매를 넘어, 고객 경험 설계와 관계 마케팅을 중심으로 지속 가능한 경쟁력을 확보해야 한다.

첫째, 고객 중심 설계가 핵심이다. 여행 전, 중, 후 전 과정에서 고객 경험을 체계적으로 설계하고 최적화함으로써 높은 만족도를 제공해야 한다. 예약 과정에서의 편의성, 여행 일정과 현장 서비스에서의 맞춤형 지원, 여행 종료 후 피드백 수집과 대응까지 모든 접점에서 일관되고 차별화된 경험을 제공하는 전략이 필요하다.

둘째, CRM을 활용한 관계 마케팅이 중요하다. 고객 데이터를 분석하여 개별 고객의 선호와 행동 패턴에 맞춘 맞춤형 추천, 개인화 프로모션, 장기적 관계 관리 등을 수행하면 재구매율과 충성도를 높일 수 있다. 이러한 접근은 OTA와의 가격 경쟁에서 벗어나, 경험 중심의 경쟁 우위를 확보하는 핵심 수단이 된다.

셋째, 서비스 품질과 브랜드 신뢰 확보가 장기적 경쟁력의 기반이다. 고객 경험 중심 경영은 단순한 매출 증대를 넘어, 브랜드 신뢰와 장기적 충성도를 강화한다. 신뢰와 만족을 기반으로 한 충성 고객층은 여행사의 안정적 수익과 시장 지위를 유지하고, 지속 가능한 성장의 핵심 자산이 된다.

현대 여행사는 고객 경험 설계, CRM 기반 관계 마케팅, 서비스 품질 및 브랜드 신뢰를 통합적으로 운영함으로써, OTA 환경에서도 차별화된 경쟁력과 지속 가능한 시장 지위를 확보할 수 있다.

05 미래 지향적 조직과 전략적 과제

미래 여행사는 조직 혁신, 인력 전문성, 디지털 역량, 외부 환경 대응 등 다각적인 전략적 과제를 수행해야 한다.

첫째, 유연한 조직 구조가 필요하다. 팀 기반과 프로젝트 중심의 조직을 도입하여 상품 기획, 운영, 고객 관리, 마케팅이 유기적으로 연결되도록 해야 한다. 이를 통해 개별 기능이 단절되지 않고, 전체 여행 상품과 고객 경험을 통합적으로 관리할 수 있다.

둘째, 전문 인력 확보와 재교육이 중요하다. 데이터 분석, 디지털 마케팅, 고객 경험 설계 등 전문 역량을 갖춘 인력을 확보하고, 기존 직원에게도 재교육과 멀티 스킬 개발 프로그램을 제공하여 조직 전체의 경쟁력을 강화해야 한다. 이러한 전문성은 변화하는 시장과 고객 요구에 신속하게 대응할 수 있는 기반이 된다.

셋째, 외부 환경 대응 능력을 갖추어야 한다. 글로벌 경제 변화, 정치적 불안, 팬데믹 등 예측 불가능한 사건에 신속히 대응할 수 있는 리스크 관리 체계와 위기 대응 전략이 필수적이다. 전략적 유연성을 확보함으로써 외부 충격에도 안정적으로 운영을 유지하고, 장기적 경쟁 우위를 확보할 수 있다.

미래 여행사는 유연한 조직, 전문화된 인력, 디지털 역량, 외부 환경 대응 능력을 통합적으로 강화함으로써 변화하는 시장과 고객 요구에 능동적으로 대응하고, 지속 가능한 경쟁력을 확보해야 한다.

여행사경영론은 여행사를 단순한 중개업자가 아니라, 상품 기획, 가격 결정, 유통, 운영, 마케팅, 고객 관리, 재무 관리 등 모든 경영 기능을 통합적으로 운영하는 전략적 조직으로 이해하는 학문이다.

핵심적으로, 여행사는 각 기능 간 상호작용을 최적화하고 통합적 관리 능력을 갖추어야 한다. 이를 통해 여행상품 중심 전략, 차별화된 서비스, 고객 경험 설계, 디지털 역량, 조직 혁신 등 다양한 요소를 전략적으로 연계하여 장기적 경쟁력을 확보할 수 있다. 특히, OTA와 디지털 플랫폼의 확산 속에서 단순 정보 제공과 가격 경쟁에 머무르지 않고, 통합적 경영과 전략적 의사결정을 통해 지속 가능한 성장과 충성 고객층 확보기 필수적이다. 여행사경영론은 이러한 복합적 경영 환경 속에서 실질적 경쟁 우위를 창출하는 방법과 조직 운영 원리를 포괄적으로 연구하는 학문이라 할 수 있다.

제15장

연습문제 Review Questions

문제 01 여행사의 통합적 경영 구조를 설명하고, 각 기능이 서로 어떻게 연결되는지 논하시오.

➡

문제 02 OTA와 디지털 환경 속에서 전통 여행사가 직면한 구조적 한계를 설명하고, 전략적 대응 방안을 제시하시오.

➡

문제 03 여행사 경영 전략 선택지(원가 우위, 차별화, 집중 전략) 중 한 가지를 선택하고, 장단점을 논하시오.

➡

:: 모범답안 ::

문제 01

- 여행사는 기획·유통·운영·마케팅·재무·인적자원 관리 등 다양한 기능을 수행하는 통합적 경영 조직이다.
- 각 기능은 상호 연결되어 있다. 예: 여행상품 기획은 가격 결정과 유통 전략과 연계되며, 운영 관리와 마케팅 활동에도 영향을 준다.
- 이 통합적 구조는 여행사가 단순 중개업이 아니라 전략적 의사결정을 수행하는 핵심 조직임을 보여준다.

문제 02

- 구조적 한계: 정보 접근 및 유통 독점력 약화, 가격 비교 용이로 수익 압박 증가, 고객 직접 예약 증가
- 전략적 대응: 복합 상품 설계 강화, 고객 맞춤형 서비스 제공, 운영과 리스크 관리 전문성 강화, 디지털 채널 활용 및 OTA와 차별화된 경쟁력 확보

문제 03

- 원가 우위: 가격 경쟁력 확보 가능, 단점은 서비스 품질 희생 가능성
- 차별화: 독특한 여행상품/서비스 제공, 브랜드 충성도 증가, 단점은 비용 상승과 경쟁 모방 위험
- 집중 전략: 특정 세그먼트 공략, 마케팅 효율적, 단점은 시장 변화에 취약

제15장 토론문제 Discussion Questions

토론 01 "OTA 시대에도 전통 여행사는 살아남을 수 있는가?"

토론 포인트!

- 찬성: 복합 상품 설계, 단체·맞춤형 여행, 운영과 리스크 관리 등 OTA가 대체할 수 없는 영역 존재
- 반대: 정보 접근과 가격 비교가 용이해 고객이 직접 예약 가능
- 결론 유도: OTA 시대에도 전통 여행사는 기능 재편과 전략적 차별화를 통해 생존 가능

토론 02 "여행사 경영은 제조업과 어떤 점에서 가장 크게 다른가?"

토론 포인트!

- 무형 상품 제공, 동시 생산·소비, 수요 변동성·재고 리스크, 외부 파트너 의존 구조 등 제조업과 차별화
- 전략적 의미: 운영과 고객 관리의 복합적 중요성 강조

토론 03 "여행사 경영의 미래를 위해 가장 중요한 과제는 무엇인가?"

토론 포인트!

- 디지털 역량 강화, 고객 경험 중심 경영, 통합적 조직 운영, 인력 전문성 확보
- 장기적 성장과 지속 가능성 관점에서 복합적 대응 필요

참고문헌 Reference

- 강희준·오수경·김규미(2025), 여행사경영론, 한올출판사
- 고종원·조문식·김경한·여정경·서현웅·안소영·이동화·이선민·권진수(2023), 현대여행상품, 백산출판사
- 공윤주(2025), 여행사경영과 실무, 백산출판사
- 김성용(2015), 여행사경영론, 기문사
- 김영규·김명신(2023), 여행항공경영론, 대왕사
- 나태영·천민호·곽철우·윤상원(2020), 여행사경영실무, 대왕사
- 노정철·김재훈(2015), 최신여행사경영론, 한올출판사
- 도현래·변효정·나상필(2025), 여행업 실무의 이해, 백산출판사
- 박시범·이병렬·최윤근·김시원(2020), 여행사 경영론, 새로미
- 박시사(2022), 여행업경영론, 대왕사
- 손수진(2024), 여행사경영의 이해, 백산출판사
- 신동주(2022), 여행과 관광의 이해, 대왕사
- 안대희·박종철·서영수·안경옥·양봉석·홍민정(2023), 최신여행사경영론, 백산출판사
- 윤병국·양재영·박영진(2020), 여행사경영과 실무, 새로미
- 이현동·김병보(2020), 여행항공실무, 한올출판사
- 이홍규(2019), 여행사경영론, 백산출판사
- 임형택(2024), 관광마케팅론, 새로미
- 장서진·박영진·양정임·장동진·이윤(2020), 신여행업실무, 대왕사
- 정찬종·곽영대(2020), 새여행사경영론, 백산출판사
- 천덕희·민정아·김경희·최현묵(2020), 여행사 경영과 실무, 대왕사
- 최복룡(2024), 이야기로 풀어보는 여행사 실무경영론, 백산출판사
- 최판호·정희경(2024), 항공사경영론, 새로미
- 하동현·조문식·김영규(2024), 여행사경영론, 대왕사
- 하인수(2024), 여행사 경영업무, 기문사

- 노랑풍선, https://www.ybtour.co.kr
- 모두투어, https://www.modetour.com
- 하나투어, https://www.hanatour.com
- EXPEDIA, https://www.expedia.com
- KKday, https://www.kkday.com
- KLOOK, https://www.klook.com
- WISEAPP·RETAIL, https://www.wiseapp.co.kr

▌저자약력

▪ 최판호

부경대학교 대학원 경영학(관광마케팅) 박사
(현) 신라대학교 항공서비스학과 조교수
(전) 에어로케이 부사장
(전) 에어부산 경영본부장
(전) 금호아시아나플라자 법인장(Ho chiminh City InerContinental Saigon Hotel & Residence, Vietnam)
(전) 아시아나 항공 근무
(전) 국토교통부 항공정책실무위원회위원
(전) 국토교통부 항공정책고객위원회위원
(전) 부산시 마이스산업육성협의회 위원

▪ 정희경

세종대학교 대학원 호텔관광경영학 박사
(현) 신라대학교 항공서비스학과 부교수
(전) 창신대학교 항공서비스학과 조교수
(전) 에어부산 객실사무장

여행사 경영론
Travel Agency Management

발행일 | 2026년 2월 10일 발행

발행인 | 모흥숙
발행처 | 도서출판 새로미

저　자 | 최판호·정희경

주　소 | 서울 용산구 한강대로 104 라길 3
전　화 | 02) 523-5903~4
팩　스 | 02) 775-3246

E-mail | seromi@seromi.kr
Homepage | www.seromi.kr

ISBN | 978-89-6476-856-3 93320
정 가 | 22,000원